Stuttgart 21

Frank Brettschneider • Wolfgang Schuster
(Hrsg.)

Stuttgart 21

Ein Großprojekt zwischen Protest
und Akzeptanz

Springer VS

Herausgeber
Dr. Frank Brettschneider
Universität Hohenheim
Stuttgart, Deutschland

Dr. Wolfgang Schuster
Stuttgart, Deutschland

ISBN 978-3-658-01379-0   ISBN 978-3-658-01380-6 (eBook)
DOI 10.1007/978-3-658-01380-6

Die Deutsche Nationalbibliothek verzeichnet diese Publikation in der Deutschen Natio-
nalbibliografie; detaillierte bibliografische Daten sind im Internet über http://dnb.d-nb.de
abrufbar.

Springer VS
© Springer Fachmedien Wiesbaden 2013

Gedruckt auf säurefreiem und chlorfrei gebleichtem Papier

Springer VS ist eine Marke von Springer DE. Springer DE ist Teil der Fachverlagsgruppe
Springer Science+Business Media.
www.springer-vs.de

Inhalt

Einleitung: „Stuttgart 21" – Ein Großprojekt zwischen Protest und Akzeptanz

Frank Brettschneider / Wolfgang Schuster

„Stuttgart 21" war in den letzten Jahren eines der umstrittensten Infrastruktur-projekte in Deutschland. Es ist zugleich ein Projekt zwischen Protest und Akzeptanz. Der Protest hat eine lange Vorgeschichte, er wurde aber vor allem mit dem Abriss des Nordflügels im August 2010 sichtbar. Die Medienaufmerksamkeit war groß; der Protest entfaltete seine Dynamik. Es folgte der 30. September 2010, an dem es im Stuttgarter Schlossgarten zu Zusammenstößen zwischen Polizei und Demonstranten kam. Der Einsatz von Wasserwerfern löste Empörung aus. Die aufgeheizte Stimmung führte schließlich zu der von der damaligen Landesregie-rung vorgeschlagenen „Schlichtung" unter der Leitung von Heiner Geißler: Über 80 Stunden lang besprachen Gegner und Befürworter des Projektes im Oktober und November 2010 strittige Punkte – live übertragen im Fernsehen und im Inter-net. Der „Schlichterspruch" lautete: „Stuttgart 21 Plus". Es folgte im März 2011 die baden-württembergische Landtagswahl, aus der erstmals eine grün-rote Lan-desregierung hervorging. Die sich in der Sache uneinigen Koalitionspartner ver-ständigten sich auf ein Verfahren: Über „Stuttgart 21" sollte von der Bevölke-rung Baden-Württembergs direkt entschieden werden. Die Volksabstimmung fand schließlich am 27. November 2011 statt. Bei hoher Beteiligung stimmte sowohl in Baden-Württemberg insgesamt als auch in Stuttgart eine Mehrheit der Bevöl-kerung gegen den Ausstieg des Landes aus der Finanzierung des Projektes. Trotz dieser mehrheitlichen Akzeptanz von „Stuttgart 21" fand der Protest kein Ende.

Vor diesem Hintergrund beschäftigt sich der vorliegende Band in erster Li-nie mit der Zeit vom Protest im August 2010 bis zur Akzeptanz im November 2011. Er trägt die wissenschaftlichen Erkenntnisse zahlreicher Autoren zu drei Phasen zusammen:

- Phase 1: Vom Protest bis zur „Schlichtung"
- Phase 2: Die „Schlichtung"
- Phase 3: Die Landtagswahl in Baden-Württemberg und die Volksabstimmung

Dabei geht es nicht um technische Details des Projektes. Es geht auch nicht um die Frage, ob das Projekt sinnvoll ist oder nicht – dazu gibt es bekanntlich unterschiedliche Auffassungen. Es geht ebenfalls nicht um die Frage, welche am Konflikt beteiligten Akteure „Recht" haben. Dieses Buch ist keine Streitschrift für oder gegen „Stuttgart 21". Vielmehr geht es um unterschiedliche Aspekte der öffentlichen Diskussion über dieses Projekt – um Protest-Motive und Protest-Dynamik, um Verfahren der Konflikt-Beilegung und um die Frage, was sich über „Stuttgart 21" hinaus für die gesellschaftliche Akzeptanz von Großprojekten lernen lässt. Am Beispiel „Stuttgart 21" werden also gesamtgesellschaftlich relevante Fragen untersucht.

Um die Projekthistorie nachzuzeichnen und somit den projektbezogenen Hintergrund für die folgenden Analysen zu liefern, beginnt der Band mit einem Beitrag von Uwe Stuckenbrock. Als Leiter der „Städtebaulichen Planung" bei der Stadt Stuttgart hat er das Projekt von Anfang an begleitet und an ihm mitgewirkt. Er schildert die zahlreichen Facetten des Projektes, die sich grob in zwei Gruppen zusammenfassen lassen: 1) „Stuttgart 21" als Verkehrsprojekt, 2) „Stuttgart 21" als Städtebauprojekt. Das Verkehrsprojekt umfasst im Kern die strittige Umwandlung des bestehenden Kopfbahnhofs in einen Durchgangsbahnhof sowie die unstrittige Neubaustrecke der Deutschen Bahn AG zwischen Wendlingen und Ulm. Das Städtebauprojekt ist ein Resultat der Umwandlung des Hauptbahnhofs. Durch die Umwandlung werden 100 Hektar Gleisflächen in Innenstadtlage frei. Hier sollen öffentliche Parkanlagen, Wohnungen, öffentliche Einrichtungen sowie Büros und Handel entstehen – teilweise befinden sie sich bereits im Bau.

Auf die mehrere Jahrzehnte umfassende Projekt-Chronologie folgt ein Beitrag von Tim Maier. Er untersucht anhand der Facebook-Aktivitäten der Befürworter und der Gegner des Projektes das Auf und Ab der öffentlichen Aufmerksamkeit, die das Projekt erfahren hat. In „Stuttgart 21" sieht er „eines der ersten Themen in Deutschland, zu dem Gegner und Befürworter massiv auf Social Network Sites und weitere Web 2.0-Werkzeuge setzten, um sich zu koordinieren, ihre Meinung kundzutun, zu informieren und die Öffentlichkeit zu mobilisieren". Die Aktivitäten in den Sozialen Netzwerken spiegeln weitgehend den Verlauf der öffentlichen Diskussion wider. Diese erreichte ihren ersten Höhepunkt mit Beginn der „Schlichtung", gefolgt vom Schlichterspruch und von der Landtagswahl in Baden-Württemberg im März 2011. Mit Hilfe des Web-Monitorings beschreibt er die Aktivitäten auf Facebook, insbesondere die Nutzung der Befürworter- und der Gegner-Seiten sowie die Interaktionen auf deren Seiten (Pinwandeinträge, Kommentare, Likes). Diese verknüpft er mit den Meldungen der Deutschen Presseagentur (dpa) zu „Stuttgart 21" sowie mit der Zahl der Demonstrationsteilnehmer.

Vom Protest bis zur „Schlichtung"

Die erste in diesem Band untersuchte Phase, die Zeit vom Beginn des öffentlich weithin sichtbaren Protests bis zur „Schlichtung", ist Gegenstand von drei Beiträgen. Britta Baumgarten und Dieter Rucht sind der Frage nachgegangen, ob die Protestierenden gegen „Stuttgart 21" einzigartig oder typisch sind. Aufgrund der Medienberichterstattung könnte man annehmen, die Proteste gegen „Stuttgart 21" seien durch Menschen geprägt, die sonst nicht auf die Straße gehen, um gegen ihnen unliebsame Entwicklungen zu demonstrieren. In der Berichterstattung wurden immer wieder ältere, konservativ-bürgerliche Stuttgarterinnen und Stuttgarter als Beispiel für die neuen „Wutbürger" hervorgehoben. Baumgarten und Rucht kommen mit ihren Befragungen von Demonstrationsteilnehmern zu einem anderen Ergebnis: „Wie bei den meisten Demonstrationen der letzten Jahrzehnte in Deutschland rekrutieren sich die Protestierenden eher aus dem linksorientierten Spektrum und verfügen über hohe Bildungsabschlüsse". Sie finden zudem heraus, dass sich der Protest nicht in erster Linie gegen den Bahnhof richtete, sondern gegen die „Art und Weise, wie auf lokaler und regionaler Ebene Politik praktiziert wurde und wie von staatlicher Seite mit der Bürgerschaft umgegangen wurde".

Dies deckt sich mit der Untersuchung von David Bebnowski. Er kommt – ebenfalls auf der Basis von Befragungen der Demonstrationsteilnehmer – zu folgendem Schluss: „Der despektierliche Wutbürger ist ein mediales Leuchtfeuer, der mit der Stuttgarter Realität wenig gemein hatte". Stattdessen sieht er das Eintreten für mehr demokratische Teilhabe als eine wesentliche Triebfeder der Proteste. Sie seien überwiegend vom traditionellen, „links-grünen Bildungsbürgertum" getragen worden. Dementsprechend sei es nicht verwunderlich, dass der Protest nach der „Schlichtung", vor allem aber nach der Bildung der grün-roten Landesregierung abgeflaut sei.

Eine weitere Facette rückt Albrecht Göschel in den Mittelpunkt seiner Betrachtungen. Er sieht in dem Protest gegen „Stuttgart 21" vor allem einen postmodernen Kulturkonflikt. Typisch für einen solchen Konflikt sei, dass die Konfliktgegner nicht in erster Linie über das Für und Wider eines konkreten Projektes streiten, sondern dass sie durch eine „kulturelle Kluft" getrennt seien, die eine Verständigung erschwert: „Die Wertungskategorien beider Seiten erscheinen der jeweils anderen nicht als verhandelbare Positionen, die zu einem Kompromiss gebracht werden können, sondern als Wertungen ... des eigenen Habitus. Aus dieser Statuskonkurrenz, die für kulturelle Konflikte kennzeichnend ist, resultiert nicht nur die Sprachlosigkeit, sondern vor allem die Härte der Auseinandersetzung". In dem Konflikt zeige sich auch die Fragmentierung urbaner Gesellschaften, die eben auch eine kulturelle Fragmentierung sei und kollektive Identitäten erschwere: „Die Gegner rekrutieren sich aus Gruppen und Milieus, die die wachsenden Kosten der industriell-materialistischen Moderne in Anschlag bringen. Aber diese Kosten entziehen sich dem Kalkül, den Normen, der Wahrnehmung eben dieser industriellen Kultur".

Der erste Teil des Bandes wird abgerundet durch ein Gespräch mit Franz Schmider von der Badischen Zeitung. Darin äußert sich der Journalist zur Bedeutung der Massenmedien für die Konflikt-Dynamik. Neben „Stuttgart 21" hat er auch die Diskussionen über die Rheintalstrecke der Bahn sowie über das Pumpspeicherkraftwerk in Atdorf beobachtet. Auch er sieht einen den konkreten Projekten übergeordneten Grund für Proteste bei Infrastrukturvorhaben: den Vertrauensverlust in politische Institutionen. Dieser Vertrauensverlust sei auch das Ergebnis des Gefühls von Menschen, nicht gehört zu werden: „Ein großes Problem in der Debatte war, dass … vor allem die „Stuttgart 21"-Gegner in den vergangenen Jahren nicht genug gehört wurden. Weder von den Politikern, noch von den Medien". Er schreibt den Journalisten eine große Verantwortung bei der Vermittlung zwischen gegensätzlichen Positionen zu und beschreibt Wege, wie die Medien schlichtend auf Konflikte einwirken könnten. Journalisten hätten damit eine Aufgabe, die über die traditionelle Informationsvermittlung hinaus geht.

Die „Schlichtung"

Am 30. September 2010 kam es im Stuttgarter Schlossgarten zu heftigen Auseinandersetzungen zwischen Polizei und Demonstrierenden. Dieser Höhepunkt der Eskalation war zugleich die Geburtsstunde für die „Schlichtung" zu „Stuttgart 21". Sie wurde als ein in dieser Form neues Verfahren der Bürgerbeteiligung gepriesen, mitunter auch als „Demokratieexperiment" bezeichnet. In seiner Regierungserklärung vor dem Landtag von Baden-Württemberg schlug der damalige Ministerpräsident Stefan Mappus am 6. Oktober 2010 ein solches Schlichtungsverfahren unter Leitung von Heiner Geißler vor. Mehr als fünf Wochen lang wurde in acht Sitzungen über sämtliche Teilaspekte von „Stuttgart 21" und über das Alternativkonzept „K21" gesprochen. Daran beteiligt waren je sieben Vertreter der Befürworter und der Gegner von „Stuttgart 21" sowie weitere Experten. Am 30. November 2010 folgte der „Schlichterspruch", von dem zwar keine rechtliche Bindung ausging, der aber eine große psychologische Bedeutung hatte.

Mit der „Schlichtung" zu „Stuttgart 21" beschäftigen sich drei Beiträge, die alle im Kontext eines umfangreichen Forschungsprojektes an der Universität Hohenheim entstanden sind. Auf der Basis von Umfragen beschreibt Frank Brettschneider, wie die Stuttgarter Bevölkerung die „Schlichtung" wahrgenommen und bewertet hat. Das Interesse an der live im Fernsehen und im Internet übertragenen „Schlichtung" war sehr groß. Dass die „Schlichtung" stattgefunden hat, wurde von den meisten Befragten positiv bewertet. Zwei Drittel der Befragten hatten den Eindruck, dass in den Schlichtungsgesprächen alle wichtigen Themen angesprochen wurden. So konnte die „Schlichtung" einen Teil des zuvor wahrgenommenen Informationsdefizits beheben. Und sie hat aus Sicht der Befragten geholfen, die Auseinandersetzung über „Stuttgart 21" zu versachlichen. Meinungen verändert hat sie hingegen kaum. Zwar gaben zahlreiche Befragte an, während der Schlichtung neue Argumente kennen gelernt zu haben. Die Wahrnehmung neuer Argumente war aber sehr selektiv: Die Gegner von „Stuttgart 21" gaben an, neue Argumente gegen das Bahnprojekt kennen gelernt zu haben. Die Befürworter gaben an, neue Argumente für das Bahnprojekt kennen gelernt zu haben.

Dieses Ergebnis bestätigen die detaillierteren Untersuchungen von Arne Spieker und Marko Bachl zu Wissens- und Einstellungseffekten der „Schlichtung" bei den Gegnern von „Stuttgart 21". Demnach hat die „Schlichtung" zwar die extrem negativen Bewertungen der „Stuttgart 21"-Befürworter durch die „Stuttgart 21"-Gegner abgeschwächt. Eine Annäherung in der Sache hat es jedoch nicht gegeben. Sowohl vor als auch nach der „Schlichtung" haben die Kritiker des Projektes die Pro-Argumente recht deutlich abgelehnt. Alles in allem bewerten die Autoren die „Schlichtung" als Teilerfolg: „Die persönlichen Anfeindungen wurden verringert und die Auseinandersetzung versachlicht. Insgesamt war jedoch das Verfahren als öffentliches „Duell" zwischen Repräsentanten und Experten beider Lager vor den Augen des Schlichters, der Medien und der interessierten Öffentlichkeit nicht dazu geeignet, die Haltung der befragten Kritiker unter den Bürgern substantiell zu verändern". Sie sehen daher in der „Schlichtung" auch keinen Prototyp für künftige Verfahren zur Konfliktregulierung. Stattdessen sollten „Elitendiskussionen" dieser Art mit Verfahren breiterer Bürgerbeteiligung kombiniert werden. „Basierend auf unseren Befunden empfehlen wir, Dialogangebote bereitzustellen, die eine aktive Teilnahme möglichst vieler Bürgerinnen und Bürger ermöglichen".

Aus der Perspektive der Teilnehmer an der „Schlichtung" untersuchen Arne Spieker und Frank Brettschneider die Eignung des Verfahrens zur Streitbeilegung. Zu den allgemeinen Erfolgsfaktoren solcher Verfahren zählt zum einen deren Struktur (u. a. Art des Verfahrens, Rolle des Verfahrensführers), zum anderen deren Prozedere: Fairness, Ergebnisoffenheit, Verfahrensklarheit, Neutralität des Verfahrens, ausgewogene Repräsentation der betroffenen Interessen, Motivation der Teilnehmer zur konstruktiven Problemlösung. Um zu überprüfen, ob diese Bedingungen im Falle der „Schlichtung" erfüllt waren, wird auch eine Befragung der Teilnehmer an der „Schlichtung" herangezogen. Die Analyse zeigt einige Defizite der „S21-Schlichtung" auf. In erster Linie wird bemängelt, dass keine *gemeinsame* Feststellung und Erörterung der Fakten stattfand. Stattdessen präsentierten Befürworter wie Kritiker ihre eigenen Ansichten mithilfe ihrer eigenen Experten vor dem Schlichter und der interessierten Öffentlichkeit. Notwendig sei hingegen ein über mehrere Runden verlaufender, tiefergehender Austausch über diese Ansichten. Angesichts der zeitlichen Vorgaben war die Präsentation der den Parteien jeweils bereits vorliegenden Informationen lediglich ein Kompromiss – allerdings ein sehr wichtiger und im Sinne der Versachlichung der Diskussion auch erfolgreicher Kompromiss.

Auf die besonderen Umstände, unter denen die „Schlichtung" zu „Stuttgart 21" zustande kam und durchgeführt wurde, verweist Lothar Frick im Gespräch. Der Direktor der baden-württembergischen Landeszentrale für politische Bildung war während der „Schlichtung" die „rechte Hand" Heiner Geißlers. Er sieht die „Schlichtung" ebenfalls nicht als Prototyp an: „Im Grunde waren die Schlichtungsgespräche so eine Art ‚Feuerwehrrettungsaktion'. Es herrschten so festgefahrene und polarisierte Meinungen, dass die Hauptaufgabe der Schlichtung darin bestand, die Situation zu beruhigen und erst einmal wieder eine Gesprächsbasis herzustellen. Ziel war es, eine Versachlichung der Debatte zu erreichen. Der eigentliche Konflikt ist damit nicht aus der Welt geschafft". Sein Blick hinter die Kulissen macht aber auch die Schwierigkeiten deutlich, in einer eskalierenden Auseinandersetzung die Kontrahenten überhaupt an einen Tisch zu bekommen und sich auf gemeinsame Regeln zu verständigen.

Die Landtagswahl in Baden-Württemberg und die Volksabstimmung

Nach der „Schlichtung" trat eine gewisse Beruhigung der Auseinandersetzungen ein. Das Jahr 2011 bot dann aber gleich zwei Besonderheiten. Zum einen ging aus der Landtagswahl am 27. März 2011 erstmalig eine grün-rote Landesregierung hervor. In der Folge wurde am 12. Mai 2011 mit Winfried Kretschmann zum ersten Mal ein Politiker der Grünen zum Ministerpräsidenten gewählt – und dies nach 58 Jahren Regierungsbeteiligung der CDU. Zum anderen fand am 27. November 2011 die erste auf ein Sachthema bezogene Volksabstimmung in Baden-Württemberg statt: Die baden-württembergische Bevölkerung war aufgerufen, über den Ausstieg des Landes aus der Finanzierung von „Stuttgart 21" abzustimmen. Die beiden Ereignisse sowie ihre Zusammenhänge werden von Frank Brettschneider und Thomas Schwarz untersucht. Dabei verwenden sie sowohl Aggregat- als auch Individualdaten. Die Analysen betten die Stuttgarter Ergebnisse der Landtagswahl und der Volksabstimmung in die landesweiten Ergebnisse ein. Demnach war „Stuttgart 21" bei der Landtagswahl 2011 zwar nicht das beherrschende Thema – schon gar nicht angesichts der Dominanz der Atomdebatte nach der Reaktorkatastrophe in Japan. Aber „Stuttgart 21" war ein wichtiges Thema – vor allem für die Wähler der Grünen: Erstens hat „Stuttgart 21" deren Anhänger fast vollständig mobilisiert. Am Beispiel von „Stuttgart 21" wurde nicht nur gegen ein Bahnhofsprojekt gekämpft, sondern gegen einen Politikstil. Zweitens gelang es den Grünen, mit Hilfe dieses Themas Wählerinnen und Wähler zu gewinnen, die ansonsten eher SPD oder gar nicht gewählt hätten. Die parteipolitische Bedeutung des Themas „Stuttgart 21" wurde auch bei der von der grün-roten Landesregierung eingeleiteten Volksabstimmung im Herbst 2011 deutlich. Dieses Mal mit anderen Vorzeichen: Der CDU ist es nach dem Landtagswahl-Schock gelungen, ihre Kräfte zu mobilisieren und den Gegnern von „Stuttgart 21" eine empfindliche Niederlage beizubringen. Zwar haben diese ein respektables Stimmergebnis erzielen können, die Mehrheit der Abstimmenden hat sich jedoch recht deutlich gegen eines Ausstieg des Landes aus der Finanzierung von „Stuttgart 21" ausgesprochen – selbst in Stuttgart.

Die Volksabstimmung zu „Stuttgart 21" war aber nicht nur durch parteipolitische Konflikte geprägt. Im Stimmverhalten schlugen sich auch individuelle Betroffenheiten und Erwartungen der Abstimmenden nieder. Landesweit heißt das: Dort, wo aufgrund der Finanzierung von „Stuttgart 21" Nachteile für die eigene Region erwartet wurden, war die Zustimmung zum Ausstieg des Landes aus der Finanzierung von „Stuttgart 21" überdurchschnittlich groß. Das betrifft vor allem die Rheinschiene im Badischen. Und Ähnliches findet sich auch in der Landeshauptstadt: Dort, wo Belastungen oder Schäden durch die Baumaßnahmen erwartet werden, war die Zustimmung zum Ausstieg des Landes aus der Finanzierung besonders groß. Hier hoffte man, über die Finanzierung das gesamte Projekt zu Fall bringen zu können.

Mit den über die Volksabstimmung hinaus weisenden Folgen des Konfliktes beschäftigen sich Thorsten Faas und Johannes N. Blumenberg in ihrer Langzeitstudie über die Einstellungen der Bürger zu „Stuttgart 21" und zur Demokratie in Baden-Württemberg. Zunächst stellen sie fest, dass die Volksabstimmung zwar nicht die Einstellungen der Menschen zu „Stuttgart 21" verändert hat. Aber sie habe „den Konflikt befriedet, indem sie ihn von der politischen Tagesordnung verdrängt hat. Auch die Emotionen haben im Zeitverlauf nachgelassen. Dies alles gilt dabei für Befürworter und Gegner in annähernd gleichem Maße. Beide erwarten entsprechend auch, dass das Ergebnis der Volksabstimmung akzeptiert und umgesetzt wird". Vor allem aber können sie zeigen, dass die baden-württembergische Bevölkerung mehrheitlich für eine Ergänzung der repräsentativen Demokratie um direkt-demokratische Verfahren offen ist.

„Stuttgart 21" ist also weit mehr als eine Auseinandersetzung über einen Bahnhof. Die Auseinandersetzung wird zwar an der Oberfläche über die Kosten des Projektes, seine Auswirkungen auf die Stadtentwicklung, den Regional- und Fernverkehr sowie seine Folgen für die Umwelt geführt. Die Wurzeln des Konfliktes liegen jedoch wesentlich tiefer. So handelt es sich auch um einen kulturellen Konflikt, vor allem aber um Auseinandersetzungen über den wünschenswerten Politik-Stil sowie die Art und das Ausmaß von Bürgerbeteiligung. Damit weisen auch die Analysen weit über „Stuttgart 21" hinaus und haben Relevanz für die Verfahren, mit denen künftig gesellschaftlich tragfähige Lösungen für Infrastrukturaufgaben aus den Bereichen Energie und Verkehr gefunden werden können.

Das Projekt „Stuttgart 21" im zeitlichen Überblick

Uwe Stuckenbrock

„Stuttgart 21" ist Teil des Bahnprojektes Stuttgart-Ulm, das aus folgenden Teil-Projekten besteht: dem „Bahnprojekt Stuttgart 21", der Neubaustrecke Wendlingen-Ulm, dem „Bahnprojekt Neu-Ulm 21" sowie den Städtebauprojekten „Stuttgart 21" und „Neu-Ulm 21" (siehe Abbildung 1). Das „Bahnprojekt Stuttgart 21" ist ein eigenwirtschaftliches Projekt der Deutschen Bahn AG zur Neuordnung des Stuttgarter Bahnknotens. Der bestehende Kopfbahnhof soll hierbei in einen Durchgangsbahnhof umgewandelt werden. Die Neubaustrecke Wendlingen-Ulm

Abbildung 1: Übersicht über das Bahnprojekt Stuttgart-Ulm

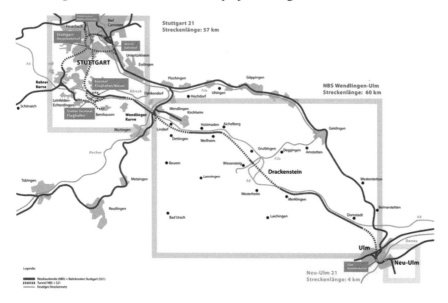

Bildquelle: Deutsche Bahn AG.

ist ein Projekt des Bedarfsplans für die Schienenwege des Bundes zum Bau einer Hochgeschwindigkeitsstrecke zwischen Wendlingen und Ulm. Das Städtebauprojekt „Stuttgart 21/Rosenstein" ist ein Projekt der Landeshauptstadt Stuttgart, bei dem 100 Hektar Gleisflächen in öffentliche Parkanlagen und urbanes Bauland umgewandelt werden sollen.

1. Das Bahnprojekt Stuttgart-Ulm

1.1 Vorgeschichte

Das Projekt „Stuttgart 21" beginnt nicht erst im Jahr 1994. Eisenbahnplanung ist Politik. Das Bahnprojekt Stuttgart-Ulm ist ein Produkt der politischen Geschichte Stuttgarts, Baden-Württembergs, Deutschlands und Europas sowie der Stadtentwicklungs- und Technikgeschichte. Insbesondere zwischen der „Eisenbahngeschichte und der politischen Geschichte Deutschlands (besteht) ein offenbar unauflöslicher Zusammenhang" (Schwarz 1999: 377). Zahlreiche historische Faktoren wirken im Bahnprojekt Stuttgart-Ulm fort: zum Beispiel die „Eisenbahnkrise", die Nachkriegssituation, der Traditionalismus und Stolz der Eisenbahner, die Deutsche Einheit, die politische und wirtschaftliche Öffnung Osteuropas (für Details siehe Gall/Pohl 1999; Zeilinger 2003; Vahrenkamp 2011; Kopper 2007).

1.1.1 Eisenbahnkrise und Konkurrenz der Verkehrsträger

Der Bau der Eisenbahn in Stuttgart und die Inbetriebnahme des Stuttgarter Bahnhofs im Jahr 1846 fielen in die zweite Phase der „Deutschen Doppelrevolution". Die erste Phase „von 1845 bis 1849 ist gekennzeichnet durch einen stürmischen Aufbruch und nach kurzem Hochgefühl durch einen enttäuschenden, ja deprimierenden Abbruch. Die Wachstumskräfte der Industriellen Revolution, deren Herzstück in den entwicklungsfähigen deutschen Ländern die Verkehrsrevolution des Eisenbahnbaus bildete, erlahmten nach einer ersten aufschäumenden Hochkonjunktur bereits im Winter 1847 auf 1848" (Wehler 1995: 4). Mit dem rapide gewachsenen Streckennetz Mitte des 19. Jahrhunderts expandierten auch die Transportleistungen. Die Eisenbahn stieg zum größten Arbeitgeber der damaligen Zeit auf.

Auch die Entwicklung des Schienennetzes und die Urbanisierung verliefen Hand in Hand. „Seit Beginn der siebziger Jahre setzte sich auf breiter Front die bis 1914 anhaltende Hochurbanisierung fort... Die durchschnittliche Wachstumsrate der deutschen Großstädte lag bei mindestens zweihundert Prozent" (Wehler 1995: 512-513). Ende des 19. Jahrhunderts begann dann die industrielle Herstellung von motorbetriebenen Nutzfahrzeugen. Zu großen Veränderungen im Verkehrsmarkt der Bundesrepublik kam es vor allem während des Wirtschaftswunders zwischen 1950 und 1973. In dieser Zeit entwickelten sich die Massenkonsumgesellschaft und mit ihr die Massenmotorisierung. „Leidtragende dieser Entwicklung war hauptsächlich die Deutsche Bundesbahn (DB)… Seit Mitte der 60er Jahre kam auch noch der Wettbewerb mit dem innerdeutschen Luftverkehr hinzu. Er war die direkte Konkurrenz zur Eisenbahn auf ihren rentabelsten Strecken, den Städteverbindungen. Der Zuwachs des Luftverkehrs an Personenkilometern um 200% zwischen 1966 und 1990 belegt eindrucksvoll, dass der Bahn ein potentieller Wettbewerber in einem wichtigen Marktsegment erwachsen war" (Zeilinger 2003: 132-133).

Die Zunahme konsumentennaher Dienstleistungen „basierte auf einem komplexen System logistischer Dienstleistungen, die sich parallel mit der Massenkonsumgesellschaft herausgebildet hatte" (Vahrenkamp 2011: 9). Im Laufe knapp eines Jahrhunderts nach dem Bau der ersten Bahnen hatte sich ein komplexes Verkehrssystem unterschiedlicher Verkehrsträger entwickelt. Das Bahnsystem geriet durch den „Siegeszug von Auto und Flugzeug" in eine Existenz bedrohende Lage. „Während um 1900 der ganz überwiegende Teil der gefahrenen Personenkilometer auf den Schienenverkehr entfiel und der Anteil selbst 1950 noch 38% betrug, waren es Anfang der neunziger Jahre noch ganze 6%, Fern- und Nahverkehr zusammengerechnet. In absoluten Zahlen fällt die Statistik für die Bahn nicht ganz so deprimierend aus. Im Jahr 1900 wurden auf der Schiene ca. 20 Milliarden Personenkilometer in den Reichsgrenzen Deutschlands zurückgelegt. 1990 waren es über 61 Milliarden Kilometer auf einem etwas verkleinerten Schienennetz" (Gerkan 1997: 39).

1.1.2 Europäischer Einigungsprozess und Deutsche Einheit

Durch den Prozess der Europäischen Integration seit 1954, die Deutsche Einheit 1990 sowie die politische und wirtschaftliche Öffnung Osteuropas wuchs die Notwendigkeit einer Ausrichtung des Schienennetzes nicht allein in Nord-Süd- sondern auch in Ost-West-Richtung (Bundesminister für Verkehr 1992). Auch wurde die technische und betriebliche Harmonisierung der Bahnsysteme über die regionalen Grenzen hinweg notwendig. Die Eisenbahnnetze in Europa waren vorwiegend als nationale Netze entworfen und realisiert worden. „Grenzüberschreitende Schienenverkehre stießen an technische und organisatorische Grenzen, die nicht nur praktisch hinderlich waren, sondern dadurch auch Schutz vor Konkurrenz boten. Europäische Integration bedeutet in diesem Zusammenhang ‚Schaffung eines einheitlichen europäischen Eisenbahnsystems, das ausreichend konkurrenzfähig ist, um im gesamten Verkehrssystem eines erweiterten Europa eine Spitzenstellung einzunehmen', ,Errichtung eines Binnenmarktes für Schienenverkehrsdienste und -ausrüstungen' mit freiem Zugang zur Infrastruktur und einer schrittweisen Angleichung der technischen Systeme zur Sicherstellung ihrer Interoperabilität" (Palacio 2004: 3).

Die Europäische Union hatte „im Benehmen mit den Bahnen weiterführende Vorschläge erarbeitet. Dazu zählt vor allem auch das 1990 vom Rat der Europäischen Union verabschiedete Leitschema des Europäischen Hochgeschwindigkeitsnetzes, das als Schnellbahnleitplan inzwischen auf Osteuropa ausgedehnt ist" (Heimerl 2002: 150). Die Chance der Bahnen wurde neben dem öffentlichen Personennahverkehr in europäischen Verkehrsbeziehungen gesehen und rechtfertigte die Befassung mit dem europäischen Verkehrsraum. Bereits 1985 hatte die Bundesregierung den Bundesverkehrswegeplan BVWP 85 beschlossen. Er enthielt als Fortsetzung der Neubaustrecke Mannheim-Stuttgart die Ausbau-/Neubaustrecke Plochingen-Günzburg. Sie ist ihrerseits Bestandteil der beiden langfristig angestrebten europäischen Hochgeschwindigkeitsstrecken a) Brüssel/Amsterdam/ Ruhrgebiet-Köln/Hannover-Frankfurt a.m.-Mannheim-Stuttgart-München sowie b) Paris-Stuttgart-München-Wien-Budapest.

1.1.3 Hochgeschwindigkeitstechnologie und Bahnreform

„Für die Bundesbahn machte sich ihre schwindende Bedeutung auf dem Verkehrsmarkt vor allem in ihrem Defizit schmerzlich bemerkbar. Ab 1952 schrieb das Verkehrsunternehmen mit einer einzigen Unterbrechung 1960 rote Zahlen; bis 1975 hatte sich das Jahresergebnis auf ein Minus von 4,5 Mrd. DM verschlechtert" (Zeilinger 2003: 134). Die Gemeinwirtschaftlichkeit – zu der die Bahn gesetzlich verpflichtet war – und das Erfordernis einer marktwirtschaftlichen Orientierung waren in einer Zeit erhöhter Konkurrenz nicht mehr miteinander vereinbar. Auf diese Spannung reagierte die Bahn seit Ende der 1960er Jahre mit Maßnahmen, die ihre Marktposition durch technische Innovationen im Hochgeschwindigkeitsbereich verbessern sollten (Zeilinger 2003: 134-135). Die sogenannte HSB-Studie (1972) markiert den Beginn der Forschungsprojekte zur Magnetbahn und Rad-/ Schiene-Hochgeschwindigkeitstechnik 1969-1972 (Zeilinger 2003: 150). In Stuttgart wurde bereits 1970 eine Schnellfahrstrecke von Schwetzingen nach Ulm öffentlich vorgestellt.[1] „Ende 1986 erteilte die Deutsche Bundesbahn den Auftrag

---

1   Stuttgarter Nachrichten vom 27.8.1970: „Die Bundesbahn rast mit 300 Sachen in die Zukunft. Ein Bahnhof unter dem Hauptbahnhof. Pläne für Fernschnellstrecke Schwetzingen-Stuttgart-Ulm sollen in zehn Jahren verwirklicht sein. Im Eiltempo werden die Reisenden der Bundesbahn künftig unser Land durchfahren: Präsident Dr.-Ing. Hermann Ziller von der Bundesbahndirektion Stuttgart lüftete den Stuttgarter Nachrichten gegenüber ein bisher streng

zum Bau von 41 ICEs... Zur Einführung des ICE-Systems bedurfte es aber auch noch der Neubaustrecken. Am 2. Juni 1991 wurde der reguläre Betrieb auf der Schnellfahrstrecke Mannheim-Stuttgart aufgenommen.

1.2 Chronologie des Projektes „Stuttgart 21"

Der nachfolgende Überblick versucht, den bisherigen Ablauf des Bahnprojektes Stuttgart-Ulm zusammenzufassen, vor allem mit Blick auf das Teil-Projekt „Stuttgart 21" und unter Berücksichtigung wichtiger Entscheidungen des Landes Baden-Württemberg und der Landeshauptstadt Stuttgart. Der Projektablauf folgt der Logik eines allgemeinen Erkenntnis- und Gestaltungsprozesses. Dieser wird durch ein Problem angestoßen und zeigt unter Berücksichtigung allgemeiner Prinzipien Lösungsmöglichkeiten auf. Diese werden dann einer Kritik unterworfen und münden in eine vorläufige Abwägung, die eine Entscheidung für einen bestimmten Lösungsvorschlag rechtfertigt. Der ausgewählte Lösungsvorschlag bringt jedoch in der Regel neue Probleme mit sich, die wiederum einer kritischen Diskussion unterworfen werden (Popper 1994: 31-32). Trotzdem ist ein Projektablauf in der Regel nicht auf ein unendliches Gespräch ausgerichtet, sondern auf realistisches Handeln. Die kritisch geprüften Lösungsversuche werden „als Grundlage für unser praktisches Handeln" akzeptiert, „einfach deshalb, weil wir nichts Besseres haben... Wir brauchen sie aber nicht als wahr anzuerkennen; wir brauchen nicht an sie zu glauben (was bedeuten würde, an ihre Wahrheit zu glauben)" (Popper 1979: 220). Projekte wie „Stuttgart 21" zielen nicht auf Wahrheit, sondern allenfalls auf „konsensuell gestützte Kohärenz-Wahrheit... Eine Rechtskultur und das mit ihr verbundene Überzeugungssystem bestimmen nicht, was Wahrheit ist, sondern was als Wahrheit gelten kann" (Sandkühler 2009: 145).

---

gehütetes Geheimnis. Es ist der Plan einer Schnellfahrstrecke über 200 Kilometer Länge von Schwetzingen über Vaihingen/Enz, Ludwigsburg, Kornwestheim, Stuttgart, Plochingen nach Ulm. 80 von diesen 200 Kilometern fährt diese Bahn im Tunnel. Auf der Strecke werden die Züge Geschwindigkeiten um 300 Stundenkilometer erreichen. Für diese schnellfahrenden Reisezüge wird es in Stuttgart wahrscheinlich einen quer unter dem heutigen Hauptbahnhof liegenden zweiten Bahnhof geben. Er wird nicht als Kopfbahnhof angelegt, sondern durchgehende Gleise haben, bei denen die Züge Stuttgart unterirdisch verlassen und erst wieder im Neckartal vor Esslingen aus dem Untergrund auftauchen. Die neue Schnellfahrtrasse der Bundesbahn ist Teil einer großen überregionalen Planung; sie soll bevorzugt bis Anfang der achtziger Jahre verwirklicht sein."

1.2.1 Vom verkehrspolitischen Ziel zur Problemlösung, 1985-1993

Die nachfolgenden Schritte beschreiben den Weg zur „Erfindung" des Projektes „Stuttgart 21".

1. Der am 18. Mai 1985 vom Bundeskabinett beschlossene Bundesverkehrswegeplan 1985 (BVWP 85) enthielt grundlegende Vorgaben für die Planung der Fortsetzung der Schnellfahrstrecke Mannheim-Stuttgart, die als Teil der Hochgeschwindigkeitsstrecke München-Stuttgart-Frankfurt-Köln-Hannover-Hamburg gesehen wurde (Kopper 2007: 402-403). Der Bundesverkehrswegeplan 1985 war als Beitrag zur Lösung des Straße-Schienen-Konflikts und zur Stärkung der Nord-Süd-Relation in Westdeutschland gedacht. Er enthielt „als Maßnahme im ‚vordringlichen Bedarf' die Streckenerweiterung zwischen Plochingen und Günzburg ... um den 2-gleisigen Kapazitätsengpass mit der Geislinger Steige und dem Knoten Ulm/Neu-Ulm zu beseitigen" (DBProjekt GmbH Stuttgart 21 1996b: 14) – jedoch keine Aussage zum Bahnknoten Stuttgart (siehe Abbildung 2).

2. Zur Klärung der Linienführung Plochingen-Günzburg im Sinne des BVWP 85 untersuchte die Deutsche Bundesbahn etwa 80 unterschiedliche Trassierungen, von denen vier Trassen in die engere Wahl einbezogen und davon zwei als beste Lösungsmöglichkeiten (Varianten A IV und B I) beurteilt wurden (siehe Abbildung 3). Die Dokumentation der Untersuchung wurde am 14.4.1988 dem Land Baden-Württemberg als oberster Verkehrsbehörde zur Stellungnahme vorgelegt.

3. Das Land Baden-Württemberg nahm am 26.4.1989 Stellung und forderte eine Trassenführung durch das Oberzentrum Ulm/Neu-Ulm und den Ausschluss einer Umfahrung von Ulm/Neu-Ulm; statt des vorgesehenen 3-gleisigen Ausbaus der Stammstrecke ab Plochingen sollte ein 4-gleisiger Ausbau zur Verbesserung des Schienenpersonennahverkehrs im Filstal vorgesehen werden. Die Stellungnahme stand unter dem Vorbehalt der Prüfung der von Professor Heimerl Ende 1988 vorgelegten „Anmerkungen und Überlegungen zur Dokumentation der Voruntersuchungen der ABS/NBS Plochingen-Günzburg".

4. Professor Heimerl hatte in seinen Anmerkungen 1988 eine neue Konzeption zur Diskussion gestellt. Sie sah eine 4-gleisige Unterfahrung des Stuttgarter Hauptbahnhofs für schnelle Fernreisezüge, eine flughafennahe Streckenführung vom Hauptbahnhof zur Bundesautobahn A8 sowie eine Bündelung der Neubaustrecke mit der Autobahn vor. Die Strecke wies eine Neigung bis zu 25‰ auf und sollte ausschließlich von schnellen Personenverkehrszügen und schnellen, leichten Gü-

Abbildung 2: Bundesverkehrswegeplan 1985 mit Neubaustrecke Stuttgart-Ulm, südlicher Ausschnitt

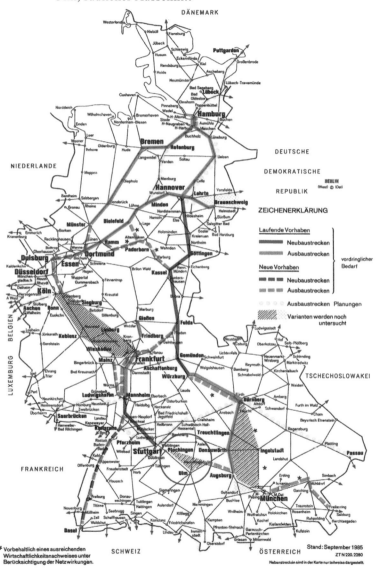

Bildquelle: Deutsche Bahn AG.

Abbildung 3: Trassenuntersuchung Plochingen-Günzburg

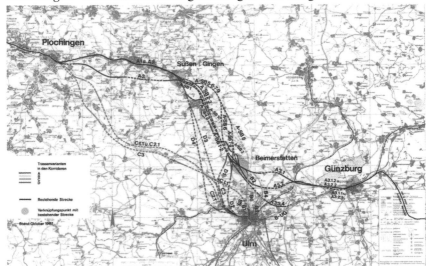

Bildquelle: Deutsche Bahn AG.

terzügen befahren werden; die langsamen, schweren und zur örtlichen Bedienung vorgesehenen Züge sollten weiterhin durch das Filstal fahren. Professor Heimerl kritisierte den Grundgedanken der Voruntersuchung, der lediglich eine Optimierung der Filstaltrasse vorsah, und forderte eine langfristig angelegte, großräumige Gesamtkonzeption, die zukünftigen Anforderungen insbesondere auch im europäischen Hochgeschwindigkeitsnetz genügen würde.

5. Die Deutsche Bundesbahn reagierte auf den Vorschlag von Professor Heimerl und auf die Stellungnahme des Landes Baden-Württemberg mit einer Darstellung von Anforderungen, die für alle neuen Bahnprojekte gelten: u.a. Integration der notwendigen Infrastrukturmaßnahmen in das Netz, Auslastung bestehender Anlagen, optimale Nutzung bestehender und neu zu bauender Anlagen, schrittweise Beseitigung von Engpässen, effizienter Mitteleinsatz, flexible Betriebsführung, Anhebung der Höchstgeschwindigkeit, Verbesserung des Schienenpersonenfern- und -nahverkehrs, Wirtschaftlichkeit, Anreize zum Umsteigen von der Straße auf die Schiene. Zudem legte die Deutsche Bundesbahn Lösungsmöglichkeiten vor, die diesen Anforderungen genügen. Die Bahn zog dabei zunächst drei Wege zwi-

schen Stuttgart und Augsburg in Betracht: den Remstalweg, den Filstalweg und den autobahnnahen Weg (siehe Abbildung 4). Ein Ausbau des Remstalweges wurde später jedoch nicht weiter verfolgt, weil dabei das Zentrum Ulm/Neu-Ulm nicht hätte eingebunden werden können (DBProjekt GmbH Stuttgart 21 1996b: 52). Es blieben zwei unterschiedliche großräumige Lösungsansätze, aufbauend auf dem Filstalweg und dem autobahnnahen Weg: die Rahmenkonzeptionen K und H.

Abbildung 4: Die drei Korridore Remstalweg, Filstalweg und autobahnnaher Weg

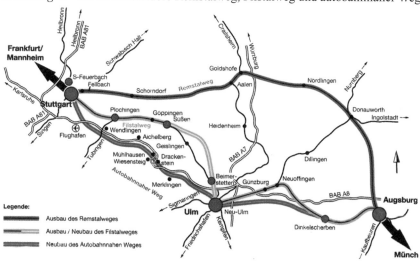

Bildquelle: Deutsche Bahn AG

Beide Rahmenkonzeptionen wurden genauer untersucht und zur Diskussion gestellt (siehe Abbildung 5). Die Varianten wiesen folgende Unterscheidungsmerkmale auf:

$K_{12,5}$

4-gleisiger Ausbau des Filstalweges, Maximalneigung 12,5‰, Mischbetrieb
Fernschnellbahntunnel mit 4-gleisigem Durchgangsbahnhof bis Plochingen
4-gleisiger Ausbau der Filstalstrecke Plochingen-Süßen, Richtungsbetrieb
Neubaustrecke Süßen-Beimerstetten-Ulm, Neigung bis zu 12,5‰
Volleinbindung der Stadt Ulm

Ulm-Augsburg alternativ Ausbau- oder Neubaustrecke

H_{25}

2-gleisige autobahnnahe Neubaustrecke, Maximalneigung 25‰, schnelle Züge

Fernschnellbahntunnel mit 4-gleisigem Durchgangsbahnhof bis Autobahn A8

Autobahnnahe Trasse über die Schwäbische Alb, bis zu 25‰ Neigung

Flexiblere Trassierungselemente entlang der Autobahn möglich

Volleinbindung der Stadt Ulm

Ulm-Augsburg alternativ Ausbau- oder Neubaustrecke

Filstalstrecke bleibt unverändert

Abbildung 5: Rahmenkonzeptionen K $_{12,5}$, K$_{25}$ und H$_{25}$

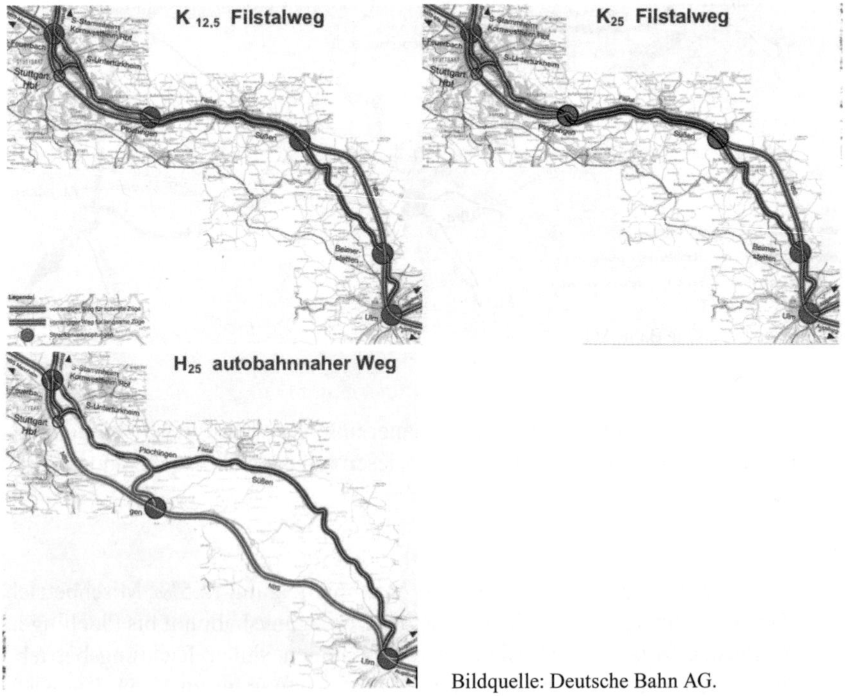

Bildquelle: Deutsche Bahn AG.

Hydrogeologische und finanzielle Argumente bewogen die Bahn dazu, dass zu den Trassenvarianten H_{25} und $K_{12,5}$ für den Bereich des Stuttgarter Bahnknotens alternativ jeweils eine Lösung mit Kopfbahnhof entwickelt wurde, die Varianten $K'_{12,5}$ und H'_{25} (siehe Abbildung 6).

Abbildung 6:   Varianten für den Bahnknoten mit Kopfbahnhof Stuttgart $K'_{12,5}$ und H'_{25}

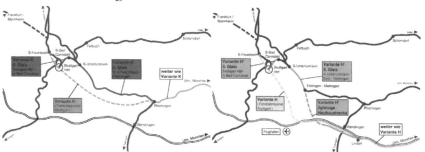

Bildquelle: Deutsche Bahn AG.

Am 2.7.1990 fasste der Vorstand der Deutschen Bundesbahn den folgenden Beschluss (Auszug): „Aus strategischen Gründen präferiert der Vorstand der Deutschen Bundesbahn unter dem Aspekt der Zukunftsperspektiven eine Trasse in Anlehnung an die Heimerl-Variante (H_{25}). Diese Variante bedeutet Unterfahrung von Stuttgart und Ulm, Möglichkeit der Anbindung an den Stuttgarter Flughafen und ist gegenüber der Filstal-Variante die kürzere sowie schnellere Verbindung" (Wedler 2001: 249). Die Dokumentation der erneuten Untersuchungen der Bahn wurden dem Land Baden-Württemberg zur Stellungnahme übergeben.

6. Am 12.9.1991 verabschiedete der Stuttgarter Gemeinderat einstimmig die folgende Resolution: „1. Die Region Stuttgart benötigt einen dem internationalen Standard entsprechenden Anschluss an das europäische Hochgeschwindigkeitsnetz. Dies beinhaltet insbesondere eine auf weitere Geschwindigkeitssteigerungen zugeschnittene echte Hochgeschwindigkeitstrasse und die Bereitstellung ausreichender Kapazitäten. 2. Der Stuttgarter Hauptbahnhof muss Verknüpfungspunkt des europäischen Schienenschnellverkehrsnetzes mit den Stuttgart berührenden nationalen, regionalen und lokalen Personenverkehrsschienennetzen bleiben. 3.

Die zukunftsträchtige optimale Lösung dazu ist die Unterquerung des Hauptbahnhofs, deren erwartete Verträglichkeit mit dem Mineralquellenschutz von der Deutschen Bundesbahn umgehend untersucht werden muss. 4. Der Qualifikation als zukunftsgerechte Lösung entspricht im Weiteren nur der Trassenvorschlag von Professor Heimerl. Er ermöglicht die zwingend erforderliche Erhöhung der Kapazitäten auf der Strecke Stuttgart-Ulm und beinhaltet deutlich geringere Investitionskosten, minimierte wasserwirtschaftliche Risiken bei der Albdurchquerung, kürzere Fahrzeiten und einen vom laufenden dichten Bahnverkehr unabhängigen Bauablauf gegenüber der Filstal-Trasse. 5. Der Gemeinderat erwartet von der Deutschen Bundesbahn, dass die mehrfach zugesagten objektiven Vergleichsfakten der verschiedenen Alternativen umgehend vorgelegt werden und vor allem die Verwendung offensichtlich unzutreffender Kostenangaben beendet wird".

7. Am 15.7.1992 hat die Bundesregierung den Bundesverkehrswegeplan 1992 (BVWP 92) beschlossen. Die Überarbeitung des Bundesverkehrswegeplans war maßgeblich durch die Wiedervereinigung vom 3.10.1990 ausgelöst worden. Im BVWP 92 wurden auch die Verkehrsprojekte Deutsche Einheit niedergelegt. Die Fortsetzung der Schnellfahrstrecke Mannheim-Stuttgart wurde im BVWP 92 erneut als vordringlicher Bedarf aufgenommen und erhielt die Bezeichnung „Ausbau-/Neubaustrecke Stuttgart-Ulm-Augsburg" (Wedler 2001: 249). Allerdings enthält der Plan keine Entscheidung zwischen H- und K-Trasse.
8. Mit ihrem Kabinettsbeschluss vom 15.9.1992 nahm die Landesregierung von Baden-Württemberg Stellung zu den Untersuchungen der Bahn und sprach sich für die Trassenvariante H (autobahnnahe Führung) mit voller Einbindung des Stuttgarter Hauptbahnhofs in das Hochgeschwindigkeitsnetz aus. Das Land hatte zuvor „alle betroffenen Gebietskörperschaften im Bereich der untersuchten Trassenvarianten angehört und Stellungnahmen zahlreicher Fachbehörden, Verbände und Organisationen eingeholt" (DBProjekt GmbH Stuttgart 21 1996b: 68). Im Einzelnen forderte das Land: Einbindung der Städte Stuttgart und Ulm in die Rahmenkonzeption, Unterfahrung des Hauptbahnhofs Stuttgart mit einem Fernbahntunnel, flughafennähere Trassierung und Anbindung des Flughafens im Nebenschluss sowie die Anbindung der Gäubahn an den Flughafen, die Wendlinger Kurve und ein drittes Gleis im Filstal zur Verbesserung des IR-Angebots.

9. Durch die Wiedervereinigung hatten sich die verkehrspolitischen Rahmenbedingungen verändert. Die Resolution der Stadt Stuttgart vom 12.9.1991 und die Stellungnahme des Landes Baden-Württemberg vom 15.9.1992 veränderten zudem wichtige Prämissen für das Bahnprojekt Stuttgart-Ulm. Die Wiedervereinigung

führte z.B. zu konkurrierenden „Verkehrsprojekten Deutsche Einheit" (VDE), für die erhebliche Geldmittel erforderlich wurden und die zu einer erhöhten Beachtung der verkehrlichen Ost-West-Relationen beitrugen. Die Deutsche Bundesbahn reagierte auf diese neue Lage mit einer grundsätzlichen Überprüfung der Planungsprämissen für das Bahnprojekt Stuttgart-Ulm. Sie bezog aktuelle Überlegungen zur Strategie der Entmischung der Verkehre auf der Schiene und zur Differenzierung der Schienennetze ein, die 1995 unter dem Titel „Netz 21" vorgelegt und 1999 beschlossen werden sollten. Im Vorgriff auf dieses Konzept kam für das Bahnprojekt Stuttgart-Ulm eine neue Variante $K_{25‰}$ – eine Neukonzeption der Filstaltrasse (siehe Abbildung 5) – in Betracht. Sie sah eine Entmischung des langsamen und des schnellen Verkehrs sowie veränderte Trassierungen im Abschnitt Süssen-Beimerstetten-Ulm für schnelle Reise- und Güterzüge mit Neigungen bis zu 25‰ vor. Im Einzelnen enthielt die neue Variante folgende Elemente: einen Fernbahntunnel Stuttgart mit 4-gleisigem Durchgangsbahnhof bis Reichenbach; einen 4-gleisigen Ausbau der Filstalstrecke Reichenbach-Süßen im Linienbetrieb; die Neubaustrecke Süssen-Beimerstetten-Ulm mit einer Neigung von bis zu 25‰ für schnelle Reise- und Güterzüge; die Volleinbindung von Ulm und alternativ eine Ausbau- oder Neubaustrecke Ulm-Augsburg.

Nachfolgende Strecken-Varianten mit Erhalt des Kopfbahnhofs oder mit zusätzlichem 4-gleisigem Durchgangsbahnhof für den Fernschnellverkehr unter dem bestehenden Kopfbahnhof standen somit zum Vergleich:

$K_{12,5‰}$ Mischbetrieb mit Durchgangsbahnhof für den Fernschnellverkehr
$K'_{12,5‰}$ Mischbetrieb mit bestehendem Kopfbahnhof
$K_{25‰}$ artreiner Betrieb mit Durchgangsbahnhof für den Fernschnellverkehr
$K'_{25‰}$ artreiner Betrieb mit bestehendem Kopfbahnhof

Der Vergleich zeigte, dass den artreinen Streckenvarianten $K_{25‰}$ und $K'_{25‰}$ der Vorzug gegenüber den Mischbetriebslösungen $K_{12,5‰}$ und $K'_{12,5‰}$ einzuräumen sei. Im nächsten Schritt wurden die H-Varianten in den Vergleich einbezogen:

$H_{25‰}$ autobahnnahe Neubaustrecke mit Durchgangsbahnhof für den Fernschnellverkehr
$H'_{25‰}$ autobahnnahe Neubaustrecke mit bestehendem Kopfbahnhof

Der Vergleich zwischen den artreinen Varianten $H_{25‰}$, $H'_{25‰}$ und den gemischten Varianten $K_{25‰}$, $K'_{25‰}$ im Filstal zeigte, dass die autobahnnahen Lösungen $H_{25‰}$, $H'_{25‰}$ den Filstal-Lösungen überlegen seien.

10. Nachdem die Diskussion über die Streckenführung nach Ulm zu einem Ergebnis zu Gunsten der autobahnnahen Trasse (H-Trasse, Heimerl-Trasse) geführt hatte, mussten zwei komplizierte Aufgaben gelöst werden: die Ausbildung des Bahnknotens Stuttgart, insbesondere die Lage des Fernschnellbahnhofs, und der Anschluss des Flughafens.

Abbildung 7: Paradigmenwechsel – Die Eisenbahn als Stadtkatalysator, Stuttgarter Zeitung 19.10.1990

Bildquelle: Stuttgarter Zeitung.

11. An dieser Stelle soll die Aufmerksamkeit vom Bahnprojekt weg und auf Ereignisse gerichtet werden, die Mitte 1990 wie ein Blitz aus heiterem Himmel kamen, nicht recht eingeordnet werden konnten und zunächst auch ohne größere Bedeutung zu sein schienen: Der Städtebau fand Eingang in das Bahnprojekt. Dies ist insofern nicht selbstverständlich, als das Kerngeschäft der Deutschen Bahn AG nicht in der Stadtentwicklung und dem Grundstückshandel besteht, sondern im Erbringen von Eisenbahnverkehrsleistungen zur Beförderung von Gütern und Personen und im Betreiben der Eisenbahninfrastruktur (vergleiche § 3 Deutsche Bahn Gründungsgesetz (DBGrG)). Die Vorgeschichte: Am 2.8.1990 berichtete Dieter Schubert in der Stuttgarter Zeitung über eine Diplomarbeit am Städtebaulichen Institut der Universität Stuttgart. Isolde Oesterlein hatte den Hauptbahnhof in Richtung Rosensteinpark verschoben und auf den frei werdenden Gleisflächen einen neuen Stadtteil entworfen. Die Verlegung und der Neubau des Bahnhofs sollte durch den Verkauf der Grundstücke finanziert werden. Mit der Diplomarbeit wurde eine Möglichkeit aufgezeigt, die später große Bedeutung erlangen sollte. Gut zwei Monate später, am 19.10.1990, berichtete Dieter Schubert in der Stuttgarter Zeitung über eine Studie „Die Eisenbahn als Stadtkatalysator". Ausgehend von der Heimerl-Trasse, schlugen drei junge Stadtplaner und Architekten, einer von ihnen wissenschaftlicher Mitarbeiter am Städtebaulichen Institut der Universität Stuttgart, vor, den 4-gleisigen Fernschnellbahnhof in einen 8-gleisigen neuen Hauptbahnhof umzuwandeln und auf den frei werden Gleisanlagen einen neuen Stadtteil zu entwickeln (siehe Abbildung 7). Diese Arbeit wurde Bahn und Stadt zugesandt.

Mit beiden Arbeiten wurde in einer konkreten historischen Situation an die Möglichkeit der Verknüpfung von Verkehrs- und Stadtentwicklungsplanung erinnert[2], ein Gedanke, der nicht zu den Alltagsroutinen der arbeitsteilig organisierten zuständigen Stellen zählte. Beide im Kontext des Städtebaulichen Instituts der Universität Stuttgart entwickelten Arbeiten konnten zwar als eisenbahntechnisch nicht durchgestanden und sicher auch nicht als funktionsfähig angesehen werden. Sie waren jedoch aussagekräftig genug, dass Fachleute – denen die Spannungen zwischen den Zielen von Bahn, Landesregierung und Stuttgarter Gemein-

---

2   „Im Jahr 1986 reifte der Entschluß der Bundesbahn, Teilflächen im Bereich des Stückgutbahnhofes zu veräußern. Die Stadt Stuttgart entwickelte daraufhin städtebauliche Vorgaben für die Ausschreibung eines Wettbewerbs… Von der Stuttgarter Baufirma Züblin wurde daraufhin ein erster Bebauungsvorschlag entwickelt und der Stadtverwaltung vorgelegt. Das Planungsgebiet umfasste drei Teilbereiche mit zusammen etwa 20 Hektar Fläche, die im Nordwesten begrenzt werden durch die Wolfram- und die Heilbronner Straße, im Südosten durch die Gleiskörper der Bundesbahn und im Südwesten durch den Arnulf-Klett-Platz… Auf dieser Grundlage initiierte die Stadt Stuttgart einen städtebaulichen Ideenwettbewerb, bei dem der Entwurf der Stuttgarter Architekten Brunnert, Mory, Osterwalder und Vielmo zur Ausführung vorgeschlagen wurde" (Brunold 1992: 252-253).

derat bezüglich des neuen Bahnknotens bewusst waren – in ihnen eine Konsensmöglichkeit erkannten, deren Kraft sich in den Folgejahren zu entfalten begann. Es ist konsequent und mutig, dass drei Jahre später – Ende 1993 – der Vizepräsident der Bahndirektion Stuttgart, Jürgen Wedler, dem Vorstandsvorsitzenden der Deutschen Bahnen, Heinz Dürr, vorschlug, „einen Planungsansatz weiterzuverfolgen, der unter Beibehaltung des heutigen zentralen Bahnhofsstandorts denselben Flächengewinn wie die Rosensteinvariante verspreche. Es liege auf der Hand, dass ein neuer Bahnhof an der Nahtstelle zwischen zwei City-Bereichen (alt/neu) mehr und schneller positive Wirkung haben würde als bei einem peripheren Standort. Die Kombination der beiden Zielvorgaben, die gegenwärtigen innerstädtischen Bahnflächen für eine längerfristige Stadtentwicklung zu gewinnen und die Neubaustrecke Stuttgart-Ulm in einen dauerhaft leistungsfähigen Bahnknoten Stuttgart einzubinden, sei möglich, ohne den heutigen Bahnhofsstandort aufzugeben, indem der ursprüngliche Planungsansatz Heimerls unter Berücksichtigung städtebaulicher Anregungen der Architekten Bohm, Gurk und Wendt weiterentwickelt würde" (Wedler 1996: 350)[3]. Im August 1993 beauftragte Heinz Dürr das Hamburger Büro von Gerkan, Marg und Partner gmp mit der Untersuchung eines Fernbahnhofs und eines Hauptbahnhofs am Rosensteinpark und der städtebaulichen Implikationen sowie – etwas später – mit der Untersuchung eines neuen Durchgangsbahnhofs am Standort des gegenwärtigen Hauptbahnhofs (Bund Deutscher Architekten BDA u.a. 1997: 56).

12. Bei den nachfolgenden Varianten der Deutschen Bahn AG wurde auch die Variante eines neuen Durchgangsbahnhofs am Rosensteinpark untersucht. Isolde Oesterlein hatte 1990 mit ihrer Diplomarbeit aufgezeigt – was auch schon im Juli 1940 und im März 1948 untersucht worden war (Brunold 1992: 129)[4] –, dass neben der komplizierten Unterfahrung des Hauptbahnhofs auch ein Standort am Rosensteinpark in Betracht kommt. Sie hatte damit kurz vor einer wichtigen Phase des Entwurfsprozesses der Bahn zum ersten Mal öffentlich auf die mit dieser

---

3   Siehe auch Planfeststellungsverfahren PFA 1.1, Erläuterungsbericht Teil I, Allgemeiner Teil, planfestgestellt durch Beschluss vom 28.01.2005, S. 55: „Dieser Ansatz (Rosensteinbahnhof) war aber insofern bedeutsam, als er erstmals die Möglichkeit aufzeigte, bisheriges Bahngelände im Bereich der Stuttgarter Innenstadt städtebaulich neu zu nutzen." Dies erschien als Win-win-Lösung, als „Positivsummenspiel" für Bahn, Land und Stadt.

4   Siehe auch: Plan vom März 1948, Landesbildstelle Stuttgart-Ost, Landhausstraße 70, Dr. Leibbrand, handschriftlich: Prof. Hoss Stuttgart. Siehe auch Karte vom 11.7.1940: „Generelle Studie über eine Möglichkeit der Verlegung des Hauptbahnhofs Stuttgart nach dem Rosenstein. Nur für den Dienstgebrauch. Städt. Tiefbauamt. Zimmer des Amtsvorstands. Stuttgart, den 11.7.1940".

Lösung verbundene Möglichkeit eines Flächengewinns und einer Veräußerung der nicht mehr benötigten Gleisflächen hingewiesen.

13. Die Forderung des Landes Baden-Württemberg nach einer flughafennäheren Trassierung führte zur Ausarbeitung einer weiteren Variante, so dass insgesamt vier kleinräumige Varianten für den Bereich Stuttgart-Flughafen-Autobahn verglichen wurden (siehe Abbildung 8):

Abbildung 8: Vier Varianten in Stuttgart 1. Kombi, 2. „S21", 3. Bahnhof Rosenstein, 4. „K21"

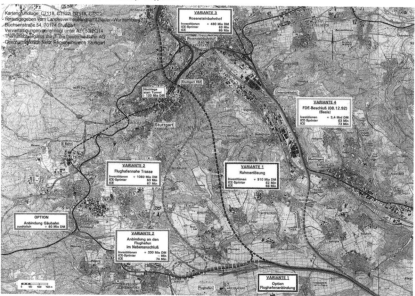

Bildquelle: Deutsche Bahn AG.

Variante 1 mit Fernschnellbahnhof unter dem bestehenden Hauptbahnhof und flughafenfernere Trassierung und Stichbahn zum Flughafen

Variante 2 mit Fernschnellbahnhof unter dem bestehenden Hauptbahnhof und flughafennaher Trassierung und Anbindung des Flughafens im Nebenschluss

Variante 3	mit Fernschnellbahnhof am Rosensteinpark und Führung der Strecke über Bad Cannstatt und Untertürkheim über einen Tunnel zwischen Mettingen in Richtung Denkendorf zur Autobahn ohne Flughafenanbindung
Variante 4	mit bestehendem Kopfbahnhof und Führung der Strecke über Bad Cannstatt und Untertürkheim über einen Tunnel zwischen Mettingen in Richtung Denkendorf zur Autobahn ohne Flughafenanbindung.

Der Vorstand der Deutschen Bundesbahn hielt unter Berücksichtigung erforderlicher Investitionen und betriebswirtschaftlicher Aspekte die Varianten 1, 2 und 3 nicht für vertretbar oder durchsetzbar, so dass er lediglich Variante 4 für das weitere Vorgehen in Betracht zog.

14. Der Stuttgarter Gemeinderat hatte sich am 25.6.1992 mit seiner zweiten einstimmig gefassten Resolution[5] vehement gegen den Standort des Fernschnellbahn-

---

5   „Der Gemeinderat der Landeshauptstadt Stuttgart begrüßt das Einschwenken des Vorstandes der Deutschen Bundesbahn auf die seit Jahren vom Gemeinderat favorisierte Trassenführung entlang der Autobahn (H-Variante, „Heimerl-Trasse"). Integraler Bestandteil dieser Trassenvariante wie auch der von der Deutschen Bundesbahn zunächst bevorzugten Filstal-Trasse (K-Variante) ist die Unterfahrung des Stuttgarter Hauptbahnhofs durch den Personenschnellverkehr (IC und ICE Züge). In diametralem Widerspruch zum Werbeslogan der Deutschen Bundesbahn „Wir fahren mitten ins Herz der Stadt" stehen Überlegungen des Bundesbahnvorstandes, im Zuge der künftigen Schnellbahnstrecke Mannheim-Stuttgart-Ulm den Stuttgarter Hauptbahnhof teilweise oder ganz vom IC/ICE-Verkehr abzuhängen und einen neuen IC/ICE-Bahnhof „Bad Cannstatt" zu bauen. Der Stuttgarter Gemeinderat wendet sich mit aller Entschiedenheit gegen derartige Überlegungen, die zu einem empfindlichen Verlust an Zentralität der Landeshauptstadt führen müssen und allen verkehrspolitischen Bemühungen zuwiderlaufen, die Attraktivität des schienengebundenen Verkehrs zu steigern: 1. Der Stuttgarter Hauptbahnhof ermöglicht einen auch aus wirtschaftlichen Gründen anzustrebenden optimalen Verbund unterschiedlichster Verkehrsträger, der mit Millionenaufwand geschaffen wurde, und dessen verkehrspolitischer Nutzen nicht hoch genug eingeschätzt werden kann. 2. Der Stuttgarter Hauptbahnhof liegt im Zentrum der Landeshauptstadt in unmittelbarem Bezug zum Landesparlament und zu den Regierungsstellen – er ermöglicht, auf kürzestem Weg wichtige Dienstleistungsfunktionen und alle Institutionen des kulturellen Lebens der Landeshauptstadt zu erreichen. 3. Ein IC/ICE-Bahnhof „Bad Cannstatt" kann diesen Anforderungen auch nicht ansatzweise gerecht werden. Er würde ein Vorortbahnhof ohne ausreichende Nah- und Regionalverbindungen bleiben und so in keiner Weise den Erfordernissen eines modernen Personenverkehrszentrums der Landeshauptstadt gerecht werden können. 4. Die Realisierung eines IC/ICE-Bahnhofs „Bad Cannstatt" würde unerträgliche Eingriffe in das Ensemble „Schloß Rosenstein/Rosensteinpark" erfordern und die Neckartallandschaft in einem städtebaulich nicht hinnehmbaren Maß beeinträchtigen. Das Gefährdungspotential für die Mineralwasserquellen Stuttgarts ist in keiner Weise abschätzbar; die bekannten geologischen Probleme sind auf jeden Fall ungleich höher als bei einer Unterfahrung des Stuttgarter Hauptbahnhofs. 5. Vordergründige Kostenvorteile eines IC/ICE-Bahnhofs „Bad Cannstatt" gegenüber einer Untertunnelung des Stuttgarter Hauptbahnhofs müssen gegengerechnet werden: Die Höhe der Aufwendungen aufgrund der

hofs am Rosensteinpark ausgesprochen und somit dazu beigetragen, dass diese Lösung trotz deutlicher Fahrzeitvorteile nicht weiter verfolgt wurde.

15. Der Bahnvorstand begrüßte am 8.12.1992 den Beschluss der Landesregierung von Baden-Württemberg vom 15.09.1992, den weiteren Planungen zur Fortführung der Schnellfahrstrecke von Mannheim nach Ulm die autobahnnahe Trassenkonzeption zu Grunde zu legen. Der Bahnvorstand ging aber nicht auf die Forderungen des Landes Baden-Württemberg nach einer Unterfahrung des Hauptbahnhofs Stuttgart mit einem Fernbahntunnel und nach einer flughafennäheren Trassierung und Anbindung des Flughafens im Nebenschluss ein, sondern schlug die Variante H'_{25} (auch H_{minus} genannt) vor.

Damit wurde ein Widerspruch zwischen Bahn und Land/Stadt markiert, der nicht im Konsens lösbar erschien. In dieser spannungsvollen Situation bot der von Hansjörg Bohm, Christian Wendt und Klaus Gurk 1990 in die Diskussion gebrachte, von der Bahn geprüfte und bis zur Funktionsfähigkeit weiterentwickelte sowie von Jürgen Wedler gegenüber dem Bahnvorstand vertretene Lösungsansatz einen eleganten Ausweg, der die existentiellen Interessen von Land, Stadt und Bahn konstruktiv und für alle Beteiligten gewinnbringend zu berücksichtigen versprach und zudem finanzierbar erschien: Der bestehende Kopfbahnhof sollte durch einen 8-gleisigen, um 90 Grad gedrehten, tiefliegenden Durchgangsbahnhof ersetzt werden. Die oberirdischen Gleisflächen von 100 Hektar Größe waren nicht mehr bahnbetrieblich notwendig und konnten städtebaulich entwickelt und veräußert werden. Die Verkaufserlöse sollten dazu beitragen, den aufwändigen Umbau des Stuttgarter Bahnknotens und des Flughafenanschlusses mit zu finanzieren.[6] Nach bahninterner Vorprüfung dieses Lösungsansatzes, konnte eine grundsätzliche Machbarkeit erwartet werden. Die neue Idee erhielt den Namen „Stuttgart 21" und wurde im Einvernehmen mit Bund, Land und Stadt von der Bahn öffentlich präsentiert.

---

geologischen Verhältnisse im Neckartal ist völlig unbekannt, die Kosten für begleitende Infrastrukturmaßnahmen und Einnahmeausfälle durch schwindende Attraktivität dürfen nicht vernachlässigt werden. Die Bahn würde ausschließlich die Stuttgarter Verkehrsverhältnisse verschlechtern – und, auf lange Sicht, Geld verlieren. Der Gemeinderat der Landeshauptstadt Stuttgart fordert daher den Vorstand der Deutschen Bundesbahn auf, sich unverzüglich und unmißverständlich mit einer Unterfahrung des Stuttgarter Hauptbahnhofs für den Personenschnellverkehr festzulegen und damit dem wichtigsten Unternehmensziel der Deutschen Bundesbahn gerecht zu werden, die Attraktivität des schienengebundenen Personenverkehrs zu steigern".

6   Die rechtliche Zulässigkeit der Verwendung der Verkaufserlöse für „Stuttgart 21" wurde von Kritikern des Projektes in Frage gestellt.

16. Am 18.4.1994 – nachdem Bundesverkehrsminister Matthias Wissmann, Oberbürgermeister Manfred Rommel und Ministerpräsident Erwin Teufel informiert worden waren und Zustimmung signalisiert hatten – wurde in einer kurzfristig angesetzten Pressekonferenz die Ideenskizze zum Projekt „Stuttgart 21" vorgestellt. Das Projekt wurde hierbei erstmals öffentlich von Ministerpräsident Erwin Teufel, Bundesverkehrsminister Matthias Wissmann, Oberbürgermeister Manfred Rommel, Landesverkehrsminister Hermann Schaufler und dem Vorstandsvorsitzenden der DB AG, Heinz Dürr präsentiert. In der gemeinsamen Presseerklärung wurden die Grundzüge des Projektes „Stuttgart 21" wie folgt beschrieben: „Der bisherige Kopfbahnhof mit seinen 16 Bahnsteiggleisen wird ersetzt durch einen unterirdischen Durchgangsbahnhof mit acht Bahnsteiggleisen. Dieser verläuft quer unter den heutigen Bahnsteigen und anschließend an die Bahnhofshalle des denkmalgeschützten Bonatz-Baus. Die gesamten Gleis- und Betriebsanlagen auf dem heutigen Bahngelände werden aufgegeben. Dieses gesamte Areal (ca. 80 ha) steht damit für städtebaulich nutzbare Flächen zur Verfügung. Der Stuttgarter Stadtkern kann völlig neu gestaltet werden entsprechend den Möglichkeiten modernster Stadtplanung und angepasst an die Erfordernisse einer umfassenden Infrastruktur. Gleichzeitig lässt sich so die Anbindung des Flughafens Stuttgart an den Schienenverkehr sicherstellen. Eine optimale Verknüpfung von Straße, Nah- und Fernverkehr auf der Schiene sowie Luftverkehr wäre das Ergebnis. Die Eisenbahnstrecken werden wie folgt geführt: Eine viergleisige Streckeneinführung von Norden für die Hauptabfuhrstrecke von Feuerbach unter dem neuen unterirdischen Hauptbahnhof. Die Strecke verläuft von hier ab zunächst unterirdisch viergleisig in Richtung Südosten und verzweigt sich südlich der Uhlandshöhe in Tieflage in jeweils zweigleisigen Strecken zum Flughafen nach Süden und nach Untertürkheim in Richtung Osten. Letztere überquert den Neckar und wird einerseits in die bestehende Stammstrecke Stuttgart-Ulm (Filstal), andererseits über eine Verbindungskurve nach Norden zum künftigen Wartungsbahnhof auf dem Gelände des derzeitigen Rangierbahnhofs Untertürkheim geführt. Mit dieser Linienführung ist auch die Anbindung an die Strecke Stuttgart-Nürnberg gesichert. Der Flughafen kann aus Richtung Zürich direkt im Durchgangsverkehr oder vom neuen Stuttgarter Hauptbahnhof mit einer Stichstrecke angefahren werden; durch den Einsatz von Triebzügen mit zwei Führerständen entstehen dabei praktisch keine Reisezeitverluste. Die Gäubahn wird im Rohrer Dreieck auf die Neubaustrecke geführt, so dass der Verkehr von Süden kommend auf der Gäubahn über die Neubaustrecke in den Hauptbahnhof Stuttgart geleitet wird. Die bisherige Gäubahn entlang des Talkessels Stuttgart zwischen Stuttgart-Rohr und Stuttgart-Nord wird aufgegeben."

Der damalige Vorstandsvorsitzende der DB AG, Heinz Dürr (2008: 286-287), fasste später den Weg des Projektes „Stuttgart 21" wie folgt zusammen: „Eines unserer großen Themen waren die Bahnhöfe, für die man jahrzehntelang sehr wenig getan hatte. Sie waren so verwahrlost, dass die Bahnhofsviertel häufig zu Rotlichtbezirken verkommen waren. Wenn wir kundenfreundlicher werden wollten, brauchten wir nicht nur neue Züge, sondern auch saubere, gut zugängliche und helle Bahnhöfe. So starteten wir eine Offensive für schönere Bahnhöfe und versuchten, mit den Städten und Gemeinden ins Gespräch zu kommen... Bei der Biennale 1996 in Venedig präsentierten wir eine Ausstellung über die „Renaissance der Bahnhöfe", die ein großer Erfolg wurde, über den sich ganz besonders der damalige Bauminister Töpfer freute, der uns tatkräftig unterstützt hatte. Für die Renovierung der Bahnhöfe brauchten wir viel Geld. Deshalb suchten wir nach Möglichkeiten einer privaten Finanzierung. Der Leipziger Bahnhof, ein großartiger Kopfbahnhof, wurde mit privatem Geld komplett renoviert – ein Modell, das vor der Bahnreform kaum möglich gewesen wäre... Die meisten Bahnhöfe, insbesondere die Kopfbahnhöfe, hatten noch gewaltige Gleisanlagen, die aus der alten Eisenbahnzeit stammten, als viel rangiert und umgestellt werden musste. Für die modernen Züge brauchten wir diese Gleisanlagen nicht mehr, konnten sie also frei räumen, das Gelände verkaufen und damit unsere Investitionen zumindest teilweise finanzieren... Wir nannten diese Projekte „München 21", „Frankfurt 21", „Mannheim 21", „Neu-Ulm 21" (das als erstes Projekt im November 2007 in Betrieb genommen wurde), „Magdeburg 21", „Saarbrücken 21" und so weiter. Am konkretesten wurden wir in Stuttgart, wo es seit 1991 die Schnellstrecke Mannheim-Stuttgart mit 35 Minuten Fahrzeit gab, während es von Stuttgart in Richtung München nur sehr langsam über die Schwäbische Alb voranging. Professor Heimerl hatte die sogenannte „Heimerl-Trasse" entworfen, die entlang der Autobahn von Stuttgart nach Ulm führen sollte. Aber wie war diese Strecke von Kornwestheim aus, wo die Schnellstrecke aus Mannheim aufhörte, zu erreichen? Die Lösung war, den Hauptbahnhof als Durchgangsbahnhof auszulegen: Die acht Gleise, die wir für diesen Durchgangsbahnhof benötigten, konnten entweder oberirdisch auf Stelzen oder unterirdisch als Tiefbahnhof gelegt werden. Für das beschauliche Stuttgart kam nur der Tiefbahnhof infrage. Zusammen mit dem Architekten Meinhard von Gerkan, der auch den Flughafen Stuttgart gebaut hatte, fertigten wir zwei Luftaufnahmen an: den heutigen Kopfbahnhof mit seinen riesigen Gleisanlagen und zum anderen eine Computeranimation des bebauten Bahngeländes mit dem tiefer gelegten Bahnhof. Wie sich zeigte, ergaben sich völlig neue Perspektiven für die Stadt Stuttgart. Im engen Talkessel entstand städtischer Raum für ein neues Viertel... Mit diesen beiden Aufnahmen ging ich zusammen mit meinem Kollegen Ulf Häusler und zwei Planungsingenieuren zum Stuttgarter Oberbürgermeister Manfred Rommel. Wir erklärten ihm das Konzept, und er sah sich die beiden Fotos lange an. „Das ist ja ein gewaltiges Projekt!", erklärte er dann. „Und teuer wird es sicher auch. Aber wir brauchen solche Visionen!" Verkehrsminister Matthias Wissmann präsentierte ich das Projekt während eines Flugs in der Regierungsmaschine von Berlin nach Köln-Bonn. Er war auf Anhieb begeistert. „Das müssen wir machen!", rief er aus. Jetzt musste nur noch Ministerpräsident Teufel überzeugt werden, was uns am Rande einer CDU-Tagung in Rauenberg zusammen mit Wissmann und Rommel gelang. Am darauf folgenden Montag stellten wir der völlig überraschten Presse das Projekt „Stuttgart 21" im Landtag vor. Nichts war vorher durchgesickert. Umso mehr Aufmerksamkeit bekamen wir für unseren Vorschlag. Aus dem Verkauf der nicht mehr gebrauchten Gleisgrundstücke konnte der Tiefbahnhof weitgehend finanziert werden. Außerdem wurde das System des Regionalverkehrs im Großraum Stuttgart wesentlich verbessert. Da auch noch eine Messe auf den Fildern im Gespräch war, konnte man eine elegante Anbindung an die ICE-Strecke nach München machen. Leider blieb das Projekt nach dem Regierungswechsel von 1998 stecken, als Baden-Württemberg plötzlich ein „B-Land" wurde und die Prioritäten sich verschoben. Erst 2007 gelang der Durchbruch, und 2010 soll nun mit dem Bau der Strecke begonnen werden".

1.2.2 Vom Startschuss zur Vollbremsung, 1994-2000

Mit der öffentlichen Vorstellung der Ideenskizze in der Landespressekonferenz am 18.4.1994 und mit der Ankündigung der nächsten konkreten Schritte (Bildung einer Arbeitsgruppe von Bund, Land und Stadt Stuttgart unter Federführung der DB AG sowie Erstellung einer Machbarkeitsstudie) startete das Projekt „Stuttgart 21" offiziell.

Machbarkeitsstudie

In der Landespressekonferenz war angekündigt worden, dass in der Machbarkeitsstudie alle technischen, verkehrlichen, wirtschaftlichen und finanziellen Fragen untersucht werden sollten. Die Ergebnisse der Machbarkeitsstudie wurden in der Landespressekonferenz vom 16.1.1995 vorgestellt. Zusammenfassend stellten die Projektpartner fest, dass die Machbarkeitsstudie die technische Realisierbarkeit von „Stuttgart 21" aufgezeigt hat. „Eine Reihe von Punkten und Planungsoptionen, die im Rahmen der Machbarkeitsstudie offen bleiben mussten, sind weiter zu vertiefen. Dazu zählen die Überprüfung der Kosten und Termine sowie die Minderung der Risiken, die die Trassenführung mit sich bringt" (Deutsche Bahn AG 1994: 1[7]).

Vorprojekt

Die Deutsche Bahn AG wies darauf hin, dass zur Fortführung des Projektes „Stuttgart 21" die Notwendigkeit eines Vorprojekts bestehe und hierfür eine Entscheidung des Vorstands der Deutschen Bahn AG erforderlich sei. Die Ergebnisse des Vorprojektes sollten Anfang 1995 vorliegen, um die Entscheidungsgrundlagen im vierten Quartal 1995 verfügbar zu haben. Im Vorprojekt sollten zunächst eine Reihe von Planungsoptionen untersucht werden, die im Rahmen der Machbarkeitsstudie nur angedacht werden konnten. Dazu gehörten die Überprüfung der Kosten und Termine mit dem Ziel der Ergebnisverbesserung und die Reduzierung von Risiken aus der Trassenführung. Baldmöglichst müsste deshalb auch mit den hydrogeologischen Untersuchungen und den Umweltverträglichkeitsprüfungen begonnen werden. „Entscheidend für eine Abwicklung des Projektes „Stuttgart 21" innerhalb des geplanten Terminrahmens ist die organisatorische Abwicklung. Da mit den Bereichen Fahrwege, Bahnhöfe und Immobilien verschiedene Bereiche der Deutschen Bahn AG in großem Umfang beteiligt sind, muss frühzeitig die Frage der Federführung geklärt werden. Erst nach eindeutiger Klärung der noch offenen Fragen im genannten Vorprojekt könnten die Fragen der Finanzierung und der Beteiligung von potentiellen Investoren vertieft werden. Auf diesen Grundlagen ist dann der Grundsatzbeschluß vom Vorstand der Deutschen Bahn AG zu fällen" (Deutsche Bahn AG 1994: 38). Die positiven Ergebnisse des Vorprojekts wurden im November 1995 ebenfalls auf einer Landespressekonferenz vorgestellt. „Zu den wesentlichen Resultaten des Vorprojekts „Stuttgart 21" zählt aber auch und nicht zuletzt ein konkreter Finanzierungsvorschlag" (Deutsche Bahn AG 1994: 1).

Rahmenvereinbarung 1995

Am 7.11.1995 wurde zwischen dem Land Baden-Württemberg, der Landeshauptstadt Stuttgart, dem Verband Region Stuttgart, der Bundesrepublik Deutschland und der Deutschen Bahn AG eine Rahmenvereinbarung unterzeichnet. Sie enthält neben einer Projektbeschreibung auch Aussagen zur Finanzierung, zur Aufstellung eines städtebaulichen Rahmenplans und zur Aufstellung von Bebauungsplänen. Alle Beteiligten verpflichteten sich zudem, das Projekt zu fördern und

---

7   Die Broschüre ist eine Zusammenfassung der Machbarkeitsstudie, die aus 18 Bänden mit Einzelgutachten und Detailunterlagen besteht.

alle Verfahrensschritte soweit als möglich und vertretbar zu verkürzen, damit der
Zeitplan eingehalten werden kann (siehe § 5 Rahmenvereinbarung).

Im Juni 1996 gründete die Deutsche Bahn AG die zunächst aus 19 Mit-
arbeitern bestehende DBProjekt GmbH Stuttgart 21. Zweck der Projektge-
sellschaft war „die Vorbereitung, Koordination und Steuerung von Planung,
Bauvorbereitung, Baudurchführung und Bauüberwachung des Bahnprojekts
„Stuttgart 21" einschließlich der Steuerung der Vergabe und der Abwicklung
aller Arbeiten" (DBProjekt GmbH Stuttgart 21 1996a).

Raumordnungsverfahren

Das Raumordnungsverfahren zum Projekt „Stuttgart 21" wurde am 6.12.1996
beantragt und im September 1997 abgeschlossen. In der Raumordnerischen
Beurteilung heißt es: „Das Regierungspräsidium Stuttgart kommt nach gründ-
licher Prüfung zu dem Ergebnis, dass das Projekt Stuttgart 21 mit den Erfordernissen der Raumordnung und Landesplanung vereinbar und mit der Umwelt grundsätzlich verträglich ist. Als raumordnerisch günstigste Lösung ist
die Westumfahrung Plieningen (Variante D4) der weiteren Planung zugrunde
zu legen. Für die Genehmigung sind außerdem eine Reihe von Vorgaben und
Hinweise zu beachten" (Regierungspräsidium Stuttgart 1997: 1).

Im Juli 1998 waren die Planfeststellungsunterlagen für den ersten Planfeststellungsabschnitt PFA 1.1 Talquerung von der DBProjekt GmbH Stuttgart 21
fertiggestellt worden und bereit für die Eingabe beim Eisenbahnbundesamt. Auf
Veranlassung des Vorstands der Deutschen Bahn AG wurden die Planunterlagen
jedoch nicht eingereicht. Das erste Planfeststellungsverfahren PFA 1.1 Talquerung mit dem Hauptbahnhof und der Planrechtfertigung des gesamten Projektes
„Stuttgart 21" wurde also im Juli 1998 gestoppt. Die Entscheidung hatte weitreichende Folgen. Eine einschneidende Folge war, dass die Projektorganisation
„Stuttgart 21" praktisch zerstört und das lebendige Fachwissen zerstreut wurden.

Städtebauliche Rahmenplanung

Bereits im Rahmen von Machbarkeitsstudie und Vorprojekt wurden von der Stadt
Stuttgart weitreichende städtebauliche Planungen durchgeführt, die weiter unten
ausführlich dargestellt werden.

Planungsstopp – Vollbremsung des Projektes

Johannes Ludewig war seit 9.7.1997 Vorstandsvorsitzender der Deutschen Bahn AG
und stoppte 1998 die Planungen des Projektes „Stuttgart 21". „Es sei für die Bahn

schlicht zu teuer und zu groß gewesen" (Schunder 2012: 172). In der Rückschau sagte Johannes Ludewig (2010) in einem Interview (zentrale Aussagen, redigiert und zusammengefasst): „1999 wollte sich die baden-württembergische Landesregierung nicht an der Finanzierung des Projektes „Stuttgart 21" beteiligen, sondern dieses lediglich vorfinanzieren. Ich habe es damals abgelehnt, das Projekt „Stuttgart 21" zu Lasten anderer Projekte in Deutschland zu realisieren. Zu einem richtigen Zeitpunkt, vor etwa zehn Jahren, war eine Entscheidung möglich. Sie ist jedoch durch Fehler der Landesregierung gescheitert. Damals gab es kaum Proteste, und die öffentliche Meinung war überwiegend vom Projekt „Stuttgart 21" angetan. Nach meiner Erfahrung lässt sich sagen: dass Projekte, die reif sind, auch umgesetzt werden müssen – reif in dem Sinne, dass alle Probleme geklärt sind und alle notwendigen politischen Entscheidungen getroffen worden sind. Wird die Entscheidung zur Realisierung des Projekts aber nicht getroffen, sondern um Jahre verschoben, dann „zerfasert" das Projekt und ist nachher nicht mehr zusammenzubringen. „Stuttgart 21" ist hierfür ein klassisches Beispiel, das zeigt, was passiert, wenn ein Projekt nicht auf den Punkt gebracht, entschieden und realisiert wird".

1.2.3 Vom Neustart zum Baubeginn, 2001-2010

Durchbruch und Ergänzungsvereinbarung

Nachdem der Planungsprozess gestoppt und eine Entscheidung des Aufsichtsrats der Deutschen Bahn AG über „Stuttgart 21" in den Jahren 1989 und 2000 sechsmal vertagt worden war, kam es in Berlin am 14.2.2001 zu einem unerwarteten „Durchbruch" – in einem Spitzengespräch zwischen dem Bundesverkehrsminister Kurt Bodewig, dem Verkehrsminister von Baden-Württemberg, Ulrich Müller, dem Verkehrsminister von Bayern, Otto Wiesheu, und dem Vorstandsvorsitzenden der Deutsche Bahn AG, Hartmut Mehdorn. Bei dem Gespräch ging es um die Finanzierung von „Stuttgart 21" und der Neubaustrecke nach Ulm, insbesondere über die Verteilung der Kosten der Vorfinanzierung. Obwohl noch eine vertragliche Fixierung des Verhandlungsergebnisses erforderlich war, gab der Aufsichtsrat der Deutschen Bahn AG bereits am 14.3.2001 grünes Licht für die Vorbereitung der planungsrechtlichen Verfahren.

Die vertragliche Fixierung erfolgte am 24.7.2001 mit Abschluss der „Vereinbarung zur weiteren Zusammenarbeit zur Realisierung der Projekte Stuttgart 21 und NBS Wendlingen-Ulm" (Ergänzungsvereinbarung oder auch Realisierungsvereinbarung) zwischen dem Land Baden-Württemberg, der Landeshauptstadt Stuttgart, dem Verband Region Stuttgart und der Deutschen Bahn AG. „Gegenstand dieser Vereinbarung ist insbesondere die Verpflichtung des Landes Baden-Württemberg, die zuwendungsfähigen Kosten der NBS Wendlingen-Ulm sowie den Bundesanteil für Stuttgart 21 vorzufinanzieren. Darüber hinaus werden in der Vereinbarung Regelungen über den Erwerb von frei werdenden Bahnflächen durch die Stadt Stuttgart, die Finanzierung und die Übernahme von Kostenrisiken getroffen."[8] Die Landeshauptstadt Stuttgart verpflichtete sich, die Gleisflächen A2/3, B, C und D zu erwerben. Der Kaufvertrag wurde am 19.12.2001 abgeschlossen. Der Kaufpreis in Höhe von DM 830.000.000 (entspricht € 424.372.261,40) wurde am 31.12.2001 beglichen.

Die Ergänzungsvereinbarung 2001 enthält unter anderem Regelungen über den Abschluss gesonderter Vereinbarungen beispielsweise zur Flughafenanbindung, zur Vorfinanzierung und zur Möglichkeit der Beendigung des Projektes bei wirtschaftlicher Unzumutbarkeit sowie zu einer aktualisierten und konsolidierten Wirtschaftlichkeitsberechnung, einer sich daraus ergebenden Anpassung der Finanzierungsbeiträge und einer aktualisierten Finanzierungsvereinbarung.

Planfeststellungsverfahren

Nach Abschluss der Ergänzungsvereinbarung 2001 wurden alle sieben Planfeststellungsverfahren zum Projekt „Stuttgart 21" und alle acht Planfeststellungsver -

Abbildung 9: Antragstrasse Bahnknoten Stuttgart, Stadtbereich

Bildquelle: Deutsche Bahn AG.

---

8   Urteil Verwaltungsgericht Stuttgart – 7./10. Kammer vom 17. Juli 2009."

fahren zur Neubaustrecke Wendlingen-Ulm begonnen. Bis September 2012 be-
stehtfür elf von 15 Verfahren rechtsgültiges Baurecht. Der Planfeststellungsabschnitt 2.5b Neu-Ulm 21 wurde bereits 2007 realisiert und in Betrieb genommen. Der Planfeststellungsabschnitt 1.1 Talquerung mit Hauptbahnhof wurde
am 28.1.2005 planfestgestellt. Die Planfeststellungsunterlagen dieses Abschnit-
tes enthalten unter anderem eine ausführliche Darstellung aller diskutierten Alternativen und Varianten, deren Beurteilung durch die Deutsche Bahn AG sowie
der Methode der Alternativenauswahl und die Rechtfertigung des beantragten
Konzepts für den Bahnknoten Stuttgart und die Neubaustrecke Wendlingen-Ulm.
    Klagen gegen den Planfeststellungsbeschluss zum Planfeststellungsabschnitt
PFA1.1 Talquerung waren vom Verwaltungsgerichtshof Baden-Württemberg am
6.4.2006 abgewiesen worden, womit die Deutsche Bahn AG uneingeschränktes
Baurecht erhielt.

Finanzierungsvertrag

Die Vorstufe zur Finanzierungsvereinbarung war das „Memorandum of Understan-
ding zur Realisierung der Neubaustrecke Stuttgart-Ulm und des Projekts Stuttgart
21" vom 19.7.2007 zwischen der Bundesrepublik Deutschland, dem Land Baden-
Württemberg, der Deutsche Bahn AG, der DB Netz AG, der DB Station&Service
AG und der DB Energie GmbH, der Landeshauptstadt Stuttgart und dem Verband Region Stuttgart sowie ein Eckpunktepapier für einen Finanzierungsvertrag.
    Am 2.4.2009 wurde der „Finanzierungsvertrag zu Stuttgart 21" abgeschlos-
sen zwischen dem Land Baden-Württemberg, der Landeshauptstadt Stuttgart, dem
Verband Region Stuttgart und der Flughafen Stuttgart GmbH sowie der DB Netz
Aktiengesellschaft, der DB Station&Service Aktiengesellschaft, der DB Energie GmbH und der Deutsche Bahn Aktiengesellschaft. Nachdem keiner der Vertragspartner Einwendungen vorgebracht hatte, wurde der Finanzierungsvertrag
am 10.12.2009 für die Vertragspartner verbindlich. Zudem wurde am 2.4.2009
von den Vertragspartnern eine „Gemeinsame Erklärung zur Realisierung der
Projekte Stuttgart 21 und NBS Wendlingen-Ulm" abgegeben. Die Rahmenvereinbarung von 1995 und ihre Ergänzungsvereinbarung (Realisierungsvereinbarung) von 2001 waren somit nach 14 Jahren erfüllt. Die Realisierung des Projektes „Stuttgart 21" konnte beginnen.
    Am 2.2.2010 war offizieller Baustart von „Stuttgart 21" – 15 Jahre, neun
Monate und 16 Tage nach Abschluss der Rahmenvereinbarung. Ministerpräsident Günther Oettinger, Bundesminister für Verkehr, Bau und Stadtentwicklung
Peter Ramsauer, Oberbürgermeister Dr. Wolfgang Schuster, Regionaldirektorin
Jeanette Wopperer, der Vorstandsvorsitzende der DB AG Rüdiger Grube und der

Projektsprecher Wolfgang Drexler hoben im Stuttgarter Hauptbahnhof den Prell-
bock 049 aus den Gleisen. Der Baustart war Anlass für heftige Proteste.

1.2.4 Protest, Schlichtung und Volksabstimmung, 2010-2011

Protest

Es überrascht nicht, dass „Stuttgart 21" und die „Neubaustrecke Wendlingen-Ulm"
– wie fast alle Vorhaben – Vor- und Nachteile aufweisen und dass die Nachteile
Widerspruch und Widerstände hervorrufen. Überrascht haben die Dauer, die Heftigkeit und die Träger des Protests (siehe dazu auch die Beiträge in diesem Band).
Über die Geburt der Protestbewegung berichtet Gangolf Stocker, einer der bedeutenden Akteure gegen „Stuttgart 21": „Es begann im November 1995 nach einem
Vortrag von Winfried Wolf[9] in Stuttgart... Vor einem kleinen linken Publikum
berichtete er damals über die ersten Pläne von Stuttgart 21. Nach dem Vortrag bildete sich eine kleine Gruppe. Wir waren ca. 15 Leute... (W)ir suchten von Anfang
an den Kontakt zu den bürgerlichen Kreisen der Stadt" (Schorlau 2010: 35). Und
weiter: „„Stuttgart 21" wurde weitgehend unter Ausschluß einer demokratischen
Öffentlichkeit entwickelt. Dieses Großprojekt wird „von oben" betrieben. Ebenso
wird versucht, es ohne ernsthafte und offene Debatte in der Bevölkerung durchzusetzen. Diese Vorgehensweise erinnert an vordemokratische Zeiten... Wir fordern demgegenüber eine offene Debatte in der Bevölkerung über dieses Projekt.
Offen soll heißen: die Möglichkeit eines Nein zu Stuttgart 21 muß gegeben sein
und die letzte Entscheidung muß bei den demokratisch legitimierten Parlamenten bzw. letzten Endes bei der Bevölkerung liegen" (Wolf 1995: 77). Die Organisation des Protests gegen „Stuttgart 21" war alles in allem hoch professionell. In
den Jahren 1996 bis 2010 entwickelte sich der Protest schrittweise bis hin zu den
in Stuttgart eher seltenen Dimensionen.

Am 26.10.2009 fand die erste „Montagsdemonstration" gegen „Stuttgart 21"
statt – mit nur drei Teilnehmern; diese Demonstrationsform wurde regelmäßig
fortgesetzt und fand vor allem im Jahr 2010 großen Zulauf. Zudem bestimmten
zahlreiche Aktivitäten wie Menschenketten, Unterschriftensammlungen, Aktions-
wochen, kulturelle Veranstaltungen, Sitzblockaden, Schweigemärsche, „Schwa-
benstreiche" das Leben der Menschen. Zudem bestand die Möglichkeit, sich in
Teams, Arbeitsgruppen und Vereinigungen gegen „Stuttgart 21" zu engagieren:
So gab es z.B. Parkschützer, Parkwache, Robin Wood, Rechtshilfefonds Kriti-
sches Stuttgart, Jura-Selbsthilfegruppe, Infooffensive, AK Kultur, Aktionskonfe-

---

9   Dr. Winfried Maria Wolf, Journalist und Buchautor; Veröffentlichungen insbesondere auf den
    Gebieten Weltwirtschaft, Dritte Welt und Verkehr. 1997-2004 Mitglied der PDS. 1994-2002
    Mitglied des Deutschen Bundestages und verkehrspolitischer Sprecher der PDS-Fraktion.

renz-Gruppe, Trainings für Zivilen Ungehorsam, AK zur Aufarbeitung des 30.9., Aktionstraining-Gruppe, Demo-Sanitäter, Demobeobachter, Interventionsteam, Kopf-Hoch-Team (Konfliktvermeidung, Schlichtung), Versorger-Team, AG Hauptbahnhof Stuttgart, ArchitektInnen gegen S21, Ärzte, Psychologen, Therapeuten – demokratisch oben bleiben, Gegenlicht 21 – Netzwerk engagierter Fotografen/Innen, Gewerkschafter gegen S21, Ingenieure 22 – Ingenieure gegen S21, Jugendoffensive gegen S21, Juristen zu S21, Landschaftsgärtner gegen S21, Offener Chor, Parkschützer Kletterer, Senioren gegen S21, Trommelgruppe, Unternehmer gegen S21, VfB-Fanclub Rote Karte, Yoga gegen S21 sowie das Stuttgarter Bündnis für Versammlungsfreiheit. Höhepunkte waren die Großdemonstrationen im Mittleren Schlossgarten und auf den Straßen des City-Rings; sie prägten die Atmosphäre in der Stadt. Für viele Bürgerinnen und Bürger aus Stuttgart und Umgebung wurden sie zu einem Gemeinschaftserlebnis besonderer Art. Buttons und bunte Accessoires trugen das Logo K21 (für „Kopfbahnhof 21") auf hellgrünem Grund. Im Sommer 2010 bestimmten diese Erkennungsmerkmale das Stadtbild.

Die Aktivitäten und das Eintreten prominenter Persönlichkeiten für K21 verfehlten die beabsichtigte Wirkung nicht. So sagte Erhard Eppler (2010): „Es stimmt, dass die Befürworter alle rechtsstaatlich vorgesehenen Entscheidungen hinter sich haben. Es stimmt aber genauso, dass zwei Drittel der Stuttgarter gegen das Projekt sind". Die Aktionen des Bündnisses waren größer, lauter, lebendiger, bunter und überwiegend prägnanter als die der Projektpartner und der Befürworter. Sie wurden getragen von einer inneren Überzeugung, nutzten Handy, Internet und Social Media und sicherten eine schnelle und flexible Kommunikation.

Die nachfolgende Zusammenstellung einiger Ereignisse nach dem Baustart von „Stuttgart 21" am 2.2.2010 lässt die Dominanz des Protests in der Stuttgarter Innenstadt erahnen:

28.02.2010:	„Schwabenstreich – 19 Uhr, täglich, 60 sec. laut, überall"
07.08.2010:	Großdemonstration Aktionsbündnis gegen S21, 10.000 Teilnehmer
20.08.2010:	Schweigemarsch „Bürgeraufstand gegen Stuttgart 21"
27.08.2010:	Großdemonstration gegen S21 „Weg mit Stuttgart 21", 30-50.000 Teilnehmer
03.09.2010:	Großdemonstration gegen S21 und Kundgebung zur aktuellen Lage
07.09.2010:	Großdemonstration gegen S21
10.09.2010:	Menschenkette gegen S21 zwischen Rotebühlplatz und Wilhelmsplatz

18.09.2010: Großdemonstration und Volksversammlung gegen S21 im Mittleren Schlossgarten

24.09.2010: Großdemonstration und Kundgebung gegen S21

30.09.2010: „Schwarzer Donnerstag", Schülerstreik und Demonstration, Räumung des Schlossgartens, Wasserwerfer-, Schlagstock- und Pfeffersprayeinsatz, 116 Verletzte

01.10.2010: Großdemonstration und Kundgebung gegen S21

09.10.2010: Großdemonstration gegen S21, Kundgebung auf dem Schlossplatz

Am Freitag dem 30.7.2010 wurde – zur Vorbereitung der Abbrucharbeiten am Nordflügel des Hauptbahnhofs – abends damit begonnen, einen Bauzaun aufzustellen. Gegen 20 Uhr alarmierte eine SMS zahlreiche Projektgegner über die Vorbereitung der Abbrucharbeiten. Die Polizei berichtete in einer Pressemitteilung: „Zur Stunde (Freitag, 30.07.2010, 21.00 Uhr) wird ein Bauzaun am Nordflügel des Stuttgarter Hauptbahnhofs errichtet. Die mit dem Rückbau beauftragte Firma schafft damit die Möglichkeit, auf dem Gelände der Deutschen Bahn AG mit den Arbeiten beginnen zu können. Der Bauzaun markiert gleichzeitig die derzeit äußere Begrenzung des für Passanten notwendigen Sicherheitsbereichs der bevorstehenden Bauarbeiten. Rund 150 Polizeibeamte sind vorsichtshalber zusammengezogen worden, um die Arbeiten gegen eventuelle Störungen zu schützen. Stand: 21.30 Uhr". „Nach dem Beginn der Errichtung des Bauzauns am Nordflügel des Stuttgarter Hauptbahnhofs ..., haben Demonstranten am Freitagabend (30.07.2010) nacheinander Straßen um den Bahnhof herum blockiert. Zirka 130 Personen setzten sich zunächst in den Bereich am Nordflügel des Hauptbahnhofs, in dem der Bauzaun errichtet werden sollte. Einsatzkräfte der Polizei drängten diese Personen zur Seite. Einige Gegner mussten weggetragen werden. Anschließend verlagerten sich einzelne Gruppen auf die Heilbronner Straße und blockierten dort teilweise den Verkehr. Von der Heilbronner Straße bewegten sich die Gruppen über die Schillerstraße in Richtung Gebhard-Müller-Platz, wo es ebenfalls zu Straßenblockaden kam. Nach Mitternacht nahm die Polizei mehrere Aktivisten am Charlottenplatz, die sich zuvor auf die dortige Straße gesetzt hatten, vorläufig fest. Dabei mischte sich immer mehr Eventpublikum unter die Demonstranten. Während der Aktionen der S21-Gegner wurden mehrfach auch Feuerwerkskörper gezündet. Auch noch gegen 01.00 Uhr störten S21-Gegner und vor allem Eventpublikum den Fahrzeugverkehr am Arnulf-Klett-Platz. Sie stellten und setzten sich erneut auf die Kreuzung. Drei von ihnen wurden von Polizeibeamten vorläufig festgenommen, nachdem sie der Aufforderung sich zu entfernen nicht nachgekommen waren. Zirka 700 Demonstranten insgesamt zählte die Polizei am Abend in Zusammenhang mit der Errichtung des Bauzauns. Stand: 02.00 Uhr" (Pressemitteilung der Polizei am 31.7.2010).

Den weiteren Fortgang der Demonstrationen fasst die Landeszentrale für Politische Bildung (2012) wie folgt zusammen: „Seit Beginn der Abbrucharbeiten am Nordflügel des Stuttgarter Hauptbahnhofs nahmen die Proteste gegen Stuttgart 21 spürbar zu. In den Augen vieler Bürgerinnen und Bürger waren mit S21 mehr ökologische, geologische und finanzielle Risiken als wirtschaftliche Chancen verbunden. Bei einer Demonstration am 30. September (2010) kam es zur Konfrontation der Protestbewegung mit der Polizei mit der Folge von über 100 Verletzten, darunter zwei Schwerverletzten. Zwei Versuche, Projektbefürworter und -gegner an einen Tisch zu bringen, um die Lage zu deeskalieren, waren gescheitert. Erst mit der Berufung von Heiner Geißler als S21-Schlichter kam wieder Bewegung in den Dialog."

Bis zur „Schlichtung" hatte es im Jahr 2010 zahlreiche Demonstrationen gegeben: 14 Großdemonstrationen, davon vier Demonstrationen mit 10.000 bis 30.000 Teilnehmern sowie eine Demonstration am Freitag, dem 01.10.2010, im Mittleren Schlossgarten mit 50.000 Teilnehmern; zudem elf Demonstrationen mit etwa 2.000 bis 6.000 Teilnehmern und ca. 20 Aktionen mit 20 bis 200 Personen. Im Jahr 2011 fanden vier Großdemonstrationen mit durchschnittlich 15.000 Teilnehmern, 14 Demonstrationen mit etwa 2.500 Teilnehmern und 26 Aktionen mit etwa 30 bis 40 Personen statt.[10] Bei der 150. Montagsdemonstration am 26. November 2012 wurden von der Polizei 3.400 Demonstranten gezählt.

„Schlichtung"

Dass es zur „Schlichtung" kam, ist nicht selbstverständlich (siehe dazu auch die Beiträge in diesem Band). Heiner Geißler (2010: 12-14) beschreibt, wie es zu seiner Berufung als Schlichter gekommen ist: „Am Mittwoch, 06.10.2010, wurde ich im Landtag von Ministerpräsident Mappus als Schlichter für den Streit um den Tiefbahnhof Stuttgart 21 und um die Neubaustrecke Ulm-Wendlingen vorgeschlagen, vom Fraktionsvorsitzenden Kretschmann in derselben Sitzung bestätigt, nachdem am Tag zuvor der Fraktionsvorsitzende der Grünen im Stuttgarter Stadtrat Werner Wölfle meinen Namen für diese Aufgabe genannt hatte. Dem schlossen sich alle Landtags-Fraktionen an. Das Aktionsbündnis gegen S 21 stimmte daraufhin am 12. Oktober meiner Nominierung zu. Am 15. Oktober 2010 einig-

---

10   Die Zusammenstellung der Teilnehmerzahlen basiert auf Pressemitteilungen des Polizeipräsidiums Stuttgart, http://org.polizei-bwl.de/ppstuttgart/Presse/Seiten/default.aspx; abgerufen am 28.9.2012.

ten sich Projektgegner und Projektbefürworter darauf, sich an einen Tisch zu setzen und mit dem Schlichtungsverfahren zu beginnen. Zuvor war Einigung über den Inhalt der Friedenspflicht und deren Einhaltung während der Schlichtungsgespräche erzielt worden. Am 22. Oktober begann die erste Schlichtungsrunde". Die „Schlichtung" wurde von Geißler (2012: 125-131) als „Sach- und Faktenschlichtung" oder „Faktencheck" bezeichnet. An acht Tagen (am 22. und 29. Oktober sowie am 4., 12., 19., 20., 26., 27. und 30. November 2010) fanden die Schlichtungsverhandlungen im Mittleren Sitzungssaal des Stuttgarter Rathauses statt. „Die Treffen zwischen Gegnern und Befürwortern des Milliardenprojekts Stuttgart 21 wurden erstmals im Fernsehen (SWR, PHOENIX) und im Internet von swr.de, phoenix.de und fluegel.tv direkt übertragen. Die Sitzung im Stuttgarter Rathaus wurde auch auf einer Leinwand gezeigt, vor der 500 Besucher Platz fanden" (Geißler 2010). Nach 60 Verhandlungsstunden an insgesamt acht Tagen innerhalb eines Zeitraums von sieben Wochen und nach Sondierungsgesprächen am selben Tag präsentierte Geißler am 30.11.2010 seinen Schlichterspruch und hob dabei hervor, dass aus seiner Sicht ein Kompromiss zwischen „Stuttgart 21" und einem „Kopfbahnhof 21" nicht möglich sei. „Jedoch müssten berechtigte Kritikpunkte der Gegner in die Planungen für S21 einbezogen werden. Geißler hält es für richtig, Stuttgart 21 fortzuführen. Die Bahn habe das Baurecht. Bei einem Ausstieg aus Stuttgart 21 entstünden den Projektträgern, insbesondere der Bahn AG, hohe Kosten, die von den S21-Gegnern auf 600 Millionen Euro, von der Bahn auf gut 2,8 Milliarden Euro beziffert werden. Aus Stuttgart 21 müsse Stuttgart 21 Plus werden, das die Anregungen aus der Schlichtung aufnimmt" (Geißler 2010). Im Einzelnen hielt Geißler (2010: 12-14) für die Fortführung des Baues von „Stuttgart 21" die folgenden Verbesserungen für unabdingbar:

„1. Die durch den Gleisabbau frei werdenden Grundstücke werden der Grundstücksspekulation entzogen und daher in eine Stiftung überführt, in deren Stiftungszweck folgende Ziele festgeschrieben werden müssen:

-   Erhaltung einer Frischluftschneise für die Stuttgarter Innenstadt.
-   Die übrigen Flächen müssen ökologisch, familien- und kinderfreundlich, mehrgenerationengerecht, barrierefrei und zu erschwinglichen Preisen bebaut werden.
-   Für notwendig halte ich eine offene Parkanlage mit großen Schotterflächen.

2. Die Bäume im Schloßgarten bleiben erhalten. Es dürfen nur diejenigen Bäume gefällt werden, die ohnehin wegen Krankheiten, Altersschwäche in der nächsten Zeit absterben würden. Wenn Bäume durch den Neubau existentiell gefährdet sind, werden sie in eine geeignete Zone verpflanzt. Die Stadt sollte für diese Entscheidungen ein Mediationsverfahren mit Bürgerbeteiligung vorsehen.

3. Die Gäubahn bleibt aus landschaftlichen, ökologischen und verkehrlichen Gesichtspunkten erhalten und wird leistungsfähig, z.b. über den Bahnhof Feuerbach, an den Tiefbahnhof angebunden.

4. Im Bahnhof selber wird die Verkehrssicherheit entscheidend verbessert. Im Interesse von Behinderten, Familien mit Kindern, älteren und kranken Menschen müssen die Durchgänge gemessen an der bisherigen Planfeststellung verbreitert werden, die Fluchtwege sind barrierefrei zu machen.

5. Die bisher vorgesehenen Maßnahmen im Bahnhof und in den Tunnels zum Brandschutz und zur Entrauchung müssen verbessert werden. Die Vorschläge der Stuttgarter Feuerwehr werden berücksichtigt.

6. Für das Streckennetz sind folgende Verbesserungen vorzusehen:

- Erweiterung des Tiefbahnhofs um ein 9. und 10. Gleis.

- Zweigleisige westliche Anbindung des Flughafen Fernbahnhofs an die Neubaustrecke.

- Zweigleisige und kreuzungsfrei angebundene Wendlinger Kurve.

- Anbindung der bestehenden Ferngleise von Zuffenhausen an den neuen Tunnel von Bad Cannstatt zum Hauptbahnhof.

- Ausrüstung aller Strecken von S 21 bis Wendlingen zusätzlich mit konventioneller Leit- und Sicherungstechnik...

12. Die Deutsche Bahn AG verpflichtet sich, einen Streßtest für den geplanten Bahnknoten Stuttgart 21 anhand einer Simulation durchzuführen. Sie muß dabei den Nachweis führen, daß ein Fahrplan mit 30 Prozent Leistungszuwachs in der Spitzenstunde mit guter Betriebsqualität möglich ist. Dabei müssen anerkannte Standards des Bahnverkehrs für Zugfolgen, Haltezeiten und Fahrzeiten zur Anwendung kommen. Auch für den Fall einer Sperrung des S-Bahn-Tunnels oder des Fildertunnels muß ein funktionierendes Notfallkonzept vorgelegt werden. Die Projektträger verpflichten sich, alle Ergänzungen der Infrastruktur, die sich aus den Ergebnissen der Simulation als notwendig erweisen, bis zur Inbetriebnahme von S 21 herzustellen. Welche der von mir vorgeschlagenen Baumaßnahmen zur Verbesserung der Strecken bis zur Inbetriebnahme von S 21 realisiert werden, hängt von den Ergebnissen der Simulation ab."

In den Wochen der Schlichtung fanden Protest-Kundgebungen und Großdemonstrationen statt, die oft unmittelbar auf die Vorgänge der Schlichtungsrunde mit Pfeifkonzerten auf dem Marktplatz reagierten. Der Schlichter sprach sich für „Stuttgart 21" aus, was große Enttäuschung bei den Kritikern hervorrief. Auch die „Schlichtung" selbst rief Kritik hervor (siehe dazu die Beiträge in Teil 2 dieses Bandes). Gleichwohl war die „Schlichtung" ein Beitrag zur Beruhigung der angespannten Lage in Stuttgart. Und sie hat dem Bauprojekt „Stuttgart 21" und der Neubaustrecke Wendlingen-Ulm eine nie gekannte öffentliche Aufmerksamkeit gebracht.

Am 29.7.2011 wurden die Ergebnisse des in der Schlichtung vereinbarten Stresstests von der Deutschen Bahn AG und der damit beauftragten Schweizer Firma sma ebenfalls im Mittleren Sitzungssaal vorgestellt und erörtert, jedoch von den Projektkritikern nicht anerkannt. Am 10.10.2011 veröffentlichte die DB AG im Internet einen Bericht über die positiven Ergebnisse des Finalen Simulationslaufs;

sie sah damit den Stresstest als bestanden und beendet an. DB-Infrastrukturvor-
stand Dr. Volker Kefer sagte dort: „sma hat Stuttgart 21 erneut grünes Licht gegeben. Der Gutachter bestätigt zum wiederholten Male, dass Stuttgart 21 seinen
Leistungscheck bestanden hat und die Leistungsfähigkeit sogar noch verbessert
werden konnte. Alle Forderungen aus der Schlichtung sind erfüllt. Die Diskussion über die Leistungsfähigkeit von Stuttgart 21 ist damit endgültig beendet".

Landtagswahl und Volksabstimmung

Die Landtagswahl in Baden-Württemberg am 27.3.2011 führte zu einem Regierungswechsel. Die Grünen und die SPD bildeten eine Koalition, blieben aber bezüglich
„Stuttgart 21" unterschiedlicher Auffassung. Im Koalitionsvertrag (Bündnis90/
Die Grünen – SPD 2011: 29-30) wird hierzu ausgeführt: „Die neue Landesregierung steht trotz des Dissenses über Stuttgart 21 zur Neubaustrecke Wendlingen-
Ulm. Beide Parteien respektieren die jeweilige andere Position und sind sich einig im Bestreben, den Streit um Stuttgart 21 zu befrieden und die Spaltung in
der Gesellschaft zu überwinden. Dazu befürworten beide Parteien die Durchführung einer Volksabstimmung: Die Bürgerinnen und Bürger sollen entscheiden...
Ziel der Volksabstimmung ist es, zu einem abschließenden und befriedenden Urteil über Stuttgart 21 zu gelangen. Grüne und SPD werden einen Gesetzentwurf
zur Änderung der Verfassung mit dem Ziel einer deutlichen Senkung der Quo-
ren bei Volksabstimmungen in den Landtag einbringen. Die Volksabstimmung
wird nach Art. 60 der Landesverfassung durchgeführt." In der Informationsschrift
der Landesregierung (2011) zur Volksabstimmung heißt es zudem, „bei Stuttgart
21 geht es nicht nur um ein Verkehrsprojekt. Ein großer Teil des Protests richtet
sich auch gegen eine bestimmte Art von politischem Stil aus der Vergangenheit.
Diesen Stil hat die neue Landesregierung geändert. Wir haben verstanden – die
Menschen werden ernst genommen".

Die Volksabstimmung fand am 27.11.2011 statt. Landesweit haben sich 48,3
Prozent der Abstimmungsberechtigten an der Volksabstimmung beteiligt. In
Stuttgart lag die Beteiligung mit 67,8 Prozent am höchsten. Die Gesetzesvorlage
der Landesregierung zum „S 21-Kündigungsgesetz", die einen Ausstieg des Landes Baden-Württemberg aus der Finanzierung von „Stuttgart 21" vorsah, wurde
mehrheitlich abgelehnt (siehe dazu die Beiträge in diesem Band). 58,9 Prozent
der abgegebenen gültigen Stimmen waren Nein-Stimmen gegen einen Ausstieg
des Landes aus der Finanzierung. In Stuttgart lag der Anteil der Nein-Stimmen
bei 52,9 Prozent. Für die Gesetzesvorlage von Grün-Rot stimmten landesweit 41,1
Prozent. In 37 der 44 Stadt- und Landkreise waren die Nein-Stimmen gegen einen

Ausstieg aus der Finanzierung in der Mehrheit. Nach dem Volksentscheid gingen die Proteste weiter, allerdings nicht mehr in der zuvor gekannten Intensität.

„Filderdialog 21"

Nach der „Schlichtung" und der Volksabstimmung fand im Juni und Juli 2012 der von der Landesregierung initiierte „Filderdialog 21" statt. Er war durch eine 17-köpfige „Spurgruppe" vorbereitet worden und wurde von Ludwig Weitz moderiert. Gegenstand des Dialogs war der Planfeststellungsabschnitt 1.3 zum Trassenverlauf der Neubaustrecke Stuttgart-Ulm auf den Fildern mit der Anbindung des Flughafens und der Gäubahn. Der Dialog war eine Reaktion auf die Proteste vor allem in Leinfelden-Echterdingen. Er sollte „durch Offenlegung und Beratung der Planungsprämissen, Darstellung und Beratung der Antragstrasse und verschiedener Varianten, in Form eines offenen Dialogs über die Vor- und Nachteile der Varianten Transparenz über Verfahren und Planungen herstellen." Die Dialogteilnehmer sollten zudem Empfehlungen an die Projektpartner abgeben können. Der Dialog hatte die Ergebnisse der „Schlichtung", der Volksabstimmung und die Prämissen, an die die Projektpartner des Bahnprojektes vertraglich gebunden waren, zu beachten. Ein Verzicht auf „Stuttgart 21" war damit nicht Gegenstand des Dialogs.

Mit 152 Teilnehmern (68 zufällig ausgewählten Bürgerinnen und Bürgern sowie 84 Expertinnen und Experten) begann der Dialog am 16.6.2012. Zwei weitere Dialogveranstaltungen folgten am 29.6. und am 7.7.2012. Eine Informationsveranstaltung am 13.7.2012 bildete den Abschluss; die Zahl der Dialogteilnehmer war bis dahin geschrumpft, unter anderem war der Oberbürgermeister von Leinfelden-Echterdingen ausgestiegen. Die Projektpartner bewerteten den Dialog positiv. Sie stellten gemeinsam fest, er habe „einen wesentlichen Anstoß zur Überarbeitung der Planung geleistet" (Ministerium für Verkehr und Infrastruktur Baden-Württemberg 2012).

2. Das Städtebauprojekt „Stuttgart 21"

Nachfolgend soll das Augenmerk auf die städtebauliche Entwicklung gerichtet werden. Sie ist zwar in besonderer Weise mit dem Schienenprojekt verbunden, folgt aber doch einer eigenständigen Logik und hat bei weitem nicht so viel Protest hervorgerufen, wie das Schienenprojekt. Bezüglich der Realisierung bestehen zwei wesentliche Zusammenhänge zwischen Schienen- und Städtebauprojekt. Zum einen können die neuen Stadtteile erst gebaut werden, wenn der neue Bahnknoten fertig gestellt ist; zum anderen kann das Schienenprojekt mit dem neuen

Bahnknoten nur finanziert und realisiert werden, wenn das Städtebauprojekt als notwendige Bedingung mit gedacht wird. Beide Projekte sind füreinander sine-qua-non-Bedingungen, was bedeutet, dass beide Projekte zwei Seiten einer Medaille darstellen. Die in Betracht gezogenen bahntechnischen Alternativen hätten zwar ebenfalls eine bedeutende flächenmäßige städtebauliche Entwicklung ermöglicht, sie hätten aber durch die verbleibenden Bahngleise am Schlossgarten eine auf Dauer sinnvolle urbane Integration städtischer Funktionen erschwert.

2.1 Rahmenplanung 1994-1997

Seit Abschluss der Rahmenvereinbarung 1995 hatte nicht nur das Bahnprojekt „Stuttgart 21" Fahrt aufgenommen, sondern auch das Städtebauprojekt. Beim Stadtplanungsamt Stuttgart wurden die organisatorischen Voraussetzungen[11] für die Aufstellung eines städtebaulichen Entwicklungskonzepts geschaffen, zu dem sich die Landeshauptstadt in der Rahmenvereinbarung verpflichtet hatte. Mit der Rahmenvereinbarung und dem zugrunde gelegten Bahnknoten, der Variante S4, konnten alle oberirdischen Gleise abgebaut werden (bis auf wenige S-Bahngleise am nordöstlichen Rand des Nordbahnhofsviertels). Auf den frei werdenden Flächen am Pragfriedhof und am Schlossgarten konnten neue qualitätsvolle Stadtquartiere entstehen. Die Rahmenvereinbarung enthielt zudem Vorgaben für die weitere städtebauliche Planung. So waren zur Finanzierung von „Stuttgart 21" Grundstückserlöse von 2.175 Millionen DM anzustreben, was nur unter bestimmte Annahmen bezüglich der Art und des Maßes der baulichen Nutzung möglich erschien. Die frei werdenden Flächen umfassten etwa 100 Hektar, auf denen Wohnungen für mindestens 11.000 Einwohner und Gebäude für mindestens 24.000 Arbeitsplätze entstehen sollten.

Die Stadt verpflichtete sich, bis spätestens zum 30.6.1997 einen Rahmenplan zu beschließen, der eine stufenweise städtebauliche Aktivierung der freiwerdenden Flächen ermöglichte. Auch sollte sie für die Fläche des Güterbahnhofs am Hauptbahnhof – Teilgebiet A1 – schnellstmöglich einen Bebauungsplan beschließen und für die Fläche des Inneren Nordbahnhofes C1 bis spätestens zum 30.6.1999 verbindliches Planungsrecht schaffen. Die Stadt verpflichtete sich, Schadenersatz zu leisten, für den Fall, dass die erwarteten Grundstückserlöse durch ihr Verschulden nicht erzielt werden konnten. Wenn jedoch zwingende rechtliche oder technische Gründe geringere Grundstückserlöse verursachten, war die

---

11   Der Leiter des Stadtplanungsamtes, Albert Ackermann, rief am 17.5.1995 die Projektgruppe „Stuttgart 21" ins Leben, zu deren Leiter Uwe Stuckenbrock „ab sofort" ernannt wurde; die Projektgruppe existierte bis zum 30.6.2003.

Stadt gemäß § 4 der Rahmenvereinbarung zum Projekt „Stuttgart 21" nicht zu Schadensersatz verpflichtet.

Städtebauliche Gutachten 1994

Entsprechend dieser Vorgaben begann die städtebauliche Planung. Dabei konnte an die Ergebnisse eines Gutachtens angeknüpft werden, das die Stadt bereits im Rahmen der Machbarkeitsstudie 1994 durchgeführt hatte. Die Stadt hatte eine städtebauliche Rahmenkonzeption (Landeshauptstadt Stuttgart, Stadtplanungsamt 1994) erarbeitet und diese zur Überprüfung und Konkretisierung einem städtebaulichen Gutachterverfahren mit sechs eingeladenen Stadtplanungsbüros zugrunde gelegt. Die Entwürfe der sechs beteiligten Büros wiesen zwischen 1,2 und 2,1 Millionen m² Geschossfläche auf und ließen erkennen, dass eine Größenordnung von 1,3 Millionen m² Geschoßfläche für Stuttgart städtebaulich vertreten werden konnte.

Rahmenplankonzept 1995

Auf der Grundlage der Erkenntnisse des Gutachterverfahrens wurde von der Stadt 1995 ein neues Rahmenkonzept (Landeshauptstadt Stuttgart, Stadtplanungsamt 1996) erarbeitet, das von der konkreten städtebaulichen Ausprägung abstrahierte und nur die wichtigen Strukturelemente darstellte. Das Rahmenkonzept enthielt neben Vorgaben und Planungshinweisen als wesentliche Bedingung, dass die im Vorprojekt dargestellte Variante S4 des Bahnknotens der weiteren städtebaulichen Planung zugrunde zu legen sei, dass also sämtliche Bahngleise unterirdisch verlaufen sollten und entlang des Unteren Schlossgartens keinerlei Bahngleise mehr zu beachten waren. Das neue Stadtquartier wurde also künftig nicht mehr durch Bahngleise vom Schlossgarten abgeschnitten, sondern grenzte – anders als noch in der Machbarkeitsstudie – direkt an den Schlossgarten an. Weitere prägende Vorgaben waren, dass „das Rahmenkonzept von einer teilweisen oder vollständigen Beseitigung der Bausubstanz des ehemaligen Paketpostamts gegenüber dem Schloss Rosenstein ausgeht und dass die Parklandschaft um 20 Prozent der bisherigen Gleisflächen zu erweitern sei – also um etwa 20 Hektar.

Kooperatives Gutachterverfahren 1996

Das Rahmenkonzept wurde dann – wiederum zur Überprüfung und Weiterentwicklung – einem Kooperativen Gutachterverfahren zugrunde gelegt. Zu diesem besonderen Verfahren wurden zehn Planungsbüros eingeladen. Die nachfolgenden

Ausführungen des damaligen Baubürgermeisters Hansmartin Bruckmann (1997) verdeutlichen den Sinn dieses Verfahrens[12]: „Das gewählte Verfahren brachte es mit sich, dass die Vorstellungen der Gutachter wiederholt in längeren Gesprächen mit den Mitgliedern einer interdisziplinär besetzten Jury erörtert und beurteilt worden sind. Demzufolge sind Abwägungsprozesse quasi vorweggenommen und bloße ‚Ideenprodukte', das heißt Exoten, eher zurückgedrängt worden. Dies mag bei der ideenmäßigen Vielfalt der Beiträge eine gewisse Einbuße bedeuten. Andererseits hat es den Realitätsgehalt der Beiträge erhöht und deren Umsetzbarkeit gestärkt. Was die Umsetzbarkeit anbelangt, so ist zu bedenken, dass das zur Umgestaltung anstehende, etwa 100 Hektar große Gebiet nicht insgesamt – sozusagen von heute auf morgen – in Anspruch genommen werden kann, sondern nur in zeitlich relativ weit auseinander liegenden Abschnitten von jeweils kleinerer Größenordnung. Ein alle diese Abschnitte zusammenfassender Städtebauentwurf ist daher so etwas wie eine Synopse verschiedener ferner Zukünfte, deren Gültigkeit nachlässt, je ferner die betrachtete Zukunft ist. Das insgesamt Gültige daran liegt nur darin, dass eine mögliche Entwicklung, deren Grundlage zu legen verlangt ist, exemplarisch abgebildet wurde. Für die Herstellung dieser Grundlage geht es darum, einerseits die ‚grundlegenden' Bestandteile einer längerfristigen Entwicklung zu bestimmen und festzulegen, andererseits Flexibilität und Spielräume offen zu halten, welche in dieser Entwicklung schon deshalb nötig sind, weil wir die für sie maßgebenden Anforderungen und Kräfte noch kaum, jedenfalls zu wenig kennen. Diese grundlegenden Bestandteile können Festlegungen unterschiedlicher Art sein: Qualitäten zur Bemessung der Infrastruktur- und Versorgungseinrichtungen, Qualitäten in einem räumlichen Struktur-, Verkehrs- und Nutzungskonzept. Dabei gilt: möglichst nichts zu unterlassen, was die Daseinsvorsorge für kommende Generationen erfordert – aber auch: alles zu unterlassen, was Anpassungszwänge und Fehlentwicklungen bewirken und Konflikte für die Nutzung und Entwicklung der zukünftigen Stadt hervorbringen könnte. Im Zweifel ist diesem der Vorzug zu geben".

Die Gutachterkommission führte gemeinsam mit allen Gutachterbüros drei Kolloquien durch, bei denen die Entwurfsideen der Büros erläutert und erörtert wurden. Nach der abschließenden Präsentation der Entwürfe trat die Gutachterkommission am 25. und 26.7.1996 erneut zusammen, um die Arbeiten zu beurteilen. Nach einer ausführlichen und teilweise kontrovers geführten Aussprache empfahl sie, zwei sehr unterschiedliche Arbeiten zur Diskussion zu stellen: „Die Arbeit des Büros Trojan, Trojan + Neu bietet unter voller Inanspruchnahme der

---

12   Das Verfahren wurde von der Architektenschaft kritisiert (vgl. Stuttgarter Zeitung 1.3.1996) und mit Erfolg angefochten.

zukünftigen Bauflächen zwischen Bahnhof, Wolframstraße und Schlossgarten (A1 und A2) eine sehr qualitätvolle, stadträumlich vielfältige und mit feinem Gespür für die Verknüpfungsansätze mit der Umgebung entwickelte Gesamtlösung, die auch in der Stadtteilkonzeption für die Bauabschnitte B und C uneingeschränkt überzeugen kann. Die Arbeit des Büros Jodry zeigt eine äußerst konsequente Erweiterung der Parkanlagen in überzeugender Gestaltung. Sie konzentriert die Bebauung auf den Bauabschnitt A1 mit sehr hoher Dichte und städtebaulich etwas zu stereotyper Ausprägung, stellt aber so den neuen Bahnhof sehr schön in den Mittelpunkt der neuen Konzeption. Mit diesen beiden Arbeiten sind nach Auffassung der Gutachterkommission zwei grundsätzlich unterschiedliche, in sich aber jeweils sehr überzeugende Gesamtkonzeptionen zur Diskussion gestellt, bei denen jeweils auch unterschiedliche Bahnhofskonzeptionen realisierbar erscheinen" (Landeshauptstadt Stuttgart 1997: 11).

Am 9.10.1996 formulierte die Gutachterkommission ihre abschließende Empfehlung: „Grundlage für die Bürgerbeteiligung und die Ausarbeitung der Rahmenplanung bis zum Sommer 1997 soll der Entwurfsvorschlag des Büros Trojan, Trojan + Neu sein, der nach Ansicht der Gutachterkommission sowohl in städtebaulicher als auch in landschaftsplanerischer Hinsicht dafür besonders geeignet ist... Die bei der ersten Sitzung der Gutachterkommission ebenfalls favorisierte Planung des Büros Jodry wurde schließlich als unpraktikabel eingestuft" (Landeshauptstadt Stuttgart 1997: 52). Außerdem sprach sich die Gutachterkommission dafür aus, dass eine intensive Bürgerbeteiligung durchzuführen sei und dafür, „dass sich die Deutsche Bahn AG, die Landeshauptstadt Stuttgart und das Land Baden-Württemberg darauf verständigen, einen Realisierungswettbewerb für die Neugestaltung des Hauptbahnhofs durchzuführen" (Landeshauptstadt Stuttgart 1997: 52).

Bürgerinformation zum Kooperativen Gutachterverfahren 1996

Alle zehn Arbeiten wurden vom 30.7. bis 16.10.1996 im Stuttgarter Rathaus ausgestellt. Zu jeder Arbeit konnten zudem Videoaufzeichnungen der Vorträge der Architekten vor der Gutachterkommission angeschaut werden. Die Ausstellung wurde von etwa 15.000 Menschen besucht, die von Architekturstudenten betreut wurden. Mitarbeiter des Stadtplanungsamtes gaben fachkundige Informationen und erläuterten die Arbeiten in etwa 50 öffentlichen Führungen, an denen insgesamt etwa 750 Besucher teilnahmen. Schriftliche Anregungen der Bürgerinnen und Bürger zu „Stuttgart 21" und zu den Entwürfen wurden dem Gemeinderat zur Kenntnis gegeben (Gemeinderatsdrucksache 40/1997). In drei öffentlichen Veranstaltungen am 5., 12. und 26.10.1996 im Großen Sitzungssaal des Stuttgarter Rathauses haben die zehn Planungsbüros ihre Entwürfe erläutert und zur Diskussion gestellt. Baubürgermeister Prof. Hansmartin Bruckmann führte dabei in das Thema ein. Die Veranstaltungen wurden von Prof. Dr. Franz Pesch moderiert (Häussermann/Pesch 1997).

Offene Bürgerbeteiligung zum Rahmenplan-Entwurf 1997

Auf der Grundlage des Trojan-Entwurfs erarbeitete das Stadtplanungsamt einen Rahmenplan-Entwurf (Gemeinderatsdrucksache 71/1997), der die Grundlage für die offene Bürgerbeteiligung bilden sollte. Der Stuttgarter Gemeinderat hatte die Kommunal Entwicklung Baden-Württemberg beauftragt, eine offene Bürgerbeteiligung zu konzipieren und durchzuführen. „Die Auftaktveranstaltung zur Offenen Bürgerbeteiligung fand am Dienstag, 4. März 1997 um 19.30 Uhr im Großen Sitzungssaal im Rathaus Stuttgart statt. Hier wurden die Arbeitskreise gebildet und die Termine für die ersten Sitzungen vereinbart. Jeder Arbeitskreis wählte aus seiner Mitte einen Sprecher oder eine Sprecherin und einen Schriftführer oder eine Schriftführerin. Die Arbeitskreise fertigten von jeder Sitzung ein Protokoll. Die Arbeitskreise haben sich zwischen 7 und 9 mal – in der Regel wöchentlich – getroffen. Hinzu kamen zwei Veranstaltungen im Plenum. Bei der ersten Plenumsveranstaltung am 9.4.1997 kamen alle Arbeitskreise zusammen, um Zwischenbilanz zu ziehen. In einem Schlussplenum am 3.6.1997 wurden die Ergebnisse aus den Arbeitskreisen vorgestellt. In zwei Sitzungen mit den Sprecherinnen und Sprechern der Arbeitskreise wurden die jeweilig anstehenden Arbeitsschritte abgestimmt und die Vorgehensweisen erarbeitet" (Kommunal Entwicklung Baden-Württemberg 1997). In 15 Arbeitskreisen zu den Themen „Jugend und Stuttgart 21", „Frauengerechte Planung", „Senioren und Stuttgart 21", „Bildung, Soziales und Kultur", „Arbeit und Wirtschaft", „Stadtbild und Gestaltung", „Verkehr", „Wohnen" sowie „Energie und Umwelt" arbeiteten durchschnittlich 400 Bürgerinnen und Bürger. Zahlreiche Anregungen wurden in den Rahmenplan-Entwurf eingearbeitet.

Beschlussfassung Rahmenplan „Stuttgart 21" 1997

Die Anregungen der Bürgerinnen und Bürger wurden dem Gemeinderat im Rahmen der Beschlussfassung über den Rahmenplan/Entwurf zur abschließenden Entscheidung vorgelegt. Der Gemeinderat hat den Rahmenplan „Stuttgart 21" mit einer Dreiviertelmehrheit beschlossen (siehe Abbildung 10). Die ablehnenden Stimmen richteten sich dabei weniger gegen den Rahmenplan, als vielmehr gegen das Schienenprojekt „Stuttgart 21" als Voraussetzung für den Rahmenplan.

Abbildung 10: Rahmenplan „Stuttgart 21"

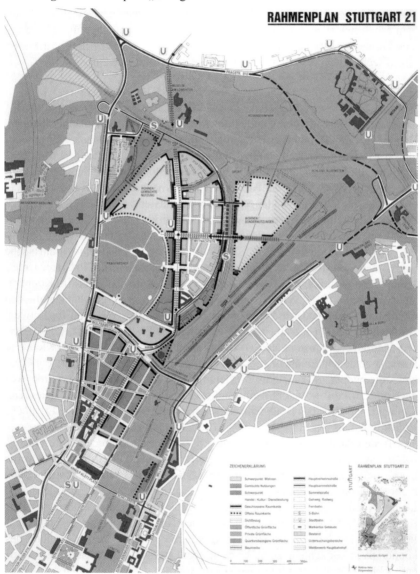

Bildquelle: Landeshauptstadt Stuttgart.

Offene Bürgerbeteiligung zum Nordbahnhofviertel 1998

Vom 20.1. bis zum 7.4.1998 wurde für den nördlichen Planungsbereich, das Nordbahnhofviertel, ebenfalls eine Offene Bürgerbeteiligung durchgeführt (Kommunale Entwicklung Baden-Württemberg 1998). In zwei Arbeitsgruppen diskutierten an sechs Abenden durchschnittlich 45 Bürgerinnen und Bürger.

2.2 Der neue Hauptbahnhof, Wettbewerb 1997

Im August 1993 hatte der Vorstandsvorsitzende der Deutschen Bundesbahnen,
Heinz Dürr, das Hamburger Büro von Gerkan, Marg und Partner gmp mit der
Untersuchung eines neuen Durchgangsbahnhofs am Standort des gegenwärtigen
Hauptbahnhofs beauftragt (Bund Deutscher Architekten u.a. 1997: 56). Der Entwurf sah eine Zweiteilung der Ankunftshalle des neuen Bahnhofs vor, eine hohe,
mit einem Glasdach gedeckte, repräsentative, lichtdurchflutete Halle zwischen
den Seitenflügeln des Bahnhofs, der an die Tradition der Bahnhöfe des vergangenen Jahrhunderts anzuknüpfen schien und auch für Dampflokomotiven geeignet gewesen wäre, und einen auf die funktional erforderliche Durchfahrtshöhe
begrenzten Abschnitt unter dem Mittleren Schlossgarten. Ein größerer Unterschied der Ankunftsorte in einem Bahnhof war kaum vorstellbar. Im Kooperativen Wettbewerb hatten die Architekten eine Glashalle vorgeschlagen, die den
niedrigen Bereich zu Gunsten einer Glashalle verlängert. Während der Entwurf
der Architekten von Gerkan, Marg und Partner den Eindruck erweckte, dass beide Seitenflügel des historischen Bahnhofs erhalten werden, beseitigten Klein und
Breucha beide Seitenflügel zugunsten einer großzügigen, tonnenförmigen Glashalle, die zudem zur Hälfte im Mittleren Schlossgarten fortgesetzt wurde, wodurch die Ankunftssituation keine so krassen Unterschiede mehr aufwies. Dadurch war ein Tabu des Denkmalschutzes gebrochen: der vollständige Erhalt des
Kulturdenkmals Bonatz-Bahnhof.

   In den Auslobungsunterlagen zur Preisrichtervorbesprechung des Haupt-
bahnhofswettbewerbs am 24.2.1997 hatte es geheißen: „Ziel des Wettbewerbs
ist es, für die bauliche und gestalterische Konzeption des neuen Hauptbahnhofs,
unter Berücksichtigung des unter Denkmalschutz stehenden Bahnhofsgebäudes,
Lösungsvorschläge zu erhalten. Darüber hinaus ist die städtebauliche, gestalterische und funktionale Einbindung des neuen Hauptbahnhofs in das städtebauliche Umfeld und die Schloßgartenanlagen herzustellen... Wie das Ergebnis des
kooperativen Gutachtens zeigt, erscheint eine sinnvolle städtebauliche Weiterentwicklung der Kernstadt nur bei einem Abbruch der Flügelbauten möglich...
Denkmalpflegerisch ist der Erhalt der Flügelbauten zu fordern. Bei einer über-

zeugenden Darstellung und Darlegung der übergeordneten Gründe einer funktionierenden Stadterweiterung mit einer modernen Verkehrsstation wird es den Planverfassern freigestellt, die Flügelbauten abzubrechen."[13] Der Präsident des Landesdenkmalamtes Baden-Württemberg hatte bemängelt, dass beim Verfassen des Auslobungstextes „keine Abstimmung stattfand, sondern offenbar der Textplan von der Unteren Denkmalschutzbehörde erarbeitet wurde. Der seitens der Unteren Denkmalschutzbehörde der Stadt Stuttgart eingebrachte Text zum Thema ‚Denkmalsschutz' kann inhaltlich von uns nicht mitgetragen werden, da hier Teile des Hauptbahnhofes, der als Kulturdenkmal von besonderer Bedeutung gem. § 12 DSchG in das Denkmalbuch eingetragen ist, von vorneherein zum Abbruch freigegeben worden sind." (Planck 1997) Und an den Auslober schrieb das Landesdenkmalamt (1997): „Aus der Sicht der Denkmalpflege sind die im Kooperativen Gutachterverfahren dargestellten Lösungsansätze – bezogen auf den Umgang mit dem Schutzgut – nicht geeignet, das Kulturdenkmal von besonderer Bedeutung zu tradieren... Ziel der Planungskonzeption muß vielmehr die Erhaltung des Gesamtbauwerks sein, wo nötig auch dessen behutsame und den Bestand respektierende Fortschreibung".

Der Hauptbahnhof bildet eine wichtige Schnittstelle zwischen Schienen- und Städtebauprojekt. Die Bahn folgte der Anregung der Gutachterkommission, für die Neugestaltung des Hauptbahnhofs einen Realisierungswettbewerb durchzuführen. Sie schrieb Anfang 1997 einen einstufigen, offenen und anonymen Realisierungswettbewerb zum Um- und Neubau des Hauptbahnhofs aus, der in zwei Phasen durchgeführt wurde. Es wurden 119 Arbeiten fristgerecht eingereicht, wovon 118 Arbeiten zugelassen wurden. Zudem wurden acht Einladungen ausgesprochen, so dass insgesamt 126 Arbeitsgemeinschaften der Fachrichtungen Architektur und Stadtplanung, Tragwerksplanung, Garten- und Landschaftsplanung am Bahnhofswettbewerb teilnahmen. Unter Vorsitz von Prof. Klaus Humpert tagte das Preisgericht am 30.4.1997 und entschied, dass 19 Arbeiten der engeren Wahl für die Bearbeitungsstufe 2 und 6 als Nachrücker ausgewählt werden sollten. Die Bearbeitungsstufe 2 umfasste 19 Teilnehmer aus der ersten Bearbeitungsstufe und acht eingeladene Teilnehmer. Das Preisgericht vom 17. und 18.7.1997 entschied, dass die erste Preisgruppe vier gleichrangige Arbeiten umfasst: Jürgen Hermann/Stefan Öttl, München; Planungsgruppe IFB, Dr. Braschel GmbH,

---

13 Der VGH urteilte abschließend, „dass die Gesamtabwägung aller öffentlichen und privaten Belange zu Gunsten der Antragsplanung rechtlich nicht zu beanstanden ist. Insbesondere sind die zahlreichen betroffenen öffentlichen und privaten Belange nicht in einer Weise zum Ausgleich gebracht worden, die zu ihrer objektiven Gewichtigkeit außer Verhältnis stünde." Verwaltungsgerichtshof Baden-Württemberg 5. Senat, Entscheidung vom 6.4.2006, Aktenzeichen: 5 S 848/05, Entscheidungsgründe Ziff. 5.

Stuttgart; Ingenhoven, Overdiek, Kahlen und Partner, Düsseldorf mit Frei Otto; Wörner+Partner, Frankfurt am Main. Die Auslober kamen überein, die vier Arbeiten der ersten Preisgruppe nochmals einer Überarbeitungsphase zu unterziehen und die endgültige Entscheidung Anfang November zu treffen. Am 4.11.1997 wurden die überarbeiteten Entwürfe von ihren Verfassern erläutert.

Abbildung 11: Wettbewerbssieger Ingenhoven, Overdiek, Kahlen und Partner, Düsseldorf

Bildquelle: Deutsche Bahn AG.

Nach intensiver Diskussion entschied das Preisgericht einstimmig, die Arbeitsgemeinschaft Ingenhoven, Overdiek, Kahlen & Partner, Düsseldorf für die Ausführung zu empfehlen (siehe Abbildung 11). Bemerkenswert sind die Ausführungen des Preisgerichts im Protokoll der Preisgerichtssitzung vom 4.11.1997: „Folgende wesentliche Argumente wurden für die positive Entscheidung vorgetragen: Der Entwurf setzt sich in ungewöhnlicher Form mit der schwierigen Aufgabe auseinander und wird der speziellen städtischen und morphologischen Situation der Talquerung gerecht. Es ist gelungen, auf die vielen widersprüchlichen Ziele eine überzeugende, aus dem Ort heraus entwickelte Antwort zu finden. Ein großes städtebauliches Zeichen wird in den Stadtgrundriß eingeschrieben, ohne jegliche Monumentalität und ohne dem Bonatzschen Bau in irgendeiner Weise Konkurrenz zu machen. Das große Kreuz der vier Eingänge zeigt die Dimension der unterirdischen Anlage und definiert die Zugangssituationen klar und selbstbewußt… Die Lösung Ingenhoven, Frei Otto faßt die ganze Bahnsteighalle als Einheit auf und erzeugt an keiner Stelle eine zweitrangige Ankunftsituation. Die neue Halle ist ein Raum, bei dem Stützen, Decke und Oberlichtöffnungen ein integriertes Gesamtsystem bilden, welches das Ergebnis eines selbstbildenden Formfindungsprozesses ist… Die Bebauung des nördlichen Stadtteils ist so nah wie möglich an den Bonatzbau herangeführt und das Konzept schlägt hier einen städtischen Platz vor, der in der Größenordnung mit historischen Plätzen vergleichbar ist, der jedoch in seiner speziellen Situation ein ganz neues und aus der Situation herausgewachsenes Stadtelement sein kann, welches durch die eingestellten Oberlichtaugen sehr stark formal geprägt sein wird. Das Preisgericht ist sich einig, daß der Entwurf von Ingenhoven und Frei Otto noch einiger Überarbeitung im Detail bedarf. Aus städtebaulicher Sicht gehört dazu insbesondere die weitere Ausarbeitung des Straßburger Platzes mit seiner Oberflächengestaltung und der Verbindung zum Kurt-Georg-Kiesinger-Platz sowie zur anschließend vorgeschlagenen Bebauung und dem „Trojan-Konzept"… Die Belange der Denkmalpflege müssen noch einmal überarbeitet werden, wobei jedoch eine kreative Weiterentwicklung und Anpassung des Bonatzschen Gebäudes an die neue Bahnhofssituation unumgänglich ist".

In einem Offenen Brief vom 22.8.1997 an Heinz Dürr, Johannes Ludewig, Hans Sommer, Wolfgang Schuster, Matthias Hahn und Klaus Humpert beurteilte Fritz Leonhardt die vier Entwürfe der Preisgruppe wie folgt: „Nach Durchsicht der in der Schalterhalle ausgestellten Entwürfe fühle ich mich als erfahrener Bauingenieur verpflichtet, zu den vier Entwürfen der Preisgruppe Stellung zu nehmen… Drei Entwürfe haben riesige Glashallen… (S)ie wären wohl die größten Bahnhofshallen der Welt! Trotz dieser Längen bleibt etwa ein Drittel der Bahnsteiglänge im künstlich belichteten Bereich. Beachtet man die Entwicklung weltweit, so müßte man eigentlich glauben, dass die Zeiten großer Bahnhofshallen vorbei seien. Ein Bahnhof ist kein Platz, um Imponiergehabe einer Stadt zu demonstrieren… Fazit: Die Entwürfe mit solch riesigen Glashallen sollten nicht gebaut werden. Der Entwurf Ingenhoven, Kahlen und Partner bleibt unterirdisch. Er verblüfft durch neuartige Schalentragwerke mit großen Spannweiten… Der Reisende wird von der ungewohnten Raumwirkung der Bahnsteighallen mit den eleganten neuartigen Schalenwölbungen beeindruckt sein und … bald werden diese international Aufsehen erregen und den guten Ruf Stuttgarts für innovatives Bauen bestätigen… Kurzum, dieser Entwurf verdient, für die Ausführung weiterentwickelt zu werden". Es ist sicher zu bedauern aber auch zu respektieren, dass Christoph Ingenhoven und Frei Otto bei der weiteren Planung nicht zusammen finden konnten.[14]

2.3 Internationale Bauausstellung, ein Anlauf 1999

Die Deutsche Bahn AG hatte den Verkauf der frei werdenden Bahnflächen als Beitrag zur Refinanzierung des Projektes „Stuttgart 21" einkalkuliert und war deshalb an einem möglichst hohen Verkaufserlös interessiert. Die Stadt hatte ein Interesse an einer möglichst qualitätsvollen und nachhaltigen Entwicklung, für sie ging es um vorbildliches, Ressourcen schonendes Bauen und umweltverträgliche Mobilität, um Vielfalt und Attraktivität der Nutzungen, um Arbeitsplätze und Wohnungen und die Erweiterung der Parkanlagen. Und die Stadt wollte diese Ziele alsbald im Inneren Nordbahnhof (C1) verwirklichen und fasste am 6.5.1999 den Beschluss, die Gleisflächen zu erwerben und eine Internationale Bauausstellung durchzuführen: „Um die historische Chance der Neugestaltung der innerstädtischen Bereiche zu nutzen, hat der Gemeinderat im Sommer 1998 der Projektidee zugestimmt, 75 Jahre nach der Weißenhofsiedlung eine ‚Internationale Bauausstellung Stuttgart' (IBA) beginnend im Herbst 2002 bis 2007 durchzuführen. Sie soll ihren Schwerpunkt im Gebiet C1 haben. Die Verwaltung wird bis Juni im Gemeinderat ein detailliertes Konzept der IBA vorlegen. Ziel ist es, Antworten auf Fragen des Städtebaues und der Architektur unter ökologischen, verkehrlichen, wirtschaftlichen und sozialen Rahmenbedingungen zu finden. Es ist geplant, die Aktivitäten in vier Leitprojekten mit den Themen: ‚Soziale Stadt', ‚Umweltverträgliche Mobilität', ‚Ressourcenschonendes Bauen' und ‚Planungs-

---

14   FAZ 23.8.2010: Christoph Ingenhoven antwortet auf die Frage, warum Frei Otto aus dem Projekt ausgeschieden sei: „Er ist ein von mir hochgeschätzter und verehrter ... Lehrmeister. Er hat sich 1997, als der Wettbewerb ausgeschrieben war, an mich gewandt. Wir hatten damals schon die Idee, unter die Erde zu gehen, um mehr anstatt weniger Schlossgarten zu gewinnen. Da erschien er uns der kongeniale Partner, um trotzdem einen großartigen Raum zu erhalten. Anfangs wollte er ein Zelt bauen, bis wir ihm dann die sozusagen umgedrehte Konstruktion abgerungen haben. Daraus ist die heutige Kelchkonstruktion mit ihren immensen konstruktiven Vorteilen, aber auch ihrer dramatischen Ästhetik entstanden. Frei Otto war für uns ein enorm wichtiger Berater, nicht mehr und nicht weniger. In dieser Funktion hat er bis ungefähr 2003 in unserem Team mitgewirkt. In der nachfolgenden Stillstandsperiode häuften sich die Komplikationen. Ich will nicht in Details gehen, nur so viel: Wer Architekt ist, macht auch Fehler. Man kann nicht, wie Frei Otto es immer wollte, sozusagen jungfräulich bleiben." Stern. de vom 26.8.2010: „Otto, der vor einem Jahr aus der S-21-Projektgruppe wegen wachsender Sicherheitsbedenken ausschied, sagte dem stern, dass er ‚laut' werden müsse: ‚Aus moralischer Verantwortung heraus kann ich nicht anders handeln". Mehrere Gefahren sieht der Architekt, der 1997 gemeinsam mit Christoph Ingenhoven den Wettbewerb für den Tiefbahnhof gewonnen und ihn mit entworfen hat: dass der Bahnhof eventuell überschwemmt werden, oder aber auch, dass er „wie ein U-Boot aus dem Meer" aufsteigen könne."

kultur' zu bündeln... Bei der Entwicklung der Flächen C2 und B, die sich zeitlich und räumlich C1 anschließen, können die Erkenntnisse aus der IBA weiterentwickelt werden" (Gemeinderatsdrucksache 159/1999: 4).

Am 15.7.1999 erteilte der Gemeinderat konkrete Aufträge zur Vorbereitung und Durchführung der Internationalen Bauausstellung. Die Verwaltung wurde beauftragt, die Durchführung der Internationalen Bauausstellung Stuttgart auf der Grundlage des IBA-Konzepts und der darin formulierten Leitprojekte vorzubereiten, eine eigenständige Gesellschaft in Form einer GmbH zur Durchführung der IBA vorzubereiten sowie einen internationalen städtebaulichen Ideenwettbewerb für die Teilfläche C von Stuttgart durchzuführen. Finanzierungsmittel in Höhe von 15 Millionen DM zur Durchführung der IBA für den Zeitraum von 2000 bis 2007 wurden grundsätzlich in Aussicht gestellt und für den Wettbewerb wurde 1 Million DM bereit gestellt (Gemeinderatsdrucksache 300/1999). Leider kam es nicht wie vorgesehen zur Bewilligung der Mittel und zur Durchführung der Bauausstellung.

2.4 Grunderwerb 2001

Der Gemeinderat war in seiner großen Mehrheit entschlossen, den Rahmenplan umzusetzen. Die entsprechende Gemeinderatsdrucksache 159/1999 zum Erwerb der Teilflächen B, C und D des Planungsgebietes „Stuttgart 21" (siehe Abbildung 12) von der Deutschen Bahn AG wurde in der Vollversammlung des Gemeinderats vom 6.5.1999 mit 47 Ja-Stimmen, 12 Gegenstimmen und einer Enthaltung beschlossen. Auch sollte ein notarieller Grundstückskaufvertrag vorbereitet werden. Der Gemeinderat ging von realisierbaren Geschossflächen in einer Größenordnung von ca. 1,4 Millionen m² aus, die sich etwa je zur Hälfte auf die Teilgebiete A1 und A2 sowie die Teilgebiete B (ca. 400.000 m²) und C (ca. 300.000 m²) verteilten. Doch zu einem Erwerb der Grundstücke kam es erst am 31.12.2001 nach Abschluss der Ergänzungsvereinbarung vom 24.7.2001 und dem Fortgang des Schienenprojektes „Stuttgart 21".

Nachdem die Landeshauptstadt am 31.12.2001 etwa 100 Hektar Gleisflächen für einen abgezinsten Betrag von 424.372.261 Euro erworben hatte, waren für die künftige städtebaulich-landschaftliche Entwicklung optimale Voraussetzungen geschaffen worden: Die Stadt als Eigentümerin und Trägerin der Planungshoheit hatte ein Maximum kommunaler Gestaltungsmöglichkeiten erlangt und zugleich die politische Verantwortung für die Zukunftsgestaltung der neuen Stadtquartiere übernommen. Die Deutsche Bahn AG behielt eine etwa 15 Hektar große Fläche des Europaviertels (A1) an der Heilbronner Straße, um diese durch die Tochtergesellschaft DBServices Immobilien GmbH selbst zu vermarkten. Mit der

Abbildung 12: Flächenübersicht

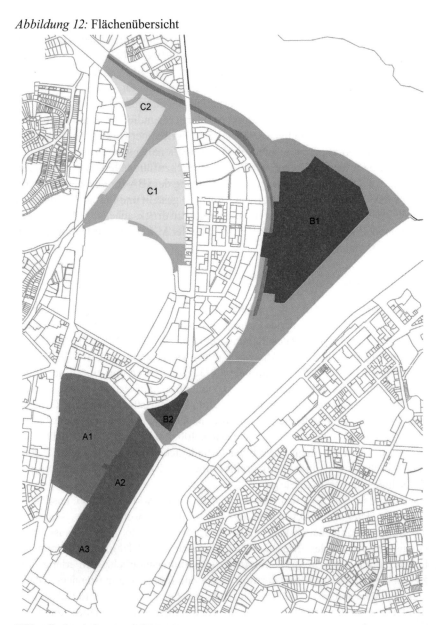

Bildquelle: Landeshauptstadt Stuttgart.

Deutschen Post AG, die Eigentümerin der etwa 4,5 Hektar großen Fläche des ehemaligen Paketpostamtes ist, wird über der Verkauf der Grundstücke zu verhandeln sein.

2.5 Das Rosensteinviertel

Das Projekt „Stuttgart 21" bietet neue Perspektiven für den Standort Nordbahnhof und die angrenzenden frei werdenden Gleisflächen. Am Schlossgarten und am Rosensteinpark unweit der Mineralbäder entsteht in den kommenden Jahrzehnten ein neuer Stadtteil: das Rosensteinviertel. Durch die Umwandlung der knapp 60 Hektar großen Gleis- oder Brachflächen in Bauland, werden die Stadtteile Nordbahnhofviertel und Löwentorzentrum sowie die Parkflächen des Schlossgartens verknüpft und ergänzt zu einem neuen Stadtteil Rosenstein.

Gegenwärtig leben im Rosensteinviertel etwa 7.000 Einwohner und arbeiten knapp 10.000 Beschäftigte. Durch die Aufsiedlung der Neubauflächen können diese Zahlen nahezu verdoppelt werden. Alte und neue Stadtteile können zu einem funktions- und lebensfähigen Stadtquartier in bester Lage heranwachsen. Das Rosensteinviertel kann für eine Lebensqualität stehen, die es vermag, Bürgerinnen und Bürger an ihre Stadt zu binden. Gegenwärtig wird auf dem C1-Gebiet ein Berufliches Schulzentrum für Gesundheit und Pflege sowie Ernährung und Sozialwesen realisiert, für das ein begrenzt offener kombinierter Architekten-Investorenwettbewerb durchgeführt worden ist (Gemeinderatsdrucksache 873/2006). Die Grundsteinlegung erfolgte am 6.6.2011, die Fertigstellung ist für Sommer 2013 geplant. Am südlichen Teil des Gebiets C1 entstand eine Gedenkstätte, die an die Deportation Stuttgarter Juden erinnert. Die Stadt unterstützte das Projekt durch die Bereitstellung des 2.300 m² großen Grundstücks und durch die Übernahme der Hälfte der anfallenden Kosten. Unter der Regie des Vereins „Zeichen der Erinnerung" konnte die Gedenkstätte im Jahr 2007 fertiggestellt werden.

Auch das bestehende Nordbahnhofviertel wandelt sich. Frühere Industrieflächen wurden in ein Wohngebiet umgewandelt. An der Rosensteinstraße entstanden in den vergangenen zehn Jahren etwa 600 neue Wohnungen sowie eine Kindertagesstätte, ein Einkaufs-Markt, ein Ufa-Palast, die Agentur für Arbeit, das Kolpingwerk, Büroflächen.

Bei der Weiterentwicklung der städtebaulichen Planung wurde zusehends deutlicher, dass es sinnvoll sei, zwei Stadtquartiere zu unterscheiden: das Europaviertel und das Rosensteinviertel, die unterschiedliche Standortqualitäten aufweisen. Das in unmittelbarer Bahnhofsnähe gelegene Europaviertel ist besonders für eine Mischung von Nutzungen geeignet, die für Besucher auch außerhalb Stuttgarts von Bedeutung sind. Das Nordbahnhofviertel wird zum neuen Rosensteinviertel heranwachsen und künftig alle Merkmale eines urbanen Stadtquartiers am Rande der City aufweisen können. Die unmittelbar an den Schlossgarten angrenzenden Flächen beider Quartiere werden für das Wohnen besonders attraktiv sein. Um diesem Gedanken und den veränderten Eigentumsverhältnissen Rechnung zu tragen, wurde am 1.11.2003 ein „Städtebaulicher Realisierungswettbewerb Rosensteinviertel, Strukturplan Rosensteinviertel und Städtebaulicher Entwurf Teilgebiet C" ausgelobt, an dem 45 Büros teilnehmen sollten: 15 Büros wurden eingeladen und 30 Büros sowie fünf Nachrücker wurden aus einer Gesamtzahl von 1.021 Bewerbern ausgelost. Von diesen 45 teilnahmeberechtigten Büros reichten schließlich nur 27 Büros ihre Entwürfe ein – nachdem der Wettbewerb wegen Standortüberlegungen zum Klinikum Mitte unterbrochen werden musste. Das Preisgericht tagte am 22.4.2005. Den 1. Preis errang das Büro Pesch & Partner Architektur + Stadtplanung in Arbeitsgemeinschaft mit Prof. Henri Bava, Landschaftsarchitekten.

Wagenhallen

Auf der Grundlage des 1. Preises wurde Teilgebiet C1 städtebaulich weiterentwickelt. Lediglich für den westlichen Bereich einschließlich Wagenhallen wurde ein Bebauungsplan aufgestellt. Die Wagenhallen haben sich zu einer alternativen kulturellen Institution im heranwachsenden Stadtteil Rosenstein entwickelt. „Das alte Bahngelände im ‚Inneren Nordbahnhof' mit einer Stahlträgerhalle aus dem Jahre 1894 inklusive An- und Wohnbauten … hat sich in den vergangenen Monaten und Jahren zu einem Solitär für Kunst- und Subkultur in der ‚*Stuttgarter Kulturtopographie'* entwickelt. Die Stadt Stuttgart stellte die Bauten im Inneren Nordbahnhof im Jahre 2003 für verschiedene Künstler als Interimsresidenz zur Verfügung" (http://wagenhallen.com).

2.6 *Das Europaviertel*

In § 4 Absatz 1 der Rahmenvereinbarung vom 7.11.1995 hatte sich die Stadt verpflichtet, „für die Fläche des Güterbahnhofs am Hauptbahnhof – Teilgebiet A1 – schnellstmöglich einen Bebauungsplan zu beschließen und für die Fläche des Inneren Nordbahnhofes C1 bis spätestens 30.06.1999 verbindliches Planungsrecht zu schaffen". Der Gemeinderat hat diese Rahmenvereinbarung für das Teilgebiet A1 erfüllt. Für das Teilgebiet C1 haben sich durch den Erwerb der Flächen des Inneren Nordbahnhofes C1 durch die Stadt die entsprechenden Regelungen erübrigt. Die Stadt hatte bereits im Zusammenhang mit den Überlegungen zur Internationalen Bauausstellung auf C1 im April 1999 den Erwerb der Bahngrundstücke ange-strebt. Zum Abschluss eines Kaufvertrags war es im Dezember 2001 gekommen.

2.6.1 Bebauungspläne

Zwischen 1998 und 2007 wurde für den gesamten Bereich des Städtebauprojektes „Stuttgart 21" eine Flächennutzungsplan-Änderung durchgeführt; zudem wur-den zehn Aufstellungsbeschlüsse für Bebauungspläne gefasst, hiervon wurden sechs Bebauungspläne zur Rechtskraft gebracht. Die Gestaltung und Realisierung der neuen Gebäude, Straßen und Plätze konnte beginnen, sobald die jeweiligen Bahnflächen entwidmet waren und verbindliches Planungsrecht vorlag. Neben den Festsetzungen der Bebauungspläne waren die jeweils abgeschlossenen Städtebau-lichen Verträge und Erschließungsverträge für die Realisierung von Gebäuden, Straßen und Plätzen von Bedeutung. Mit der Deutschen Bahn AG, der Eigentü-merin der Grundstücke, wurde unter anderem vereinbart, dass mit dem Verkauf der Grundstücke die Verpflichtung der jeweiligen Bauherren zur Durchführung eines Realisierungswettbewerbs unter Beteiligung der Stadt zu verbinden sei.[15] Zudem wurde vereinbart, dass die Städtebauliche Oberleitung für das gesamte Gebiet A1 der Stadt obliegt. Bezüglich der Gestaltung des öffentlichen Raumes wurde vereinbart, dass sich die Bahn und künftige Investoren an den Kosten für Wettbewerbe zur Gestaltung des Pariser Platzes und des Mailänder Platzes be-teiligen. Die wichtigsten Regelungen enthielt der städtebauliche Stammvertrag von 1998 für das gesamte Teilgebiet A1.[16]

Der Bebauungsplan Stgt 977.A für das gesamte Teilgebiet A1 war am 8.10.1998 zur Satzung beschlossen worden; der Gemeinderat hatte am 3.12.1998 dem Städte-

---

15 Städtebaulicher Vertrag gemäß § 11 BauGB betr. das Städtebauprojekt Stuttgart 21 – Teilgebiet A1 (Stammvertrag) vom 3./10.12.1998, Vorbemerkung: Ziffer 9 Wettbewerbe:„Im übrigen wirkt die Bahn darauf hin, daß privaten Bauvorhaben, deren gestalterische Auswirkungen vom öffentlichen Straßenraum aus sichtbar sind, Realisierunswettbewerbe unter Beteiligung des Stadtplanungsamtes der Stadt auf Kosten der Investoren vorangehen, von deren Ergebnissen nur aus wichtigem Grund abgewichen werden soll". Weil der Stammvertrag erst knapp fünf Jahre nach Satzungsbeschluss zum Bebauungsplan Stgt. 977.A von der Bahn ratifiziert wurde und dieser Bebauungsplan deshalb nicht in Kraft gesetzt werden konnte, aber für die Baufelder südlich der Osloer Straße – A1.1 und 2, A1.3 und A1.14 mit Pariser Platz – drei vorgezogene Bebauungspläne aufgestellt und in Kraft gesetzt wurden, um anstehende Bauprojekte der LBBW und SüdLeasing realisieren zu können, wurden die Regelungen des Stammvertrages auf die jeweiligen Geltungsbereiche der Teilbebauungspläne übertragen und vertraglich vereinbart. Dies gilt sinngemäß auch für die – nach Inkrafttreten des Rest-Bebauungsplan Stgt 977.A nördlich der Osloer Straße durchgeführte – Bebauungsplanänderung für das Baufeld A1.10 der Stadtbibliothek.

16 Siehe z.B. Erschließungsvertrag betreffend die Erschließung des Bebauungsplangebietes Stuttgart 21 – Teilgebiet A1 vom 22./30.3.2004, Gemeinderatsdrucksache 127/2004, Gemein-deratsbeschluss vom 18.3.2004.

baulichen Vertrag zugestimmt, der von der Stadt am 3.12.1998 und von der Bahn 10.12.1998 unterzeichnet wurde. Die Genehmigung des Plans durch das Regierungspräsidium Stuttgart erfolgte am 8.3.1999. Der Bebauungsplan konnte jedoch nicht in Kraft gesetzt werden, solange die Zustimmung des Aufsichtsrats der Deutschen Bahn AG noch ausstand. Als Reaktion auf den Planungsstopp des Projektes „Stuttgart 21" hatte der Gemeinderat in verschiedenen Sitzungen – zuletzt am 12.7.2001 (Gemeinderatsdrucksache 664/2001) – beschlossen, den Bebauungsplan erst in Kraft zu setzen, wenn das Bahnprojekt unumkehrbar sei. Am 16.5.2001 hat der Aufsichtsrat der Deutschen Bahn AG entschieden, dass die Planungen zu „Stuttgart 21" und zur Neubaustrecke Wendlingen-Ulm fortgeführt werden.

Abbildung 13: Flächen des Europaviertels / A1

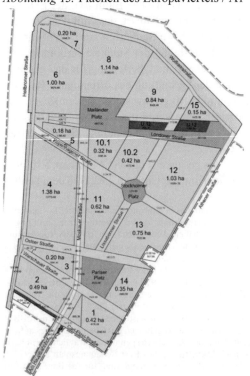

Bildquelle: Landeshauptstadt Stuttgart.

Der Bebauungsplan Stgt. 977.A wurde in den Jahren 2000, 2001 und 2003 im Bereich der Baufelder 1, 2, 3 und 14 sowie des Pariser Platzes (siehe Abbildung 13) – also südlich der Osloer Straße – durch drei Bebauungsplan-Änderungsverfahren modifiziert, die zur Satzung beschlossen und in Kraft getreten sind. Zu diesen Teilbebauungsplänen wurden Städtebauliche Verträge und Erschließungsverträge auf der Grundlage des Stammvertrags 1998 abgeschlossen. Im Interesse einer baldigen Aufsiedlung des Teilgebiets A1 und der Sicherung der städtebaulichen Ziele wurde der Bebauungsplan Stuttgart 21/Teilgebiet A1/nördlich Osloer Straße (Stgt 977 A, Baufelder 4-13 und 15) am 2.10.2003 in Kraft gesetzt, zumal das Bahnprojekt seit 2001 fortgeführt wurde, der Aufsichtsrat der Bahn am 12.3.2003 seine Zustimmung erteilt hatte und auch die von der Stadt am 17.6.2003 genannten Voraussetzungen erfüllt waren (Gemeinderatsdrucksache 873/2003). Der Bebauungsplan wurde später durch den Bebauungsplan Stgt 194 (Bibliothek, Baufeld A1.10) nochmals geändert.

2.6.2 Öffentlicher Raum

Die Gestaltung des Öffentlichen Raumes ist eine öffentliche Aufgabe. „Wie jeder Privathaushalt auf eine gute Gestaltung der eigenen vier Wände bedacht ist, so trägt die Stadt die Verantwortung für das Erscheinungsbild der Öffentlichen Räume... Das ‚Schlossgartenviertel' (A1, Europaviertel) ist der erste Bauabschnitt des Städtebauprojekts Stuttgart 21. Ich meine, daß es erforderlich und den Versuch wert ist, nach neuen und geeigneten Wegen zu suchen, wie Öffentliche Räume qualitätvoll gestaltet werden können. Damit kann ein wertvoller Beitrag zum Wohlbefinden der Bürgerinnen und Bürger in unserer Stadt geleistet werden. Eine besondere Bedeutung kommt dabei den Gestaltungselementen Grün und dem Wasser zu" (Hahn 1999: 7).

Am 25. und 26.6.1999 fand im Stuttgarter Rathaus ein öffentlicher Workshop zum Öffentlichen Raum mit etwa 50 interessierten Bürgerinnen und Bürgern statt. Inhaltliche Grundlage für drei Arbeitsgruppen, die von der Kommunal Entwicklung Baden-Württemberg moderiert wurden, bildeten ein Gestaltungskonzept der Stadt (Stadtplanungsamt Stuttgart 1999) und sechs Fachvorträge. Zudem gab die Stadt eine stadtsoziologische Studie heraus, die der Vorstellung des öffentlichen Raums als sozialem Handlungsraum Geltung verschaffen sollte (Kroner 2002). Für den ersten Bauabschnitt südlich der Osloer Straße wurde das Atelier Podrecca mit der Planung und der künstlerischen Oberleitung, der Oberflächengestaltung des Öffentlichen Raums einschließlich des Pariser Platzes beauftragt (Gemeinderatsdrucksache 1192/2001). Das vom

Atelier Podrecca entwickelte Konzept unterscheidet zwei Straßentypen: Die Hangstraßen („Talschaukeln") verknüpfen die Grünbereiche des Killesbergs mit dem Mittleren Schlossgarten und weisen in weiterer Folge zu den grünen Gegenhängen. Baumpflanzungen in diesen Straßen stellen diese Grünverbindung her. Die quer zum Hang liegende Moskauer Straße und die Lissabonner Straße sind städtische Boulevards und Verbindungsstraßen; sie stehen in ihrer Epik im Gegensatz zur Lyrik der Hangstraßen. Daher sollen sie keine Baumpflanzungen aufweisen. Die ursprüngliche Idee, jede der Hangstraßen durch „Teppiche" mit einer eigenen Charakteristik zu unterscheiden („Gasse", „Boulevard", „Canyon" etc.), konnte in den bisher ausgeführten Teilbereichen A1.1-A1.3, A1.14 nicht durchgesetzt werden. Ebenfalls nicht verwirklicht wurde die Verwendung von Natursteinpflasterungen für die Hangstraßen in verschiedenen Farben (z.b. Rosso Vanga, Verde Fontaine); es wurden aus Kostengründen ausschließlich 30x30cm Betonplatten als Belag verwendet. Mailänder Platz und Stockholmer Platz sollen, wie bereits am Beispiel Pariser Platz verwirklicht, jeder seine autonome und unverwechselbare Charakteristik erhalten (Luckner/Atelier Prof. Boris Podrecca 2004).

Unter Berücksichtigung der Stadtbibliothek und des Quartiers am Mailänder Platz – Milaneo – wurde 2011 von der Stadt ein Gutachterverfahren zur Gestaltung des Mailänder Platzes ausgeschrieben. Der Entwurf des Ateliers Dreiseitl, Überlingen, wurde mit dem 1. Preis ausgezeichnet. Die Stadtbahnhaltestelle Warschauer Platz wurde mit dem Gestaltungskonzept zum öffentlichen Raum und dem Entwurf zum Mailänder Platz detailliert abgestimmt. Die Fertigstellung des Platzes ist zusammen mit dem Einkaufszentrum „Milaneo" für das Jahr 2015 vorgesehen.

2.6.3 Das Europaviertel wird gebaut

LBBW-Hauptverwaltung

Die bauliche Entwicklung des Europaviertels begann bereits im Jahr 1989 mit dem Wettbewerb „Bank- und Verwaltungszentrum am Hauptbahnhof in Stuttgart", den die Landesbank Stuttgart und die Landeshauptstadt Stuttgart gemeinsam auslobten. Am 2.3.1989 entschied sich das Preisgericht unter Vorsitz von Professor Roland Ostertag für den Entwurf der Architektenpartnerschaft Brunnert, Mory, Osterwalder, Vielmo, Stuttgart. Der mächtige Bankkomplex der heutigen LBBW wurde 1994 fertiggestellt und war Ausgangs- und Anknüpfungspunkt für die weitere Entwicklung des Europaviertels.

A1.1-2-3 LBBW

Nach Inkraftsetzung der Bebauungspläne für die nördlich angrenzenden Flächen (Bebauungspläne Stgt 977.1 und 977.2) im Jahr 2001 konnten die ersten Gebäude auf Teilgebiet A1 errichtet werden. Die LBBW lobte den Wettbewerb in einer Zeit großer Unsicherheit über den Fortgang des Schienenprojektes „Stuttgart 21" aus. Das Preisgericht entschied im März 2000, dass das Konzept des Architekturbüros Wöhr, Mieslinger Architekten für eine Realisierung empfohlen wird. Das städtebauliche Konzept sah eine elegante Ausprägung des Stadtgrundrisses mit einem kleinen, dreieckigen Platz – einer Piazzetta – vor, die die Gehwegverbindung durch die LBBW und die oberirdischen Erschließungsstraße in einem großzügigen Stadtraum zusammenfasste. Die Piazzetta wurde zudem durch ein Glasdach zwischen den Hauptbaukörpern überdeckt und schuf so ein prägnantes Eingangstor zum Europaviertel und zugleich eine witterungsgeschützte Wegeverbindung zwischen den Hauptgebäuden. Das Hochhaus war durch einen hochtransparenten Glaskeil charakterisiert, dessen dauerhafte Transparenz vertraglich gesichert wurde. Über die drei Hochhäuser an der Heilbronner Straße wurde beim Auslegungsbeschluss zum Bebauungsplan für das Teilgebiet A1 am 9.6. und 16.6.1998 debattiert.[17] Schließlich wurde ihre Höhe auf jeweils 60 Meter über der Heilbronner Straße festgesetzt.

A1.6-8-9 Einkaufszentrum Milaneo

Auf den Baufeldern 6, 8 und 9 lässt der Bebauungsplan großflächigen Einzelhandel zu. Die Firmen MediConsult aus Düsseldorf und ECE aus Hamburg hatten Interesse gezeigt. Dem von MediConsult vorgesehenen Konzept wurde von der Stadt und der Bahn der Vorzug gegeben. „Die MC Beteiligungs GmbH & Co. Stuttgart. Schwabengalerie KG. hat im Zuge der städtebaulichen Entwicklung des Projekts Stuttgart 21 die Baufelder 6, 8 und 9 (Heilbronner Straße, Wolframstraße) innerhalb des Teilgebiets A1 erworben. Sie beabsichtigt auf diesen Grundstücken moderne, attraktive Geschäftsgebäude von internationaler Bedeutung mit Flächen für Handel, Gastronomie, Unterhaltung/Freizeit, Büros und Wohnungen zu errichten."[18] Die Beurteilungskommission entschied am 27.7.1998, dass der 1.

---

17 Gemeinderatsdrucksache 2010/1998. In der Begründung zum Bebauungsplan heißt es, dass an der Heilbronner Straße ein 60 Meter hohes Hochhaus „keine aerodynamisch bedingten Gefahren" (S. 22) erwarten lasse.

18 Vgl. Gemeinderatsdrucksache 105/1998, Planungsgutachten Mediconsult Galeria Ventuno, Teilgebiet A1 Stuttgart 21, Einzelhandel: 40.000 m² Verkaufsfläche, Entertainment, Gastronomie, Freizeit 16.650 m² Nutzfläche, Wohnen, Boardinghouse: 8.000 m² Nutzfläche für ca. 200 Wohnungen; Büro, Gesundheit, Dienstleistungen: 6.400 m² Nutzfläche; BGF insgesamt 120.000 m², ca. 3.000 Stellplätze.

Preis dem Büro RKW Rhode, Kellermann, Wawrowsky + Partner, Düsseldorf zugesprochen wird. Die Ungewissheit des Fortgangs von „Stuttgart 21" trug sicher auch zum Scheitern des Projekts Galeria Ventuno bei. Nach einem zähen Rechtsstreit mit der DB Immobilien GmbH musste das Grundstück an die Bahn zurückgegeben werden.

Vor Ablauf der Siebenjahresfrist, nach der Bebauungspläne entschädigungsfrei geändert werden können, reichte die Firma ECE eine Reihe von Bauvoranfragen ein, die zum Teil einfache Fragen nach dem Planungsrecht beinhalteten. Ihre positive Beantwortung durch die Baurechtsbehörde hatte jedoch die Wirkung, dass diese Frist faktisch verlängert wurde. Im Gemeinderat entbrannte eine heftige Debatte darüber, ob das planungsrechtlich zulässige Einkaufszentrum mit ca. 43.000 m² Verkaufsfläche noch zeitgemäß sei und der Innenstadt schade. Zu einer Änderung des Bebauungsplans und den damit verbundenen hohen Entschädigungszahlungen kam es aber nicht. ECE, STRABAG, Hamburg Trust, Bayerische Hausbau schrieben einen Wettbewerb für die Baufelder 6, 8 und 9 aus – für ein dreigeschossiges Einkaufszentrum mit Einzelhandels-, Gastronomie- sowie Dienstleistungsnutzungen. Der Gemeinderat hatte bewirkt, dass oberhalb des Einkaufszentrums ca. 450 Wohnungen vorgesehen werden, dass die Verkaufsflächen in der Summe auf maximal 43.000 m² dauerhaft begrenzt werden, dass die Erdgeschossbereiche sich zum Mailänder Platz und der Heilbronner Straße hin öffnen und von dort zugänglich sind und dass die Zahl der Stellplätze auf 1.680 begrenzt wird.[19] Den Wettbewerb gewann wieder das Büro RKW Rhode Kellermann Wawrowsky GmbH + Co. KG, Düsseldorf. Mit dem Bau wurde im Juli 2012 begonnen. Die Fertigstellung des Shopping-Centers ist für Frühjahr 2015 geplant.

A1.7 Hochhaus

Für das Hochhaus Heilbronner Straße/Ecke Wolframstraße – an zwei Seiten vom Einkaufszentrum umgeben – lobte die Schwäbische Wohnungs AG/Baufeld 7 Grundstücksgesellschaft mbH einen Wettbewerb aus, den am 11.10.2008 das Architekturbüro Grüntuch Ernst, Berlin, gewann. Mit dem Bau wurde noch nicht begonnen.

A1.10.1 Stadtbibliothek

Die Landeshauptstadt Stuttgart lobte 1999 für das Baufeld A1.10 südlich des Einkaufszentrums einen zweiphasigen Architektenwettbewerb für eine Stadtbibliothek (Bibliothek 21) auf dem westlichen Teil und östlich davon als Ideenteil ein

---

19   Vgl. Öffentlich-rechtlicher Vertrag Projekt Quartier am Mailänder Platz vom 27./30.5.2011.

Science-Center aus. Mit der Bibliothek 21 und ihrem erweiterten Bildungsangebot soll ein wichtiger kultureller Schwerpunkt im neuen Stadtgebiet geschaffen werden. Zur Vorgeschichte: Der Gemeinderat hatte am 18.12.1997 den Neubau der Stadtbücherei in Teilgebiet A1 auf dem westlichen Teil von Baufeld A1.10 am Mailänder Platz grundsätzlich befürwortet. Am 16.7.1998 wurden die Konzeption, das Raumprogramm und die Ausschreibung eines Wettbewerbs für eine Bibliothek auf dem Baufeld A1.10 (West) beschlossen (Gemeinderatsdrucksache 231/1998). Für den östlichen Teil sollten Ideen für ein Science-Center entwickelt werden. Den internationalen Wettbewerb gewann Prof. Eun Young Yi. Das Wettbewerbsergebnis wurde dem Gemeinderat am 13.7.1999 vorgestellt (Gemeinderatsdrucksache 337/1999). Im Bebauungsplan für das Teilgebiet A1 wurde der Bibliotheksstandort auf dem westlichen Teil des Baufeldes A1.10 als Gemeinbedarfsfläche festgesetzt. Der „Bebauungsplan Stuttgart 21 – Teilgebiet A 1 – Stgt. 977.A" wurde am 8.10.1998 zur Satzung beschlossen und am 8.3.1999 vom Regierungspräsidium Stuttgart genehmigt. Auf Beschluss des Gemeinderats vom 12.7.2001 wird der Bebauungsplan – mit Ausnahme der Baufelder 1, 2, 3 und 14 – bis zur endgültigen Entscheidung über das Projekt „Stuttgart 21" nicht in Kraft gesetzt. Da sich das Projekt „Stuttgart 21"gegenüber dem ursprünglichen Zeitplan voraussichtlich um vier Jahre verzögerte und erst im Jahr 2005 abschließend über seine Realisierung entschieden werden sollte, begann angesichts dieser unsicheren Situation eine Diskussion über mögliche Alternativstandorte in der Innenstadt und im Europaviertel A1. Der Gemeinderat entschied nach einer kontroversen Diskussion zu Gunsten des Standorts der neuen Stadtbibliothek am Mailänder Platz. Die Stadt erwarb 2003 eine 32.00 m² große Teilfläche des Baufeldes A1.10. Die neue Stadtbibliothek wurde am 24.10.2011 eröffnet. Die Baukosten betrugen knapp 80 Millionen Euro, davon vier Millionen für die Inneneinrichtung.

A1.10.2 Bürogebäude

Auf dem östlich angrenzenden Grundstück (A1.10.2) wurde die ursprüngliche Idee eines Science-Centers nicht weiter verfolgt. Das Grundstück wurde von der Fay Projects GmbH, Gero Real Estate erworben. JSWD Architekten, Köln, gewannen am 6.9.2008 das Gutachterverfahren für das Projekt Library Square/Europe Plaza. Der Bauantrag ist genehmigt. Mit der Realisierung wurde noch nicht begonnen.

A1.11 Sparkassenakademie

Der Sparkassenverband Baden-Württemberg erwarb das Grundstück südlich der neuen Bibliothek und lobte für eine neue Sparkassenakademie Baden-Württemberg einen Wettbewerb aus. Dieser wurde am 22.10.2010 entschieden: Den 1. Preis gewann das Büro Wöhr, Mieslinger Architekten. Der erste Spatenstich erfolgte am 19.12.2011 und die Einweihung ist für 2014 vorgesehen.

A1.13 Wohn- und Bürogebäude

Für das östlich der künftigen Sparkassenakademie gelegene Baufeld A1.13 lobte die Reiß & Co. Real Estate München GmbH für die Versorgungsanstalt der deutschen Bühnen, Anstalt des öffentlichen Rechts München, gesetzlich vertreten durch die Bayerische Versorgungskammer, München, ein Gutachterverfahren für das Projekt Pariser Höfe aus. Die Bewertungskommission entschied am 3.7.2008, dass die Maier Neuberger Projekte GmbH, München, den 1. Preis für das Wohnen und das Büro KSP Engel und Zimmermann, München, den 1. Preis für die Büros erhält. Baubeginn war Mitte 2010. Der Erstbezug der Wohnungen erfolgte im November 2012 und die Einweihung des gesamten Baukomplexes erfolgt voraussichtlich im Februar 2013. Es entstehen 242 Mietwohnungen auf einer Bruttogeschossfläche von 23.800 m², Büroflächen auf einer Bruttogeschossfläche von 8.200 m², ein Restaurant mit 200 m². Die gesamte Bruttogeschossfläche beträgt 32.500 m².

A1.14 Bürogebäude

Das Gebäude auf Baufeld A1.14 wurde bereits am 29.11.2005 eingeweiht. Die SüdLeasing, Stuttgarter Finanz- und Beteiligungs-AG hatte 2002 ein Gutachterverfahren durchgeführt, welche vom Büro Wöhr, Mieslinger Architekten gewonnen wurde.

A1.15 Stadtbahnhaltestelle

Baufeld 15 grenzt an die im Bau befindliche Stadtbahnhaltestelle Budapester Platz an. SSB Stuttgarter Straßenbahnen AG und Landeshauptstadt Stuttgart hatten 1999 einen Realisierungswettbewerb für die Stadtbahnhaltestelle, die Brücke über die Wolframstraße und das Baufeld A1.15 (Gemeinderatsdrucksache 335/1998) durchgeführt, den der Architekt Horst Haag, Stuttgart, gewann. Die Planung der Stadtbahnhaltestelle mit Brücke über die Wolframstraße erfolgte durch Leonhardt, Andrä und Partner, Stuttgart, sowie Auer und Weber Assoziierte, Stuttgart. Mit dem Bau Stadtbahnhaltestelle und -brücke wird im Frühjahr 2013 begonnen, die Fertigstellung ist Ende 2014 zu erwarten. Die abschließende Ausbildung der Erschließungselemente der Stadtbahnhaltestelle erfolgt im Zusammenhang mit der Gebäudeplanung für das unmittelbar angrenzende Baufeld A1.15.

Für die Baufelder A1.4, 5 und 12 wurden noch keine Gutachten oder Wettbewerbe durchgeführt, da diese Flächen vollständig oder zum Teil für den Bau der Stadtbahn und des Schienenprojektes „Stuttgart 21" benötigt werden.

3. Ausblick

Die Realisierung des Bahnprojektes Stuttgart-Ulm hat begonnen und die Städtebaulichen Planungen können fortgesetzt werden. Mit der öffentlichen Veranstaltungsreihe „Rosenstein. Wir gestalten unsere Stadt von Morgen" (www.rosenstein-stuttgart.de) wurde ein Beginn zur Beteiligung der Bürgerinnen und Bürger am weiteren städtebaulichen Entwicklungsprozess gemacht. In ersten Vorträgen wurden Beispiele aus anderen Städten erläutert, so z.b. die Entwicklung der Hafen City Hamburg. Für die weitere städtebauliche Planung wird die Umsetzung des Schlichterspruchs von Dr. Heiner Geißler von Bedeutung sein: „Für die Fortführung des Baues von S21 halte ich aus den genannten Gründen folgende Verbesserungen für unabdingbar: Die durch den Gleisabbau frei werdenden Grundstücke werden der Grundstücksspekulation entzogen und daher in eine Stiftung überführt, in deren Stiftungszweck folgende Ziele festgeschrieben werden müssen:

- Erhaltung einer Frischluftschneise für die Stuttgarter Innenstadt.

- Die übrigen Flächen müssen ökologisch, familien- und kinderfreundlich, mehrgenerationengerecht, barrierefrei und zu erschwinglichen Preisen bebaut werden.

- Für notwendig halte ich eine offene Parkanlage mit großen Schotterflächen".

In den kommenden Jahren wird zu überlegen sein, wie der weitere städtebauliche Entwicklungsprozess inhaltlich und organisatorisch verfasst sein sollte, um zukunftsfähige neue Stadtteile – das Rosensteinviertel und das Europaviertel – entstehen zu lassen, die für die Kommune dauerhaft von Vorteil sind und von Generation zu Generation immer wieder als lebenswerte Heimat empfunden werden. Sicher ist dabei insbesondere auch auf die Grundstrukturen der neu zu gestaltenden Topographie und des Stadtgrundrisses besonderes Augenmerk zu richten. Diese räumlichen Ordnungsstrukturen machen den zeitlosen Teil der Stadtarchitektur aus; gelingen sie, so hat auch Stuttgart für immer gewonnen. Vor uns liegen anspruchsvolle Aufgaben: die Realisierung des Bahnprojekts Stuttgart-Ulm, des neuen Hauptbahnhofs und die Entwicklung des Europa- und Rosensteinviertels. Möge die Übung gelingen[20].

---

20   „Die jungen Großmeister verwandten alle Grazie auf die Übungen selber, auf die gespielte Beiläufigkeit der Anstrengung, die Eleganz der Gebärden und die Heiterkeit der Mimik – während

Literatur

Bruckmann, Hansmartin (1997): Vorwort. In: Stadt Stuttgart (Hrsg.): Stuttgart 21. Städtebauliches Gutachten. Stuttgart: Stadt Stuttgart.

Brunold, Andreas (1992): Verkehrsplanung und Stadtentwicklung. Die städtebauliche Entwicklung des Stuttgarter Bahnhofsgeländes – eine Fallstudie. Stuttgart: Silberburg Verlag.

Bund Deutscher Architekten BDA, Deutsche Bahn AG, Förderverein Deutsches Architekturzentrum DAZ in Zusammenarbeit mit Meinhard von Gerkan (Hrsg.) (1997): Renaissance der Bahnhöfe. Die Stadt im 21. Jahrhundert. Braunschweig/Wiesbaden: Vieweg+Teubner.

Bundesminister für Verkehr (Hrsg.) (1992): Bundesverkehrswegeplan 1992, Beschluss der Bundesregierung vom 15.7.1992. Bonn: Verkehrsministerium.

Bündnis 90/Die Grünen – SPD (2011): Der Wechsel beginnt. Koalitionsvertrag zwischen BÜNDNIS 90/DIE GRÜNEN und der SPD Baden-Württemberg. Baden-Württemberg 2011-2016, Stuttgart, 9.5.2011.

DBProjekt GmbH Stuttgart 21 (1996a): Aufgaben und Ziele, Faltblatt. Juni 1996.

DBProjekt GmbH Stuttgart 21, Deutsche Bahn Gruppe, im Auftrag der Deutschen Bahn AG (1996b): Abstimmung mit den Belangen der Raumordnung, Umgestaltung des Bahnknotens Stuttgart, Ausbau- und Neubaustrecke Stuttgart-Augsburg, Bereich Stuttgart-Wendlingen mit Flughafenanbindung, Teil I, Technische Planung, Erläuterungsbericht.

Deutsche Bahn AG, Geschäftsbereich Netz, Regionalbereich Stuttgart, Projekte (Hrsg.) (1994): Projekt „Stuttgart 21". Die Machbarkeitsstudie. Stuttgart, Broschüre.

Dürr, Heinz (2008): In der ersten Reihe. Aufzeichnungen eines Unerschrockenen. Berlin: wjs Verlag.

Eppler, Erhard (2010): „Das Volk muss entscheiden". Eppler zu Stuttgart 21. Interview mit Sebastian Beck. In: Süddeutsche Zeitung vom 17.9.2010.

Gall, Lothar; Pohl, Manfred (Hrsg.) (1999): Die Eisenbahn in Deutschland. Von den Anfängen bis zur Gegenwart. München: C.H.Beck.

Geißler, Heiner (2010): Schlichtung Stuttgart 21 PLUS, Stuttgart, 30.11.2010.

Geißler, Heiner (2012): Sapere aude! Warum wir eine neue Aufklärung brauchen. Berlin: Ullstein.

Gerkan, Meinhard von (1997): Renaissance der Bahnhöfe als Nukleus des Städtebaus. In: Bund Deutscher Architekten BDA, Deutsche Bahn AG, Förderverein Deutsches Architekturzentrum DAZ in Zusammenarbeit mit Meinhard von Gerkan (alle Hrsg.): Renaissance der Bahnhöfe. Die Stadt im 21. Jahrhundert. Braunschweig/Wiesbaden: Vieweg+Teubner, S. 16-63.

Hahn, Matthias (1999): Baubürgermeister. In: Stadtplanungsamt Stuttgart (Hrsg.): Stuttgart 21 Schloßgartenviertel. Gestaltungskonzept öffentlicher Raum. Stuttgart: Stadt Stuttgart.

Häussermann, Annette; Pesch, Franz (1997): Universität Stuttgart, Städtebauliches Institut, Städtebauwerkstatt Stuttgart 21. Anregungen und Kritik. Ergebnisse der Städtebauwerkstatt Stuttgart 21. Stuttgart: Städtebau-Institut.

Heimerl, Gerhard (2002): Zukunft der europäischen Eisenbahnen. In: 50 Jahre ETR – Eisenbahntechnische Rundschau 51, S. 144-158.

Kommunal Entwicklung Baden-Württemberg (1997): Stuttgart 21. Offene Bürgerbeteiligung zum Rahmenplan/Entwurf Band 1: Ergebnisse. Stuttgart: Kommunal Entwicklung.

Kommunal Entwicklung Baden-Württemberg (1998): Stuttgart 21. Offene Bürgerbeteiligung im Nordbahnhofviertel. Stuttgart: Kommunal Entwicklung.

---

sie doch alle insgeheim vor Aufregung gespannt sind und deswegen die Beschwörungsformel lieben, die die Ansagerin auch niemals vergißt (und die das Publikum, um sein eigenes Bangen zu beschwichtigen, bald laut mitspricht): „Möge diese Übung gelingen"." (Sack 1985)

Kopper, Christopher (2007): Die Bahn im Wirtschaftswunder. Deutsche Bundesbahn und Verkehrspolitik in der Nachkriegsgesellschaft. Frankfurt a.M.: Campus.

Kroner, Ingrid (2002): Platz-Theater, Bausteine für einen sozialen Handlungsraum, Schrift der Landeshauptstadt Stuttgart. Stuttgart: Stadt Stuttgart.

Landesdenkmalamt Baden-Württemberg (1997): Schreiben vom 25.2.1997 an die DBProjekt Bau GmbH Stuttgart 21.

Landeshauptstadt Stuttgart, Stadtplanungsamt (Hrsg.) (1994): Stuttgart 21 Rahmenkonzeption, Stadtentwicklung, Stand 13.9.1994.

Landeshauptstadt Stuttgart, Stadtplanungsamt (Hrsg.) (1996): Rahmenkonzept/Entwurf Stuttgart 21 Städtebau, Stand 30.1.1996.

Landeshauptstadt Stuttgart (Hrsg.) (1997): Stuttgart 21. Städtebauliches Gutachten, Stuttgart 1997, Protokoll der Gutachterkommission.

Landesregierung Baden-Württemberg (2011): Information der Landesregierung Baden-Württemberg zur Volksabstimmung am 27.11.2011.

Landeszentrale für politische Bildung Baden-Württemberg (2012): http://www.lpb-bw.de/schlichtung_s21.html; abgerufen am 27.9.2012.

Leonhardt, Fritz (1997): Offener Brief vom 22.8.1997 an Heinz Dürr, Johannes Ludewig, Hans Sommer, Wolfgang Schuster, Matthias Hahn und Klaus Humpert.

Luckner, Gerhard / Atelier Prof. Boris Podrecca (2004): Internes Papier vom 2.11.2004.

Ludewig, Johannes (2010): Interview über Stuttgart 21 und die Widerstände vom 28.8.2010. In: Deutschlandradio Kultur, Ortszeit, Interviewerin: Nana Brink, redigierte Fassung des Telefoninterviews.

Ministerium für Verkehr und Infrastruktur Baden Württemberg (2012): „Die Antworten der S-21-Projektpartner auf die Empfehlungen des Filder-Dialogs S 21", Pressemittelung vom 13.7.2012.

Palacio, Loyola de (2004): Vorwort. In: Europäische Kommission, Generaldirektorin Energie und Verkehr (Hrsg.): Das transeuropäische Hochgeschwindigkeitsbahnsystem, Leitfaden zur Anwendung der TSI für das Hochgeschwindigkeitsbahnsystem gemäß Richtlinie 96/48/EG des Rates, Luxemburg; Europäische Kommission.

Planck, Dieter, Präsident des Landesdenkmalamtes Baden-Württemberg (1997): Schreiben vom 11.3.1997 an Oberbürgermeister Dr. Schuster.

Popper, Karl R. (1979): Ausgangspunkte. Meine intellektuelle Entwicklung. Hamburg: Hoffmann und Campe.

Popper, Karl R. (1994): Alles Leben ist Problemlösen. Über Erkenntnis, Geschichte und Politik, München: Piper.

Polizeipräsidium Stuttgart (2012): Pressemittelungen, http://org.polizei-bwl.de/ppstuttgart/Presse/ Seiten/default.aspx; abgerufen am 28.9.2012.

Regierungspräsidium Stuttgart (1997): Raumordnerische Beurteilung, Aus- und Neubaustrecke Stuttgart-Augsburg, Bereich Stuttgart-Wendlingen mit Flughafenanbindung und Umgestaltung des Bahnknotens Stuttgart. Stuttgart, September 1997.

Sack, Manfred (1985): Möge diese Übung gelingen. Großmeister chinesischer Akrobatik unterwegs in der Bundesrepublik. In: DIE ZEIT 22.11.1985. http://www.zeit.de/1985/48/moege-diese-uebung-gelingen; abgerufen am 8.10.2012.

Sandkühler, Hans Jörg (2009): Kritik der Repräsentation. Einführung in die Theorie der Überzeugungen, der Wissenskulturen und des Wissens. Frankfurt am Main: Suhrkamp Verlag.

Schorlau, Wolfgang(2010): Am Anfang waren wir nur wenige. Ein Gespräch mit Gangolf Stocker. In: Schorlau, Wolfgang (Hrsg.): Stuttgart 21. Die Argumente. Köln: Kiepenheuer & Witsch, S. 35.

Schunder, Josef (2012): Manfred Rommel. Die Biografie. Neuhausen a.d.f.: Theiss.

Schwarz, Hans-Peter (1999): Wiedervereinigung und Bahnreform 1989-1994. In: Gall, Lothar; Pohl, Manfred (Hrsg.): Die Eisenbahn in Deutschland. Von den Anfängen bis zur Gegenwart. München: C.H.Beck, S. 377-418.

Stadtplanungsamt Stuttgart (1999): Stuttgart 21 Schloßgartenviertel. Gestaltungskonzept öffentlicher Raum. Stuttgart: Stadt Stuttgart.

Stocker, Gangolf (2008): Eine Geschichte von Stuttgart 21 und wie die Bevölkerung sich wehrt. In: Ostertag, Roland (Hrsg.): Die entzauberte Stadt. Plädoyer gegen die Stadtzerstörung. Stuttgart: Peter Grohmann Verlag, S. 31-44.

Vahrenkamp, Richard (2011): Die logistische Revolution. Der Aufstieg der Logistik in der Massenkonsumgesellschaft. Frankfurt am Main: Campus.

Wedler, Jürgen (1996): Das Projekt „Stuttgart 21" – Die geschichtliche Entwicklung, unveröffentlichtes Manuskript.

Wedler, Jürgen (2001): Entwicklung und Effekte des Projekts Stuttgart 21. In: Eisenbahntechnische Rundschau 50, S. 345-354.

Wehler, Hans-Ulrich (1995): Deutsche Gesellschaftsgeschichte, Bd.3. Von der „Deutschen Doppelrevolution" bis zum Beginn des Ersten Weltkrieges, 1849-1914. München: C.H.Beck.

Wolf, Winfried (1995): „Stuttgart 21". Hauptbahnhof im Untergrund? Streitschrift wider „Stuttgart 21", Filder-Bebauung, Messe II. Köln: Neuer ISP Verlag.

Zeilinger, Stefan (2003): Wettfahrt auf der Schiene. Die Entwicklung von Hochgeschwindigkeitszügen im europäischen Vergleich. Frankfurt am Main: Campus.

„Stuttgart 21" im Spiegel von Facebook-Aktivitäten der Befürworter und der Gegner des Projektes

Tim Maier

1. Einleitung

„Stuttgart 21" hat online wie offline die Menschen in Baden-Württemberg bewegt. Im Oktober 2010 war das Thema unter den Top 10 Nachrichtenthemen (Krüger 2011: 107), und auch online äußerten sich Gegner und Befürworter von „Stuttgart 21" zu dem Projekt. Auf klassischen Webseiten, aber vor allem im Social Web fanden Diskussionen und Kommunikationskampagnen beider Seiten statt. Mehr noch: „Stuttgart 21" war eines der ersten Themen in Deutschland, zu dem Gegner und Befürworter massiv auf Social Network Sites und weitere Web 2.0-Werkzeuge setzten, um sich zu koordinieren, ihre Meinung kundzutun, zu informieren und die Öffentlichkeit zu mobilisieren. Gegner und Befürworter des Projektes starteten fast zeitgleich jeweils einen eigenen Facebook-Auftritt, auf dem sie über ihre Sicht auf das kontroverse Infrastruktur- und Städtebauprojekt kommunizierten.

Im vorliegenden Beitrag wird diese Nutzung von Social Network Sites am Beispiel von Facebook beschrieben. Die Nutzungsverläufe auf diesen beiden Seiten werden von Facebook aufgezeichnet und den Seiteneigentümern zur Verfügung gestellt. So lassen sich die Aktivitäten im Zusammenhang mit dem chronologischen Verlauf der Ereignisse zu „Stuttgart 21" von der Eskalation im Schlossgarten am 30.9.2010 über den Schlichterspruch bis hin zur Landtagswahl in Baden-Württemberg genauer betrachten.

2. Die Rolle von Social Network Sites in Deutschland

In Deutschland nutzen inzwischen 76 Prozent der Bevölkerung ab 14 Jahren zumindest gelegentlich das Internet, um sich zu informieren und um miteinander zu kommunizieren (van Eimeren und Frees 2012: 362). Im Jahr 2010 waren es noch 69 Prozent (ebd.: 363). Zunehmender Beliebtheit im Netz erfreut sich das sogenannte Web 2.0, in dem die Nutzer selbst ohne großes Vorwissen aktiv Inhalte erstellen und veröffentlichen können. Eine dieser Anwendungen des Web 2.0 sind Social Network Sites, die immer populärer werden (Kaplan und Haenlein 2010: 63). Die Nutzer pflegen auf diesen Plattformen Kontakte und können einfach und schnell miteinander kommunizieren. Vor allem in Verbindung mit der zunehmenden Nutzung mobiler Endgeräte für den Onlinezugang (van Eimeren und Frees 2012: 367) können so Informationen immer schneller ausgetauscht und verbreitet werden.

Social Network Sites sind unter einer Vielzahl von Synonymen bekannt. Soziale Netzwerke, Communities (Busemann und Gscheidle 2011: 360) oder Social Networks (Williams und Gulati 2007: 13) sind dabei die am häufigsten genutzten Begriffe. Um deutlich zu machen, dass sich dieser Beitrag mit den webbasierten sozialen Netzwerken beschäftigt, wird die international übliche Bezeichnung „Social Network Sites" anstatt des Begriffs „Social Networks" genutzt. Boyd und Ellison (2007: 2) definieren Social Network Sites folgendermaßen: „We define social network sites as web-based services that allow individuals to (1) construct a public or semi-public profile within a bounded system, (2) articulate a list of other users with whom they share a connection, and (3) view and traverse their list of connections and those made by others within the system. The nature and nomenclature of these connections may vary from site to site". Es handelt sich also um webbasierte Dienste, auf die man nur voll zugegriffen kann, wenn man über ein eigenes Profil verfügt (Busemann und Gscheidle 2011: 361). Zudem gibt es hier die Möglichkeit, sein eigenes Netzwerk aus Freunden und Bekannten öffentlich zu machen sowie sich selbst darzustellen (Meckel 2008: 21; Kaplan und Haenlein 2010: 63; Hettler 2010: 57).

Die Funktion dieser Plattformen liegt vor allem in der Pflege bereits existierender sozialer Kontakte. Allerdings wird auch die Möglichkeit geboten, mit anderen, bisher unbekannten Menschen in Kontakt zu treten, beispielsweise auf Basis gemeinsamer Interessen, politischer Ansichten, dem Beruf oder sonstiger Aktivitäten (Boyd und Ellison 2007: 1; Meckel 2008: 21; Maurer et al. 2008: 223). Maurer, Alpar und Noll (2008: 225) fanden in einer Studie über Social Network Sites heraus, dass 90 Prozent der Nutzerkontakte auf den Plattformen auch persönliche Bekannte sind. Zu einer ohnehin bestehenden Offline-Beziehung kamen somit Online-Elemente hinzu. Die Forscher sprechen in diesem Zusammenhang von einer „Hybridbeziehung". Die Motive für die Nutzung der Netzwerke unterscheiden sich je nach Art der Social Network Site, da diese in ihrer Ausgestaltung sehr verschieden sind (Berge und Busching 2008: 27). Für diese Pflege von Kontakten werden zahlreiche technische „Funktionen zur Vernetzung, Kontaktpflege oder Kommunikation mit anderen Mitgliedern" (Busemann und Gscheidle 2011: 361) bereitgestellt, auf die am Beispiel von Facebook später noch weiter eingegangen wird.

Neben den Möglichkeiten des kommunikativen Austauschs bieten Social Network Sites immer mehr zusätzliche Funktionen, die bereits aus anderen Web 2.0-Anwendungen bekannt sind. Zu diesen Möglichkeiten gehören beispielsweise das Hochladen von Bildern und Videos oder eine Blogfunktion (Busemann und Gscheidle 2011: 365; Boyd und Ellison 2007: 4).

Seit der ersten Social Network Site SixDegrees.com, die 1997 startete und 2000 aufgrund mangelnder Wirtschaftlichkeit wieder eingestellt wurde (Boyd und Ellison 2007: 4), hat sich viel getan. Netzwerke kamen und gingen, und letztendlich hat sich nicht nur in Deutschland die 2004 zunächst als harvardinternes Netzwerk gegründete Social Network Site Facebook durchgesetzt. In Deutschland gehörte Facebook im August 2012 mit über 24 Millionen Mitgliedern zu den meistgenutzten Netzwerken (allfacebook.de 2012). Nach Busemann, Fisch und Frees (2012: 260) haben nach eigenen Angaben 75 Prozent der deutschen Internetnutzer ein Profil in dem Netzwerk. 2010 lag dieser Anteil noch bei 23 Prozent der Online-Bevölkerung zwischen 14 und 69 Jahren (Franz 2010: 408).

Nach eigenen Angaben hatte das unter anderem von Mark Zuckerberg gegründete Netzwerk im Juni 2012 weltweit 955 Millionen aktive Nutzer, wovon 543 Millionen das Netzwerk von mobilen Endgeräten aus (mit-)nutzen (Facebook 2012). Den Nutzern wird eine umfassende Funktionalität geboten: „Fundamental features to the experience on Facebook are a person's Home page and Profile. The Home page includes News Feed, a personalized feed of his or her friends updates. The Profile displays information about the individual he or she has chosen to share, including interests, education and work background and contact information. Facebook also includes core applications – Photos, Events, Videos, Groups, and Pages – that let people connect and share in rich and engaging ways. Additionally, people can communicate with one another through Chat, personal messages, Wall posts, Pokes, or Status Updates" (Facebook 2011a). Die Beschreibung der Funktionen macht deutlich, dass die Möglichkeiten zur Selbstdarstellung (Meckel 2008: 21) und Kommunikation (Kaplan und Haenlein 2010: 63) umfassend sind. Allerdings bietet Facebook nicht nur privaten Nutzern eine Plattform.

Auch Unternehmen, Organisationen oder öffentliche Personen können ein Facebook-Profil erstellen und diesen Kanal zur Interaktion mit Fans oder Anhängern nutzen. Eines der prominentesten Beispiele ist US-Präsident Barack Obama, der in seinem Wahlkampf 2008 stark auf ein eigenes Netzwerk (Plehwe und Bohne 2008: 140) sowie auf weitere öffentliche Social Networks setzte. Ebenso sind Initiativen und Interessengruppen, wie rund um das Bahnhofsprojekt „Stuttgart 21", auf Facebook vertreten. So hatte die Seite der Bahnhofsgegner „KEIN Stuttgart 21" 2011 101.152 Fans (Stand 31. August 2011) und im August 2012 noch 93.217 (Facebook 2011b). Die Seite der Befürworter hatte 2011 176.295 Fans (Stand 31. August 2011) und ein Jahr später 179.449 Fans (Facebook 2011c).

Da die Funktion „Interaktion" auf der Plattform sehr wichtig ist, wird der „Gefällt mir"-Button, auch als Like-Button bekannt, besonders häufig genutzt. Nach einer Umfrage von Kremser (2010: 117) nutzen 57 Prozent der Befragten in Deutschland den „Gefällt mir"-Button sehr häufig, das heißt bei jedem oder jedem zweiten Besuch. Auch in den USA ist diese Funktion populärer als jede andere Interaktionsform auf Facebook. Dort machen 26 Prozent der Facebooknutzer von der Funktion mindestens einmal täglich Gebrauch (Hampton et al. 2011: 19). Schränkt man das Alter auf 18- bis 22-jährige Facebooknutzer in den USA ein, so liegt dieser Anteil bei 44 Prozent (ebd.). Deutlich wird in der Studie von Hampton et al. (2011: 20) auch, dass 20 Prozent der Frauen mehrmals am Tag den „Gefällt mir"-Button nutzen, wohingegen die mehrmals tägliche Nutzung bei Männern nur bei neun Prozent liegt. Auch bei der mehrmals täglichen Kommentierung von Statusmeldungen oder Inhalten von Dritten auf Facebook liegen Frauen mit 16 Prozent vor Männern mit acht Prozent (ebd.: 17). In Deutschland wird diese Kommentarfunktion von 41 Prozent bei mindestens jedem zweiten Besuch und von 29 Prozent bei jedem dritten bis fünften Besuch des Netzwerks genutzt (Kremser 2010: 117).

Hampton et al. (2011: 16) fanden zudem heraus, dass es wahrscheinlicher ist, dass ein Nutzer den Status eines anderen kommentiert, als selbst eine Statusmeldung zu verfassen. Auch in Deutschland veröffentlichen lediglich 21 Prozent der Nutzer bei mindestens jedem zweiten Besuch ein Statusupdate. 62 Prozent tun dies dagegen selten oder nie (Kremser 2010: 117).

3. Web-Monitoring als Forschungsmethode

Für den vorliegenden Beitrag wurden die Interaktionen der „Stuttgart 21"-Gegner und der „Stuttgart 21"-Befürworter auf Facebook betrachtet. Diese „digitalen Verhaltensspuren" (Diekmann 2007: 652) lassen sich oftmals als „non-sampled data" (Rasmussen 2008: 89) direkt exportieren oder im Rahmen des sogenannten Web-Monitorings erfassen. Unter Web-Monitoring verstehen Eisinger, Rabe und Thomas (2006: 75) „eine Methode zur Erfolgskontrolle und -steuerung von Web-Auftritten durch die systematische Sammlung und Auswertung von Kunden- und Nutzerdaten. Web-Monitoring bietet dabei Lösungen zur Planung, Analyse und Steuerung sämtlicher Onlineaktivitäten und hat zum Ziel, die Kosten und den Nutzen der Webseite und der Kampagnen zu ermitteln und dessen Effektivität zu verbessern". Diese „systematische Sammlung und Auswertung von Kunden- und Nutzerdaten" (ebd.) ist einer Inhaltsanalyse, wie sie Früh (2007: 27) definiert, sehr ähnlich. Der Hauptunterschied besteht darin, dass Früh bei Inhaltsanalysen von „Mitteilungen" spricht, die untersucht werden, Eisinger, Rabe und Thomas dagegen von „Web-Auftritten", also Webseiten, Facebook-Auftritten, Twitterseiten und Ähnlichem. Nach deren Definition handelt es sich bei Web-Monitoring zudem eher um ein Instrument zum Controlling von Web-Auftritten für Unternehmen oder politische Kampagnen (Brauckmann 2010: 50). Auch wenn die Methode eher für das webbasierte Kommunikations-Controlling genutzt wird, ist die Nutzung der so gewonnen Daten auch wissenschaftlich interessant. Denn nicht nur die Definition, sondern auch der Ablauf der Kernprozesse ist dem generellen Vorgehen bei einer Inhaltsanalyse entlehnt: Datenerhebung, Datenaufbereitung, Datenanalyse und Ergebnisinterpretation (ebd.: 22 ff.).

Web-Monitoring bezeichnet also eine kontinuierliche Beobachtung einzelner oder mehrerer apriori festgelegter Quellen in regelmäßigen Abständen nach relevanten Beiträgen oder Inhalten (Plum 2010: 22), um daraus entsprechende Kennzahlen zu generieren. Zu diesen Kennzahlen gehören Visitors, Visits, Page Impressions, Hits oder Unique Visitors. Aber auch die Tonalität von Beiträgen oder Meinungsbilder lassen sich über Web-Monitoring feststellen. Auch Facebook verfügt über ein eigenes Statistik-Werkzeug, mit dem Unternehmen oder Initiativen die Anzahl ihrer Fans sowie verschiedene Interaktionsindikatoren wie deren Kommentare auf der eigenen Facebook-Seite auswerten können. Die Daten des facebookeigenen Statistikwerkzeugs wurden auch für die vorliegende Arbeit genutzt.

4. Die Facebook-Auftritte „Kein Stuttgart 21" und „Wir sind Stuttgart 21"

Das Thema „Stuttgart 21" hat sowohl die Massenmedien als auch die Bevölkerung in Baden-Württemberg über mehrere Jahre hinweg beschäftigt. Vor allem seit der konkreten Umsetzung des Projekts ab 2010 polarisierte und eskalierte der Konflikt um das Infrastruktur- und Städtebauprojekt (siehe den Beitrag von Stuckenbrock in diesem Band). Er gewann, auch wegen der gewaltsamen Auseinandersetzungen zwischen Gegnern des Projektes und der Polizei am 30. September 2010 (Gerwin 2011: 15), stark an Nachrichtenwert. Neben den klassischen Massenmedien wurde auch auf Social Network Sites über das Thema gestritten. Gegner und Befürworter betreuten eigene Webseiten und Facebook-Auftritte, auf denen über neue Entwicklungen informiert und Meinungen kundgetan wurden.

Die Hauptakteure der Gegner des Projektes haben sich im „Aktionsbündnis gegen Stuttgart 21" zusammengeschlossen: v. a. die „Parkschützer", die Initiative „Leben in Stuttgart – kein Stuttgart 21" sowie der „Bund für Umwelt und Naturschutz" und die Parteien „Die Linke" und „Bündnis 90 / Die Grünen" (ebd.: 18). Dem gegenüber standen von den Projektträgern unabhängig agierende Befürworter des Projektes, die unter dem Namen „Wir sind Stuttgart 21" agierten (ebd.: 16).

Befürworter und Gegner des Projektes verliehen ihrer Meinung mit verschiedenen Aktionen und Demonstrationen Ausdruck. Neben den regelmäßigen „Montagsdemonstrationen" gab es zahlreiche weitere Demonstrationen gegen das Bahnhofsprojekt und die damit verbundenen Abrissarbeiten. Beispielsweise campierten einige Demonstranten im Schlossgarten (Polizeipräsidium Stuttgart 2010a: 1). Zudem wurden Teile des Bahnhofsgebäudes oder Baufahrzeuge besetzt. Als Eskalationszeitpunkt des Konflikts kann der 30. September 2010 bezeichnet werden. An diesem Tag kam es zu gewalttätigen Auseinandersetzungen im Schlossgarten. Demonstranten versuchten, das geplante Fällen von Bäumen und das Aufstellen eines Absperrgitters um die zukünftige Baustelle im Schlossgarten zu verhindern (Polizeipräsidium Stuttgart 2010b: 1), und die Polizei ging unter anderem mit Wasserwerfern dagegen vor. Es gab es zahlreiche Verletzte (Gerwin 2011: 16). Die Folge dieser Eskalation war ein Abriss-Stop am Gebäude des Hauptbahnhofs sowie die Berufung von Heiner Geißler als Schlichter (ebd.; siehe auch Teil 2 dieses Bandes).

Der Protest gegen „Stuttgart 21" oder die Befürwortung des Projektes beschränkten sich nicht nur auf Demonstrationen oder Gegendemonstrationen, sondern sie wurden auch im Internet auf Webseiten und in Social Web-Kanälen zum Ausdruck gebracht. Gegner und Befürworter des Projektes kommunizierten über verschiedene Kanäle untereinander und tauschten sich aus. Ein wichtiger Kanal für beide Seiten ist die Social Network Site Facebook. Der Austausch von Informationen und Argumenten fand in erheblichem Maße auf den Facebook-Auftritten der Gegner unter dem Titel „Kein Stuttgart 21" und der Befürworter unter dem Titel „Wir sind Stuttgart 21" statt (Gerwin: 18f.).

Auf der jeweiligen Pinnwand der Facebook-Auftritte wurden vor allem Argumente ausgetauscht (ebd.: 36), allerdings spielte bei den Gegnern des Projektes auch der Austausch über Protestaktivitäten eine wichtige Rolle. Die Themen, zu denen Beiträge auf die Pinnwand geschrieben wurden, waren bei Gegnern und Befürwortern relativ ähnlich (siehe Abbildungen 1 und 2). So spielte „Stuttgart 21" die wichtigste Rolle. Allerdings war der Auftritt der Projektbefürworter etwas monothematischer ausgerichtet als der der Gegner (ebd.: 34). Bei den Befürwortern machte in der Woche vor der Landtagswahl das Thema „Stuttgart 21" mit 53 Prozent den Hauptanteil der Pinnwandeinträge aus, bei den Gegnern lag der Anteil bei 41 Prozent. Dies lässt sich unter anderem damit erklären, dass die Befürworter des Projektes für ihren Facebook-Auftritt die Regel aufgestellt hatten, dass Beiträge, welche sich nicht mit „Stuttgart 21" befassen, gelöscht werden können (ebd.: 33). Dennoch war die Landtagswahl auf beiden Seiten ein wichtiges Thema. Bei den Gegnern spielte außerdem die Debatte über Energiepolitik angesichts der Ereignisse in Fukushima eine Rolle (ebd.).

Abbildung 1: Themen auf dem Facebook-Auftritt „Wir sind Stuttgart 21" eine Woche vor der Landtagswahl in Baden-Württemberg 2011 (n= 250; Gerwin 2011: 34)

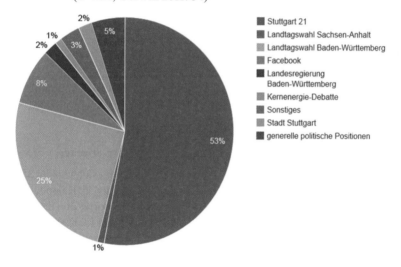

Abbildung 2: Themen auf dem Facebook-Auftritt „Kein Stuttgart 21" eine
Woche vor der Landtagswahl in Baden-Württemberg 2011
(n= 250; Gerwin 2011: 34)

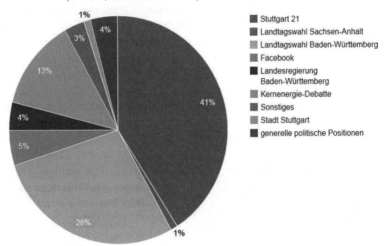

Im Folgenden soll dieser Forschungsstand in zwei Punkten erweitert werden:

1. Der Untersuchungszeitraum wird erweitert. Er erstreckt sich von der 35. Kalenderwoche 2010 bis zur 13. Kalenderwoche 2011. In der 35. Kalenderwoche 2010 gingen die beiden Facebook-Auftritte der Befürworter und der Gegner von „Stuttgart 21" online (Gerwin 2011: 28). Und in der 13. Kalenderwoche 2011 stand das Endergebnis der Landtagswahl fest. Zwischen diesen beiden Ereignissen finden sich außerdem, wie oben bereits beschrieben, die Ereignisse mit hohem Nachrichtenwert – wie die Eskalation im Schlossgarten und die „Schlichtung" zu „Stuttgart 21" mit Heiner Geißler.

2. Analysiert werden die Interaktionen der Befürworter von „Stuttgart 21" sowie der Gegner von „Stuttgart 21" auf ihren jeweiligen Facebook-Auftritten. Die Häufigkeit der Interaktionen wie Kommentare, „Gefällt mir"-Angaben oder Seitenbesucher lassen nach Meinung des Autors die Relevanz des Themas „Stuttgart 21" für die jeweiligen Gruppen im Zeitverlauf erkennen.

Die Nutzungsdaten für die Befürworter- und die Gegnerauftritte auf Facebook werden also als Indikator für die Relevanz des Themas in den jeweiligen Befürworter- und Gegnergruppen angesehen (vgl. auch die Argumentation bei Roberts et al. 2002: 453). Dabei ist klar, dass diese Gruppen nicht repräsentativ für die Gesamtbevölkerung in Baden-Württemberg stehen, sondern lediglich für sich selbst. Die Facebook insights-Daten wurden von den jeweiligen Betreibern der Facebook-Auftritte zur Verfügung gestellt. Eine Überprüfung der Daten fand nicht statt, da lediglich ein Teil der Daten – nämlich die Anzahl der Pinnwandeinträge, Kommentare und Likes – hätte untersucht werden können. Deren Anzahl ist allerdings sehr hoch und kann sich außerdem im Nachhinein ändern, falls Beiträge von Nutzern oder Administratoren gelöscht werden.

Aus den bereitgestellten umfangreichen Verhaltensdaten werden die täglichen Seitenaufrufe von Facebooknutzern, Pinnwandeinträge, Kommentare und Likes betrachtet. Die Zahl der täglichen Seitenaufrufe von angemeldeten Facebooknutzern wurden dabei jeweils über eine Woche aggregiert. Sie gibt somit die absolute Anzahl von Seitenbesuchen innerhalb einer Woche an. Dabei kann ein Seitenbesuch auch vom selben Nutzer mehrmals durchgeführt werden. Auch die Anzahl der Pinnwandeinträge und Kommentare wird jeweils für Gegner und Befürworter auf Wochenbasis aggregiert. Ein Pinnwandeintrag ist dabei ein direkter Eintrag eines Textes, eines Links, eines Bildes oder Videos auf der Pinnwand des jeweiligen Facebookauftritts. Diese Pinnwandeinträge können dann kommentiert werden. Ein Kommentar steht also immer zwingend unter einem Pinnwandeintrag.

Für die Gesamtzahl der „Likes", also wie oft der „Gefällt mir"-Button angeklickt wurde, wurde die Anzahl der täglichen „Likes" addiert. Mit dem „Gefällt mir"-Button drückt ein Nutzer die generelle Zustimmung zu etwas aus. Ihm kann dabei ein Pinnwandeintrag oder ein dazugehöriger Kommentar „gefallen". Wie oben deutlich wurde, ist Studien zufolge der „Gefällt mir"-Button die häufigste Interaktionsmethode auf Facebook, gefolgt von den Kommentaren.

Die von den Gegnern und den Befürwortern in mehreren Paketen bereitgestellten Daten wurden zusammengefügt und auf Korrektheit der Zusammenfügung überprüft. Wie bereits angesprochen, konnte keine Validitäts- und Reliabilitätsprüfung durchgeführt werden. Eine Manipulation der erhaltenen Daten kann somit nicht ausgeschlossen werden.

4.1 Seitennutzung

Betrachtet man zunächst die auf Wochenbasis aggregierte Anzahl der Seitenaufrufe der jeweiligen Fanpages der Gegner und Befürworter, so zeigt sich, dass die Befürworter in der Regel etwas mehr Seitenaufrufe verzeichnen konnten als die Gegner. Vor allem in der Woche nach der Eskalation im Schlossgarten, nach dem ersten Schlichtungsgespräch und nach dem Schlichterspruch häufen sich die Seitenaufrufe. Über die gesamte Untersuchungszeit hinweg betrachtet verlaufen die

Seitenaufrufe von beiden Lagern weitgehend ähnlich. Lediglich kurz nach dem Start der Seiten – zwischen der 35. und der 39. Kalenderwoche 2010 – wurden die Seiten der Befürworter deutlich häufiger aufgerufen als die Seiten der Gegner (siehe Abbildung 3).

Abbildung 3: Nutzung der Facebook-Seiten der Gegner und der Befürworter von „Stuttgart 21", 2010-2011

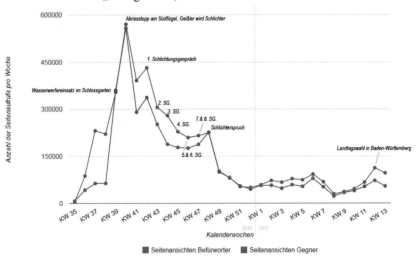

4.2 Interaktionen (Pinnwandeinträge, Kommentare, Likes)

Die Anzahl der Pinnwandeinträge liegt bei Gegnern und Befürwortern jeweils deutlich unter der Anzahl der Kommentare und der Likes (siehe Tabelle 1). Dies bestätigt den oben dargelegten allgemeinen Befund, dass Facebooknutzer eher kommentieren und auf den „Gefällt mir"-Button klicken, als Einträge auf eine Pinnwand zu schreiben. Der „Gefällt mir"-Button ist somit die am häufigsten genutzte Interaktionsmöglichkeit auf den jeweiligen Facebook-Auftritten – gefolgt von den Kommentaren. In der Summe haben die Befürworter von „Stuttgart 21" mehr Pinnwandeinträge zu verzeichnen als die Gegner von „Stuttgart 21". Auf der Facebook-Seite der Gegner von „Stuttgart 21" finden sich hingegen mehr Kommentare und mehr Likes als auf der Facebook-Seite der Befürworter von „Stuttgart 21". Ähnliches ergibt sich bei den Kommentaren pro Pinnwandeintrag so-

wie bei den Likes pro Pinnwandeintrag: Bei den Gegnern wird tendenziell eher
kommentiert und der „Gefällt mir"-Button gedrückt als bei den Befürwortern.

Tabelle 1: Interaktionen auf den Facebook-Seiten der Gegner und der
Befürworter von „Stuttgart 21", 2010-2011

	Pinnwand-einträge	Kommentare	Kommentare pro Pinn-wandeintrag	Likes	Likes pro Pinnwand-eintrag und Kommentar
Befürworter	61.078	384.196	6,29	404.120	6,62
Gegner	50.592	425.024	8,40	510.308	10,09

Im Zeitverlauf entwickeln sich die Kurven der Pinnwandeinträge, Kommentare
und Likes der beiden Gruppen bis auf einzelne Ausnahmen relativ ähnlich. Bei den
Pinnwandeinträgen lagen die Befürworter vor allem während der Schlichtungsgespräche vor den Gegnern. In der Woche der Eskalation, der Woche des Schlichterspruchs und der Woche der Landtagswahl hatten allerdings die Gegner etwas
mehr Pinnwandeinträge zu verzeichnen als die Befürworter (siehe Abbildung 4).

Abbildung 4: Pinnwandeinträge auf den Facebook-Seiten der Gegner und der
Befürworter von „Stuttgart 21", 2010-2011

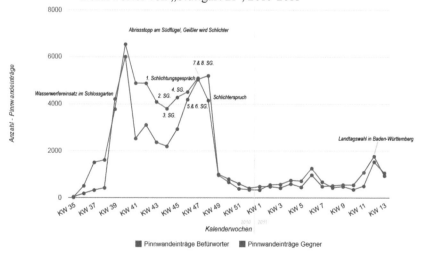

Bei den Kommentaren entwickeln sich die Kurven etwas anders. So wurde auf der Befürworter-Seite in der Woche der Eskalation geringfügig häufiger kommentiert als auf der Gegner-Seite. In der darauf folgenden Woche kehrte sich dies um. Dann wurde bis zum dritten Schlichtungsgespräch wieder auf der Befürworter-Seite etwas häufiger kommentiert als auf der Gegner-Seite. Dies kehrte sich aber in der Woche des vierten und fünften Schlichtungsgesprächs erneut um. Inwiefern dies mit den bei den Schlichtungsterminen besprochenen Themen zusammenhängt, kann hier nicht geklärt werden. In den folgenden Wochen fanden sich dann auf der Gegner-Seite häufiger Kommentare als auf der Befürworter-Seite – dies war vor allem in der Woche des „Schlichterspruchs" von Heiner Geißler der Fall (siehe Abbildung 5).

Abbildung 5: Kommentare auf den Facebook-Seiten der Gegner und der Befürworter von „Stuttgart 21", 2010-2011

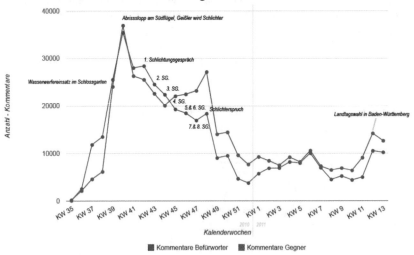

Vor allem in der Woche der Eskalation und in der Folgewoche lag die Zahl der Likes auf der Gegnerseite deutlich über denen der Befürworterseite. Dies gilt fast durchgängig – außer in der Woche des ersten und dritten Schlichtungsgesprächs sowie in den Wochen vor der Eskalation. Die größte Zahl an Likes verzeichnete die Gegnerseite in der Woche des Abriss-Stopps (siehe Abbildung 6).

Abbildung 6: Likes auf den Facebook-Seiten der Gegner und der Befürworter
von „Stuttgart 21", 2010-2011

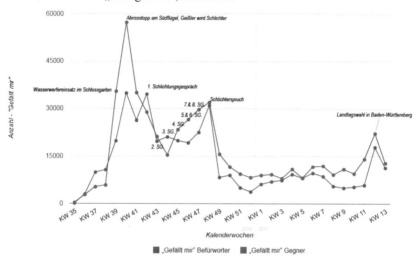

4.3 Facebook-Aktivitäten in Abhängigkeit von der Ereignislage

Die Zahl der Aktivitäten auf den Facebook-Seiten der Befürworter und der Gegner von „Stuttgart 21" spiegelt in der Regel die Ereignislage wider. Besonders
markant ist die Woche nach der Eskalation im Schlossgarten am 30. September
2010. Die einzelnen Ereignisse scheinen für die Gegner und für die Befürworter des Projektes weitgehend ähnlich wichtig zu sein; zumindest weist das Auf
und Ab der Zeitreihen der jeweiligen Facebook-Aktivitäten deutliche Parallelen
auf. Lediglich bei den verschiedenen Schlichtungsrunden gab es immer wieder
mal eine unterschiedliche Entwicklung der Aktivitäten auf den beiden Facebook-
Seiten. Dies dürfte die Folge der dort behandelten Themenschwerpunkte sein.

Abschließend sollen die Facebook-Daten mit der Berichterstattung der Deutschen Presseagentur dpa sowie mit den Teilnehmerzahlen an den „Montagsdemonstrationen" verglichen werden. Die dpa-Meldungen des Basis- und des Lan-
desdienstes Süd-West wurden wöchentlich erfasst. In die Analyse gingen alle
Meldungen ein, bei denen „Stuttgart 21" in der Stichwortzeile genannt wurde.
Die Anzahl der Demonstrationsteilnehmer wurde aus den regelmäßigen Pressemitteilungen der Landespolizei Baden-Württemberg, Polizeipräsidium Stuttgart,
extrahiert. Über die Zahl der Demonstrationsteilnehmer machen die Polizei und

die Organisatoren der Demonstrationen in der Regel unterschiedliche Angaben. Für das Forschungsanliegen ist dies jedoch zweitrangig, weil es weniger um die absolute Zahl der Teilnehmer geht, sondern um die Veränderungen über die Wochen hinweg. Daher wird hier nicht mir absoluten Zahlen gearbeitet, sondern mit dem prozentualen Anteil der Teilnehmer an den „Montagsdemonstrationen" – jeweils gemessen am Maximum der Teilnehmerzahlen.

Zwischen der Zahl der Facebook-Aktivitäten, der Zahl der dpa-Meldungen und der Zahl der Demonstrationsteilnehmer zeigen sich gewisse Parallelen. Demnach ging auch die Berichterstattung sowohl im dpa-Basisdienst als auch im dpa-Landesdienst Süd-West im Zeitverlauf deutlich zurück. Auch wird deutlich, dass im Vorfeld der Landtagswahl in Baden-Württemberg „Stuttgart 21" nicht mehr die Rolle gespielt hat, die noch von September bis November 2010 zu verzeichnen war. Dies gilt für die Häufigkeit der dpa-Meldungen, die Zahl der Demonstrationsteilnehmer sowie die Facebooknutzung und die Interaktionen auf den Facebook-Seiten der Gegner und der Befürworter von „Stuttgart 21" (siehe Abbildung 7).

Abbildung 7: Facebook-Aktivitäten, dpa-Meldungen und Zahl der Demonstrationsteilnehmer, 2010-2011 (jeweils normiert auf das jeweilige Maximum pro Zeitreihe = 100 Prozent)

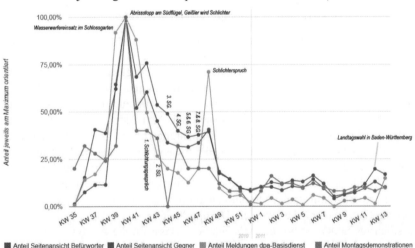

Gründe für den weitgehend synchronen Verlauf der Zeitreihen können in der hohen Betroffenheit der Gegner- und der Befürwortergruppen liegen. Da die Nutzer der beiden Seiten ein grundsätzlich eher höheres Involvement zum Thema „Stuttgart 21" aufweisen, reagieren diese auch (zusätzlich zur ohnehin herrschenden Dynamik auf Facebook) zügig auf Nachrichten und rezipieren diese wohl auch aktiver. Hinzu kommt der von Studien nachgewiesene hohe Nachrichtenwert des Themas vor allem von September bis November 2010 (Krüger 2011: 107). Dies hatte zur Folge, dass die Rezipienten sehr häufig mit Nachrichten versorgt wurden und es sich dabei auch um Top-Meldungen handelte, die in der Regel einen höheren Einfluss auf die Wahrnehmungen und Verhaltensweisen der Rezipienten haben (Kepplinger et al. 1989: 136).

Aus den Zeitreihen wird außerdem deutlich, dass das Thema „Stuttgart 21" vor allem von Ende September bis Ende November 2010 besonders hohen Nachrichtenwert hatte. Zu dieser Zeit konnte auch das Mobilisierungspotenzial für Demonstrationen und das Interaktionspotenzial auf Facebook voll genutzt werden. Nach dem Schlichterspruch hat das Thema an Relevanz für die Massenmedien und – im Durchschnitt – auch an Brisanz für die Gegner und die Befürworter von „Stuttgart 21" verloren. Es ist davon auszugehen, dass die Seitenaufrufe und Interaktionen auch deshalb zurückgegangen sind, weil nun nur noch hauptsächlich hoch involvierte Gegner und Befürworter die Facebook-Auftritte besuchten – und dies wohl auch nicht mehr so häufig wie noch Ende 2010. Diese Entschärfungswirkung der „Schlichtung" wurde bereits von Spieker und Bachl (in diesem Band) untersucht und ist auch im Hinblick auf Aktivitäten auf Social Network Sites plausibel.

5. Fazit

Die oben beschriebene Vorgehensweise und die dadurch erhaltenen Ergebnisse haben gewisse Grenzen. So wurde vom Autor angenommen, dass Facebookinteraktionen und Seitenaufrufe die Salienz eines Themas widerspiegeln können. Nachgewiesen ist dies jedoch nicht. Hinzu kommt, dass durch die Konzentration auf die Facebook-Seiten der Befürworter und der Gegner von „Stuttgart 21" lediglich die höher involvierten Personengruppen betrachtet wurden und kein repräsentativer Bevölkerungsquerschnitt.

Letztendlich hat sich gezeigt, dass das Thema „Stuttgart 21" Menschen und Massenmedien stark bewegt hat. Insbesondere im Hinblick auf die Nutzung von Social Network Sites zur Kampagnenführung in Deutschland ist „Stuttgart 21" beispielhaft. Es zeigt, wie stark sich Einzelne für ein politisches Ziel in einer Graswurzelkampagne einbringen und organisieren können. So spielten Social Network Sites und Microbloggingdienste wie Twitter beispielsweise für die Kommunikation und Koordination der Protestaktivitäten eine wichtige Rolle und waren auch Gegenstand der Medienberichterstattung.

Wie schon bei Präsidentschaftswahlkämpfen in den USA werden auch hierzulande Social Network Sites wie Facebook für die Kampagnenführung immer wichtiger. Diese zunehmende Relevanz zeigt auch neue Möglichkeiten des Dialogs auf. So können Parteien, Politiker oder Unternehmen über Social Network Sites mehr über die Motivation und die Argumentation der involvierten Nutzer erfahren. Dies setzt aber ein umfangreiches Web-Monitoring voraus. Ein Blick auf die Zugriffszahlen und Interaktionen eines Facebook-Auftritts lohnt sich, um zu erkennen, wie es im Moment um eine Kampagne steht und welche Dynamik sie aufweist. Web-Monitoring ist also im Hinblick auf eigene Kampagnen und deren Mobilisierungspotenzial von großer Bedeutung, aber auch für die Beobachtung des jeweils anderen Lagers. Zum Einen können Dialogmöglichkeiten sondiert werden, wie es bei „Stuttgart 21" eventuell möglich gewesen wäre. Zum Anderen kann es ein Mittel sein, um die Stärke eines politischen Gegners in Kampagnen einzuschätzen.

Der synchrone Verlauf von Medienberichterstattung und Facebookinteraktionen macht deutlich, dass ein just-in-time Web-Monitoring auch in Verbindung mit einer Medienbeobachtung nötig ist, um möglichst schnell auf Entwicklungen reagieren zu können. Ein monatlicher Pressespiegel reicht bei der Dynamik, die Streitthemen wie „Stuttgart 21" aufweisen, schon lange nicht mehr aus.

Literatur

Allfacebook.de (2012): Facebook Nutzerzahlen. In: http://www.allfacebook.de/userdata/ deutschland?period=1month; zugegriffen am 26.8.2012.

Berge, Stefan; Buesching, Arne (2008): Strategie von Communities im Web 2.0. In: Haas, Berthold H.; Wals, Gianfranco; Kilian, Thomas (Hrsg.): Web 2.0. Neue Perspektiven für Marketing und Medien. Berlin/Heidelberg: Springer, S. 23-37.

Boyd, Danah M.; Ellison, Nicole B. (2007): Definition, history, and scholarship. In: http://www.danah.org/papers/JCMCIntro.pdf; zugegriffen am 2.4.2009.

Brauckmann, Patrick (2010): Ziele des Web-Monitorings im politischen Umfeld. In: Brauckmann, Patrick (Hrsg.): Web-Monitoring. Gewinnung und Analyse von Daten über das Kommunikationsverhalten im Internet. Konstanz: UVK, S. 47-72.

Busemann, Katrin; Fisch, Martin; Frees, Beate (2012): Ergebnisse der ZDF Community 2011. Dabei sein ist alles – zur Nutzung privater Communities. In: Media Perspektiven 5/2012, S. 258-267.

Busemann, Katrin; Gscheidle, Christoph (2011): Ergebnisse der ARD/ZDF-Onlinestudie 2011. Web 2.0: Aktive Mitwirkung verbleibt auf niedrigem Niveau. In: Media Perspektiven 7-8/2011, S. 360-369.

Diekmann, Andreas (2007): Empirische Sozialforschung. Grundlagen Methoden Anwendungen. 18. Auflage. Hamburg: Rowohlt.

Eisinger, Thomas; Rabe, Lars; Thomas, Wolfgang (2006): Performance Marketing. Göttingen: Business Vilage.

Facebook (2012): FaktenKey Facts In: http://www. http://newsroom.fb.com/content/default. aspx?NewsAreaId=22; zugegriffen am 26.8.2012.

Facebook (2011a): Fakten In: http://www.facebook.com/press/info.php?factsheet; zugegriffen am 31.8.2011.

Facebook (2011b): KEIN Stuttgart 21. In: http://www.facebook.com/keinstuttgart21; zugegriffen am 3.8.2011 & 26.8.2012.

Facebook (2011c): FÜR Stuttgart 21. In: http://de-de.facebook.com/fuer.s21; zugegriffen am 3.8.2011 & 26.8.2012.

Früh, Werner (2004): Inhaltsanalyse. 5. Auflage. Konstanz: UVK Verlagsgesellschaft.

Gerwin, Jan Michael (2011): The "Virtual Coffeehouses"? Social Networking Sites and the Public Sphere – An Empirical Analysis. Thesis for the Degree of a Master in Media and Communication Studies (M.A.). Stockholm: Department of Journalism, Media and Communication. In: http://su.diva-portal.org/smash/get/diva2:425634/FULLTEXT01; zugegriffen am 5.10.2011.

Hampton, Keith N.;Goulet, Lauren Sessions; Rainie, Lee; Purcell, Kristen (2011): Social networking sites and our lives. How people's trust, personal relationships, and civic and political involvement are connected to their use of social networking sites and other technologies. In: http://pewinternet.org/Reports/2011/Technology-and-social-networks.aspx; zugegriffen am 30.8.2011.

Kaplan, Andreas M.; Haenlein, Michael (2010): Users of the world, unite! The challenges and opportunities of Social Media. In: Business Horizons, 53(1), S. 59-68.

Kepplinger, Hans Mathias; Gotto, Klaus; Brosius, Hans-Bernd (1989): Der Einfluß der Fernsehnachrichten auf die politische Meinungsbildung. Freiburg: Alber.

Kremser, Kathrin (2010): Unternehmenskommunikation im Social Web. Nutzerakzeptanz von Social Media Marketing am Fallbeispiel der Unternehmensfanpages des Social Networks Facebook. München: GRIN Verlag.

Krüger, Udo Michael (2011): InfoMonitor 2010: Fernsehnachrichten bei ARD, ZDF, RTL und Sat.1. Themen, Ereignisse und Akteure. In: Media Perspektiven 2/2011, S. 91-114.

Maurer, Tina; Alpar, Paul; Noll, Patrick (2008): Nutzertypen junger Erwachsener in sozialen Online-Netzwerken in Deutschland. In: Alpar, Paul; Blaschke, Steffen (Hrsg.): Web 2.0 – Eine empirische Bestandsaufnahme. Wiesbaden: Vieweg+Teubner, S. 207-232.

Meckel, Miriam (2008): Aus Vielen wird das Eins gefunden – wie Web 2.0 unsere Kommunikation verändert. In: Aus Politik und Zeitgeschichte, 39/2008, S. 17-22.

Plehwe, Kerstin; Bohne, Maik (2008): Von der Botschaft zur Bewegung. Die 10 Erfolgsstrategien des Barack Obama. Hamburg: Hanseatic Lighthouse.

Plum, Alexander (2010): Ansätze, Methoden und Technologien des Web-Monitorings – ein systematischer Vergleich. In: Brauckmann, Patrick (Hrsg.): Web-Monitoring. Gewinnung und Analyse von Daten über das Kommunikationsverhalten im Internet. Konstanz: UVK, S. 21-46.

Polizeipräsidium Stuttgart (2010a): Stuttgart 21 – Demonstration am Samstagnachmittag. In: http://org.polizei-bwl.de/ppstuttgart/Presse/Pressemitteilungen/2010_09_18_S21_Demonstration%20am%20Samstagnachmittag.pdf; zugegriffen am 8.10.2011.

Polizeipräsidium Stuttgart (2010b): Stuttgart 21 – Auseinandersetzungen mit Demonstranten. In: http://org.polizei-bwl.de/ppstuttgart/Presse/Pressemitteilungen/2010_09_30_Stuttgart%20 21%20-%20Auseinandersetzungen%20mit%20Demonstranten.pdf; zugegriffen am 8.10.2011.

Rasmussen, Karsten Boye (2008): General Approaches to Data Quality and Internet-generated Data. In: Fielding, Nigel;Lee, Raymond M.; Blank, Grant: The SAGE Handbook of Online Research Methods. London: Sage, S. 79-96.

Roberts, Marilyn; Wanta, Wayne; Dzwo, Tzong-Horng (2002): Agenda setting and issue salience online. In: Communication Research 29, S. 452-465.

van Eimeren, Birgit; Frees, Beate (2012): Ergebnisse der ARD/ZDF-Onlinestudie 2012. 76 Prozent der Deutschen online – neue Nutzungssituationen durch mobile Endgeräte. In: Media Perspektiven 7-8/2012, S. 362-379.

Williams, Christine B.; Gulati, Girish J. (2007): The Political Impact of Facebook. Evidence from the 2006 Midterm Elections and 2008 Nomination Contest. In: Institute for Politics Democracy & the Internet: Politics and Technology Review. Washington D.C., S. 11-21.

1.

Vom Protest bis zur „Schlichtung"

Die Protestierenden gegen „Stuttgart 21" – einzigartig oder typisch? [1]

Britta Baumgarten / Dieter Rucht

1. Einleitung

In der bisherigen Literatur zu sozialen Bewegungen und Protest werden Aktivisten überwiegend dem linken Spektrum zugerechnet. Insbesondere die Anhänger der neuen sozialen Bewegungen gelten als postmaterialistisch und links orientiert. Zudem sind sie im Vergleich zum Bevölkerungsdurchschnitt besser gebildet, jünger und entstammen häufiger dem Dienstleistungssektor (Wallace und Jenkins 1995; Hadjar und Becker 2006; Norris 2002).[2] Allerdings wurde schon vor Jahren eine Erosion dieses Profils registriert: „Das Bild der Protestierenden im heutigen Deutschland ist, entsprechend der Vielzahl von Themen und Forderungen, äußerst vielgestaltig. Es fällt zunehmend schwer, den typischen Demonstranten zu charakterisieren. Der noch vor Jahrzehnten stark auf klassische soziale Träger konzentrierte und männlich geprägte Protest (Arbeiter, Linksintellektuelle, Studenten, spezifischen Belastungen ausgesetzte Großgruppen wie Vertriebene und Kriegsheimkehrer) ist in immer breitere Kreise eingesickert" (Rucht 2007: 20).

Allerdings bilden soziale Bewegungen und Protest aus dem konservativen Spektrum weiterhin eine Ausnahme. Vor diesem Hintergrund erscheinen die Proteste in Stuttgart als eine Besonderheit. Überrascht hat nicht nur die Breite und Intensität des Konflikts um das Bahnprojekt „Stuttgart 21". Warum sollte ausgerechnet ein Bauvorhaben von primär lokaler Bedeutung, das bereits alle planerischen, parlamentarischen und juristischen Hürden erfolgreich passiert hatte, eine derart heftige Protestbewegung hervorrufen? Die wohl größere Überraschung aber, zumindest in der Wahrnehmung der Massenmedien, bestand darin, dass ausgerechnet das als konservativ und bedächtig geltende schwäbische Bürgertum als wichtigster Träger der Proteste auftrat. Im öffentlich-rechtlichen Fernsehen wur-

---

1   Wir danken Sebastian Bödeker für die statistischen Berechnungen für diesen Beitrag.
2   Zur Erklärung der Entstehung neuer sozialer Bewegungen werden deshalb auch im Rückgriff auf Modernisierungstheorien strukturelle Veränderungen der gesellschaftlichen Verhältnisse und ökonomischen Produktionsbedingungen herangezogen (Brand 1982; Wallace und Jenkins 1995: 99).

de dem staunenden Publikum eine Dame mit Perlenkette, noch dazu Besitzerin eines Porsche-Sportwagens und bis dato überzeugte CDU-Wählerin, vorgeführt. Sie bekundete, auf dem Balkon ihres Hauses stehend, entschiedenen Widerstand gegen „Stuttgart 21". Im nächsten Bild war sie mit Trillerpfeife inmitten einer bunten Schar Protestierender nahe des Stuttgarter Hauptbahnhofs zu sehen. Auch wissenschaftlich geschulte Beobachter bekräftigten, dass hier das Bürgertum auf der Straße war. Die „schwäbischen Mittelschichts-Protestler haben anscheinend Geschmack bekommen am politischen Straßenkampf – trotz Beschwerden von einigen Demonstrationsteilnehmern, man wisse ja nun zum ersten Mal im Leben überhaupt nicht, wen man wählen solle, jetzt, da die CDU plötzlich nicht mehr die eigenen Interessen vertrete" (Heyne 2010). Allem Anschein nach hatten sich vormals biedere Schwaben an die Spitze der bundesweit beachteten Protestfront gestellt, notfalls bereit zum Regelbruch in Gestalt zivilen Ungehorsams, vielleicht sogar zum Bau von Barrikaden. Aber ist dem wirklich so?

Anhand von Leitartikeln und Kommentaren in der Stuttgarter Zeitung, der Süddeutschen Zeitung und dem Spiegel zu den Protesten in Stuttgart beschreiben wir, wie die Proteste und insbesondere die Demonstrierenden von den lokalen und überregionalen Printmedien charakterisiert wurden. Dem stellen wir die Ergebnisse unserer Befragung Stuttgarter Demonstranten gegenüber. Im Mittelpunkt stehen folgende Fragen:

1. Wer sind die Protestierenden gegen „Stuttgart 21"? Stimmt das mediale Bild? Handelt es sich tatsächlich um das konservative Bürgertum, das den Straßenprotest ansonsten eher scheut? Oder sind es vielmehr jene postmaterialistischen, eher linksorientierten und protestaffinen Schichten, die vielfachen empirischen Befunden zufolge zu den typischen Anhängern der neuen sozialen Bewegungen zählen?

2. Aus welchen Motiven gingen die Protestierenden auf die Straße? Welche Ereignisse führten zur deutlichen Erhöhung der Teilnehmerzahlen an den Protesten? Sind es eher Fortschrittsgegner und Anwohner, die gegen das Bauprojekt demonstrieren? Oder haben wir es vorwiegend mit Menschen zu tun, die gegen den aktuellen Zustand der Demokratie protestieren?

3. Mit welchen Mitteln und über welche Kanäle werden die Protestierenden mobilisiert? Spielen hier, wie Untersuchungen der Leipziger Wendeproteste (Opp et al. 1999) nahelegen, die Massenmedien eine zentrale Rolle? Ist es gar eine Mobilisierung, die vorrangig über das Internet geschieht? Oder erfolgt die Mobilisierung primär über direkte Kontakte, also über die „Blockrekrutierung" (Oberschall 1973) bereits bestehender politischer Netzwerke und Organisationen sowie durch die Nutzung von genuin unpolitischen „sozialen

Relais" (Ohlemacher 1993), z. B. Familie, Nachbarschaften, Volkshochschulen und Betriebe?

Sind die Muster, die sich im Hinblick auf die drei genannten Fragen ergeben, typisch für diverse Protestkampagnen der vergangenen Jahre? Oder sind, so die immer wieder in Medien vertretene Behauptung, die Proteste gegen „Stuttgart 21" Ausdruck einer „neuen Protestkultur"?

2. Quellen und Methoden der Untersuchung

Zur Analyse der Proteste gegen „Stuttgart 21" stützen wir uns in erster Linie auf Ergebnisse unserer Befragung von Demonstrierenden in Stuttgart am 18. Oktober 2010.[3] Hinsichtlich ausgewählter Merkmale vergleichen wir die Protestierenden gegen „Stuttgart 21" mit den Teilnehmern einer Friedensdemonstration am 15. Februar 2003 in Berlin[4] sowie an Demonstrationen gegen Hartz IV in vier Städten am 19. September 2004.[5] Hierbei wurden während der jeweiligen Demonstrationen unter den Teilnehmern Fragebögen nach einem strikten Zufallsprinzip

---

3   Die Befragung wurde von einer Gruppe am Wissenschaftszentrum Berlin für Sozialforschung durchgeführt. Erste Auswertungen wurden am 27. Oktober 2010 auf einer Pressekonferenz in Berlin vorgestellt (http://www.wzb.eu/sites/default/files/projekte/stgt_21_kurzbericht_2010. pdf). Vertiefende Auswertungen bietet auch der Beitrag von Ramid et a. (2012). Vgl. auch die Ergebnisse von Befragungen des Göttinger Instituts für Demokratieforschung (2011 und Bebnowski in diesem Band).

4   Die Friedensdemonstration am 15. Februar 2003 war Teil eines weltweiten Protestes in über 600 Städten gegen den drohenden Krieg gegen den Irak. Es nahmen in Berlin etwa 500.000 Menschen teil. Weltweit demonstrierten mehrere Millionen Menschen. In Berlin wurden – als Teil eines internationalen Forschungsprojektes – an diesem Tag 1.430 Fragebögen verteilt. Davon wurden 740 Fragebögen in frankierten Umschlägen ausgefüllt zurückgeschickt, was einer Rücklaufquote von 51,7 % entspricht. Es handelt sich bei dieser Demonstration um die größte einer Reihe von Protesten, die bereits Ende des Jahres 2002 begonnen hatte (Walgrave und Rucht 2010: xiii). Die Debatte über dieses Ereignis ähnelt in manchen Aspekten der Debatte über den Protest gegen „Stuttgart 21". Auch hier wurde behauptet, dass die Protestierenden dem Bevölkerungsdurchschnitt entsprächen und die Koordination über Internet eine entscheidende Rolle spielte. Die Protestierenden spiegelten jedoch nicht die Gesamtbevölkerung wider: Sie waren durchschnittlich jünger, besser gebildet, und Frauen waren überrepräsentiert (Walgrave et al. 2010).

5   An den Demonstrationen gegen Hartz IV am 19. September 2004 nahmen etwa 10.700 Personen teil. Die Demonstrationen fanden in mehreren deutschen Städten gleichzeitig statt. In vier dieser Städte (Berlin, Leipzig, Magdeburg, Dortmund) wurden insgesamt 1.610 Fragebögen verteilt, von denen 783 ausgefüllt zurückgeschickt wurden. Zusätzlich wurden in allen vier Städten insgesamt 376 kurze Interviews mit einer Auswahl von Demonstrierenden geführt. Die Protestereignisse am 19. September waren Teil einer Serie wöchentlich stattfindender Proteste, die am 26. Juli 2004 mit einer Demonstration in Magdeburg begonnen hatten und ihren Höhepunkt Ende August mit 70.000 bis 200.000 Teilnehmern in über 200 Städten erreichten (Rink und Philipps 2007: 63). Obwohl die Teilnehmerzahlen an den sogenannten Montagsdemonstrationen ab Herbst 2004 stark zurückgingen, finden noch heute in einigen

verteilt, von den Betreffenden zuhause ausgefüllt und in bereits frankierten und adressierten Umschlägen an uns zurückgeschickt. Von den größtenteils geschlossenen Fragen, die bei der Friedensdemonstration und den Demonstrationen gegen Hartz IV gestellt wurden, waren einige mit dem in Stuttgart eingesetzten Fragebogen identisch; andere wichen in der Formulierung der Fragestellung bzw. der Antwortmöglichkeiten leicht ab. Die drei Befragungen erfolgten im Rahmen von herausgehobenen Protesten der letzten Jahre, die jeweils massenhaften Zuspruch erfuhren und auch eine relativ große Medienresonanz fanden. Unser Hauptinteresse liegt in der Analyse der Proteste gegen „Stuttgart 21". Ergebnisse der beiden anderen Befragungen werden genutzt, um die Proteste in Stuttgart besser einordnen zu können.

Die Demonstration gegen „Stuttgart 21" ist Teil einer bis heute anhaltenden Serie von Protestkundgebungen, die am 26. Oktober 2009 mit noch wenigen Teilnehmern begann und ab Februar 2010 zwei mal wöchentlich (montags und samstags) jeweils über 10.000 und bis zu 80.000 Teilnehmer (große Unterschiede je nach Datum der Demonstration, aber auch nach Datenquelle) zu verzeichnen hat (Schlager 2010: 17). Unsere Befragung fand am Montag, dem 18. Oktober 2010, im Stuttgarter Schlossgarten statt.[6] An diesem Tag demonstrierten zwischen 10.000 (Angabe der Polizei) und 22.000 Personen (Angabe der Veranstalter).[7] Ausschlaggebend für die im Vergleich zu den Vorwochen geringere Zahl von Demonstrierenden war vermutlich der bevorstehende Schlichtungsprozess, für den es zu diesem Zeitpunkt schon eine Einigung auf Heiner Geißler als Moderator gab. Zusammen mit einer Gruppe von Helfern verteilten wir während der Demonstration 1.500 Fragebögen, von denen 858 in frankierten Rückumschlägen an uns ausgefüllt zurückgeschickt wurden. Dies entspricht einer hohen Rücklaufquote von 57,2 Prozent.

Weiteres Analysematerial bilden Kommentare und Leitartikel der Stuttgarter Zeitung, der Süddeutschen Zeitung und des Spiegel im Zeitraum seit den ersten Protesten 2009 bis zu den Landtagswahlen 2011. Als jeweils auflagenstärkste re-

---

Städten jeden Montag Demonstrationen statt. Zu Ergebnissen der Befragung vom September 2004 vgl. Rucht und Yang (2004).

6   Vorangegangen war ein heftig umstrittener Polizeieinsatz am 30. September 2010, bei dem erstmalig Wasserwerfer eingesetzt wurden und in Folge dessen ein älterer Mann nahezu erblindete.

7   Diese großen Unterschiede bei der Zahl der Protestteilnehmer sind nicht ungewöhnlich. Für die Proteste in Stuttgart beziehen sich viele Medien mittlerweile auf beide Quellen. Hier ist fast durchgehend zu beobachten, dass die Zahl der Demonstrierenden nach Angaben der Polizei etwa halb so groß ist wie nach den Angaben der Veranstalter. Ähnliche Erfahrungswerte werden auch aus anderen Ländern berichtet. Zu Frankreich vgl. Tartakowsky (2004: 15).

gionale Tageszeitung, überregionale Qualitätstageszeitung und Wochenzeitung[8] wurden diese drei Medien aufgrund ihrer Verbreitung und/oder ihrer Rolle als Leitmedien für andere Medien ausgewählt, um die Richtung des Diskurses über die Proteste aufzuzeigen.

3. Das Profil der Protestierenden

Im Folgenden vergleichen wir die Zusammensetzung der Protestierenden gegen „Stuttgart 21" mit anderen Protestereignissen sowie mit journalistischen Aussagen zu den Protesten.

3.1 Soziodemografische Merkmale

In zahlreichen Medien wurde das vermeintliche Profil der Protestierenden beschrieben. Im Spiegel dominierte eine Charakterisierung der Demonstrierenden als gut situierte, konservative, ältere Bürger (nach dem Wasserwerfereinsatz wurden auch explizit Schüler aus bürgerlichen Kreisen genannt) (Spiegel 41/2010). Diese Zusammensetzung der Protestteilnehmer sowie der lokale Bezug des Protestes werden als Besonderheit im historischen Vergleich hervorgehoben (Spiegel 34/2010). Zusammen mit anderen Protesten des Jahres 2010 erscheinen die Stuttgarter Proteste primär als Ausdruck eines bürgerlichen Unmuts gegen die Parteipolitik (Spiegel 35/2010). Der Spiegel-Journalist Dirk Kurbuweit paralleli-siert in einem viel beachteten Essay die Demonstrierenden in Stuttgart provoka-tiv mit den Befürwortern der Inhalte des umstrittenen Buches von Thilo Sarra-zin („Deutschland schafft sich ab") und führt den Begriff der „Wutbürger" in die Debatte ein: gemeint sind wohlhabende, ältere Konservative, die aus Angst vor Neuem in sehr emotionaler Weise den Status quo verteidigen (Spiegel 41/2010: 26).[9] In der darauffolgenden Ausgabe setzt Barbara Supp in ihrem Essay dem „Wutbürger" den „Mutbürger" entgegen: eine durchweg positive Darstellung der Demonstrierenden, die mehr Mitbestimmung und Transparenz fordern – ein „Se-gen für die Demokratie" (Spiegel 42/2010: 42). Die Autorin relativiert das Bild der Protestteilnehmer als überwiegend gut situierten, älteren Konservativen und ver-weist auf die bunte Mischung von Schülern, Müttern, Anzugträgern, Alten usw., die keineswegs ein neues Phänomen sei. Aus einigem zeitlichen Abstand reflek-

---

8   Auflagen laut Informationsgemeinschaft zur Feststellung der Verbreitung von Werbeträgern e.V. (http://www.ivw.eu/index.php): Spiegel 1.184.900 (12/2011), Süddeutsche Zeitung 542.959 (1/2011), Stuttgarter Zeitung 474.709 (1/2011).

9   Der Sache nach bedient beispielsweise auch der SZ-Journalist Gerhard Matzig (2011) das Klischee vom fortschrittsfeindlichen Wutbürger.

tiert schließlich Richard David Precht (Spiegel 5/2011) die Berichterstattung über
Bürgerproteste und meint, die Protestierenden in Deutschland würden als fort-
schrittsfeindliche, provinzielle Gutmenschen beschrieben, obwohl sie sich „nicht
in ein überkommendes Schema pressen" ließen.

Die Kommentare der Süddeutschen Zeitung konzentrieren sich auf Politiker
und Parteien; Demonstrierende werden nur am Rande erwähnt. Lediglich zwei
Leitartikel thematisieren teilweise die Protestteilnehmer. In einem Artikel vom
30.9.2010 wird von einer rücksichtslosen Konfrontation zwischen Gegnern und
Befürwortern von „Stuttgart 21" gesprochen, die auf dem Rücken der Polizeibeamten ausgetragen werde. Zwar enthält der Titel eines Kommentars vom 9.9.2010 das
Wort „Wut". Doch wird im Kommentar selbst darauf nicht eingegangen (Haupt-
thema ist das Plädoyer der SPD für einen Volksentscheid zu „Stuttgart 21").

Die Stuttgarter Zeitung berichtete bereits im Dezember 2009 über die einsetzenden Straßenproteste gegen „Stuttgart 21". Damals hieß es noch, dass dem
Projekt nichts mehr im Wege stünde und die Proteste laut Ministerpräsident
Oettinger eine „klägliche Veranstaltung" seien. Es überwiegen Beschreibungen
der Demonstrierenden als „friedlich" (5.6.2010, 2.8.2010, 30.8.2010, 31.1.2011,
15.3.2011), aber auch Feststellungen, dass mit der Blockade von Bauarbeiten Ge-
setze übertreten werden. Im Gegensatz zu den anderen beiden Medien charakterisiert das Blatt die Demonstrierenden weder als Rentner noch als Protestneulinge. Auch wird nicht auf besondere schwäbische Tugenden oder Mentalitäten
verwiesen. Allerdings zeichnet die Stuttgarter Zeitung in einigen Artikeln das
Bild eines bürgerlichen Protests: Die Gegner stammten aus „breiten Schichten der
Gesellschaft" (21.8.2010), unter ihnen auch „ehemalige und enttäuschte CDU-Anhänger" (28.1.2010). Hervorgehoben werden die „Struktur der Protestbewegung,
die weit über das Wählerklientel der Grünen und der Linkspartei hinausreicht",
sowie die „Antipathie gegen Stuttgart 21 [...] bis tief hinein in bürgerliche Wäh-
lerschichten" (12.7.2010). Ein Kommentar benennt das „seit Monaten im Stuttgart 21-Protest routinierte Verdi-Mitglied" und den „bodenständigen Metaller aus
der Provinz" (15.11.2010).

In eine ganz andere Richtung weisen Artikel der Stuttgarter Zeitung, die
eine Solidarisierung von „autonomen Gruppen" (15.6.2010) bzw. „Extremisten"
(14.6.2010) mit den „Stuttgart 21"-Gegnern problematisieren und unkommentiert
die Bezeichnung „Berufsdemonstranten" übernehmen (27.9.2010). Im Zusammenhang mit dem Wasserwerfereinsatz wird in vielen Artikeln die Schülerdemons-
tration als Teil der Protestbewegung erwähnt (2.10.2010, 22.12.2010). Als organisierte Gruppe finden vor allem die „Parkschützer" Erwähnung, die als radikal
und nicht zum Dialog bereit eingestuft werden (24.9.2010). Das Aktionsbündnis

gegen „Stuttgart 21" wird nur in einem Kommentar angesprochen und als unein-
heitlich beschrieben (24.9.2010).

Diese in den Zeitungen angeführten Merkmale der Demonstrierenden – insbesondere Alter, politische Einstellung und Protesterfahrung – werden im Folgenden mit unseren Umfrageergebnissen konfrontiert. Ist die gutsituierte schwäbische
Rentnerin, die ehemals CDU gewählt hat und gegen „Stuttgart 21" zum ersten
Mal in ihrem Leben demonstriert, typisch für die Masse der Demonstrierenden?

Nach unseren Befunden stellt die Gruppe der über 64-Jährigen mit 14 Prozent einen beachtlichen Anteil der Demonstrierenden. Diese Kohorte war sowohl
bei den Friedensdemonstrationen (8 %) als auch bei den Protesten gegen Hartz IV
(10 %) schwächer vertreten. Jedoch liegt ihr Anteil unter dem der entsprechenden
Altersgruppe der Stuttgarter Bevölkerung (18 %). Bis auf die Gruppe der Personen über 64 Jahren ähnelt die Altersstruktur der Demonstrierenden sehr stark den
Protestierenden gegen Hartz IV. Die Teilnehmer der Friedensdemonstration waren im Durchschnitt deutlich jünger. Dieser in Stuttgart etwas erhöhte Anteil von
älteren Demonstrierenden ist, verglichen mit einer Vielzahl von Protesten zu anderen Themen, eher ungewöhnlich.[10] Eine Studie zum Zusammenhang zwischen
der Bildungsexpansion und politischem Interesse zeigt, dass jüngere Generationen in Deutschland ein wesentlich größeres Interesse an politischen Themen haben als die vor 1945 Geborenen. Die Autoren führen dies auf die Bildungsexpansion zurück (Hadjar und Becker 2006: 30f.).

Das Einkommen der Protestierenden wurde nicht direkt erfragt, da mit einer hohen Quote fehlender Angaben zu rechnen ist. Somit müssen wir uns auf
andere Faktoren stützen, die auf das Einkommen bzw. die Schichtzugehörigkeit
der Befragten hinweisen.

Unter den Demonstrierenden in Stuttgart ist der Anteil von Arbeitslosen
mit 3,8 Prozent gering. Auch bei der Demonstration gegen den Irakkrieg war der
entsprechende Anteil mit 6,3 Prozent für das Jahr 2003 unterdurchschnittlich.
Themenbedingt lag dagegen der Anteil von Arbeitslosen bei den Protesten gegen Hartz IV mit 42,5 Prozent sehr weit über dem Durchschnitt. Der Anteil von
Rentnern betrug bei der Stuttgarter Demonstration 14,1 Prozent gegenüber 10,3
Prozent bei den Protesten gegen den Irakkrieg und 18,3 Prozent bei den Protesten
gegen Hartz IV. Der geringe Anteil von Arbeitslosen lässt sich neben der speziellen Protestthematik in Stuttgart auch auf eine relativ niedrige Arbeitslosenquote

---

10   Dagegen zeigen Statistiken zum zivilgesellschaftlichen Engagement eine höhere Engagement-
      quote der Altersgruppe der 40-64-Jährigen (Alscher et al. 2009: 41). Alscher et al. unterscheiden
      sechs Gruppen von Geburtsjahrgängen. Den heute 40-64-Jährigen entsprechen in ihrem Bericht
      die Jahrgänge der Baby-Boomer und ein Teil der 68er-Generation. Beide Jahrgangsgruppen
      weisen deutlich höhere Engagementquoten auf.

in der Stadt zurückführen.[11] Mit dem überdurchschnittlichen Anteil älterer Protestteilnehmer in Stuttgart war naturgemäß auch der Anteil von Rentnern etwas
höher als bei den anderen Demonstrationen.

Bemerkenswert ist die Überrepräsentation sehr gut ausgebildeter Personen,
die in allen drei untersuchten Demonstrationen festzustellen ist. Etwa die Hälfte
der Befragten in Stuttgart verfügt über einen Universitäts- oder Fachhochschul-
abschluss; vier Prozent aller Befragten waren promoviert. Dieser Anteil ist mehr
als doppelt so hoch wie die jeweiligen Anteile in der Gesamtbevölkerung, aber im
Zusammenhang mit Demonstrationen nicht ungewöhnlich. Unter den Teilnehmern
der Friedensdemonstrationen lag der Anteil Hochgebildeter sogar bei 82 Prozent.
Und selbst die Demonstrierenden gegen Hartz IV wiesen trotz des hohen Anteils
an Erwerbslosen einen überdurchschnittlichen Anteil Hochgebildeter auf (35 %).
Dies ist nicht verwunderlich: Höher Gebildete zeigen ein überdurchschnittliches
politisches Interesse und Engagement und haben einen leichteren Zugang zur Politik (Krimmel 2000; Hadjar und Becker 2006: 30f.; Dalton 2008). Ein weiterer
Grund für den großen Anteil von Personen mit hohem Bildungsabschluss ist die
Herkunft der Demonstrierenden. Diese wohnen meist in größeren Städten, in denen das durchschnittliche Bildungsniveau höher ist als in ländlichen Regionen.

Die Protestteilnehmer in Stuttgart kamen zu 98 Prozent aus Baden-Württemberg, davon 67,7 Prozent aus Stuttgart. Diese Zusammensetzung ist vor allem darauf zurückzuführen, dass es sich bei „Stuttgart 21" primär um ein lokales bzw. regionales Bauvorhaben handelt. Zudem fand die von uns untersuchte Demonstration
am Abend eines Wochentages statt, was bei Berufstätigen kaum weite Anfahrts-
und Heimwege zuließ. Die vielen Medienberichte, die sich auf eine Charakterisierung der Demonstrierenden gegen „Stuttgart 21" als „Schwaben" konzentrierten,
waren in dieser Hinsicht zutreffend. Dagegen nahm bei dem an einem Sonntag
stattfindenden Massenprotest gegen den Irakkrieg in Berlin etwa ein Viertel der
Teilnehmer eine Anreise von über 200 Kilometern auf sich. Etwa die Hälfte der
Protestteilnehmer kam aus Berlin bzw. der näheren Umgebung der Stadt.

Eine klassische Frage zur Zusammensetzung von Protestteilnehmern betrifft deren Einordnung im politischen Spektrum. Waren die Demonstrierenden
in Stuttgart wirklich so konservativ wie in den Medien dargestellt? Wir baten
die Befragten, sich auf einer Links-Rechts-Skala einzuordnen.[12] Der Anteil der

---

11   Die Arbeitslosenquote im Dezember 2010 lag in Stuttgart laut Angaben der Bundesagentur
     für Arbeit bei lediglich 5,8 %, in Baden-Württemberg sogar nur bei 4,9 %, während sie für
     Gesamtdeutschland 7,7 % betrug.
12   Den Demonstrierenden gegen „Stuttgart 21" und gegen den Irakkrieg lag eine 10er-Skala
     vor (links = 0-1, eher links = 2-3, in der Mitte = 4-6, eher rechts = 7-8, rechts = 9-10), den
     Demonstrierenden gegen Hartz IV eine 5er-Skala, die Tabelle 1 entspricht.

Protestteilnehmer, die sich zur politischen Mitte zählen, ist in Stuttgart jedoch mit 36,5 Prozent wesentlich höher als der jeweilige Anteil bei den beiden anderen Demonstrationen. Als eindeutig „links" stuften sich vor allem die Demonstrierenden gegen Hartz IV ein, während sich nur 6,3 Prozent der Demonstrierenden gegen „Stuttgart 21" zu dieser Kategorie zählten. Allerdings gab es auch bei den Stuttgarter Demonstranten insgesamt eine ausgeprägte Linkslastigkeit mit einer Gesamtquote von 54,4 Prozent gegenüber einer eher seltenen Verortung im „eher rechten" und „rechten" Spektrum (zusammen 3,7 %).

Tabelle 1: Selbsteinstufung von Demonstrierenden auf der Links/Rechts-Skala (in %)

Selbsteinstufung	„Stuttgart 21"	Irak	Hartz 4
links	6,3	13,3	33,5
eher links	48,1	63,6	36,0
in der Mitte	36,5	22,0	23,8
eher rechts	3,5	0,9	5,5
rechts	0,2	0,2	1,3

Frage: „In der Politik spricht man von „links" und „rechts". In der nachfolgenden Skala steht „0" für jemanden, der ganz „links" steht und „10" für jemanden, der ganz „rechts" steht. Wo würden Sie sich auf dieser Skala einordnen?"

Die Selbsteinschätzung der Demonstrierenden gegen „Stuttgart 21" entspricht trotz des relativ hohen Gewichts der mittleren Position noch immer der typischen Herkunft von Protestteilnehmern aus dem eher linken Spektrum (Hadjar und Becker 2006). Dies bestätigen Antworten auf die Frage, welche Partei bei der letzten Bundestagswahl gewählt wurde. 48,9 Prozent hatten zuletzt die Grünen gewählt, weitere 14,9 Prozent Die Linke. Nur 8,8 Prozent wählten die CDU. Verglichen mit den Wahlergebnissen der Bundestagswahl 2009 in Stuttgart sind deutliche Abweichungen zu erkennen: Die CDU erhielt dort 34,5 Prozent der Stimmen, die Grünen 23,7 Prozent, die SPD 21,9 Prozent und Die Linke 6,5 Prozent.

3.2 Zivilgesellschaftliches Engagement

In den Medien wird Protest oftmals als Zeichen abnehmenden gesellschaftlichen Zusammenhalts gedeutet und mit dem sinkenden Engagement in gesellschaftlichen Großorganisationen, Vereinen oder Parteien verbunden. Diese Deutung findet sich mit Blick auf die Demonstrierenden gegen „Stuttgart 21" beispielsweise

im Spiegel (35/2010: 72). Ein Zusammenhang zwischen wachsender Protestneigung und schrumpfendem sonstigen Engagement lässt sich allerdings bei den Demonstrierenden in Stuttgart nicht zeigen. Im Gegenteil: Sie engagieren sich zu
einem weit überdurchschnittlichen Grad in zivilgesellschaftlichen Gruppen und
Organisationen. 79 Prozent aller Befragten in Stuttgart sind in zivilgesellschaftlichen Organisationen[13] aktiv. Unter den Demonstrierenden gegen den Irakkrieg
waren es gar 85,4 Prozent. Der entsprechende Durchschnitt in der Gesamtbevölkerung liegt dagegen zwischen 44 Prozent (SOEP 2007) und 56 Prozent (ESS
2006) (Alscher et al. 2009: 52).

Stark überdurchschnittlich ist ebenfalls die Mitgliedschaft von Protestteilnehmern in politischen Initiativen und Organisationen. Über die Hälfte der Protestteilnehmer in Stuttgart (51,2 %) und sogar mehr als zwei Drittel der Protestteilnehmer gegen den Irakkrieg (68 %) sind Mitglieder einer politischen Organisation.
Zum Beispiel gehören 11,1 Prozent der Stuttgarter Demonstrierenden einer Orga-
nisation/Initiative im Bereich Menschenrechte an. Im Bundesdurchschnitt betrug
dieser Anteil im Jahre 2008 nur 1,6 Prozent (ALLBUS 2008, V511).

Es besteht auch eine überdurchschnittlich hohe politische Beteiligung von Demonstrationsteilnehmern in Parteien. Während der durchschnittliche Anteil von
Parteimitgliedern in der Gesamtbevölkerung bei 3,1 Prozent liegt (ALLBUS 2008,
V533), bezeichneten sich 7,1 Prozent der Demonstrationsteilnehmer in Stuttgart,
10,6 Prozent der Teilnehmer gegen Hartz IV und gar 16,1 Prozent der Demonstrierenden gegen den Irakkrieg als Mitglied einer Partei. Überdurchschnittlich hoch
war auch der Anteil der aktiven Parteimitglieder von 4,4 Prozent der Demonstrierenden in Stuttgart und zehn Prozent der Demonstrierenden gegen den Irakkrieg.

Ganz generell handelt es sich bei Demonstrierenden eher um Menschen, die
überdurchschnittlich in zivilgesellschaftlichen und insbesondere in politischen
Gruppen und Organisationen engagiert sind. Die Befragten in Stuttgart stellen somit keine Ausnahme dar. Ein großer Anteil von ihnen ist folglich nicht erst durch
die Proteste politisiert worden, sondern war bereits vorher politisch engagiert. Obwohl die Stuttgarter Demonstrierenden, gemessen am Bevölkerungsdurchschnitt,
immer noch überdurchschnittlich engagiert sind, sind sie, verglichen mit den Demonstrierenden gegen Hartz IV und gegen den Irakkrieg, in geringem Maß in
zivilgesellschaftliche und politische Organisationen und Gruppen eingebunden.

---

13   Hierzu zählen Initiativen oder Organisationen in den folgenden Bereichen: Frieden, Umwelt-
     schutz, Frauenrechte, Menschenrechte, Antirassismus, Rechte von MigrantInnen, Globalisie-
     rungskritik, Dritte Welt, studentische Themen, ArbeitnehmerInnenrechte, gewerkschaftliche
     Themen, kirchliche oder religiöse Themen, politische Parteien, Berufsverbände, Nachbar-
     schaftshilfe, soziale, karitative Arbeit, Sport, Freizeit und Kultur.

Tabelle 2: Parteimitgliedschaft von Demonstranten (in %)

	„Stuttgart 21"*	Hartz IV	Irak[1]**	ALLBUS
Parteimitgliedschaft	7,1	10,6	16,1	3,1
Aktive Parteimitgliedschaft	4,4	k. a.	10,0	2,1***

Fragen: *) „Sind Sie in einer Initiative oder Organisation in den nachfolgenden Bereichen aktives oder passives Mitglied?" (Antwortmöglichkeiten: „aktives Mitglied", „passives Mitglied"). **) „Können Sie in nachstehender Liste angeben, in welcher Organisation sie entweder aktiv, inaktiv oder ein früheres Mitglied sind?" (Antwortmöglichkeiten („Inaktives Mitglied", „Aktives Mitglied", „Früheres Mitglied", „Kein Mitglied"). ***) ALLBUS 2008, Frage V619, Regelmäßige Teilnahme mindestens einmal im Monat: „Wie oft haben Sie in den letzten 12 Monaten an Aktivitäten einer der folgenden Vereinigungen oder Gruppen teilgenommen?"

3.3 Protestmotive

In den Medien werden die Protestmotive der Demonstrierenden sehr unterschiedlich dargestellt. Den Gegnern von „Stuttgart 21" wird sowohl von der Stuttgarter Zeitung als auch der Süddeutschen Zeitung attestiert, das Projekt kategorisch abzulehnen: Sie seien misstrauisch „gegen die Allianz von Politik und Bahn" und fürchteten ein „finanzielles Abenteuer" (9.9.2010). Ein Artikel der Stuttgarter Zeitung wirft Gegnern wie Befürwortern des Projekts mangelnde Dialogbereitschaft vor (21.8.2010); ein anderer stellt dagegen den „eingefleischten Gegnern" von „Stuttgart 21" „wertkonservative Grüne" gegenüber, die „einen gut ausgebauten Schienenverkehr mit möglichst vielen Bäumen am Streckenrand kombinieren wollen" (29.9.2010). Als Motive des Protests nennt die Stuttgarter Zeitung die Abholzung der Bäume im Schlossgarten, die hohen Kosten des Projektes, Unzufriedenheit mit der politischen Entscheidungsfindung zum Projekt „Stuttgart 21" und den Denkmalschutz (12.7.2010, 3.2. und 9.2.2011).

Die Süddeutsche Zeitung interessierte sich in ihren Kommentaren und Leitartikeln kaum für die Motive der Demonstrierenden. Der Spiegel nennt die mangelnden Partizipationsmöglichkeiten und die fehlende Transparenz des Projektes (Spiegel 34/2010; 41/2010), übernimmt aber auch die Deutung der Projektbefürworter, das Projekt wäre unzureichend kommuniziert worden (Spiegel 34/2010). Die Kosten des Projektes werden teilweise als Problem benannt (Spiegel 35/2010). Als typische Anliegen der Projektgegner gelten vor allem der Schutz der Mineralwasservorkommen, der Erhalt der Bäume im Park und der Denkmalschutz (Spiegel 35/2010; Spiegel 42/2010). Insbesondere Dirk Kurbuweits Spiegel-Essay über die Wutbürger unterstellt vor allem egoistische Motive, etwa die unschöne Baustelle im Sichtfeld der Bewohner auf den Anhöhen rund um den Talkessel des Stuttgarter Zentrums (Spiegel 41/2010).

Allgemeineren Gründen des Protests wird unterschiedliche Bedeutung zuge-
messen. Einerseits findet die Hoffnung auf eine stärkere Partizipation der Bürger
und damit auf eine Stärkung der Demokratie Erwähnung. Andererseits warnen
die Medien vor der Blockade jeglicher Großprojekte und fehlender Akzeptanz
demokratischer Entscheidungen. So werden im Spiegel sowohl das wachsende
Interesse der Bürger und ihre Forderungen nach mehr Mitsprache gewürdigt, als
auch Gefahren dieser Form der Mitsprache beschworen: Undurchführbarkeit künf-
tiger Großprojekte, fehlende Repräsentativität der Forderungen Protestierender
und zunehmende Emotionalisierung des politischen Diskurses durch mehr Bür-
gerengagement. Warum die sonst so fortschrittlichen Schwaben nun gegen ein
fortschrittliches Projekt und den modernsten Bahnhof Europas protestieren, erscheint dem Spiegel als Paradox. Die Erklärung liege im fortgeschrittenen Alter
der Demonstrierenden, den Demokratiedefiziten bei der Planung des Bauvorha-
bens und Fehlern bei der Aufklärung über das Projekt (Spiegel 34/2010).

Wie einem Kommentar der Süddeutschen Zeitung (31.1.2010) wird auf die
„Pflicht der Regierenden" verwiesen, den „Zorn vieler Bürger" ernst zu nehmen – auch wenn dies angesichts der „Selbstgerechtigkeit mancher Widerständ-
ler" schwerfallen möge. Dagegen zitiert die Stuttgarter Zeitung Annette Scha-
van, die vor „der Ausbreitung einer neuen Protestkultur" warnt, welche negative
Folgen für die Innovationsfähigkeit Deutschlands hätte (15.11.2010). Die Proteste
erscheinen als Beispiel für Vertrauensverluste der Bürger in demokratische Prozesse (29.10.2010). Der damalige Bundespräsident Wulff wird mit den Worten zitiert: „Viele empfinden die Entscheidungsabläufe im Parlament als intransparent
und die Parteien und Mandatsträger als wenig ansprechbar und den Belangen der
Bevölkerung entrückt" (17.12.2020). In deutlich kritischerer Tonlage spricht ein
Kommentator der Stuttgarter Zeitung von einer „unduldsamen Ablehnung des
Mehrheitsprinzips" (22.12.2010).

Wie verhalten sich die den Demonstrierenden zugeschriebenen Gründe zu
dem, was die von uns Befragten angeben? Als Hauptargumente gegen das Projekt „Stuttgart 21" werden in unserer Studie vor allem die hohen Kosten des Projektes, Demokratiedefizite und die einseitigen Profite der Banken und Baukon-
zerne genannt (vgl. Tabelle 3). Die häufig geäußerte Unterstellung, die Gegner
von Großprojekten würden nur aus egoistischen Motiven handeln, etwa wenn sich
Anwohner wegen des befürchtenden Baulärms zur Wehr setzen, findet in unserer
Umfrage keine Bestätigung: Nur 4,8 Prozent der Befragten nannten diese Belastungen als Hauptgrund für ihre Protestteilnahme.

Tabelle 3: Rangliste der Hauptargumente gegen „Stuttgart 21"
(Mehrfachnennungen möglich)

Argument	Anzahl Nennungen
Hohe Kosten des Projektes	395
Profit nur auf Seiten der Banken und Baukonzerne	284
Demokratiedefizite beim Umgang mit ProjektkritikerInnen	262
Demokratiedefizite bei der Planung des Projektes	261
Geringere Kapazität des 8-gleisigen Durchgangsbahnhofes	235
Geologische Gefahren beim Tunnelbau	190
Finanzielle Beeinträchtigung anderer Bahnprojekte durch S 21	158
Zukünftige Beeinträchtigung des Betriebsablaufs im Nahverkehr	153
Umweltschutz	144
Beeinträchtigung von Mineralwasservorkommen	111
Denkmalschutz	65
Lärm- und Verkehrsbelastung während der Bauphase	41

Die Medien betonen angebliche Besonderheiten der Stuttgarter Proteste. Dies führt zur Überbewertung von nachrangig anmutenden Argumenten wie der Sorge um die Mineralwasservorkommen und den Denkmalschutz, die eher dem Klischee des konservativen Erstdemonstranten entsprechen. Kaum genannt wird dagegen das Profitinteresse von Banken und Baukonzernen, das wiederum die Projektgegner hervorheben. Ebenso spielen die Forderungen nach mehr demokratischer Mitsprache und Transparenz, die den Protesten eine überregionale Bedeutung verleihen und von einem hohen Prozentsatz der Befragten gegen das Projekt angeführt werden, in den Medien nur eine nachgeordnete Rolle.

Fanden die eng mit dem Demokratiemotiv verbundenen Proteste gegen den Irakkrieg bei den Medien weitgehend Zustimmung, zumal sie der Position der damaligen Bundesregierung entsprachen und zudem einen hohen Rückhalt in der Bevölkerung hatten (Verhulst und Walgrave 2010), verhielt es sich im Falle Stuttgarts anders. Hier wurden die Protestmotive tendenziell als eher egoistisch gedeutet. Ähnlich war es auch bei den Protestierenden gegen Hartz IV. Mit Blick auf die Bezeichnung „Montagsdemonstrationen" hieß es beispielsweise, dass es den demonstrierenden Erwerbslosen im Gegensatz zu den protestierenden DDR-Bürgern im Jahr 1989 nur um staatliche Zuwendungen ginge (Baumgarten 2010: 202).

4. Das Aktionsrepertoire

Die Aktionsformen sozialer Bewegungen reichen weit über den Straßenprotest hinaus, werden aber von den Medien häufig auf diesen verengt. Auch im Fall von „Stuttgart 21" erwähnt die überwiegende Zahl der von uns analysierten Kommentare und Leitartikel lediglich die Straßenproteste und übersieht das vielfältige Engagement im Rahmen anderer Aktivitäten. In der Süddeutschen Zeitung (30.9.2010) wird abfällig vermerkt, ein Volksentscheid wäre sinnvoller „als sich im Stuttgarter Schlossgarten an Bäume zu binden oder mit der Trillerpfeife weiter das Gehör zu schädigen". Die Stuttgarter Zeitung widmet den Aktionsformen zwar mehr Raum, konzentriert sich aber ebenfalls auf eher spektakuläre Protestformen.[14] Es werden oftmals mögliche Störungen durch die Demonstrierenden thematisiert, etwa des Einzelhandels in der Innenstadt durch die Demonstrationen (2.12.2010) oder Verkehrsbehinderungen durch Protestmärsche (26.8. und 21.11.2010). Auch wird moniert, der Konflikt würde zu emotional ausgetragen (21.8.2010). Wenig berücksichtigt wird dagegen die Vielfalt des Engagements in Form von Leserbriefen, Unterschriftensammlungen, Plakatierungen, Informationsveranstaltungen, Ausstellungen, Kulturveranstaltungen, Verfahrenseinsprüchen und verwaltungsgerichtlichen Klagen.

Neben den Großveranstaltungen und Blockaden hat insbesondere der sogenannte Schwabenstreich Aufmerksamkeit erregt. Er bestand darin, zu festgesetzter Zeit (täglich um 19 Uhr) an dem Ort, an dem sich die Teilnehmer gerade aufhalten, eine Minute lang mittels Topfschlagen, Trillerpfeifen o. ä. Lärm zu machen, um damit seine Gegnerschaft zu „Stuttgart 21" zu bekunden. Diese Aktion beschränkte sich nicht allein auf das Stadtgebiet Stuttgarts, sondern umfasste, wie auf Karten bzw. Listen im Internet nachvollziehbar, auch andere Orte in Baden-Württemberg, des übrigen Bundesgebiets und sogar vier Orte im Ausland. Zu Unrecht stufen allerdings die Medien den Schwabenstreich als neue Aktionsform ein. Es gab diese Form des Protestes bereits – von den deutschen Medien unbeachtet – bei den Protesten gegen Milosevic in Serbien und die Diktatur in Argentinien.[15]

---

14   In der Stuttgarter Zeitung wird von phantasievollen, friedlichen Aktionen (14.6.2010), vom Schwabenstreich (28.8.2010) und Schweigemarsch (24.8.2010) berichtet. Viel Raum wird den Blockaden (31.7., 27.8., 28.8., 4.9. und 8.9.2010), etwa der Dachbesetzung des Nordflügels (27.8.2010) eingeräumt. Als einzige der untersuchten Medien erwähnt die Stuttgarter Zeitung in Kommentaren auch Straftaten von „Stuttgart 21"-Gegnern, v. a. Sachbeschädigung (15.6. und 4.10.2010) und persönliche Attacken auf den Oberbürgermeister Schuster (14.9.2010).

15   Generell wird kaum über Proteste aus anderen Ländern berichtet. Laut Knoll und Herkenrath (2008) finden sich nur 5,3 % aller Protestereignisse aus der nationalen Berichterstattung in der internationalen Presse wieder.

Das von den Medien immer wieder kritisierte späte Engagement gegen „Stuttgart 21" (z. B. Stuttgarter Zeitung, 21.8.2010) berücksichtigt vor allem die Großproteste. In der Tat waren nennenswerte Straßenproteste vor 2009 selten.[16] Entgegen verbreiteter Meinung setzte die Kritik an „Stuttgart 21" aber sehr früh ein. Bereits im Juli 1996 wurden 13.000 Unterschriften für einen Bürgerantrag gesammelt. Im Ganzen blieb die Kritik jedoch zunächst auf kleine Kreise beschränkt, wuchs aber, deutlich verstärkt durch die Abweisung eines Bürgerbegehrens im Jahre 2007, zu einer starken Protestbewegung an, die im Sommer und Herbst 2010 ihren vorläufigen Höhepunkt erreichte. Hatten sich die Proteste zunächst auf kritische Schriften, Einsprüche im Planfeststellungsverfahren und Unterschriftensammlungen beschränkt, so begann im Oktober 2009 die Serie von „Montagsdemonstrationen" mit anfangs wenigen Teilnehmern. An den wöchentlichen Kundgebungen nahmen bis Frühjahr 2010 jeweils einige Tausend Menschen teil. Dann, angesichts der einsetzenden Baumaßnahmen und Abrissarbeiten, schnellte die Protestbeteiligung hoch. Ergänzend zu den Montagsdemonstrationen fanden nun auch jeden Samstag Demonstrationen mit jeweils mehreren Zehntausend Menschen statt. Neben diesen regelmäßigen Kundgebungen führten die Projektgegner zunehmend überraschende und/oder offensivere Aktionen durch, die aber ganz überwiegend friedlich blieben. Dazu gehörten Spontandemonstrationen, Besetzungen von Teilen des Bahnhofs, Straßenblockaden und Behinderungen der Bauarbeiten.

Nach dem „Schlichterspruch" Geißlers (kritisch dazu Rucht 2012) ebbte der Protest ab. Gleichwohl gingen die Proteste weiter und finden, wenn auch mit deutlich reduzierter Beteiligung und in weniger dichter Frequenz, bis heute weiter statt.

Das Engagement der Protestierenden spiegelt sich auch in den Ergebnissen unserer Umfrage. Über ein Drittel von ihnen hat innerhalb der letzten zwölf Monate einen Politiker oder Vertreter der Verwaltung kontaktiert (36 %). Eine Petition wurde bereits von 82,3 Prozent der Befragten unterzeichnet. 64,3 Prozent haben bereits einer politischen Organisation oder Gruppierung Geld gespendet, 43,3 Prozent an einer direkten Aktion teilgenommen, und weitere 22,5 Prozent würden dies tun. Im Vergleich dazu waren die Protestteilnehmer gegen den Irakkrieg weniger aktiv. Innerhalb der letzten zwölf Monate vor dieser Befragung haben 23,8 Prozent einen Politiker und 13,1 Prozent einen Beamten kontaktiert, 36,6 Prozent eine Petition unterzeichnet und 70,8 Prozent Geld gespendet.[17]

---

16   Eine der wenigen Ausnahmen bildete eine Kundgebung im September 2007 auf dem Stuttgarter Marktplatz mit rund 4.000 Teilnehmern (vgl. die „Chronologie des Protests", Stuttgarter Nachrichten 21.10 2010).

17   Bei der Befragung der Demonstrierenden gegen Hartz IV gab es keine Frage nach Aktionsformen.

Nach dem Wasserwerfereinsatz am 30.9.2010 wurde vor allem in der Stuttgarter Zeitung vor einer wachsenden Gewaltbereitschaft der Demonstrierenden (27.9.2010) und einer drohenden Eskalation (1.10.2010) gewarnt. Die Demonstrierenden werden teilweise als „unfriedlich" oder „aggressiv" beschrieben
(21.1.2011). In einigen Artikeln wird ihnen die Schuld an der Eskalation zuge-
schrieben (6.10.2010, 29.1.2011). Sie hätten mit ihrem massiven Widerstand Ge-
setze übertreten und die Polizei provoziert (1.10.2010). Ein Rechtfertigungsver-
such des Akts zivilen Ungehorsams findet sich in keinem Artikel der Stuttgarter
Zeitung. Mehrfach wird betont, dass es ein Widerstandrecht gegen den Bahnhof-
bau nicht geben könne (1.10., 2.10. und 4.10.2010, 27.1.2011).

Unerwartet hoch ist in der Tat die Konfliktbereitschaft der Befragten. Eine
Zweidrittel-Mehrheit (66 %) ist generell bereit, ihren Protest auch in konfrontati-
ven Formen zu äußern – etwa mit Besetzungen. 93 Prozent halten Aktionen zivilen Ungehorsams im Kontext von „Stuttgart 21" für gerechtfertigt. Insgesamt
blieben die Proteste aber erstaunlich friedlich, auch wenn im Verlauf des Jahres
2010 der Anteil offensiver Aktionen, die zumeist als ziviler Ungehorsam firmier-
ten, deutlich zunahm. Im Vergleich zu anderen Protesten sind jene in Stuttgart
weder besonders bunt und kreativ noch besonders aggressiv oder gar gewalttätig.

Eher selten ist in Deutschland die langfristige Mobilisierung einer sehr großen Anzahl von Demonstrierenden. Die Wendeproteste in der DDR beschränkten sich auf wenige Monate. Andere Protestwellen, etwa die sich wiederholenden
Montagsdemonstrationen gegen Hartz IV oder die monatlichen Proteste während
der Verkündung der aktuellen Arbeitslosenstatistik (insbesondere 1998), litten
meist an einem schnellen und starken Rückgang der Teilnehmerzahlen. In Stuttgart haben dagegen von Ende 2009 bis heute wöchentlich Montagsdemonstrationen stattgefunden, die in ihrer über mehrere Monate andauernden Hochphase
eine große Beteiligung aufwiesen. Allerdings wurden in Stuttgart nie die Größenordnungen herausgehobener Massenproteste erreicht, die einzelne Demonstrationen mit meist nationalen oder internationalen Belangen betrafen, so bei den
Themen Frieden, Atomkraft und Sozialabbau.

Das medial gezeichnete Bild der Demonstrierenden ist also in wesentlichen
Aspekten nicht mit unseren Befunden in Einklang zu bringen. Unsere Ergebnisse zeigen kleinere Unterschiede zu anderen Protesten, die in den Medien ohne
sachliche Fundierung teilweise grob überzeichnet wurden. Insbesondere war es
falsch, die Protestierenden als überwiegend konservativ, der Generation der Alten zugehörig und als Protestneulinge zu beschreiben.

5. Netzwerke und Mobilisierungswege

Ein von den Medien vernachlässigter Aspekt der Mobilisierungen gegen „Stuttgart 21" sind protestförderliche Organisationsstrukturen. Entgegen den Annahmen der frühen Massenpsychologie sind Protestkampagnen und soziale Bewegungen keine amorphen Haufen von Individuen, sondern strukturierte Gebilde von Gruppen, Organisationen und Netzwerken. Diese Gebilde können in erster Linie aus Zusammenschlüssen bereits existierender Gruppen hervorgehen; sie können aber auch ganz neue Formationen hervorbringen, die möglicherweise erst in einem späteren Stadium andere, unabhängig von diesen entstandene Gruppen und Organisationen einbinden. Auch eine Kombination beider Muster ist denkbar. Jedenfalls bedarf es eines Kerns von Einzelpersonen oder Gruppen, die ein Mindestmaß an kommunikativer und organisatorischer Vorarbeit leisten, damit eine Mobilisierung in Gang kommt, aufrecht erhalten oder sogar erweitert werden kann. Die Bedeutung dieser Voraussetzungen haben vor allem die Forschungen im Rahmen des sogenannten *resource mobilization approach* hervorgehoben (McCarthy und Zald 1977). Hier stand die Funktion von Organisationen und der von ihnen eingeworbenen Ressourcen wie Zeit, Geld und Expertise im Mittelpunkt. Weitaus geringere Beachtung fanden dagegen die speziellen Kanäle, über die ein Sachverhalt als problematisch oder unzumutbar dargestellt sowie Anhänger, Unterstützer und Aktivisten geworben werden.

Mit Blick auf Mobilisierungskanäle wird in jüngster Vergangenheit häufig und meist fraglos dem Internet und den auf neuen Kommunikationstechnologien beruhenden „sozialen Netzen" eine Schlüsselrolle für die Organisation und Verbreitung von Protesten zugesprochen, ohne jedoch den Stellenwert traditioneller Kommunikationskanäle dazu in Beziehung zu setzen. Vielfach wird angenommen, durch das Internet würden bislang passive Kreise der Bevölkerung zum Protest motiviert werden. Deshalb soll am Fall von „Stuttgart 21" und wenigen anderen Protestmobilisierungen Fragen nach der organisatorischen Basis des Protests und der vorangegangenen Protesterfahrung der Beteiligten nachgegangen werden.

5.1 Organisationsstruktur und Protesterfahrung

Wie bereits betont, setzte die Kritik am Projekt „Stuttgart 21", wenngleich zunächst noch in kleinem Maßstab, bereits kurz nach der öffentlichen Ankündigung des Projekts ein.[18] Im Laufe der Zeit bildete sich eine breite und verzweigte Mobilisierungsstruktur heraus. Am Anfang stand die im Oktober 1995 gegründete Initiative „Leben in Stuttgart – Kein Stuttgart 21". Zum Zentrum des Wi-

---

18   Siehe der Chronologie der Ereignisse in Lösch et al. (2011).

derstands entwickelte sich später eine lose Allianz von zehn durchaus unterschiedlichen Gruppen und Organisationen: das Aktionsbündnis gegen „Stuttgart 21". Es umfasst drei umwelt- und verkehrspolitische Organisationen (Regionalverband Stuttgart des Bund für Umwelt und Naturschutz Deutschland (BUND), Fahrgastverband PRO BAHN – Region Stuttgart, Verkehrsclub Deutschland – Sektion Baden-Württemberg), drei Parteien bzw. Wählergruppen (Bündnis 90/DIE GRÜNEN – Kreisverband Stuttgart; Stuttgarter Wählerbündnis SÖS – Stuttgart Ökologisch Sozial; Die Linke – Landesverband Baden-Württemberg), eine Stiftung (Architektur-Forum Baden-Württemberg) sowie weitere drei Organisationen, die sich speziell gegen das Projekt „Stuttgart 21" gebildet hatten (die bereits erwähnte Initiative Leben in Stuttgart – Kein Stuttgart 21; GewerkschafterInnen gegen Stuttgart 21 und Die Parkschützer). Als logistische Basis des Aktionsbündnisses und Ort des allen Interessierten offen stehenden Aktiven-Treffs diente in erster Linie das Stuttgarter Büro des BUND.

Zusammen mit den beiden übrigen Umwelt- und Verkehrsgruppen repräsentiert der BUND den eher gemäßigten und pragmatischen Teil des Bündnisses.[19] Den offensivsten Teil innerhalb der Allianz bilden die seit Mai 2009 auftretenden Parkschützer, die sich vor allem dem Schutz der Bäume im Schlossgarten verschrieben haben, aber bei nahezu allen Widerstandsaktionen präsent sind und auch Formen des zivilen Ungehorsams propagieren. Die Parkschützer waren zudem die einzigen, die nach ersten, für sie unbefriedigenden Vorverhandlungen auf eine Teilnahme am Schlichtungsverfahren verzichtet haben und sich darin aufgrund des für sie unannehmbaren Schlichterspruchs bestätigt fühlen konnten. Obgleich Mitglied des Aktionsbündnisses, unterhalten die Parkschützer ihre eigene Webseite, die neben den üblichen Informationen auch eine Art Widerstandsbarometer einschließt. Dort können, gestaffelt nach der Intensität des Engagements, die Gegner von „Stuttgart 21" ihre Bereitschaft zum Protest kundtun, wobei in den Anfangswochen von 2011 über 30.000 Menschen sich zur niedrigschwelligen Stufe grün und rund 2.800 zur hochschwelligen Stufe rot, der Bereitschaft zu zivilem Ungehorsam, bekannten.

Neben den genannten Gruppen existiert noch eine Fülle von weiteren und zumeist losen Unterstützerkreisen, darunter Juristen, Architekten, Ärzte, Psychologen und Therapeuten, Unternehmer, Journalisten und Künstler (dazu Ohmke-Reinicke 2012: 147ff.).

---

19   Sprecher des Bündnisses war zunächst Gangolf Stocker, ein erfahrener Organisator und Aktivist, der viele Jahre in Gewerkschaften, Parteien und Bürgerinitiativen tätig war. Seine Nachfolgerin war Brigitte Dahlbender, Landesvorsitzende des BUND in Baden-Württemberg. Seit Februar 2012 wird das Bündnis durch vier SprecherInnen vertreten.

Über die Jahre hinweg ist eine verzweigte, offene und flexible Mobilisierungs-struktur entstanden. Diese schließt sowohl seit langem und auf einen breiten The-menkatalog ausgerichtete Gruppen wie z. B. BUND, PRO BAHN und Gewerk-schaften als auch speziell im Hinblick auf „Stuttgart 21" entstandene Gruppen wie die Initiative Leben in Stuttgart – Kein Stuttgart 21 und die Parkschützer ein. Ein solch lose koordiniertes Netzwerk, das die Handlungsautonomie der jeweili-gen Gruppen nicht einschränkt, erlaubt es ganz unterschiedlichen Personen und Gruppen, sich gemäß ihren jeweiligen Bedürfnissen und Fähigkeiten an der Vor-bereitung und Durchführung der von ihnen bevorzugten Protestformen zu betei-ligen. Mühselige Verhandlungen und Vereinbarungen über die „politisch korrek-ten" Forderungen und Slogans sowie die einzig „richtige" Aktionsform erübrigen sich, wenngleich auf diversen Treffen bzw. Strategietagungen eine Abstimmung über die Grundlinien des Protests gesucht wird. Spannungen innerhalb und zwi-schen den Gruppen[20] bleiben nicht aus, aber haben bisher nicht zu Spaltungen und nur selten zu aggressiv ausgetragenen Konflikten geführt. Manifeste Konflikte waren insbesondere bei den Treffen bzw. „Ratschlägen" nach dem Schlichtungs-verfahren und nach dem Volksentscheid über die Landesbeteiligung an der Fi-nanzierung von „Stuttgart 21" zu beobachten.

Zur Einbindung der Protestierenden in zivilgesellschaftliche Gruppen und Organisationen wurden bereits oben einige Daten vorgestellt. In unserer Studie wurde nicht nach konkreter Mitgliedschaft in den beschriebenen Gruppen, son-dern nach Bereichen des (politischen) Engagements gefragt. So können wir Aus-sagen über die Einbindung der Protestierenden in Gruppen und Netzwerke, auch solche jenseits der Mobilisierung gegen „Stuttgart 21", treffen. Erfragt wurde die aktive bzw. passive Mitgliedschaft in insgesamt 16 Themenbereichen, wobei in den nachfolgenden Analysen nur genuin politische Themenfelder herangezogen wurden (vgl. Tabelle 4). Die Befragten wurden unterschieden nach „aktiven Mit-gliedern" (aktiv in mindestens in einem politischen Themenbereich tätigen Grup-pe oder Organisation) und „passiven Mitgliedern" (passive Mitgliedschaft in ei-ner politisch tätigen Gruppe oder Organisation).

Von den 858 Personen, die diese Frage beantwortet haben, sind 199 (23,2 %) als aktive Mitglieder politischer Gruppen zu bezeichnen. Die überwiegende Zahl der aktiven Mitglieder (141) ist nur in einem Themenbereich engagiert. 21,9 Pro-zent der Befragten geben an, passives Mitglied in einer Gruppe oder Organisa-

---

20 Zum Beispiel gab es nach dem Schlichtungsverfahren heftige Diskussionen sowohl innerhalb der Parkschützer als auch zwischen diesen und anderen Gruppen, in welcher Form weiterhin protestiert werden sollte.

tion zu sein. Somit ist gut die Hälfte der Befragten (54,9%) keiner politischen Gruppe oder Organisation zuzurechnen.

Neben dieser Mitgliedschaft in politischen Gruppen haben wir als Indikator für politisches Engagement auch frühere Protesterfahrungen jenseits des Themas „Stuttgart 21" erfragt. Darüber gibt Tabelle 4 Auskunft. In allen aufgeführten Themenbereichen überwiegen die Anteile der aktiven gegenüber denen der passiven Mitglieder. Die meisten derer, die bereits früher und unabhängig von „Stuttgart 21" protestiert haben, finden sich in den Bereichen Frieden (53,2%) und Umwelt (43,2%). Dies sind auch die beiden Themenfelder, die in der Vergangenheit eindrucksvolle Massenproteste auf sich gezogen haben.

Tabelle 4: Tabelle 4: Themen früherer Protestteilnahme unabhängig von „Stuttgart 21" (in %)

	Passive Mitglieder	Aktive Mitglieder
Frieden	47,7	71,4
Umwelt	37,8	61,3
Frauen	8,0	16,1
Menschenrechte	21,0	31,7
Antirassismus	15,0	31,7
Globalisierungskritik	14,1	35,7
Dritte Welt	7,6	16,6
Arbeit	14,1	43,2
Soziale Rechte	18,7	39,7

Frage: „Zu welchen Themen, die nicht mit Stuttgart 21 zusammenhängen, haben Sie schon früher protestiert?"

Knapp die Hälfte (46,2%) der in Stuttgart Befragten hat in den letzten fünf Jahren, abgesehen von den Auseinandersetzungen um „Stuttgart 21", nicht demonstriert.[21] Der Anteil derer, die im Rahmen der Proteste gegen „Stuttgart 21" erstmals innerhalb der letzten fünf Jahre demonstriert haben, lag bei etwa einem Fünftel (21,5%). Nur eine kleine Gruppe der Stuttgarter Befragten hat in diesem Zeitraum häufiger als zehnmal an Protesten zu anderen Anlässen als „Stuttgart

---

21 Bei der Demonstration gegen den Irakkrieg war der entsprechende Anteil – keine Protestbeteiligung außerhalb des Themas Frieden – mit 22,2% nur etwa halb so hoch. Bei den Demonstrationen gegen Hartz IV lag die themenferne Protestabstinenz noch niedriger (18,3%).

21" teilgenommen. Bei den Demonstrierenden gegen den Irakkrieg war der Anteil themenferner intensiver Protestbeteiligung mit 10,6 Prozent etwas höher.[22] Unter den Demonstrierenden in Stuttgart befanden sich, verglichen mit den anderen beiden Demonstrationen, mehr Protestneulinge[23] und, verglichen mit der Demonstration gegen den Irakkrieg, weniger Personen, die sehr häufig an Protesten teilnehmen.

Es zeigen sich markante Unterschiede zwischen den aktiven und passiven Mitgliedern. Erstere beteiligen sich häufiger als passive Mitglieder an Protesten, und dieser Unterschied verstärkt sich in den Kategorien mit häufigerer Protestteilnahme. Für die Gruppe derer, die mehr als zwanzigmal an Protesten in den letzten fünf Jahren beteiligt waren, betragen die Werte 2,4 Prozent für die passiven und 15,2 Prozent für die aktiven Mitglieder. Zum Vergleich werden in Tabelle 5 auch die entsprechenden Zahlen für die Demonstrierenden gegen den Irakkrieg im Jahr 2003 angeführt. Hier ist der Anteil derjenigen, die in den letzten Jahren nicht protestiert haben, weitaus geringer als in Stuttgart, während wiederum der Anteil der häufig Protestierenden in Stuttgart (mindestens zwanzigmal innerhalb der vergangen fünf Jahre) etwas größer ist. Das ist insofern erstaunlich, als sich

Tabelle 5: Häufigkeit der Teilnahme an Demonstrationen der letzten fünf Jahre (in %)

Häufigkeit Teilnahme	Protestierende gegen „Stuttgart 21", Oktober 2010*			Protestierende gegen Irak-Krieg, Februar 2003**
	Aktive	Andere	Total	Total
Nie	22,2	53,4	46,2	22,2
1-5	40,9	36,4	37,4	53,7
6-10	14,1	6,0	7.9	13,5
11-20	7,6	1,8	3,2	6,6
>20	15,2	2,4	5,4	3,9
Total	100	100	100	100
N	198	655	853	739

* Frage: „Abgesehen von den Protesten gegen Stuttgart 21 – Wie oft haben Sie in den letzten Jahren ungefähr an einer Demonstration oder einem sonstigen öffentlichen Protest teilgenommen?"

** Frage: „Wie oft haben Sie schätzungsweise in den letzen 5 Jahren an einer lokalen, nationalen oder internationalen Demonstration/ einem sonstigen öffentlichen Protest teilgenommen?"

---

22   Hierzu gibt es keine Zahlen für die Proteste gegen Hartz IV.
23   Diese Kategorie enthält auch Personen, die zu den Themen früherer Protestbeteiligung keine Angaben gemacht haben.

die in Stuttgart gestellte Frage ausdrücklich auf Proteste jenseits von „Stuttgart 21" bezieht, aber Stuttgart gemeinhin nicht als eine Hochburg politischen Protests gelten kann.[24] Allerdings sind diejenigen, die an mehr als zehn Demonstrationen teilgenommen haben, eine kleine Minderheit im Vergleich zu denen, die eher selten protestieren, und liegen mit 8,6 Prozent unter dem Anteil der Demonstrierenden gegen den Irakkrieg (10,5 %).

Eine Frage mit zehn Antwortkategorien zielte auf den mit einem jeweils markanten Ereignis verbundenen Zeitpunkt, zu dem die Protestierenden sich erstmalig gegen „Stuttgart 21" engagiert haben. Wird diese Kategorisierung auf lediglich vier Zeitpunkte reduziert, so zeigt sich, dass bis 2006, als Klagen des BUND und einer Gruppe von Hausbesitzern abgelehnt wurden, insgesamt 12,2 Prozent bereits gegen „Stuttgart 21" engagiert waren (Tabelle 6). Die Ablehnung des lokalen Bürgerentscheids im Sommer 2007 und – in noch stärkerem Maße – der Abriss des nördlichen Seitenflügels des Bahnhofs im August 2010 waren die beiden Schlüsselereignisse, die bei der relativ größten Gruppe der Befragten erstmals zu einem Engagement führten. Die Unterschiede zwischen passiven und aktiven Organisationsmitgliedern sind hier gering.

Tabelle 6: Ereignis, das erstmalig zum Engagement gegen „Stuttgart 21"
veranlasst hat (in %)

	Aktive Mitglieder	Alle anderen	Total
bis 2006 Ablehnung von Klagen	15,3	11,3	12,2
2007 Ablehnung Bürgerentscheid	32,1	31,6	31,7
August 2010 Abriss Seitenflügel des Bahnhofs	39,8	42,3	41,7
Oktober 2010 Fällen erster Bäume im Schlossgarten	12,8	14,9	14,4
Total % N	100 196	100 639	100 835

Mehr als die Hälfte der von uns Befragten (56,1 %) ist erst ab Sommer 2010 gegen „Stuttgart 21" aktiv geworden. Etwa zu diesem Zeitpunkt waren die schon seit

---

24 Nach der Zahl von Protestereignissen von den 1950er bis inkl. der 1990er Jahre lag Stuttgart an fünfter Stelle unter den deutschen Großstädten und wurde zum Beispiel von Frankfurt/M. fast um den Faktor 3 übertroffen.

Oktober des Vorjahrs begonnenen Demonstrationen zu Massenkundgebungen mit Zehntausenden von Menschen angewachsen und hatten damit eine starke mediale Beachtung auch außerhalb der Stadt und des Landes Baden-Württemberg gefunden. Sowohl die Angaben der Befragten als auch die Zahlen von Verfahrenseinsprüchen und Unterschriftensammlungen in den Jahren 1996 und 2007 widerlegen aber die oft zu hörende Kritik, die Projektgegner seien erst dann „aufgewacht", als die ersten Baumaßnahmen eingeleitet wurden. Immerhin rund 44 Prozent der Befragten hatten sich bereits spätestens seit 2007 gegen das Vorhaben „Stuttgart 21" engagiert, wobei dieses Engagement allerdings nicht gleichbedeutend mit Demonstrationsbeteiligung ist.

5.2 Kanäle der Kommunikation und Protestmobilisierung

Menschen können auf unterschiedlichen Wegen auf ein Konflikt- bzw. Protestthema aufmerksam gemacht und eventuell auch zum Engagement veranlasst werden. Grundsätzlich lassen sich hierbei direkte Kanäle bzw. Kontakte von mediatisierten, d. h. auf unpersönlichem Kontakt beruhenden Kommunikationen bzw. Kanälen unterscheiden. Vor allem wenn es um Probleme im persönlichen Nahbereich oder um lokale Belange geht, wird vermutlich der direkte Kontakt die wichtigste Rolle spielen. In anderen Fällen stehen dagegen medial vermittelte Informationen und Einschätzungen im Vordergrund. Diese können sowohl auf mediatisierten Kommunikationen innerhalb der Gruppen und Netzwerke des Protests beruhen (z. B. Rundbriefe, Broschüren, Email-Listen), als auch auf gruppenexternen Medien, insbesondere den Massenmedien. Aber selbst im Falle vermittelter Kommunikation können im Sinne der Theorie des „two step flow of communication" (Katz und Lazarsfeld 1955) persönliche Gespräche, die der medialen Rezeption nachgeschaltet sind, von großer und oft auch maßgeblicher Bedeutung bei der Bewertung von Informationen sein und demzufolge auch die Frage der individuellen Beteiligung am Protest entscheiden (Klandermans und Oegema 1987).

Das Projekt „Stuttgart 21" war über Jahre hinweg primär ein Thema der lokalen und regionalen Öffentlichkeit. In den überregionalen Medien spielte es vor 2010 nur eine marginale Rolle.[25] In der langen Phase der Planung sowie politischen und juristischen Entscheidungen über „Stuttgart 21" fand das Projekt eine wohlwollende und unterstützende Kommentierung bei den regional bedeutsamen Medien, insbesondere dem Südwestdeutschen Rundfunk (SWR, Radio und Fern-

---

25 Ein Indiz dafür ist die Berichterstattung in der taz. Eine Auszählung von taz-Artikeln mit dem Stichwort „Stuttgart 21" ergab lediglich drei Treffer im Jahr 2005 und bis zu 22 Treffer in den Folgejahren. Im Jahr 2010 schnellte die Artikelzahl auf 443. Das entspricht dem 20fachen des Vorjahrs.

sehen), der Stuttgarter Zeitung und vor allem den Stuttgarter Nachrichten. In der Frühphase der Planung waren geradezu euphorische Stimmen auf Seiten der Medien zu vernehmen.[26] Erst der wachsende Bürgerprotest ab 2007 und schließlich die Massenproteste im Verlauf des Jahres 2010 sowie das Schlichtungsverfahren im Oktober/November 2010 führten beim SWR und der Stuttgarter Zeitung zu einer ausgewogeneren Berichterstattung, bei der auch Argumente und Forderungen der Projektgegner ausführlich zu Wort kamen. Die Stuttgarter Nachrichten konnten zwar ebenfalls die Größenordnung und Entschiedenheit des Protests nicht ignorieren, blieben jedoch in ihren Kommentaren bei ihrer grundsätzlich positiven Haltung zum Projekt „Stuttgart 21". Diese Linie wurde – auch in öffentlichen Debatten – insbesondere vom stellvertretenden Chefredakteur sowie dem zuständigen Lokalredakteur des Blattes kompromisslos verfochten.

Mit Blick auf direkte Kontakte haben wir nach unterschiedlichen Gruppen von Menschen gefragt, die bei der Entscheidung, sich an Protesten gegen „Stuttgart 21" zu beteiligen, die größte Rolle gespielt haben. Knapp 54 Prozent wählten die Kategorie „Nein", die so zu verstehen ist, dass hier keine bestimmte Gruppe eine besondere Rolle gespielt hat. In diesen Fällen ist es wahrscheinlich, dass eine medial vermittelte Kommunikation, etwa Rundbriefe, Zeitungen, Radio, Fernsehen und/oder das Internet, den Ausschlag für das Engagement gegeben haben. Bei den übrigen Befragten waren Freunde mit gut 24 Prozent die wichtigste Kategorie.

Wie erwartet zeigen sich Unterschiede zwischen den passiven und aktiven Mitgliedern politischer Gruppen (vgl. Tabelle 7). Für Letztere, die enger in innerorganisatorische Kommunikationsvorgänge eingebunden sind, haben naturgemäß

Tabelle 7:   Menschen, die zum Engagement bewegt haben (in %)

	Aktive Mitglieder	Alle anderen	Total
Niemand	48,7	53,9	52,7
Familie	12,6	17,6	16,4
Freunde	24,1	24,4	24,4
Nachbarn	5,5	9,6	8,6
Kollegen	10,1	8,4	8,7
Mitglieder einer Organisation	11,6	2,6	4,7
Sonstiges	12,8	4,4	6,5

---

26   In Sonderbeilagen wurde mit Blick auf die Bahnhofsprojekte von „Kathedralen des Fortschritts" gesprochen (Stuttgarter Nachrichten, 3.11.1997).

„Mitglieder einer Organisation" (11,6%) eine größere Bedeutung als für die passiven Mitglieder (2,6%). Die aktive Mitwirkung in bereits bestehenden organisatorischen Zusammenhängen, die keineswegs mit dem speziellen Protestthema „Stuttgart 21" in Verbindung stehen müssen, spielt also eine signifikante Rolle bei der Motivierung von politischem Engagement; sie bleibt allerdings hinter der deutlich überragenden Rolle von Freunden zurück.

Fragt man nicht nach Gruppen von Menschen, sondern nach Informationswegen, die bei der Entscheidung zur Protestbeteiligung gegen „Stuttgart 21" die größte Rolle gespielt haben (vgl. Tabelle 8), so sind „persönliche Gespräche" die am häufigsten genannte Einzelkategorie (58,2% aller Befragten; bis zu drei Nennungen waren möglich). Zusammengenommen spielen allerdings traditionelle Medien kommerzieller und nicht-kommerzieller Art eine größere Rolle mit 87,6 Prozent. Weitaus geringer ist die Bedeutung des Internet mit 34,7 Prozent und zusätzlich der sozialen Netzwerke im Internet mit 7,6 Prozent. Diese Größenordnungen decken sich mit denen, die bei einer etwas anderen Fragestellung für die Demonstrierenden gegen den anstehenden Irakkrieg im Februar 2003 ermittelt wurden.[27] Sie stehen im Widerspruch zu verbreiteten, allerdings im Zusammenhang mit „Stuttgart 21" selten vorgetragenen Behauptung, das Internet sei heute das zentrale Instrument der Protestmobilisierung.

Tabelle 8: Informationswege, die zum Engagement geführt haben (in %)

	Aktive Mitglieder	Alle anderen	Total
Kommerzielle Medien	41,2	46,6	**45,3**
Nicht-Kommerz. Medien	35,7	31,3	**32,3**
Internet	44,2	31,9	**34,7**
Soziale Netzwerke im Internet	10,0	6,8	**7,6**
Persönliche Gespräche	61,8	57,1	**58,2**
Sonstiges	7,5	8,9	**8,6**

27   Die Frage an die Demonstrierenden gegen den Irak-Krieg lautete: „Wie haben Sie von der heutigen Demonstration erfahren?". Mehrfachnennungen waren möglich. An der Spitze standen Zeitungen (55,4%), gefolgt von Radio & TV (51,5%) und Freunde/Familie (51,2%). Websites (12,1%) und Email-Listen (7,0%) rangierten am Ende der Skala. Dazwischen lagen Anzeigen/Flugblätter, Plakate, Schule/Arbeit und Hinweise über Organisationen. Für die aktiven Mitglieder in Gruppen und Organisationen spielten erwartungsgemäß die Hinweise durch Organisationen, Plakate sowie Webseiten und Email-Listen eine größere Rolle als bei den passiven Mitgliedern. Keine Unterschiede zwischen beiden Gruppen zeigten sich dagegen für Zeitungen und Freunde/Familie.

6. Zusammenfassung und Interpretation der Befunde

Unsere Ergebnisse bestätigen kaum eines der in den Medien oft detailliert ausgeschmückten Bilder des typischen Demonstranten gegen „Stuttgart 21". Diese gehören nicht überwiegend der älteren Generation an und kommen nur zu einem sehr geringen Anteil aus dem *konservativen* Bürgertum. Wie bei den meisten Demonstrationen der letzten Jahrzehnte in Deutschland rekrutieren sich die Protestierenden eher aus dem linksorientierten Spektrum und verfügen über hohe Bildungsabschlüsse. Diese Beobachtung steht im engen Zusammenhang mit den Organisations- und Mobilisationsstrukturen, die überwiegend den neuen sozialen Bewegungen zuzurechnen sind. Viele der Protestierenden sind aktive Mitglieder in einer Initiative oder Organisation dieses Bereichs. Ein großer Teil der Befragten hatte bereits früher zu den Themen Frieden und Umwelt demonstriert.[28]

Im Verlauf der Protestkampagne haben sich verschiedene Gruppen und Parteien aus dem linken und parteipolitisch ungebundenen Spektrum zusammengeschlossen. Zudem wurden eigenständige Gruppen speziell gegen „Stuttgart 21" gegründet. Die diversen Unterstützerkreise lassen sich eher dem linksintellektuellen Milieu zuordnen. Demonstrierende aus dem konservativen Spektrum sind eindeutig eine Minderheit. Konservative politische Organisationen blieben dem Aktionsbündnis fern und haben zu keinem Zeitpunkt die Proteste gegen „Stuttgart 21" unterstützt.

Anders als von den Medien teilweise behauptet, haben die Befragten nicht primär aus einer fortschrittfeindlichen Gesinnung oder wegen der Belästigungen durch eine Langzeitbaustelle demonstriert. Vielmehr überwiegen breiter und tiefer angelegte Motive, insbesondere die Unzufriedenheit mit der Art und Weise, wie auf lokaler und regionaler Ebene Politik praktiziert wurde und wie von staatlicher Seite mit der Bürgerschaft umgegangen wurde.

Bei der Mobilisierung der Demonstrierenden spielen persönliche Kontakte die größte Rolle. Unsere Ergebnisse bestätigen nicht die hohe Bedeutung, die gemeinhin dem Internet für Mobilisierungsprozesse der Gegenwart zugesprochen wird. Fernsehen, kommerzielle Zeitungen und Radio spielten als Informationskanäle immer noch eine weitaus wichtigere Rolle als das Internet oder die interne Kommunikation der am Protest beteiligten Organisationen. Allerdings werden die Massenmedien für ihre Positionierung zu „Stuttgart 21" von den Stuttgarter

---

28   Mehr als die Hälfte der Befragten hatte in den letzten fünf Jahren außerhalb des Protestes
      gegen „Stuttgart 21" an mindestens einer Demonstration teilgenommen.

Protestierenden stark kritisiert. Somit kommt es zu einer Ergänzung durch bewegungsnahe oder bewegungseigene Medien.[29]

Die massenmediale Fokussierung auf die großen Kundgebungen im Stuttgarter Schlossgarten und um das Bahnhofsgelände verdeckt den Sachverhalt, dass dies nur eine Form der politischen Beteiligung ist. Die meisten Demonstrierenden gegen „Stuttgart 21" haben bereits Petitionen unterschrieben, politische Entscheidungsträger kontaktiert oder politischen Organisationen Geld gespendet. Viele dieser Aktionsformen wurden bereits praktiziert, bevor die Demonstrationen einen Massencharakter angenommen haben und damit für die breite Öffentlichkeit sichtbar wurden. Die Behauptung, die Gegner von „Stuttgart 21" hätten während der langen Planungsphase geschlafen und sich erst sehr spät engagiert, ist nicht haltbar.

Bemerkenswert ist die über den herkömmlichen Straßenprotest hinaus gehende hohe Bereitschaft unter den Protestierenden, auch zivilen Ungehorsam zu leisten. Daneben wurden aber auch ungewöhnliche Aktionsformen wie der Schwabenstreich praktiziert, die viele Menschen erreichten und von den Medien stark beachtet wurden. Hierbei geht es im Gegensatz zum zivilen Widerstand um sehr inklusive Formen des Protestes, die viele Protestunerfahrene ansprechen, zumal sie wenig Zeit beanspruchen, kein Risiko mit sich bringen und nur sehr geringen Koordinationsaufwand erfordern. In diesem Zusammenhang ist auch die Umfunktionierung des nördlich vom Bahnhof gelegenen Bauzauns in eine Art Freiluftausstellung der Protestbewegung mittels Plakaten, Zeichnungen und Sprüchen zu nennen. Ähnliches war schon bei zeitlich weit zurückliegenden Protestanlässen im In- und Ausland zu beobachten.[30]

Wenig spricht dafür, dass der Widerstand gegen „Stuttgart 21", wie vielfach vermutet oder gelegentlich forsch behauptet, Ausdruck einer „neuen Protestkultur" sei. Die Zähigkeit und das Ausmaß dieses Widerstands mögen insbesondere vor dem Hintergrund eines überwiegend politisch konservativen Umfelds in Stuttgart und seinem Umland überraschend sein. Aber hinsichtlich seiner sonstigen Merkmale überwiegen eher die Parallelen als die Unterschiede gegenüber der Protestszene der letzten Jahre und Jahrzehnte.[31] Der Protest gegen „Stuttgart

---

29 Aus der Protestbewegung gegen „Stuttgart 21" ging u. a. die digital und teilweise auch in gedruckter Form verfügbare Wochenzeitung *Kontext*, das Monatsblatt *einundzwanzig* und der Kanal *fluegel.tv* hervor.

30 Zum Beispiel bei den Frauenprotesten in den frühen 1980er Jahren gegen ein atomares Waffendepot im britischen Greenham Common.

31 Dies gilt insbesondere dann, wenn man den Stuttgarter Protest nicht mit dem von Hausbesetzern, Punks, Links- oder Rechtsradikalen, Bauern und Arbeitern vergleicht, sondern mit dem Widerstand gegen vergleichbare Großprojekte, etwas dem Bau bzw. der Erweiterung von Flughäfen (Rucht 1984) oder den Plänen zur Errichtung von Transrapid-Strecken in Deutschland.

21" ist somit Ausdruck einer über einen langen Zeitraum gewachsenen Protestkultur, die als solche vor allem eine „Entdeckung" für die Massenmedien, aber kaum für die Protest- und Bewegungsforschung bedeutet hat.

Literatur

Alscher, Mareike; Dathe, Diethmar; Priller, Eckhard; Speth, Rudolf (2009): Bericht zur Lage und zu den Perspektiven des bürgerschaftlichen Engagements in Deutschland, http://www.wzb. eu/zkd/zcm/zeng/pdf/bericht_buergerschaftliches-engagement_2009.pdf

Baumgarten, Britta (2010): Interessenvertretung aus dem Abseits. Erwerbsloseninitiativen im Diskurs über Arbeitslosigkeit. Frankfurt a.M.: Campus.

Brand, Karl-Werner (1982): Neue soziale Bewegungen. Entstehung, Funktion und Perspektive neuer Protestpotentiale. Eine Zwischenbilanz. Opladen: Westdeutscher Verlag.

Dalton, Russell J. (2008): Citizen Politics: Public Opinion and Political Parties in Advanced Industrial Democracies, 5th ed. Washington: Congressional Quarterly Press.

Göttinger Institut für Demokratieforschung (2011): Neue Dimensionen des Protests? Ergebnisse einer explorativen Studie zu den Protesten gegen Stuttgart 21. http://www.demokratie-goettingen. de/content/uploads/2010/11/Neue-Dimensionen-des-Protests.pdf; zugegriffen am 15.2.2011.

Hadjar, Andreas; Becker, Rolf (2006): Bildungsexpansion und Wandel des politischen Interesses in Westdeutschland zwischen 1980 und 2002. In: Politische Vierteljahresschrift 47, S. 12-34.

Heyne, Lea (2010): Bürgerliche Barrikaden? http://www.demokratie-goettingen.de/blog/burgerliche-barrikaden.

Jenkins, J. Craig; Klandermans, Bert (Hrsg.) (1995): The politics of social protest. Comparative perspectives on states and social movements. London: UCL Press.

Katz, Elihu; Lazarsfeld, Paul (1955): Personal Influence: The Part Played by People in the Flow of Mass Communications. New York: Free Press.

Klandermans, Bert; Oegema, Dirk (1987): 'Potentials, Networks, Motivations, and Barriers: Steps Towards Participation in Social Movements'. In: American Sociological Review 52, S. 519-531.

Knoll, Alex; Herkenrath, Mark (2008): Forschungsnotiz; Protestereignisse in der internationalen Presseberichterstattung. http://www.suz.uzh.ch/herkenrath/publikationen/ KnollHerkenrath2008.pdf.

Krimmel, Iris (2000): Politische Beteiligung in Deutschland – Strukturen und Erklärungsfaktoren. In: Falter, Jürgen W.; Gabriel, Oscar W.; Rattinger, Hans (Hrsg.): Wirklich ein Volk? Die politischen Orientierungen von Ost- und Westdeutschen im Vergleich. Opladen: Leske + Budrich, S. 611–639.

Lösch, Volker; Stocker, Gangolf; Leidig, Sabine; Wolf, Winfried (Hrsg.) (2011): Stuttgart 21 – Oder: Wem gehört die Stadt? Köln: PapyRossa.

Matzig, Gerhard (2011): Einfach nur dagegen. Wie wir unseren Kindern die Zukunft verbauen. München: Goldmann.

McCarthy, John D.; Zald, Mayer N. (1977): Resource Mobilization and Social Movements. In: The American Journal of Sociology 82, S. 1212–1241.

Norris, Pippa (2002): Democratic Phoenix: Reinventing Political Activism. Cambridge: Cambridge University Press.

Oberschall, Anthony (1973): Social conflict and social movements. Englewood Cliffs, NJ: Prentice Hall.

Ohlemacher, Thomas (1993): Brücken der Mobilisierung. Soziale Relais und persönliche Netzwerke in Bürgerinitiativen gegen militärischen Tiefflug. Wiesbaden: Deutscher Universitätsverlag.

Ohmke-Reinicke, Annette (2012): Das große Unbehagen. Die Protestbewegung gegen „Stuttgart 21". Aufbruch zu neuem bürgerlichen Selbstbewusstsein? Stuttgart: Schmetterling.

Ramid, Nina; Stuppert, Wolfgang; Teune, Simon (2012). Protest und Demokratie. Kritik am repräsentativen Regieren und die Entdeckung der Straße durch die Gegnerinnen von Stuttgart 21. Berlin. Unveröffentlichtes Manuskript.

Rink, Dieter; Philipps, Axel (2007): Mobilisierungsframen auf den Anti-Hartz IV-Demonstrationen 2004. In: Forschungsjournal Neue Soziale Bewegungen 20, S. 52-60.

Rucht, Dieter (Hrsg.) (1984): Flughafenprojekte als Politikum. Die Konflikte in Stuttgart, München und Frankfurt. Frankfurt a.m.: Campus.

Rucht, Dieter (2007): Zum Profil der Protestierenden in Deutschland. In: Forschungsjournal Neue Soziale Bewegungen. Forschungsjournal Neue Soziale Bewegungen 20, S. 13-21.

Rucht, Dieter (2012): Akzeptanzbeschaffung als Legitimationsersatz: Der Fall Stuttgart 21. In: Daase, Christopher; Geis, Anna; Nullmeier, Frank (Hrsg.): Der Aufstieg der Legitimtätspolitik. Leviathan Sonderband. Baden-Baden: Nomos (im Erscheinen).

Rucht, Dieter; Yang, Mundo (2004): Wer demonstrierte gegen Hartz IV? In: Forschungsjournal Neue Soziale Bewegungen 17, S. 21-24.

Schlager, Alexander (2010): Die Proteste gegen „Stuttgart 21". Analyse und Schlussfolgerungen für linke Politik. In: Hildebrandt, Cornelia; Tügel, Nelli (Hrsg.): Der Herbst der „Wutbürger". Soziale Kämpfe in Zeiten der Krise. Berlin: Rosa-Luxemburg-Stiftung, S. 13-27.

Tartakowsky, Danielle (2004): La manif en èclats. Paris: La Dispute.

Verhulst, Joris; Walgrave, Stefaan (2010): Politics, Public Opinion, and the Media. The Issues and Context behind the Demostrations. In: Walgrave, Stefaan; Rucht, Dieter (Hrsg.): The World Says No to War. Demonstrations against the War on Iraq, Minneapolis/London: University of Minnesota Press S. 42–60.

Walgrave, Stefaan; Rucht, Dieter (2010): Introduction. In: Walgrave, Stefaan; Rucht, Dieter (Hrsg.): The World Says No to War. Demonstrations against the War on Iraq, Minneapolis/London: University of Minnesota Press, S. xiii-xxvi.

Walgrave, Stefaan; Rucht, Dieter; van Aelst, Peter (2010): New Activists or Old Leftists? The Demographics of Protesters. In: Walgrave, Stefaan; Rucht, Dieter (Hrsg.): The World Says No to War. Demonstrations against the War on Iraq. Minneapolis/London: University of Minnesota Press, S. 78-97.

Wallace, Michael; Jenkins, Craig (1995): The New Class, Postindustrialism, and Neocorporatism. Three Images of Social Protest in the Western Democracies. In: Jenkins, Craig J.; Klandermans, Bert (Hrsg.): The Politics of Social Protest: Comparative Perspectives on States and Social Movements. Minneapolis: University of Minnesota Press, S. 96-137.

Der trügerische Glanz des Neuen: Formierte sich im Protest gegen „Stuttgart 21" eine soziale Bewegung?

David Bebnowski

1. Einleitung

Versetzen wir uns in die Rolle zukünftiger HistorikerInnen: Die Recherche der Presseerzeugnisse des Jahres 2010 fördert einige Besonderheiten zutage. Zum Beispiel ist es das Dagegen-Sein, das die dominante politische Gefühlsströmung des Jahres verkörpert. Bei weiteren Untersuchungen stoßen die BetrachterInnen auf eine neue Parteigattung, augenscheinlich wandelten sich die Grünen von der Umwelt- zur „Dagegen-Partei" (Gathmann 2010). Der Spiegel (35/2010) vermutete Größeres, sah das Land gar insgesamt auf dem Weg zur „Dagegen-Republik". Verwundert werden sich die HistorikerInnen fragen, wer für diese schrillen Töne verantwortlich gewesen sein mag und werden postwendend in der Liste der Wörter des Jahres im „Wutbürger" (Kurbjuweit 2010) fündig werden. Ein Blick auf den zweiten Platz dieser Abstimmung wird das Rätsel lösen können, warum eine Ballung dieser Begriffe in den Herbst- und Wintermonaten des Jahres 2010 erkennbar wird. Denn unter der Schicht all dieser schrillen Neologismen steht dort das längst vergessene Schlagwort „Stuttgart 21" (GfdS 2010).

Die Ironie dieses einleitenden Zukunftsszenarios transportiert auch das Erstaunen einer gegenwärtigen Fragestellung: Wer hätte erwartet, dass der Umbau eines Großstadtbahnhofs Anlass für grundsätzliche Fragen nach der Funktionsfähigkeit der repräsentativen Demokratie und einem gewandelten Charakter sozialer Bewegungen gibt?

Hierbei ist allerdings Vorsicht geboten. Denn durch eine Fokussierung auf einzelne Protestereignisse können deren Auffälligkeiten leicht über Gebühr betont werden. Schnell wird so der Einzelfall aus seinem historischen und sozialen Kontext gelöst, weswegen man auf diese Weise immer viel Überraschendes entdecken und betonen können wird. Indes wird nur wenig darüber bekannt, wie neu oder andersartig diese Ereignisse wirklich sind. Noch weniger Klarheit herrscht bei einem solchen Manöver darüber, auf welchen gesamtgesellschaftlichen Entwicklungen diese Phänomene satteln. Kurzum: Rund zwei Jahre nach dem Höhepunkt der Proteste erhofft sich der Autor mit diesem Beitrag ein wenig Licht ins Dunkel der Frage zu bringen, was neu und was besonders war am Protestereignis um „Stuttgart 21".

Handelt es sich bei den Protesten gegen „Stuttgart 21" um die Proteste einer (klassischen) Bewegung im eigentlichen, sozialwissenschaftlichen Wortsinn – oder tatsächlich um etwas Neues, weil Anderes? Um gleich zu Beginn auf ein Ende zuzusteuern: Die Proteste gegen „Stuttgart 21" können als Symptome der Probleme gegenwärtiger repräsentativer Demokratien betrachtet werden. Dennoch: Mit gänzlich neuen Entwicklungen haben sie, obschon der Anlass der Proteste Grund zu dieser Annahme gibt, wenig zu tun.

Um diese stichwortartigen Thesen auch inhaltlich zu befüllen, wird der Protest anhand zweier empirischer Studien nachgezeichnet. Die Studien wurden vom Institut für Demokratieforschung durchgeführt. Auf Grundlage der ersten, im Herbst 2010 durchgeführten Studie, soll ein Bild von den Protestierenden entstehen, insbesondere von ihrer soziostrukturellen Zusammensetzung und ihren Einstellungen zur Demokratie. Die Zweite, nach der Schlichtung im Jahr 2011 erhobene Studie, gibt Auskunft über die Zufriedenheit der Protestierenden mit dem Ergebnis der Schlichtung. Während der Vermessung und Beschreibung des Protestspektrums wird anhand der Studienergebnisse ergründet, ob und in wiefern die Protestereignisse Rückschlüsse auf eine Bewegung zulassen. Im Fazit erfolgt nur eine kurze Zusammenfassung der Ergebnisse. Im Mittelpunkt soll hier stehen, inwiefern die Ergebnisse im Zusammenhang mit der zeitkritischen Diagnose der Postdemokratie (Crouch 2008) interpretiert werden können.

2. Das Spektrum des Protests

Wer protestierte in Stuttgart? Um diese Frage beantworten zu können, führte eine Arbeitsgruppe am Göttinger Institut für Demokratieforschung[1] eine Online-Befragung im Rahmen einer Demonstrationsbeobachtung durch. Hierfür wurde am 23.10.2010, einem Samstag, eine Großdemonstration besucht, auf der Handzettel mit einem Link zur Umfrage verteilt wurden. Die Ergebnisse müssen entsprechend als punktuelle und nicht repräsentative Erhebungen eingeordnet werden. In wesentlichen Punkten decken sie sich jedoch mit den Ergebnissen einer kurz zuvor erfolgten Erhebung des WZB (siehe hierzu den Beitrag von Britta Baumgarten und Dieter Rucht in diesem Band).

---

1   Mitglieder dieser Gruppe waren der Autor, Christoph Hermann, Lea Heyne, Christoph Hoeft, Julia Kopp und Jonas Rugenstein.

Die Ergebnisse der Umfrage des Instituts für Demokratieforschung (die folgenden Zahlen stammen, sofern nicht anders gekennzeichnet, aus GIfD 2010) laufen auf drei prägnante Schlussfolgerungen hinaus. *Erstens* lässt sich festhalten, dass die Protestierenden relativ alt waren: 46,2 Prozent der Befragten gaben an, 46 Jahre und älter zu sein. Leider war eine aussagekräftige generationelle Verortung der Protestierenden aufgrund der überwiegend quantitativen Datenbasis nicht möglich. Gepaart mit den Befunden, dass der weit überwiegende Teil der Protestteilnehmer sich aber als links der Mitte einordnete sowie der Tatsache, dass die Gruppe der Protesterfahrenen zu 56 Prozent von Menschen getragen wurde, die älter als 45 waren und sich gleichzeitig noch deutlicher als links einstuften, kann man die folgende Einschätzung Klaus Leggewies mit aller gebotenen Vorsicht teilen: „Die 68er und 78er haben sich in Protestlaune zur Ruhe gesetzt" (Leggewie 2011: 30). Um weiter voraus zu springen: Neuland war der Protest für große Teile der Protestierenden nicht. 84,7 Prozent der Befragten gaben an, sich bereits vor „Stuttgart 21" an Protesten beteiligt zu haben.

Verweilt man einen Moment bei dieser auf Grundlage der Geburtskohorte gebildeten, reichlich groben generationellen Betrachtungsweise, enthüllt dies weitere überraschende Punkte. Zunächst war der Anteil junger Demonstrierender bis einschließlich 25 Jahren mit 8,7 Prozent verhältnismäßig gering. Allerdings – und dies ist ebenso überraschend – gehörte die größte Teilnehmergruppe formal zu einer geradezu berüchtigten unpolitischen Generation. Denn die mit 27,2 Prozent zahlenmäßig am stärksten vertretene Gruppe unter den Protestierenden bildeten die 36-45-Jährigen. Sie stellten mit 30,1 Prozent zudem auch die größte Gruppe unter den Protestneulingen, denjenigen, die sich nie zuvor an Protesten beteiligt hatten. Diese Alterskohorte gehört zur wissenschaftlich wenig beachteten *Generation Golf*, deren Credo zu Beginn ihrer beruflichen Karriere zu Zeiten des IT-Booms Anfang der 2000er Jahre vor allem im individuellen Aufstieg und weit weniger in der kollektiven politischen Aktion lag (Bebnowski 2012: 159ff.). Als „Börsenboomer" hegte besonders der männlich dominierte Teil dieser Gruppe starke politische Präferenzen für die FDP (Bebnowski und Lühmann 2011).

Weitere Aufschlüsse über die Zusammensetzung des Protests ergibt die generationelle Zuordnung der Protestierenden im Zusammenhang mit den erreichten Bildungsabschlüssen. Die Proteste gegen „Stuttgart 21" wurden vor allem von Menschen im erwerbsfähigen Alter oder aber bereits Pensionierten getragen. StudentInnen und SchülerInnen waren demgegenüber mit 5,7 bzw. 2,1 Prozent verhältnismäßig wenig vertreten. An dieser Stelle setzt *zweitens* ein ungleich brisanterer Punkt in der Bobachtung an. Der Protest um „Stuttgart 21" muss als Protest der Hochgebildeten gewertet werden: 79,3 Prozent der Befragten verfügten mindestens über das Abitur, 42,1 Prozent hatten ein Universitätsstudium absolviert und sehr hohe 6,4 Prozent waren promoviert oder gar habilitiert. Der Eindruck eines schichtübergreifenden Bündnisses, das sich den geplanten Baumaßnahmen entgegenstellte, bricht sich also an der Qualifikation der Teilnehmenden. Zwar umfasste das Bündnis in seiner Mehrzahl erwerbsfähige Menschen zwischen 26 und 65 Jahren – allerdings waren diese eben überdurchschnittlich gut qualifiziert. Hiermit zeigte sich auch in Stuttgart ein besonderer Trend der Engagementstruktur Deutschlands: Politisches Engagement ist ein Projekt der oberen gesellschaftlichen Klassen. Komplementär zu diesem Bild ergibt sich der Befund für das gesellschaftliche „Unten". Engagement vor Ort, kommunale Politik oder Initiativen sind selten durchwirkt von den im familiären und persönlichen Nachbereich mannigfaltig engagierten prekarisierten Teilen der Bevölkerung (Klatt und Walter 2011).

Der Befund, dass das gesellschaftliche „Unten" bei den Protesten gegen das Bahnprojekt kaum anzutreffen war, wirft insbesondere im Zusammenhang mit dem *dritten* und letzten hervorzuhebenden Punkt, den Einstellungen zu Politik und Parteien, Rückschlüsse auf die demokratietheoretischen Implikationen der Proteste gegen „Stuttgart 21" auf. Die wahrgenommenen Funktionsweisen der parlamentarischen Demokratie entsprachen nicht dem imaginierten Ideal der Befragten. Einerseits konnten sehr hohe Zustimmungswerte zu demokratischen Grundwerten ermittelt werden: 86,2 Prozent der Befragten bekannten sich rückhaltlos zu diesen Idealen. Andererseits jedoch ordneten sich insgesamt 62,1 Prozent der Befragten als eher unzufrieden mit dem existierenden demokratischen System in der Bundesrepublik ein. Insgesamt 42,2 Prozent müssen gar als überhaupt nicht bis wenig zufrieden gelten.[2] Ebenso deutlich wurden die Zweifel an den Parteien ausgedrückt. Nahezu analog zu den vorherigen Zahlen ist der Befund, dass 63,7 Prozent wenig Vertrauen in die Problemlösungskompetenzen der Parteien besaßen. Auf 45,4 Prozent der Befragten vereinte sich hier die grundsätzliche Ablehnung.[3] Die Korrespondenz dieser Werte gibt Raum für die Vermutung, dass die als defizitär wahrgenommene Funktionsweise des Politischen eng mit dem Verhalten der Parteien verknüpft wurde. Dies liefert erste Rückschlüsse darauf, warum in erster Linie außerparlamentarisch gegen das Projekt vorgegangen wur-

---

2   Erfragt wurde die Zustimmung zur Aussage „Ich bin zufrieden mit der Demokratie, wie sie in Deutschland existiert." Die Werte wurden durch Selbstzuordnung auf einer Skala mit den Werten 0 (stimme gar nicht zu) bis 10 (stimme voll zu) ermittelt. Die 62,1 Prozent ergeben sich durch Addition der Werte 0 bis 4, die 42,2 Prozent entsprechen der Summe derjenigen Befragten, die sich den Werten 0 bis 2 zuordneten.
3   Erfragt wurde die Zustimmung zur Aussage „Parteien sind noch immer in der Lage, politische Probleme zu lösen." Erhebung in umgekehrter Zahlenfolge, sonst analog zu Fußnote 1.

de. Ebenso spricht hierfür, dass sich 71,9 Prozent der Befragten vorbehaltlos für mehr direkte Demokratie einsetzten.

Dem Bahnhofsprojekt „Stuttgart 21" stellte sich ein Spektrum von hochgebildeten, älteren Protestteilnehmern entgegen, die sich politisch eher links verorteten und grundsätzliche Schwächen in der demokratischen Funktionsweise der Bundesrepublik identifizierten – ohne jedoch demokratische Prinzipien an sich zu kritisieren. Anders herum könnte argumentiert werden, dass die Gegner des Projekts gerade deswegen demonstrierten, weil sie demokratische Abläufe schätzten. Zusammengenommen ergeben diese Befunde einen geradezu idealtypischen Nährboden für eine Protestbewegung, weil aus ihnen ein Misstrauen gegenüber den repräsentativen Vertretern und Entscheidungsverfahren hervor geht.

3. Neuer Protest oder alte Bewegung?

„Zur Revolte kommt es vor allem da, wo der Protest schon Tradition hat. Auch in der Kultur der Aufständigkeit herrscht offenkundig in den Nationen eine Pfadabhängigkeit" (Walter 2008: 136). Deutschland ist, was die Protestneigung seiner Bürger angeht, im internationalen Vergleich sicher kein Heißsporn. Gestreikt wird vor allem als Warnung und niemals neben brennenden Reifenstapeln oder Barrikaden wie in einigen Ländern Südeuropas. Auch wütet in Deutschland kein „Mob" (Hobsbawm 1979) sozial Deklassierter, wie etwa in Frankreich oder Großbritannien (Marg und Walter 2012). Dennoch, eine Protesttradition lässt sich in Deutschland schon erkennen. Schließlich artikuliert sich der demokratische Protest, einmal entstanden, vor allem außerparlamentarisch, in Form von Bewegungen.

Aus einer systemischen Perspektive heraus können soziale Bewegungen einerseits als Warnsystem verstanden werden, da sie die etablierte Politik auf ihre Versäumnisse und Leerstellen hinweisen. Andererseits kann ihre Existenz aber auch bedeuten, dass politische Parteien die Gesellschaft nicht mehr hinreichend durchdringen, in vielen Milieus kaum mehr verankert sind und Mentalitäten wie Einstellungsweisen nicht mehr in sich aufnehmen können. Gerade dann, wenn sich verschiedene deutungsbedürftige gesellschaftliche Entwicklungen überlagern, ohne dass sinnstiftende Angebote aus dem Politikbetrieb hervorgehen und so gesellschaftliche Integrationskräfte schwinden, ist dies zu erwarten (Rugenstein 2010). Und dabei ist es keinesfalls ungewöhnlich, dass sich diese Entwicklungen im immer schon individualistischeren, bürgerlichen Lager vollziehen, das der offensichtliche Träger des Protests in Stuttgart war. Hier weiß man selbstbewusst um die eigenen Fähigkeiten, lässt sich deshalb wenig gefallen und ist ob dieser Tatsachen gewiss auch viel weniger dazu bereit, häufig als alternativlos verkaufte politische Entscheidungen frag- und klaglos zu akzeptieren. Nur: Handelte es sich in Stuttgart um eine Bewegung? Diese Frage ist keine bloße Spitzfindigkeit. Denn erst wenn nicht gestellt werden könnte, dass es bei den Protesten gegen 2Stuttgart 21" um eine soziale Bewegung handelte, würde der Protest von der bewegungsförmigen Protesttradition der Bundesrepublik abweichen. Erst dann könnte legitimierweise von etwas Neuem gesprochen werden. Bewegungen werden gewöhnlich mit einer an Raschke (1987: 21) angelehnten Definition charakterisiert. „Bewegungen [sind] dauerhaft mobilisierte Netzwerke nicht-staatlicher Gruppen, die eine kollektive Identität und das Streben nach einem grundsätzlichen sozialen Wandel verbindet und die darüber hinaus ihre Botschaft durch die Inszenierung von Protest öffentlich machen [...]" (Teune 2008: 529). Dieser Definition stellt sich selbstverständlich die Annahme entgegen, dass der Protest etwas Neues und vorher weitgehend Unbekanntes verkörperte, also keine klassische Bewegung abbildete. Diese Einschätzungen dürften der einleitend aufgegriffenen Berichterstattung über die Proteste gegen das Bahnhofsprojekt, besonders der geradezu lautmalerischen Wortschöpfung des „Wutbürgers" zu verdanken sein.

Stützt man sich auf den namensgebenden Artikel des Journalisten Dirk Kurbjuweit, zeichnet sich der Wutbürger durch sein hohes Alter und, reichlich tautologisch, seine überdeutliche Bürgerlichkeit aus. Diese Merkmale stehen natürlich in grellem Gegensatz zum Alltagsverständnis älterer Bürger, weswegen ein diffuses „Früher" als Hort der Betulichkeit mit dem jetzigen Protest verglichen werden kann. Nach Kurbjuweit (2010) möchte der „Wutbürger" bewahren, was er besitzt und was er kennt, „[e]r ist konservativ, wohlhabend und nicht mehr jung. Früher war er staatstragend, jetzt ist er zutiefst empört über die Politiker." Der bei der Räumung des Schlossgartens am 30. September 2010 schwer an den Augen verletzte Dietrich Wagner, wurde von der Bild-Zeitung (2010) mit der zynischen Bezeichnung „Protest-Opa" belegt. Zwar stimmte die Boulevardzeitung erwartungsgemäß schrillere Töne an – grundsätzlich unterscheiden sich die Assoziationen zum Protest-Opa jedoch kaum von denen, die der Begriff des Wutbürgers auszulösen vermag. Immer sind es hier nicht über den Alltagsverstand hinaus weisende fixe Vorstellungen einer Sozialformation, die beinahe beliebig mit bestimmten Merkmalen in Kontrast gesetzt werden können.

Tatsächlich konnte auch die Göttinger Studie aus dem Jahr 2010 zeigen, dass die ProtestteilnehmerInnen überwiegend nicht mehr jung waren. Auch wenn keine genaueren Aussagen zum Einkommen der Demonstrierenden getroffen werden konnten, deuteten ihre hohen Bildungsabschlüsse in einem Bourdieuschen Klassenschema aufgrund ihrer hohen Ausstattung an kulturellem Kapital doch zumindest auf obere gesellschaftliche Statuspositionen hin (Bourdieu 1987: 171ff.). Als konservativ hingegen stufte sich nur ein geringer Teil der Protestierenden ein. Vor dem Hintergrund, dass viele Protestierende durch ihre Aktionen den groß angelegten Umbau des Stuttgarter Bahnhofs und die Eingriffe in den Schlossgarten verhindern wollten, spricht zwar für das (konservative) Ziel des Bewahrens. Aber war dies tatsächlich das Ziel der Protestierenden – und lag hierin wirklich ein handlungsleitendes Motiv?

Es sieht vielmehr danach aus, als ob den Regeln journalistischer Aufmerksamkeit folgend, in der Figur des Wutbürgers zur Beschreibung der Proteste kurze Beobachtungen mit einer starken These zu einer Fokussierungsmetapher verknüpft wurden. In einer Fokussierungsmetapher verschränken sich verschiedene Deutungen und „findet die Diskursorganisation ihren besonders prägnanten Ausdruck" (Bohnsack und Schäffer 2007: 309). Hierdurch werden die Antriebskräfte der Protestierenden verdichtet, letztlich aber auf die Wut reduziert – *und erscheinen als etwas Neues*. Allerdings ist das Ergebnis dieser Zuschreibung gleichermaßen banal wie inhaltsleer. Erstens begleitet die Wut, es wird hierfür keiner weiteren Ausführungen bedürfen, jeden Protest. Zweitens werden durch ihre Betonung die eigentlichen Triebkräfte, deren emotionale Resultante die Wut ist, nicht deutlich.

Tatsächlich waren die Protestierenden aber aus ganz verschiedenen Gründen zur Teilnahme an den Protesten motiviert, ihr Antrieb vielschichtiger. Beispielsweise bestanden unter anderem mannigfaltige naturschutzrechtliche Bedenken, wie die im Verlauf der Auseinandersetzung zu Karikaturen eines „grüntümelnden" Bürgertums verkommenen Juchtenkäfer oder bewahrenswerte Bäume im Schlossgarten. Neben diesen Bedenken wurde häufig darauf aufmerksam gemacht, dass „Stuttgart 21" ein Milliardengrab darstelle und der Immobilien-Spekulation weiteren Vorschub leisten würde. Angesichts der sich am angrenzenden Europa-Platz mitsamt der bereits neu entstandenen futuristischen Stadtbibliothek und den sich kurz davor auftürmenden Gebäuden der Baden-Württembergischen Landesbank erstreckenden Großbaustelle, ist dies kaum von der Hand zu weisen.

Kurz: Es bestanden mannigfaltige – und angesichts des Qualifikationsniveaus der Teilnehmer kann gerade dies kaum überraschen –, auffällig gut begründete Interessenlagen unter den Protestierenden. Dies ist zum ersten an dem Potpourri unterschiedlicher Arbeitskreise zu erkennen, das so verschiedene Akteure wie Unternehmer und Theologen umschloss. Zweitens brachten diese Kreise viele verschiedene bunte Aktionsformen hervor. Prominent und skurril zugleich ist hier natürlich das sprichwörtliche Krachschlagen im „Schwabenstreich" zu nennen. Angesichts dieser Charakteristika kann mit Rucht (2012: 12) festgehalten wer-

den, dass die Aktionen gegen „Stuttgart 21" Insignien einer „aus mehreren Aktionsformen zusammengesetzten Protestkampagne" beinhalteten, die den „Prototyp heutiger Proteste" bilden.
Nur: Auch diese Merkmale allein taugen noch nicht dazu, eine Neuheit zu konstatieren, die grundsätzlich von der bewegungsförmigen Protesttradition Deutschlands abweichen würde. Hinsichtlich der angestrengten Definition von Bewegungen besteht kein Zweifel darüber, dass sich die Botschaft der Protestierenden über die Inszenierung von Protest verbreitete. Die anderen Merkmale jedoch, die Verbindung über eine kollektive Identität und das Streben nach grundsätzlichem sozialen Wandel, sind ebenso fraglich, wie die dauerhafte Mobilisierung der Protestierenden.

3.1 Ein dauerhaft mobilisiertes Netzwerk?

Untersucht man die Struktur des Protests in Stuttgart gleichsam genealogisch, muss die vielfach geäußerte Einschätzung, er sei spontan mit Beginn der Bauarbeiten entstanden, verworfen werden. Verschiedentlich ist nachgezeichnet worden, dass der Protest keineswegs vom Himmel fiel. Im Gegenteil: Politische Aktionen gegen die Bahnbaupläne sind beinahe so alt, wie das erstmals 1994 vorgestellte Projekt selbst. In einigen Schilderungen besteht auch Einigkeit darüber, dass das Projekt als „Überraschungscoup" (Leggewie 2011: 24) eingesetzt wurde, der „ganz bewusst ‚überfallartig'" vorgestellt worden sei, um Protesten keinen Raum zu geben (Ohme-Reinicke 2012: 92). Diese Äußerung wird dem ehemaligen Bahn-Vorstand Heinz Dürr zugeordnet. Überhaupt kann nicht davon gesprochen werden, dass sich das Projekt jemals großer Beliebtheit in der Bevölkerung erfreute, denn bereits in einer ersten, 1995 abgehaltenen, BürgerInnenbefragung schätzten lediglich 51 Prozent der Befragten das Projekt als gut oder sehr gut ein (Schlager 2010: 14).

Nach Aussagen von Gangolf Stocker[4] , dem Gründer der Initiative „Leben in Stuttgart – kein Stuttgart 21", sei bereits 1995 damit begonnen worden, mehrseitige Flugblätter gegen den Umbau zu drucken. Ein Jahr später sei dann die Initiative gegründet worden, wobei von Anfang an ein Dreierbündnis mit eindeutiger Arbeitsteilung bestanden hätte. Der *Bund für Umwelt- und Naturschutz* (BUND) sei aufgrund seiner Expertise hauptsächlich für Verfahrensfragen zuständig gewesen. Weiterhin sei der *Verkehrsclub Deutschland* (VCD) von Anfang an damit beschäftigt gewesen, Alternativen zum Projekt zu entwickeln. Die Initiative

---

4   Im November 2010 wurde von Christoph Hermann, Christoph Hoeft und Julia Kopp ein Gespräch mit zwei Führungspersonen des Bündnisses Stuttgart Ökologisch Sozial (SÖS), Gangolf Stocker und Hannes Rockenbauch, durchgeführt.

rund um Stocker hätte dabei versucht, die Informationen verständlich an die Bevölkerung zu transportieren. Es scheint eine beachtliche Kärrnerarbeit geleistet worden zu sein, mehrmals pro Woche wurden Informationsstände auf Wochenmärkten aufgebaut, Flugblätter verteilt und auf die Probleme hingewiesen, die mit dem Bahnhofsprojekt verknüpft wurden. Mit beträchtlichem Erfolg. Die im Jahr 2007 gegründete Bürgerinitiative *Kopfbahnhof 21* (K21) bestand im Jahr 2010 aus zehn verschiedenen Initiativen, an die sich weitere Kleingruppen anschlossen. In der Tat sollten viele der mitunter bis zu 30.000 Demonstrierenden in den bis 2010 vergangenen 15 Jahren zumindest von den Einwänden gegen das Großprojekt gehört haben, wie Stocker betonte. Tatsächlich beteiligten sich auch 53,3 Prozent der Befragten seit Beginn der Bauarbeiten an den Protesten (GIfD 2010: 10).

Aber auch ohne die Historie und die Zusammensetzung des Protests allzu kleinteilig auszudeuten, fallen markante Etappen des Protests ins Auge. Beispielsweise wurde bereits 1997 ein Bürgerbeteiligungsverfahren eingesetzt. In ihm wurden jedoch keinerlei Alternativkonzepte zum Neubau diskutiert, sondern vielmehr vereinbart, dass die Bahn über Verkauf und Gestaltung des angrenzenden Geländes bestimmen durfte. Entsprechend sollte die legitimatorische Frage, ob die Menschen tatsächlich über den Bau des Bahnhofs abstimmen konnten, skeptisch betrachtet werden (Schlager 2010: 15).

Zwei Jahre später, 1999, wurde das Projekt sogar komplett auf Eis gelegt, da die Finanzierung nicht sichergestellt werden konnte. Erst durch Finanzierungszusagen des Landes wurde die Planung ab 2001 wieder aufgenommen. Wichtig zu erwähnen scheint an dieser Stelle, dass 2003 das Gegenkonzept Kopfbahnhof 21 von den Protestierenden ins Leben gerufen wurde (Ohme-Reinicke 2012: 93). Auch hier zeigt sich, dass der Vorwurf, es mit Menschen zu tun zu haben, die prinzipiell dagegen seien, wie vor allem von der CDU betont wurde, schlichtweg falsch ist.

All diese Beispiele zeigen, dass sich dem Protest gegen „Stuttgart 21" von Anfang an ein stetig wachsender Nukleus von Protestierenden entgegenstellte. Mit 35,3 Prozent gab auch mehr als ein Drittel unserer Befragten an, sich seit der Planungsphase an den Protesten zu beteiligen (GIfD 2010: 10). Auffällig ist bei alledem, wie professionell die Organisationsbemühungen der Initiatoren wirken. Zunächst wurde der Protest wie angesprochen aufgrund der Expertise einzelner Bündnispartner arbeitsteilig organisiert. Durch die Einbindung verschiedener repräsentativer Köpfe wurde dafür Sorge getragen, dass ein breites Spektrum an Gegnern mobilisiert werden konnte. Hannes Rockenbauch beispielsweise stellte den Austausch mit aktionistischeren Gruppen, wie den aktiven Parkschützern, sicher. Generell wurde jedoch ein aktives *Targeting* einer Basis an Unterstützern betrieben, die, wie Stocker und Rockenbauch im Gespräch zu Protokoll gaben, von Anfang an eindeutig im bürgerlichen Lager lag. Die Absage an Gewalt und die kulturelle Überformung des Protests etwa durch klassische Konzerte zeigen genau dieses Kalkül an. Dass in Stuttgart bürgerliche Menschen demonstrierten, ist also nicht dem Umstand geschuldet, dass diese eine Masse affektgeladener Wutbürger verkörperten, sondern war im Gegenteil das *Ergebnis kalkulierter Organisationsbestrebungen.*

Eindeutig handelte es sich bei den Protesten gegen „Stuttgart 21" um die Proteste eines auf Dauer mobilisierten Netzwerks an Unterstützern, dieses bildete den Grundstock der Aktionen. Dass der Protest ab dem Jahr 2007, in dem der Umbau des Bahnhofs endgültig verabschiedet wurde, schnell an Fahrt aufnahm, wird angesichts der vielfach unbeachtet gebliebenen Bemühungen im Vorfeld erklärlich. Auch überrascht die hohe Zahl an Unterschriften gegen das Bahnprojekt, die einen Volksentscheid über das Projekt herbeiführen sollten, wenig. Dass der Gemeinderat den Bürgerentscheid ablehnte, musste nachgerade weitere Proteste nach sich ziehen. Ein vermeintlich neues Phänomen, eines Protests nach bereits erfolgten demokratischen Beschlüssen durch parlamentarische Gremien und Instanzen, das Hartleb (2011) am Beispiel S21 konstatieren will, kann nur vor dem Hintergrund der traditionellen Prämisse gelten, dass einmal gewählte Vertreter als Repräsentanten die Weichen stellen werden. Zutreffend ist in jedem Fall, dass das Projekt seitens der offiziellen Politik und des Bahnmanagements von Anfang an in auffälliger Weise möglichst stark aus dem öffentlichen demokratischen Aushandlungsprozess heraus gehalten wurde.

Dass 2007 nach Ablehnung des Bürgerentscheids die ersten Großdemonstrationen starteten, die sich mit immer größeren Teilnehmerzahlen über die folgenden Jahre wiederholten, verwundert also nicht. Erst als dann 2010 der Abriss des Bahnhofs vorbereitet wurde, schraubten sich die vorherigen Entwicklungen zu den Massenprotesten hoch, die den Anstoß zur Debatte über die „Dagegen-Republik" brachten.

4. Der Schlichtungsprozess

Der öffentliche und wohl koordinierte Protest sorgte für Bewegung in der Politik. Auch unter den Befragten setzte sich diese Überzeugung durch. 68,3 Prozent stimmten der Aussage zu, dass sich die Proteste als taugliches Mittel erwiesen, um Einfluss auf die Politik zu nehmen. Die Aussagen, dass der Bahnhofsumbau dadurch legitimiert worden sei, dass er schließlich durch gewählte Repräsentanten „aufs Gleis" gesetzt wurde, verfingen aus den geschilderten Gründen kaum mehr. Unter den Demonstrierenden stellten sich vielmehr einstige und mitunter über die Jahre aufgegebene Überzeugungen wieder ein: Angesprochen auf den brutalen Wasserwerfereinsatz zur Räumung des Schlossgartens antworteten erfahrene Protestierende häufig, dass man nicht daran geglaubt hätte, dass der Staat „seine Fratze" noch einmal so schamlos zeigen würde. Insofern war die von Anfang an verfahrene Situation nun endgültig in einer Sackgasse angelangt – auf dem üblichen Weg schien kein Fortschritt mehr möglich.

Gerade deshalb aber gilt „Stuttgart 21" in der Politikwissenschaft als besonders interessant. Schließlich ging es doch weiter und dabei wurde die Konfrontation von Bürgern und Politik unter Zuhilfenahme neuer Verfahrensregelungen in einer Schlichtung aufgelöst, wurde doch zumindest partiell eine Umgehung oder Erweiterung der parlamentarischen Entscheidungsfindung angestrebt.

Die Frontstellungen im Schlichtungsverfahren waren dabei von Anfang an klar. Die Demonstranten sahen sich den Parteien gegenüber, die mit Ausnahme der Linken und der Grünen hinter dem Projekt standen. Im Oktober 2010 bekundeten mit 66,3 Prozent rund zwei Drittel der Befragten, dass sie sich überhaupt nicht angemessen an den Verhandlungen beteiligt fühlten. Allerdings besaß auch das eingesetzte Schlichtungsverfahren unter den Demonstrierenden wenig Kredit. Lediglich 20 Prozent vertrauten mehr oder weniger auf die Schlichtungsgespräche (GIFD 2010: 12). Anders jedoch das Stimmungsbild zu den Repräsentanten der Protestierenden: 81,6 Prozent der Befragten fühlten ihre Meinung, etwa in den Schlichtungsgesprächen, repräsentiert. Hierin liegt ein weiterer Indikator für das funktionierende mobilisierte Netzwerk, in dem die einzelnen Köpfe der Bewegung augenscheinlich auch weiten Teilen der Protestierenden bekannt waren und von diesen akzeptiert wurden.

Nach Abschluss des Schlichtungsverfahrens wurde rund vier Wochen nach Wiederaufnahme der Bauarbeiten am Bahnhof, am 9. Juli 2011, nach Besuch einer Großdemonstration durch eine weitere Arbeitsgruppe des Instituts für Demokratieforschung[5], eine weitere Onlineumfrage gestartet, in der die Einstellungen zum Schlichtungsverfahren ermittelt werden sollten. Die Vorstellung eines erfolgreich zu Ende gebrachten Mediationsverfahrens wird aus Sicht der Protestierenden ernüchtert. Nur bei der Frage nach dem Verlauf der Schlichtungsgespräche bietet sich ein einigermaßen differenziertes Bild: 43 Prozent der Befragten gaben an, mehrheitlich mit dem Verlauf der Gespräche zufrieden gewesen zu sein. Betrachtet man die Frage nach der Zufriedenheit mit dem Ergebnis der Schlichtung, ändert sich diese Situation jedoch geradezu erdrutschartig. 90,6 Prozent der Befragten

---

waren eher unzufrieden, unter ihnen gaben 46,7 Prozent zu Protokoll, mit dem Resultat der Schlichtung überhaupt nicht einverstanden zu sein (GIfD 2011: 2). Zudem: Eine Mehrheit von 72,9 Prozent befand, dass das Schlichtungsverfahren die eigenen Erwartungen nicht erfüllte. Erstaunliche 93,3 Prozent befanden, dass sich die Parteien nicht an die während des Schlichtungsprozesses getroffenen Zusagen hielten. Entsprechend bekundeten 78,3 Prozent, dass die Schlichtung nicht zu einer Entschärfung des Konflikts führen könne. Weitere 93,1 Prozent glaubten nicht daran, dass der Stresstest, der im Schlichtungsverfahren vereinbart worden war, wie geplant durchgeführt werden würde. Und 91,8 Prozent der Protestierenden gaben an, nicht darauf zu vertrauen, dass die Ergebnisse des Stresstests verbindlich umgesetzt würden (GIfD 2011: 4ff.).

Eine Schlichtung sollte auf verschiedenen Ebenen betrachtet werden. Zunächst besteht ihr Anspruch in der Befriedung eines Konflikts. Allerdings überkreuzen sich auf dem Weg zu diesem Ziel zwei Ideale. Erstens muss verfahrenstechnisch die Vermittlung von Argumenten stattfinden. Zweitens sollten diese unter Berücksichtigung des normativen Leitbildes einer Aussöhnung der Konfliktparteien erreicht werden. Die erhobenen Zahlen deuten nicht darauf hin, dass „Stuttgart 21" dem zweiten Kriterium gerecht werden könnte.

Bedeutet sein Ergebnis, dass die Schlichtung der Versuch war, die „die Ohnmächtigen mit dem harten Faktum ihrer feststehenden Niederlage zu versöhnen" (Zielcke 2010)? Die Tatsache, dass die Bauarbeiten am Bahnhof auch nicht während des Verfahrens eingestellt wurden, hinterlässt beim Betrachter mindestens einen schalen Beigeschmack. Allerdings: Ein Blick auf die Frage, ob die Teilnehmer an der Umfrage das Ergebnis einer Volksabstimmung zu „Stuttgart 21" akzeptieren würden, enthüllt einen paradoxen Befund. Denn trotz der abermals hohen Zustimmung zur abstrakten Forderung nach mehr direkten Beteiligungsmöglichkeiten – 70,2 Prozent wünschten sich dies vorbehaltlos –, gaben 62,5 Prozent der Befragten an, dass Ergebnis einer Volksabstimmung nicht unabhängig vom Ergebnis zu akzeptieren.

5. Nach der Schlichtung – Business as Usual?

Natürlich wirft die Diskrepanz zwischen abstrakter Zustimmung zur direkten Demokratie und einer möglichen Nicht-Einhaltung ihrer Ergebnisse Fragen auf. Eine erste Antwort liegt im Misstrauen der Demonstrierenden: Eine große Mehrheit von 80,2 Prozent der Befragten bekundete, dass das Ergebnis einer damals noch hypothetischen Volksabstimmung ohnehin nicht von allen Beteiligten eingehalten werden würde. In der Diskrepanz der Werte könnte also ein vorweg genommener Reflex auf die Reaktion der anderen an der Schlichtung beteiligten Parteien liegen (GIfD 2011: 14). Hieran schließen jedoch weitere Fragen mit einer neuen und anderen Perspektive an: Denn was wäre notwendig, um das Misstrauen der Protestierenden mildern zu können? Welche Wandlungsprozesse wären notwendig, damit all dies funktioniert? Antworten hierauf hängen eng mit der Selbstdefinition und den Zielen der Protestierenden zusammen. Beides wird in den letzten beiden Ingredienzien der sozialen Bewegung deutlich. Diese sind einerseits die kollektive Identität unter den Protestierenden als auch ihr Streben nach grundlegendem sozialen Wandel. Die zwei Aspekte sollen im Folgenden beleuchtet werden.

5.1 Die kollektive Identität im Bündnis

Man ahnt nach all dem bis hier Geschriebenen: „Kollektive Identitäten sind der Kitt, der soziale Bewegungen zusammenhält" (Haunss 2011: 36). Was allerdings drückt dieser Befund aus? Die kollektive Identität ist eins dieser Zauberwörter, an denen es den Sozialwissenschaften wahrlich nicht mangelt. Ein Bezug auf sie wirkt erklärend, bleibt jedoch häufig, vielleicht sogar notwendigerweise, vage. Klar ist, dass eine kollektive Identität Gemeinsamkeit ausdrückt, herstellt, garantiert. Ohne sie mag es in der Gesellschaft nicht gehen – nur gerade durch ihre „Ubiquität" verweigert sie sich häufig den Wissenschaften, die sich diese Gesellschaft zum Gegenstand nehmen, haben sie es zumeist doch lieber handlicher und „verifizierbar".

Eine weite Diskussion über das Wesen kollektiver Identitäten und deren Stellenwert in sozialen Bewegungen kann an dieser Stelle nicht folgen. Dennoch soll anschließend an das Beschriebene betont werden, dass die genaue Beschaffenheit kollektiver Identitäten auch in der sozialen Bewegungsforschung weiterhin Raum für Kontroversen bietet. Einen besonders grundsätzlichen Gegensatz entdeckt man beispielsweise zwischen den individualistisch argumentierenden sozialpsychologischen und den das Kollektiv betonenden „sozio-kulturellen" Ansätzen (Daphi 2011: 19).

Neben diesen unterschiedlichen, fach- und gegenstandsspezifischen Betrachtungsweisen, stößt man jedoch auf eine zentrale Gemeinsamkeit, die, wenn auch wiederum wenig spezifisch, doch als angemessener Ausgangspunkt weiterer Reflexion gelten darf. Kollektive Identitäten verkörpern soziale Konstruktionen, die in Abgrenzung gegenüber Gruppen oder Menschen entstehen, die als „Andere" empfundenen werden (Schmidtke 1995; Rucht 1995).[6] Entsprechend kann an dieser Stelle einer Definition Ruchts (1995: 10) gefolgt werden: „Kollektive Identität läßt sich bestimmen als ein Syndrom von Bewußtseins- und Ausdrucksformen von mindestens zwei Personen, welche um ihre Zusammengehörigkeit [...] wissen, diese – im Regelfall – handlungspraktisch demonstrieren und insofern auch von ihrer Umwelt als zusammengehörig wahrgenommen werden." Voraussetzungen bleiben dabei ein bestehendes Wir-Gefühl und Vergemeinschaftungsprozesse, die auch von „den anderen" registriert werden. Klar ist zudem, dass diese Identitäten wandelbar sind und mit der Zeit angepasst werden können, dies auch müssen (ebd.).

Aktuellere Ansätze tragen gerade hinsichtlich der Wandelbarkeit der Identitäten der gesellschaftlichen Fragmentierung Rechnung und stellen die intuitive Annahme, dass eine starke Identität für das Funktionieren einer sozialen Bewegung notwendig sei, in Frage (Rucht 2011). Grundlage dieser Überlegung ist, dass die Gruppengrenzen hierdurch offener bleiben und sich Menschen leichter der Bewegung anschließen können. Voraussetzung bleibt natürlich, dass die Balance zwischen „identitärer Schließung [...] und Profillosigkeit" (ebd.: 83; Rucht 1995) gewahrt bleibt. Somit muss, wie Eder (2011: 57) zeigt, die Identität einer sozialen Bewegung nicht darin bestehen, dass sich alle ihre Mitglieder mit denselben Zielen oder Ideen identifizieren, „sondern darin, dass die Definition einer konkreten Handlungssituation als Ergebnis einer Geschichte interpretiert wird, in der die einzelnen Akteure nicht durch gleiche Identifizierungen, sondern durch ein plausibles Plot, eine überzeugende und narrativ plausible Geschichte miteinander verbunden werden".

Woraus besteht er nun, der Kitt innerhalb des Protestnetzwerks gegen „Stuttgart 21"? Gerade weil die Definitionen zum Verrennen verleiten, soll hier festgehalten werden, dass sich verschiedentlich Anhaltspunkte für eine kollektive Identität feststellen lassen. Natürlich deutet bereits das Vorhandensein des mobilisierten Netzwerks von Protestierenden auf eine identitäre Verbindung zwischen ihnen hin. Dass man überhaupt von den Protesten gegen „Stuttgart 21" spricht und schreibt, bedeutet, dass auch von außen ein Vergemeinschaftungsprozess unterstellt wird. In der Tat scheint die Stärke des Netzwerkes dabei aus eher schwachen oder genauer ideologisch nicht festgelegten Identitäten zu rühren. Tatsächlich betonten ja auch Stocker und Rockenbauch vom Beginn der Proteste gegen das Bündnis den Versuch, einen kulturellen Rahmen zu schaffen, der offen und anziehend auf das Bürgertum wirken sollte.

---

6   Für einen genaueren Überblick eignen sich die beiden Sonderhefte zum Thema des Forschungs-
     journals Neue Soziale Bewegungen: FJNSB Jg. 8, H. 1, 1995; FJNSB Jg. 24, H. 4, 2011.

Und tatsächlich wurde in Stuttgart deutlich, dass es sich selbstverständlich nicht um eine Formation von einheitlich argumentierenden Bahnhofsgegnern handelte. Was im Protestnetzwerk gegen „Stuttgart 21" auffällt, ist vielmehr die Diversität der Motivationen und die hieraus resultierende Netzwerkstruktur. Tatsächlich wurde ja, wie oben angedeutet, selbst das gemeinsame Interesse, den Bahnhofsumbau zu verhindern, durch verschiedene Zielperspektiven überformt. Auch bei einem Blick auf die verschiedenen am Protest beteiligten Gruppen wird dies deutlich, so haben die in der Regel jüngeren und eher aktionistischen Parkschützer außerhalb des Protests gegen den Bahnhof wohl eher wenig gemein mit den Anliegen etwa der Architekten oder Theologen gegen „Stuttgart 21". Dennoch verbanden sich im Protest die verschiedenen Gruppen zu einer recht schlagkräftigen Handlungseinheit.

Auch zeigt sich innerhalb des Protestspektrums eine überraschende, weil recht traditionelle Übereinstimmung. Dadurch, dass die Proteste in der Hauptsache vom älteren links-grünen Bildungsbürgertum getragen wurden, könnte man die Frage nach einem millieuspezifischen Protest stellen. Der Befund, dass insgesamt nur 11,4 Prozent der Protestierenden in der Landtagswahl 2006 die bis 2011 existierende schwarz-gelbe Koalition gewählt hatten, demgegenüber aber 51,5 Prozent ihre Stimme für die Grünen abgaben, ist beachtlich (GIFD 2010: 19); ebenso der große Anteil relativ alter Protesterfahrener, der eine Reaktivierung von Demonstranten bedeutet. 56 Prozent unter ihnen waren älter als 45 Jahre (ebd.: 32). Möglich wäre es also ebenso, dass in Stuttgart bereits eine vor-politische Identität bestand (Schmidtke 1995: 25), die als Schmiermittel der Proteste fungierte.

Gleich wie die Identität beschaffen sein sollte, der Grund für ihre Ausbildung liegt dabei immer auch, wie oben angesprochen, darin, dass ein „Anderer" identifiziert und als gemeinsamer Gegner anerkannt wird. Erst im Gegensatz zu ihm wird die eigene Identität geformt und wirkt dann schließlich handlungsleitend und verbindend. Bereits die Wahlergebnisse deuten darauf hin, dass von Anfang an nur wenig Sympathie für die schwarz-gelbe Politik auf Landesebene bestand. Erhoben wurde in den Studien zudem aber auch stets, wie die künftige Wahlentscheidung ausfallen würde. Angesichts dieser Zahlen wird noch deutlicher, dass die Gegner des Bahnhofsprojekts alle Parteien außer der Linken und den Grünen als ihre Opponenten einstuften: 2010 hätten 80,1 Prozent der Befragten ihre Stimme den Grünen gegeben, CDU, FDP und SPD wären nach diesem Szenario insgesamt nur auf 1,5 Prozent Stimmenanteile gekommen (GIfD 2010: 20). In der Befragung im Jahr 2011 wurde zudem danach gefragt, wen die Protestierenden tatsächlich bei der inzwischen stattgefundenen Landtagwahl gewählt hätten. Hier fällt das Ergebnis für CDU und FDP noch ernüchternder aus – unter den Befragten stimmte niemand für sie, die SPD kam auf 2,7 Prozent, die Linke immerhin auf 14,3, die Grünen aber auf 81 Prozent der Stimmen (GIfD 2011: 18). Eindrücklich untermalt wird dieses Bild bei einem Besuch des Stuttgarter Hauptbahnhofs und einer Besichtigung des mittlerweile ikonisch gewordenen Bauzauns. In großer Zahl finden sich dort Anklagen gegen Stefan Mappus, Günther Oettinger und andere Spitzenpolitiker vor allem aus der bis 2011 über 50 Jahre regierenden CDU. Politiker werden der Lüge bezichtigt, weiterhin werden nahezu alle Bahnmanager, die mit dem Bahnhofsprojekt in Verbindung standen, auf Fotos mit Kommentaren versehen. Wie auf die verantwortlichen Politiker scheint sich die Wut der Protestierenden auch auf sie zu fokussieren. Gerade in der Anklage, Politiker und Wirtschaftsfunktionäre steckten unter einer Decke und würden die Menschen systematisch über das Projekt „Stuttgart 21" betrügen, deutet sich eine Narration an, die gemeinschaftsbildend wirkt und die als zentraler Bestandteil der Identität gelten kann. Und gerade dieser Befund deutet an, dass die zeitkritische Analyse der Postdemokratie – die ja die Dominanz wirtschaftlicher Gesichtspunkte und Interessen in politischen Entscheidungen betont und im Gegensatz zur optimalen Funktionsweise des demokratischen Systems vermutet – von den Protestierenden als solche auch empfunden wurde.

5.2 Also: Ein Bedürfnis nach grundsätzlichem sozialen Wandel?

Bis hierhin wurden in der Entwicklung des Protests sowie seinem Bestehen geradezu idealtypische Züge der Organisationsweise funktionierender sozialer Bewegungen deutlich. Um eine klassische soziale Bewegung konstatieren zu können, fehlt es dem Bündnis nun nur noch an einem, dem Bedürfnis nach grundlegenden sozialen Wandel. Mit einer kurzen Interpretation entlang des Framing-Ansatzes, der eng mit dem Bestehen kollektiver Identitäten verbunden ist (Daphi 2011: 15; Heyne 2010), wird diese Frage beantwortbar. Ein Frame verkörpert „an interpretative schemata that simplifies and condenses the ‚world out there' by selectively punctuating and encoding objects, situations, events, experiences, and sequences of actions within one's present or past environment" (Snow und Benford 1992: 137 nach Daphi 2011: 15). Daphi (ebd.) führt in Anlehnung an andere Theoretiker kollektiver Identitäten (etwa: Benford 1993) die Trias aus *diagnostic framing*, dies ist die Interpretationen der Problemlage seitens der Bewegten, *prognostic framing*, also „den zu ergreifenden Gegenmaßnahmen […] und der Handlungsmotivation [, dem] (‚motivation framing')" ein.

Betrachtet man diese Trias, wird deutlich, dass in ihr das Konzept der Identität direkt auf den Antrieb überleitet – und damit eben potentiell auf die Frage nach dem Bedürfnis nach sozialem Wandel. Unstrittig ist, dass das diagnostic framing eine zentrale Rolle in der Bewegung gespielt hat. In einer Narration wurde die Identität der Bahnhofsgegner in Abgrenzung zu den als wenig vertrauenswürdig angesehenen Instanzen und Vertretern in Politik und Wirtschaft konstruiert. Direkt hieran anschließend ist das prognostic framing zu nennen und auch hier ist die Antwort eindeutig. Es bestanden verschiedene Vorstellungen, Ziele und Vorgehensweisen zur Verwirklichung des Hauptmotivs, der Verhinderung des Bahnhofsprojekts in der geplanten Form. Aber gerade diese Vielschichtigkeit kann in Anlehnung an die von Rucht behandelten *weak identities* sogar ein Vorteil für eine Protestbewegung sein.

Beim motivational framing könnte ebenfalls eine ähnliche Eindeutigkeit konstatiert werden. Allerdings ist es dabei doch fraglich, in wie weit wirklich ein sozialer Wandel angestrebt wurde. Zwar wurde die Forderung nach mehr direkter Demokratie geäußert, ob sie aber als handlungsleitende Motivation oder als ein taktisches Mittel angesehen werden sollte, „Stuttgart 21" zu verhindern, sei dahingestellt. Unabhängig davon, dass man hohe Zustimmungsraten zu direktdemokratischen Verfahren in beinahe jeder Umfrage finden wird – in diesem Protest hätte sie wohl nur wenig genutzt.

Denn trotz all der aufwändigen Kampagnen und aller Mobilisierungsarbeit hatte die Protestbewegung kaum eine Chance, außerhalb Stuttgarts Fuß zu fassen und emphatische Unterstützer ihrer Sache zu rekrutieren. Trotz aller Beteuerungen seitens des Protestnetzwerks, man würde aus allen Landesteilen unterstützt, kann dies anhand der Ergebnisse der Studie und des Ergebnisses des Volksentscheids nicht bestätigt werden. Erstens wurde die Gesetzesvorlage, die eine Rücknahme der Landesverpflichtungen an der Finanzierung von „Stuttgart 21" vorsah, in einer Volksabstimmung am 27. November 2011 mit 58,9 Prozent abgelehnt, fairerweise sei eingeräumt, dass diese Abstimmung nach Schlichtung und Stresstest stattfand. Zweitens konnte jedoch bereits zuvor die Studie des Göttinger Instituts für Demokratieforschung feststellen, dass die überwiegende Mehrzahl der Protestierenden entweder direkt aus Stuttgart oder aber aus dem unmittelbaren Umland kam.[7]

Kurz: Die Überzeugung, dass der Bahnhof verhindert werden müsse, setzte sich eben vor allem in Stuttgart, mehr noch, in dem Teil der Stadt durch, der von vornherein im Fokus der Bemühungen gestanden hatte. Es war das in erster Linie aus Stuttgart stammende Bürgertum – die Bewohner der Halbhöhe, wie die Journalisten Georg Meck und Bettina Weiguny in einem Porträt festhielten (2010) –, das den Nukleus der Bewegung bildete. Die Mobilisierungsarbeit des Netzwerkes hatte exakt die Früchte getragen, an deren Aussaat man sich Jahre vorher machte.

---

7   In der Publikation der Ergbnisse wurden diese Zahlen nicht veröffentlicht.

Es ist ausgesprochen strittig, ob es die eine handlungsleitende Motivation gab, die über das Ziel der Verhinderung des Bahnhofsumbaus hinaus wies. So kann man entlang des Beschriebenen zwar die Existenz einer relativ klassischen sozialen Bewegung nachweisen. Trotz aller identitären Bausteine und der Ausdifferenzierung des Protests in verschiedene Untergruppierungen, Interessen und Motivationen ging die Bewegung gegen „Stuttgart 21" doch nicht wesentlich über den Rahmen des Verhinderns des Bahnhofsprojekts hinaus.

Und dennoch finden sich Indikatoren dafür, dass der Protest gegen „Stuttgart 21" sozialen Wandel beförderte. Denn unter den Befragten verschoben sich die Parteipräferenzen beträchtlich: Ein Vergleich der Stimmabgabe der Befragten bei den Landtagswahlen 2006 und 2011 verdeutlicht dies. Während 2006 acht Prozent der Befragten die CDU, 3,7 Prozent die FDP und 20,7 Prozent die SPD gewählt hatten, wählten 2011 nur noch 2,7 Prozent die SPD; FDP und CDU jedoch wurden von den Befragten gar nicht mehr gewählt. Die Grünen hingegen konnten ihren Wähleranteil von 52,3 Prozent auf 81 Prozent steigern (GIfD 2011: 17f.). Da zwischen diesen Ereignissen allerdings das Atomkraftunglück in Fukushima lag und sich die Grünen ohnehin auf dem aufsteigenden Ast befanden, wäre es unseriös, dies als alleinigen Effekt von „Stuttgart 21" zu interpretieren.

Dennoch: Bereits die Studie aus dem Jahr 2010 konnte auf Landes- und auf Bundesebene ähnliche Verschiebungen zeigen, weswegen „Stuttgart 21" hier in jedem Fall Folgen gehabt haben dürfte (GIfD 2010: 18ff.). Gerade die Gruppe der rund 15 Prozent Protestneulinge, die überdurchschnittlich häufig aus dem schwarz-gelben Lager stammten, dürften einen solchen Umschwung mit befördert haben. Somit kann konstatiert werden, dass der Protest gegen „Stuttgart 21" sicher von einer Bewegung getragen wurde. Wie groß ihr Bedürfnis danach war, einen grundsätzlichen sozialen Wandel herbeizuführen, bleibt offen. Ihren Teil zu dem tatsächlich stattgefunden sozialen Wandel auf Landesebene dürfte sie jedoch beigetragen haben.

6. Fazit – Revitalisierung der Demokratie oder Verharren im Patt?

Einleitend wurde die Frage aufgeworfen, inwiefern die Proteste gegen „Stuttgart 21" etwas genuin Neues, weil von der bewegungsförmigen Protesttradition Deutschlands Abweichendes, verkörperten. Nach der Analyse anhand der Kriterien für Bewegungen muss die Antwort hierauf negativ ausfallen. Im Gegenteil: Die Protestereignisse rund um „Stuttgart 21" wiesen alle Insignien funktionierender Protestbewegungen auf. Einzig ob ein Bedürfnis nach einem grundsätzlichen sozialen Wandel bestand, bleibt zweifelhaft. Da Bewegungen sich jedoch auch konstituieren, um Dinge zu verhindern oder rückgängig zu machen (Rucht 1995: 11), liegt hierin kein Widerspruch zum Befund. Entsprechend kann festgehalten werden, dass die Aufmerksamkeit, die „Stuttgart 21" auf sich vereinen konnte, wohl wesentlich vom Bild älterer Demonstrierender und dem natürlich singulären Anlass, der Verhinderung eines Milliardenschweren Bahnhofsumbaus herrührte. Kurzum: Der despektierliche Wutbürger ist ein mediales Leuchtfeuer, der mit der Stuttgarter Realität wenig gemein hatte.

Aber, lassen sich die Proteste gegen „Stuttgart 21" gemeinsam mit anderen gesamtgesellschaftlichen Entwicklungen interpretieren? Natürlich, könnte die ebenso kurze wie tautologische Antwort lauten. In der Tat bietet aber die Perspektive der Postdemokratie einen Anlass, die Protestbewegung mit den Entwicklungen gegenwärtiger Demokratien zu verbinden. Die These der Postdemokratie stützt sich auf eine Zustandsbeschreibung moderner Demokratien, in der sich Entscheidungsfindungen von den Bürgern abgekoppelt haben. Sie seien vom Parlament in ein Konglomerat aus Wirtschaftseliten und Politikern verlagert worden. In den Hinterzimmern der Macht – so das Bild – schmieden die Parteien, zusehends ununterscheidbar geworden, mit Experten und auf Grundlage modernster Befragungstechniken daran, ihre Positionen an die Wählerschaft anzunähern. Im Fokus steht auf diese Weise der Output und die Mehrheitsfähigkeit der eigenen Position, der Input, die Beteiligungsverfahren, die Legislative und Demos verbinden, sind jedoch wesentlich entwertet. Im Resultat funktionieren die demokratischen Institutionen formal zwar (man kann beispielsweise weiterhin wählen und die Gewaltenteilung wird aufrechterhalten), sie sind in ihrem Kern jedoch ausgehöhlt (Crouch 2008).

Es ist fraglich, ob der Idealzustand einer Demokratie, in dessen Gegensatz die These der Postdemokratie formuliert wird, jemals bestand. Bereits frühere Theoretiker warnten vor dergleichen Entwicklungen. Unter ihnen befindet sich unter anderen Ernst Fraenkel, der den von jeher unterentwickelten Pluralismus in Deutschland betonte (1964). Als Modell zur Verdeutlichung der Frontstellungen zwischen den Demonstrierenden und der damaligen Landesregierung aber taugt die These der Postdemokratie gerade im Falle von „Stuttgart 21" allemal. Die überfallartige Einsetzung des Bahnprojekts, die Ablehnung des Bürgerbegehrens, der Prozess rund um das Projekt „Stuttgart 21" ist voll von Elementen, die eine derartige Überlegung fundieren. Legende oder nicht, es war Wasser auf die Mühlen der Demonstrierenden und passt bestens in die Diagnose der Postdemokratie, dass das Bahnprojekt auf einem gemeinsamen Hubschrauberflug vom damaligen Ministerpräsident Erwin Teufel und dem damaligen Bahnmanager aus der Taufe gehoben wurde. Stefan Mappus' engen und möglicherweise strafbaren

Verbindungen mit dem Bankmanager Dirk Notheis wirken wie eine nachträgliche Unterstreichung der Vorbehalte. Dass beschriebene große Misstrauen gegenüber den politischen Eliten und das Bedürfnis nach mehr direkter Demokratie unter den Demonstrierenden weisen ebenfalls darauf hin, dass die Politik als abgekoppelt von den Bedürfnissen der Menschen wahrgenommen wurde.

Aber auch ohne diese Fälle kann der Protest gegen „Stuttgart 21" ohne Frage als ein Eintreten für ein Mehr an demokratischer Teilhabe betrachtet werden. Derartige Entwicklungen kann man als ein Durchbrechen der politischen Apathie und Politikverdrossenheit betrachten. Mit Ernst Fraenkel können sie als Schritt in Richtung eines wünschenswerten Pluralismus interpretiert werden. Schließlich verkommen in einer lethargischen Demokratie, in der die Gegensätze zwischen den Gruppen nicht mehr kenntlich würden, letztlich auch die Wahlen zu bloßen Routineabstimmungen (ebd.: 111). Insofern liegt in „Stuttgart 21" das Potential für eine Politisierung und Revitalisierung der politischen Abläufe.

Dass auch in Teilen des Protestspektrums, das vorher nicht protesterfahren war, ein Meinungsumschwung festzustellen war und fortan die Grünen unterstützt wurden, deutet diese Revitalisierung an. Dennoch: Einen wirklichen Ausbruch aus den mitunter eingefahrenen und starren Verfahrensweisen der Politik konnte in Stuttgart dennoch nicht erwirkt werden. Zwar konnten die Grünen durch ihre Unterstützung der Projektgegner vom Protest profitieren, eine wirkliche Veränderung des Ablaufplans, mithin des gesamten Projekts, überhaupt ein Baustopp, wurden jedoch nie ernsthaft in Erwägung gezogen. Denn dem direktdemokratischen Bedürfnis der Protestierenden stellen sich juristische Verbindlichkeiten und verfahrenstechnische Klippen in den Weg, die nicht eben einfach zu umschiffen sind.

Trotz der großen Unzufriedenheit mit dem Ausgang des Schlichtungsverfahrens entflammte dann auch kein nennenswerter neuer Protest. Tatsächlich scheint durch die Kombination aus Schlichtung und der Wahl der mehrheitlich erwünschten Grün-Roten Landesregierung aus Sicht der Protestierenden ein neues Problem entstanden zu sein: Es fehlte nach diesen Entwicklungen schlicht an einem politischen Gegner, an dem sich der Protest der Bewegung festmachen konnte. In jedem Fall wurden die folgenden Entwicklungen mehrheitlich nicht auf die neue Landesregierung übertragen. 53,3 Prozent der Befragten waren mit der Arbeit der neuen Landesregierung zu „Stuttgart 21" eher zufrieden (GIfD 2011: 8). Der Grund hierfür kann darin vermutet werden, dass die meisten der Befragten, nämlich 87,4 Prozent, der Aussage zustimmten, dass die neue Landesregierung nichts ändern könne, da sie vertraglich an die Zusagen der alten Regierung gebunden sei (ebd.: 12).

Da sich Massen nur schwerlich gegen den abstrakten juristischen Zwang mobilisieren lassen, verpuffte der Protest letztlich nach dem Schlichtungsverfahren. Man kann dies pragmatischerweise begrüßen. Ebenso kann diese Desillusionierung des Begehrens jedoch auch nachdenklich stimmen. Denn es stellen sich an dieser Stelle neue Fragen an den Charakter von Großprojekten, ihre Legitimation und die Entscheidungsfindung. Ein Mal aufs sprichwörtliche Gleis gesetzt, so scheint es jedenfalls, müssen derartige Projekte, unabhängig späterer Entwicklungen, durchgeführt werden. Auch die Atomkraftgegner der Republik werden hiervon ein Liedchen singen können. Möchte man Frontstellungen und Misstrauen überwinden, lohnten sich zukünftig Reflexionen über diese Dimension demokratischer Entscheidungsprozesse.

Literatur

Bebnowski, David (2012): Generation und Geltung. Von den „45ern" zur „Generation Praktikum" – übersehene und etablierte Generationen im Vergleich. Bielefeld: Transcript.

Bebnowski, David; Lühmann, Michael (2011): Die langen Schatten des Börsenbooms. In: Kommune. Forum für Politik, Ökonomie, Kultur 5/2011, S. 37-40.

Bohnsack, Ralf; Schäffer, Burkhard (2007): Exemplarische Textinterpretation. Diskursorganisation und dokumentarische Methode. In: Bohnsack, Ralf; Nentwig-Gesemann, Iris; Nohl, Arnd-Michael (Hrsg.): Die dokumentarische Methode und ihre Forschungspraxis. Grundlagen qualitativer Sozialforschung. Wiesbaden: VS-Verlag, S. 309-323.

Crouch, Colin (2008): Postdemokratie. Frankfurt a.M.: Suhrkamp.

Daphi, Priska (2011): Soziale Bewegungen und Kollektive Identität. In: Forschungsjournal Neue Soziale Bewegungen 24, S. 13-25.

Der Spiegel: Die Dagegen Republik. Nr. 35/2010.

Eder, Klaus (2011): Was sind die Rohstoffe zur Herstellung und Erhaltung kollektiver Identität? In: Forschungsjournal Neue Soziale Bewegungen 24, S. 33-36.

Fraenkel, Ernst 1964: Strukturdefekte der Demokratie und deren Überwindung. In: Ders. (2007): Gesammelte Schriften. Bd. 5 Demokratie und Pluralismus. Baden-Baden: Nomos, S. 91-212.

Gathmann, Florian (2010): Grüne fürchten Fluch des Erfolgs. In: Spiegel-Online 3.9.2010, online einsehbar auf: http://www.spiegel.de/politik/deutschland/umfragehoch-gruene-fuerchten-fluch-des-erfolgs-a-715066.html; abgerufen am 6.9.2012.

GfdS (2010): „Wutbürger" zum Wort des Jahres 2010 gewählt. Pressemitteilung der Gesellschaft für Deutsche Sprache, 17.12.2010 http://www.gfds.dc/presse/pressemitteilungen/171210-wort-des-jahres-2010/; abgerufen am 6.9.2012.

GlfD (2010): Neue Dimensionen des Protests? Ergebnisse einer explorativen Studie zu den Protesten gegen Stuttgart 21, online.

GIfD (2011): Stuttgart 21 nach dem Schlichtungsverfahren. Ergebnisse einer zweiten Untersuchung zu den Protesten gegen Stuttgart 21, online.

Hartleb, Florian (2011): A New Protest Culture in Western Europe. In: European View 6, S. 3-10.

Heyne, Lea (2010): Bürgerliche Barrikaden? In: Hensel, Alexander; Kallinich, Daniela; Rahlf, Katharina (Hrsg.): Parteien, Demokratie und gesellschaftliche Kritik. Stuttgart: ibidem, S. 121-122.

Hobsbawm, Eric J. (1979): Sozialrebellen. Archaische Sozialbewegungen im 19. und 20. Jahrhundert. Gießen: Focus.

Klatt, Johanna; Walter, Franz (2011): Entbehrliche der Bürgergesellschaft? Sozial Benachteiligte und Engagement. Bielefeld: Transcript.

Kurbjuweit, Dirk (2010): Der Wutbürger. In: Der Spiegel 41/2010.

Leggewie, Claus (2011): Mut statt Wut. Aufbruch in eine neue Demokratie. Hamburg: Edition Körber Stiftung.

Marg, Stine; Walter, Franz: Proteste in der Postdemokratie. In: INDES 1, S. 14-25.

Raschke, Joachim (1987): Zum Begriff der Sozialen Bewegung. In: Roth, Roland; Rucht, Dieter (Hrsg.): Neue Soziale Bewegungen in der Bundesrepublik Deutschland. Frankfurt a.M./New York: Campus, S. 19-29.

Rucht, Dieter (1995): Kollektive Identität: Konzeptionelle Überlegungen zu einem Desiderat der Bewegungsforschung. In: Forschungsjournal Neue Soziale Bewegungen 8, S. 9-23.

Rucht, Dieter (2011): The Strength of Weak Identities. In: Forschungsjournal Neue Soziale Bewegungen 24, S. 73-84.

Rucht, Dieter (2012): Neue Kultur des Widerspruchs? In: INDES 1, S. 6-13.

Rugenstein, Jonas (2010): Gelegenheit macht Protestierende. In: Hensel, Alexander; Kallinich, Daniela; Rahlf, Katharina (Hrsg.): Parteien, Demokratie und gesellschaftliche Kritik. Stuttgart: ibidem, S. 118-120.

Schmidtke, Oliver (1995): Kollektive Identität in der politischen Mobilisierung territorialer Bewegungen. In: Forschungsjournal Neue Soziale Bewegungen 8, S. 24-31.

Teune, Simon (2008): „Gibt es so etwas überhaupt noch?". In: Politische Vierteljahresschrift 49, S. 528-547.

Walter, Franz (2008): Baustelle Deutschland. Politik ohne Lagerbindung. Frankfurt a.M.: Suhrkamp.

Zielcke, Andreas (2010): Schlichtung und Wahrheit. In: Süddeutsche-Online 3.12.2010, online seinsehbar auf: http://www.sueddeutsche.de/kultur/heiner-geissler-und-stuttgart-die-lizenz-zur-vollstreckung-1.1031587; abgerufen am 6.9.2012.

„Stuttgart 21": Ein postmoderner Kulturkonflikt

Albrecht Göschel

1. Worum es bei „Stuttgart 21" geht: die kulturelle Dimension des Konfliktes

„Stuttgart 21" bzw. die Auseinandersetzungen, die um dieses Projekt geführt wurden, können als exemplarischer Fall eines kulturellen Konfliktes am Übergang von „organisierter", „industrieller" oder „klassischer" Moderne zur „nachindustriellen" „zweiten" (Beck u. a. 1996) oder „Postmoderne" verstanden werden, in dem postmoderne Werte des „Selbst", der Empathie und der Kommunikation (Reckwitz 2010) auf hochindustrielle Werte technischer Rationalität, Effizienz und Beschleunigung treffen. Der kulturelle Bruch, der hier zum Ausdruck kommt, geht so tief, dass die Konfliktpartner kaum eine gemeinsame Sprache der Interessenaushandelung, geschweige denn einen befriedigenden Kompromiss finden, der bezeichnender Weise auch in der „Schlichtung" zu „Stuttgart 21"verfehlt wurde. Solche Kompromisse scheinen nur dann erreichbar zu sein, wenn sich die Gegner in einem Wertesystem, auf einer Skala des „Gut" oder „Schlecht", des „Richtig" oder „Falsch" treffen. Bei kulturellen Konflikten der Art, wie sie in „Stuttgart 21" vorliegen, begegnen sich aber nicht graduelle Unterschiede innerhalb ein und desselben, sondern Gegensätze zwischen Wertesystemen, für die kein Ausgleich möglich zu sein scheint.

Besonders brisant wird der Konflikt durch die Einschätzung beider Seiten, die jeweils andere vertrete ein historisch überholtes Wertesystem, stelle also mühsam erreichten Fortschritt in Frage. Ihre überraschende Härte erhalten solche Konflikte aber dadurch, dass sich jede Seite von der anderen in grundlegenden Werten, Normen und Überzeugungen angegriffen sieht, dass also die Werte jeder Seite eine fundamentale Entwertung nicht nur der Position, sondern der gesamten Persönlichkeit, des Habitus (Bourdieu 1982) des jeweils Anderen darstellen. In der Unterstellung der Befürworter von „Stuttgart 21", dass dann, wenn man dem Widerstand nachgebe, Großprojekte nie mehr realisierbar wären, dass also ein Wissen, das ihren Status begründet, überflüssig werde, kommt dieser Affront sehr deutlich zum Ausdruck. D. h. es wird deutlich, dass auch die Betreiber des

Projektes die Dramatik des Konfliktes ahnen, obwohl selbstverständlich auch in Zukunft technische Großprojekte realisierbar bleiben, aber eben nur dann, wenn sie nicht die kulturellen und symbolischen Verletzungen und Zerstörungen zur Folge haben, wie bei „Stuttgart 21".

In Konflikten wie dem um „Stuttgart 21" stehen sich keine verhandelbaren Positionen, sondern historisch geprägte, als Selbstverständlichkeit, als Habitus ausgeformte, milieuspezifische Identitäten gegenüber. Der Konflikt um eine Sache wird damit, wie in kulturellen Konflikten immer, zu einem Statuskonflikt. Es geht nicht – nur – um einen Bahnhof, es geht darum, welche Werte, Kriterien, Vorstellungen, welche Lebensformen zu einem bestimmten historischen Zeitpunkt als die verbindlichen, die legitimen, die vernünftigen anerkannt werden sollen. Bei „Stuttgart 21" haben sich letzten Endes – noch einmal – Werte und Denkweisen der industriellen Moderne durchgesetzt. Sehr deutlich spürbar geworden ist aber auch, dass das in Zukunft immer unwahrscheinlicher, für die entsprechenden Kräfte immer schwieriger werden wird. Die Ambivalenzen allerdings, von denen derartige kulturelle Konflikte geprägt sind, und die klare Fronten wie z. B. in Klassengegensätzen oder Lohnkämpfen verhindern, werden auch in Zukunft dafür sorgen, dass die Ausgänge dieser Konflikte auch dann relativ offen bleiben, wenn sich postmoderne Wertorientierungen breiter durchsetzen.

In verdichteter Form kommt der Gegensatz, der „Stuttgart 21" beherrscht, in gegensätzlichen Vorstellungen von „Raum" zum Ausdruck. Im Kontext von Werten, die von industrieller oder organisierter Moderne geprägt sind, werden in typischer Weise Raumqualitäten der „Strecke", des Rasters, der Serie, des prinzipiell unbegrenzten, des nach einfachsten rationalen Prinzipien gegliederten Raumes hoch bewertet, wie sie sich in allen „modernen" Verkehrssystemen oder eben im Raster finden, sei dies nun als Fassadengliederung eines potentiell unbegrenzten Bauwerkes, oder als Flächengliederung einer gleichfalls als prinzipiell unbegrenzten Erdoberfläche eingesetzt. Dem steht eine postmoderne Wertung gegenüber, die den besonderen Ort, die aus vielfältigen sozialen und natürlichen Bedingungen historisch geformte, immer begrenzte und als Form in Erscheinung tretende Gestalt mit höchsten Bewertungen versieht. In diesen beiden Raumformen stehen sich zwei gegensätzliche Perspektiven gegenüber, die zwar beide als Ausdruck des Modernitätsprinzips einer Optionserweiterung gelten können, eine Extensivierung im Sinne quantitativer Ausdehnung auf der einen Seite, dem gegenüber eine Intensivierung im Sinne qualitativer Steigerung oder Vertiefung auf der anderen, die sich aber dennoch unterscheiden. Extensivierung als quantitative Erweiterung von Optionen ist notwendiger Weise mit Nivellierung, mit Eliminierung des Besonderen verbunden. Intensivierung dagegen zielt auf Gestaltung (Schulze 2006), auf das Besondere oder jeweils Einmalige des „besonderen Ortes" wie des „besonderen Augenblicks".

Der ersten Position, die Werte der klassischen Industriemoderne zum Ausdruck bringt, gilt alles Neue und vor allem jede technische Perfektionierung und jede Art von Beschleunigung als positiv, während die zweite Position, die die Postmoderne repräsentiert, dem Alten, in dem sichtbar gelebtes Leben und Geschichte abgelagert sind, dem Individuellen, der einmaligen Gestalt besondere Wertschätzung entgegen bringt.

In Verbindung mit einer deutlichen Präferenz für Verlangsamung, für Entschleunigung mag daraus der Eindruck von Rückwärtsgewandtheit, von Traditionalismus oder romantisierender Vergangenheitssehnsucht entstehen. Aber wie auch in der historischen Romantik geht es in der Postmoderne nicht um Zukunftsverweigerung, sondern um eine andere Zukunft, als sie die klassische Industriegesellschaft antizipierte, um Vertiefung des Selbst, bei allen Widersprüchlichkeiten, die mit einem solchen normativen Gefüge verbunden sein mögen. „Das Potential der Moderne erschöpft sich eben nicht darin, die Funktionen von Kaffeemaschinen, Autos oder Notebooks (und Bahnhöfen! A.G.) zu vermehren und die Preise dafür zu senken. Die Moderne will Schönheit, Ethos, Gespräch, Liebe, Kunst. Im konkreten Leben ist dieser Teil der Moderne lebendig, im Nachdenken und Reden über die Moderne dagegen ist er in Vergessenheit geraten" (Schulze 2006:19).[1] Aus dieser Sicht auf „Stuttgart 21" wird auch erkennbar, worum es in diesem Konflikt nicht geht, auch wenn in der Öffentlichkeit gegenteilige Behauptungen kursieren.

2. Worum es bei „Stuttgart 21" nicht geht: die technisch-materielle Dimension des Konfliktes

Der Widerstand gegen „Stuttgart 21" wird nicht von der Überzeugung getragen, durch den Bahnhofsneubau messbare Einbußen an materieller Lebensqualität hinnehmen zu müssen, wie dies z. B. bei den Aktionen gegen den Ausbau des

---

1 Gerhard Schulze legt damit nahe, dass es sich beim Gegensatz von Industrie- und Postmoderne weniger um einen Epochensprung, als um zwei Gesichter der Moderne handelt, die immer beide präsent sind, wenn sie auch zu unterschiedlichen Zeiten unterschiedlich deutlich hervortreten. Die Unterscheidung von „geometrischem Geist" und „Feinsinn" bereits bei Pascal (Zelle 1995:61) legt allerdings eine solche Gleichzeitigkeit nahe, nach der die „Postmoderne" ständig als „schlechtes Gewissen der Moderne" (Zelle 1995:99) präsent zu sein scheint. Der Wertewandel der 1960er/1970er-Jahre hätte dann nur dies „schlechte Gewissen" deutlicher hervortreten lassen, nicht aber einen „Epochenbruch" evoziert, wie es Reckwitz (2010) nahe legt.

Frankfurter Flughafens der Fall ist. Keiner der Gegner wird durch den Bahnhofsbau in materieller Sicht geschädigt, keiner erleidet Einschränkungen seiner materiellen Lebensgrundlagen oder Wertminderungen von Besitz. Das Irritierende am Konflikt um „Stuttgart 21" für die Öffentlichkeit scheint gerade darin zu bestehen, dass alle diese Konfliktursachen nicht vorliegen, dass sie offensichtlich keine Rolle spielen, und dass der Konflikt dennoch von einer ausgesprochenen Härte geprägt ist.

Auseinandersetzungen um materielle Beeinträchtigungen hätten in das Konfliktbild einer „organisierten Moderne" gepasst. Sie bestimmen deren zentrale Konfliktlinien z. B. in Lohnkämpfen oder den typischen Partizipationsvorgängen, wie sie seit den 1960er-Jahren in die Planung aufgenommen wurden. Bei „Stuttgart 21" werden aber keine derartigen Gewinn- und Verlustrechnungen auf einer Skala von „Einkommen" oder „Vermögen und Besitz" der beiden Seiten gegeneinander durchgeführt. Diese Kategorien spielen aus Sicht der Gegner überhaupt keine Rolle. Damit werden die Konfliktmotive für die Befürworter und für eine breite Öffentlichkeit tendenziell unverständlich. Es bleibt vor allem den Betreibern des Projektes weitgehend unklar, wogegen sich der Protest eigentlich wendet, wenn keine materiellen Besitz- oder Gewinnkategorien bemüht werden, wenn also auch Leistungen des neuen Bahnhofes gar nicht als „Gewinn" verstanden werden können.

Da es offensichtlich nicht um eine Abwehr lokaler Verschlechterung materieller Lebensqualität – Lärm- oder Schmutzbelästigung – durch ein Großprojekt geht, wie bei Flughafenausbauten in Frankfurt oder Berlin, spielen auch Verschiebungen der Baumaßnahme an einen anderen Ort – „not in my backyard" – keine Rolle. Ganz offensichtlich kämpfen die Gegner des Projekts nicht gegen die Realisierung einer für sie als bedrohlich erscheinenden Maßnahme aus einem Partialegoismus, dem es gleich ist, wo das Großprojekt realisiert wird, wenn es nur nicht bei einem selbst geschieht. Es gibt im Konflikt um „Stuttgart 21" kein St.-Florians-Prinzip: „Verschon mein Haus, zünd' andere an".

Diese Konfliktlage hat weiterhin zur Folge, dass es keine eindeutig Betroffenen gibt, die von Nicht-Betroffenen z. B. räumlich zu unterscheiden wären. Der Widerstand geht nicht von Anliegern oder Anwohnern aus, deren Lebensqualität oder Besitz etwa an Immobilien durch das Projekt entwertet würde, sondern von einem Milieu, das sich den genannten postmateriellen Werten verpflichtet fühlt und für diese unabhängig vom räumlichen Punkt des Anlasses einzutreten bereit ist. Selbstverständlich spielt eine gewisse Nähe zum Anlass des Protestes eine Rolle, dies aber nur in emotionaler, nicht in materieller Sicht. Einem postmateriellen Milieu in Stuttgart mag der Ort des eigenen Bahnhofs näher liegen als z. B.

der Bau einer ähnlich zerstörerischen Rhein- oder Moselbrücke. Ein Engagement am dortigen Projektwiderstand wäre aber grundsätzlich genau so denkbar, wie der am Stuttgarter Projekt. Nicht die unmittelbare räumliche, sondern die kulturelle Betroffenheit ist ausschlaggebend. Daher erscheint es den Stuttgarter Projektgegnern auch völlig legitim, dass sich Unterstützung für sie aus dem ganzen Bundesgebiet einstellt, während die Betreiber darin eine „Einmischung" Nicht-Betroffener in lokale Angelegenheiten sehen und diese „Fremden" als notorische Störer oder habitualisierte Nein-Sager abzuwerten suchen.

Ein zentraler Wert der Befürworter und Betreiber wird gestört: der glatte, reibungslose, perfekt organisierte Ablauf. Aber gerade diese Verfahrensperfektion ist einem postmateriellen Milieu kein positiver Wert, sondern zutiefst suspekt, da mechanisch glatte Abläufe genau so nivellierend gegen das Besondere wirken wie die technischen Maßnahmen, die auf diese Weise durchgesetzt werden sollen. Das Verfahren des reibungslosen Ablaufes repräsentiert die gleiche reduziert technische Rationalität wie der Gegenstand, der auf diese Weise realisiert werden soll, und ist damit genau so verächtlich und minderwertig wie dieser.

Der Kampf um die postmateriellen Werte, um die es bei „Stuttgart 21" geht, ist demnach aus Sicht der Gegner nicht in ein Muster von materiellem Gewinn und Verlust partialer Gruppierungen, Klassen, Schichten oder Unternehmen einzuordnen, ein Punkt, der es z. B. den Gewerkschaften unmöglich macht, diesen Konflikt auch nur zu verstehen, geschweige denn eine angemessene Position zu beziehen, und der Sozialdemokratie geht es ganz ähnlich. Vielmehr handelt es sich um so etwas wie räumlich oder sozial nicht abgrenzbare, um tendenziell universale, unteilbare Ansprüche mit dem Charakter von Menschenrechten, um die hier gekämpft wird, eine Konfliktdimension, die die Betreiber des Projektes in keiner Weise nachvollziehen können. Dabei nehmen sie selbstverständlich für sich ähnliche „Rechte" in Anspruch, z. B. technisch das tun zu dürfen, was sie tun können. Dies ist ein durchaus zweifelhaftes Recht, das aber als solches gar nicht problematisiert wird. Es wird aber, auch das ist eine Folge von „Stuttgart 21", in Zukunft in wachsendem Maße in Frage gestellt werden.

Neben diesen Aspekten, um die es bei „Stuttgart 21" nicht geht und die daher von den Gegnern auch nicht in Anschlag gebracht werden, sind auch solche zu erkennen, um die es eigentlich, wird die kulturelle Dimension ernst genommen, nicht gehen dürfte, auf die sich die Gegner aber dennoch einlassen. Die Projektgegner wurden sowohl durch das „Schlichtungsverfahren" als auch durch eine öffentliche Meinung auf Auseinandersetzungsfelder gezwungen, in denen ihre Konfliktkategorien zu kurz kommen. Die Gegner begehen damit entscheidende strategische Fehler. Indem sie sich bestimmten Kategorien öffnen, die zum einen von den Betreibern des Projekts als zentral behauptet werden, die aber auch in der öffentlichen Debatte anerkannt sind, verlassen sie die für sie bestimmenden Kategorien und entwerten sie. Sie erkennen damit die kulturelle Dominanz ihrer Opponenten an und müssen durch diese Strategie, die als Gewinn von Öffentlichkeit gemeint gewesen sein mag, zwangsläufig unterliegen. Die zentrale Kategorie in diesem Zusammenhang, um die es den Gegnern des Projektes prinzipiell nicht geht, ist die der Effizienz. Ob der neue Bahnhof tatsächlich leistungsfähiger ist als der alte, ist eine Konfliktebene, die für die kulturelle Dimension des Konfliktes von nachrangiger Bedeutung ist. Bestenfalls als Hilfskategorie kann diese Frage eine Rolle spielen, wenn also klar gemacht werden soll, dass der infrastrukturelle Gewinn des Neubaus vernachlässigenswert ist, es sich also um eine Scheinoptimierung oder um eine unverhältnismäßig teuer erkaufte Minimalverbesserung handelt. Aber um ein zentrales Argument kann es sich nicht handeln. Eher muss deutlich gemacht werden, dass es sich bei der Behauptung der Effizienzsteigerung um eben ein solches nur vorgeschobenes Scheinargument handelt. Aber diese Auseinandersetzung gerät erwartungsgemäß zur Fachdiskussion über die tatsächliche Effizienz und Leistungsfähigkeit des Neubaus, und damit verlassen die Projektgegner ihre kulturelle Ebene und begeben sich auf die des Gegners, auf der sie nur schwer bestehen können und auf der sich ihre kulturellen Gegenargumente aufzulösen drohen.

Besonders das „Schlichtungsverfahren" war von solchen Vorgängen gekennzeichnet, da Schlichtungen nach dem „besseren Argument" nur innerhalb eines kulturellen Systems möglich sind, nicht dann, wenn unterschiedliche oder gar gegensätzliche kulturelle Normen aufeinander stoßen. Mit dem nachvollziehbaren Wunsch, nicht als „diskussionsunfähige, destruktive Störer" stigmatisiert zu werden, unterwarfen sich die Projektgegner den im gesamten Verfahren dominierenden Normen der „industriellen Moderne" und bewegten sich damit gerade im „Schlichtungsverfahren" unaufhaltsam auf die Niederlage zu.

Die Projektgegner gehören keinem „Protestmilieu" an, sondern verstehen sich als liberale, diskussionsoffene Bürger, können und wollen sich daher einer öffentlichen Debatte, sei sie informell, wie vor dem „Schlichtungsverfahren", sei sie formalisiert, wie in diesem, nicht entziehen. Sie mögen es sogar gesucht haben. Dabei unterschätzen sie die Tiefe des kulturellen Dissenses und damit auch die Gefahr, in das kulturelle Argumentationsmuster der Projektbetreiber hineingezogen zu werden. Das geschah aber spätestens im „Schlichtungsverfahren" und besiegelte die Niederlage der Projektopposition.

Aus diesen Zusammenhängen heraus werden weitere Punkte erkennbar, um die es bei „Stuttgart 21" nicht geht, z. B. um eine „bessere, umfassendere und frühzeitige Information der Bevölkerung", wie die Projektbetreiber in gewohnter Überheblichkeit zuzugestehen bereit sind. Mit einem solchen Konzept wird den Projektgegnern Unwissenheit und Unmündigkeit unterstellt, die in generösem Paternalismus „aufgeklärt" werden müsse, wie man eben unwissende und unmündige Kinder über die „wahren Verhältnisse" aufzuklären und zu informieren habe. Nicht nur die im „Schlichtungsverfahren" offen zu Tage tretende Tatsache, dass die Projektgegner sich als bestens und auf der Höhe von Fachlichkeit informiert herausstellen, spricht gegen diese Sicht. Es handelt sich um nichts anderes als um eine arrogante aber leere, selbstgefällige Statusverteidigung der Projektbetreiber, die mit guten Gründen um ihre Elitenposition fürchten müssen und zu deren Verteidigung sie ihre Gegner in den Status der Unmündigkeit zu versetzen suchen, eine bei allen autoritären Konzepten beliebte Strategie. Werden derartige frühzeitigen Aufklärungs- und Informationsverfahren zukünftig verstärkt in Gang gesetzt, wird damit zu rechnen sein, dass sich auch der Widerstand frühzeitiger und informierter artikuliert.

Sowohl für die Projektbetreiber als auch für die Öffentlichkeit entsteht eine zusätzliche Irritation, weil auch einem weiteren, inzwischen weitgehend anerkannten Protestanlass offensichtlich keine zentrale Bedeutung zukommt, der ökologischen Dimension des Projektes. Im Unterschied z. B. zu Atomkraftgegnern werden im Konflikt um „Stuttgart 21" keine ökologischen Bedrohungen beschworen, weder in globalem Sinne wie bei den AKW-Gegnern, noch im lokalen Kontext, obwohl im Verlauf des Konfliktes durchaus manifeste ökologische Probleme des Bahnhofsprojektes zu Tage treten, z. B. in Hinsicht auf den Baugrund der Tunnelröhren oder die Grundwasserströme, die von dem quer zu ihnen liegenden Bahnhofsneubau in bedrohlicher Weise unterbrochen werden.

Selbst der Kampf um die Bäume im angrenzenden Park ist nicht primär ökologisch sondern kulturell bestimmt. Äußerstenfalls eine Art ökologischer Symbolik scheint bedeutsam zu sein. Die alten Bäume des Parks, die für den Neubau gefällt werden mussten, scheinen den Projektgegnern eine „benevolente", eine dem Menschen zugewandte, schützende Natur zu symbolisieren. Der Kampf um den Park mit seinem alten Baumbestand erinnert weniger an einen Kampf um Naturressourcen, die als bedroht empfunden werden, als vielmehr um einen „locus amoenus", einen beseelten Ort, der seinen Zauber aus Erinnerungen und kulturellen Aufladungen bezieht. Diese werden mit dem Fällen der Bäume zerstört, nicht die messbare ökologische Leistung des Parks.

Vielleicht liegt in diesem Konfliktgegenstand, nicht obwohl, sondern weil er als ökologischer keine zentrale Rolle spielt, sogar ein Schlüssel zum Verständnis der Auseinandersetzungen um „Stuttgart 21". Nicht die materielle Dimension des

Parks als großstädtischem Klimafaktor ist von Bedeutung, also nicht ein Wert, der nach industriegesellschaftlicher Logik berechnet und erfasst werden könnte. Es sind die Bilder, die Erinnerungen, die emotionalen Projektionen, die kulturellen Aufladungen dieses Stückes innerstädtischer Natur, die es für die Projektgegner so wertvoll und unersetzlich werden lassen. Über ihre Funktion als Luftfilter und Sauerstofflieferanten hinaus und völlig unabhängig davon erhalten diese Bäume in den Augen der Projektgegner eine kulturelle Beseeltheit, die die Projektbetreiber in ihrer Bindung an industriegesellschaftliche Kategorien von technischer Effizienz und mechanischer Leistung bestenfalls als kindischen Kitsch begreifen können, dem sie verständnis- und fassungslos gegenüber stehen. Eine sehr tiefe emotionale Bedeutung des Konfliktes deutet sich hier an, der Kampf gegen eine „Entzauberung der Welt", wie sie die industrielle Moderne in totaler Radikalität seit Beginn des 19. Jahrhunderts betreibt und gegen die sich ja bekanntlich schon die historische Romantik gewandt hatte. Auch ihr ging es aber nicht um blinden Aberglauben oder voraufklärerische Naturreligion, sondern um eine andere Zukunft, ein anderes Bild vom Glück und vom richtigen Leben, als das der aufbrechenden industriellen Moderne. Deren unverkennbaren Defizite befeuern heute wieder Widerstände, wie sie bei „Stuttgart 21" aufbrechen.

Die Liste der Themen, um die es im Konflikt um „Stuttgart 21" nicht geht, ließe sich noch lange fortsetzen. Nur auf drei weitere Punkte soll in aller Kürze eingegangen werden. Ohne Bedeutung ist als erstes die architektonische Qualität des Entwurfs für den neuen Durchgangsbahnhof. Er ist und bleibt ein Durchgangsbahnhof, also „Strecke" und nicht „Ort", dazu noch unterirdische Röhre, also form- und gestaltlos und damit für die Gegner nicht akzeptabel, gleichgültig, in welcher Qualität die Funktionsabläufe organisiert und intern geformt werden.

Weiterhin liegt vermutlich keine grundsätzliche Opposition zu Technik und technischer Innovation oder technischen Großprojekten vor. Da, wo sie nicht mit kulturell definierten „Orten" in Konflikt geraten, können sie auch in Zukunft als völlig unproblematisch angenommen werden – wenn nicht massive ökologische Gegenargumente auftreten. Beispielsweise zeigt der ohne den geringsten Widerstand realisierte zweigleisige Ausbau der ICE-Strecke Hildesheim-Braunschweig, dass die Befürchtungen, in Deutschland seien technische Großprojekte in Zukunft unmöglich, wenn sich Positionen wie die der Gegner von „Stuttgart 21" durchsetzen, unbegründet und rein polemischen Charakters sind.

Und als Letztes muss wohl auch die Vorstellung, es handle sich beim Widerstand gegen „Stuttgart 21" um den Protest gegen eine selbstgefällige, von der Bevölkerung abgehobene Politik, relativiert werden. Konfliktanlass ist der Bahnhofsumbau. Die als empörend empfundenen Reaktionen der Politik, in Koalition mit lokalen Unternehmen, stellen sich erst im Verlauf des Konfliktes heraus und wirken auf die Gegner zutiefst irritierend. Sie stammen, soweit das ohne spezielle Untersuchungen erkennbar ist, aus einer bürgerlichen Mittelschicht, keinem Protestmilieu, sind also in keiner Weise darauf aus, die lokale Politik, den „Staat" oder das „System" zu provozieren, wie man es bei bestimmten urbanen Szenen der so genannten „Autonomen" beobachten kann. Die Projektgegner empfinden es sogar als ausgesprochen verletzend, mit Gruppierungen „in einen Topf" geworfen zu werden, die nach öffentlicher Wahrnehmung Protest und Provokation um ihrer selbst Willen betreiben, um sich dann durch das harte Einschreiten von Ordnungskräften in ihrer Ablehnung bestätigt zu sehen.

Die Stuttgarter Projektgegner sind ganz im Gegenteil über die staatliche Gewalt, die gegen sie mobilisiert wird, zutiefst entsetzt und empört, da sie, so kann man zumindest vermuten, ihren eigenen Verwaltungen und Regierungen im Grunde loyal gegenüber stehen. Aber auch hier wird die kulturelle Kluft, die Gegner und Betreiber des Projekts trennt, deutlich. Wo die Gegner Möglichkeiten für Konsens und Gespräch erhoffen, sehen die Projektbetreiber unbotmäßigen Ungehorsam, der gebrochen werden muss, weil er geregelte Abläufe stört. Das technische Prinzip, bei Widerständen z. B. im Baugrund oder beim Tunnelvortrieb eben schwereres Gerät einzusetzen, wird bruchlos auf soziale Widerstände übertragen und zeigt damit seine Gewaltförmigkeit sowohl in der Behandlung von Natur als auch von Gesellschaft, und dies gegenüber einem Widerstandsmilieu, das vermutlich eher auf Harmonie, auf Verständigung, auf Kommunikation und Empathie ausgerichtet ist.

Diese Einschätzungen enthalten Implikationen zur „kollektiven Identität" Stuttgarts oder des Widerstandsmilieus. Weder im Widerstand gegen den Bahnhofsumbau noch in seiner Durchsetzung äußert sich eine Stuttgarter „kollektive Identität", sondern die Fragmentierung, die moderne Stadtbevölkerung auszeichnet. Politik, besonders lokale oder regionale Politik, ist aber in der Regel bemüht, solche „kollektiven Identitäten" zu fördern, auch wenn es sich dabei häufig um leere Behauptungen handeln mag, weil die Hoffnung besteht, solche kollektive Übereinstimmung könne Regieren und Verwalten erleichtern. Besonders in der Konkurrenz der Städte und Regionen um Wirtschaftswachstum werden von Politik und Verwaltung vorzugsweise kollektive kulturelle Identitäten behauptet, die in unheimlich-heimlicher Art (Niethammer 2000) lokale Partialegoismen rechtfertigen und gegen Kritik immunisieren sollen. Es könnte als eine der positiven Botschaften angesehen werden, die vom Konflikt um „Stuttgart 21" ausgehen, dass sich solche Strategien, dann wenn es drauf ankommt, als verfehlt erweisen. Die aktuelle Fragmentierung städtischer Bevölkerung in unterschiedliche kulturelle Milieus scheint Konzepten einer instrumentell durch- und einsetzbaren kollektiven Identität doch sehr enge Grenzen zu setzen. In der Gewalttätigkeit der lokalen Politik gegen Projektgegner zeigt sich die Barbarei, die mit Strategien kollektiver Identität verbunden ist (Dahrendorf 1995), wenn diese zur Grundlage von Politik erklärt werden soll, und die lokale Politik auch in Stuttgart ist zweifellos von Vorstellungen kollektiver Identität geprägt.

Die bis hierher und auch im Weiteren entwickelte Argumentation geht immer davon aus, dass es sich bei „Stuttgart 21" tatsächlich um ein Infrastrukturprojekt handelt, dass also der Gewinn an innerstädtischer Gewerbefläche durch Bebauung des Bahngeländes nicht den entscheidenden Anlass für das Projekt darstellt. Vermutlich könnte eine einfache Überbauung der Gleisanlagen zu ungefähr den gleichen Flächengewinnen führen, bei erheblich geringerem technischen Aufwand und geringeren Eingriffen in bestehende Bebauung und Ökologie. Aber für die Techniker der Bahn ist vermutlich doch der Kopfbahnhof der Stein des Anstoßes, der nach ihrer Auffassung nicht mehr in die Zeit passt und beseitigt werden muss, unabhängig von innerstädtischem Flächengewinn, den Stuttgart auf Grund seiner geographischen Lage zu benötigen meint. Entsprechend wird auch die Behauptung, „Stuttgart 21" sei im Grunde nichts anderes als ein lokales Programm zur Sicherung von Arbeitsplätzen in der Bauindustrie, zwar als Nebenargument, nicht aber als ausschlaggebend für den Bahnhofsumbau gesehen. Wenn dieses Argument zwingend wäre, bliebe unverständlich, warum München und Frankfurt/M. entsprechende Projekte abgelehnt haben, während eine prosperierende Region wie Stuttgart mit niedriger Arbeitslosigkeit bereit war, das Projekt zu realisieren. Trotz aller denkbaren Zusatzargumente konzentriert sich die Argumentation daher hier auf die Infrastrukturmaßnahme.

Auf drei kulturell-symbolischen Ebenen kann nun der Widerstand gegen das Bahnprojekt gesehen werden: zum ersten als Widerstand gegen eine Vernichtung dauerhafter städtischer Zeichen, die in ihrer materiellen Stabilität als Symbole gegen umfassende Entwertungen durch Wandel stehen; zum zweiten als Widerstand gegen eine entsprechende Vernichtung von Raumzeichen, die individuelle Biographien symbolisieren; und zum dritten als Abwehr einer Zerstörung konkreter Orte zugunsten einer Durchsetzung abstrakter Raumkategorien, wie sie vor allem mit modernen Verkehrssystemen verbunden sind.

3. Das Alte als Zeichen der Dauer gegen beschleunigten Wandel

Bereits Georg Simmel (1983: 487) weist in seiner „Soziologie" auf die Fixierung des Auges, des Sehens auf die Dauerhaftigkeit des Raumes und der Dinge im Unterschied zur Flüchtigkeit des Hörens hin, so etwas wie eine soziologische Grundtatsache, die sich genau so bei Maurice Halbwachs (1967: 127) und seinen Ausführungen zum „Kollektiven Gedächtnis" findet. Dass unter Bedingungen eines sich ständig beschleunigenden Wandels dieser Wunsch, diese Sehnsucht nach der Unwandelbarkeit des Raumes und seiner Zeichen wächst, erscheint unmittelbar einleuchtend. Besondere Bedeutung erlangen daher die Zeichen, also die Bauten des städtischen Raumes, die durch ihr reines Alter aus der Zeitlichkeit des Konsums, des Verbrauches und Verschleißes heraus gefallen zu sein scheinen. Unabhängigkeit von ihrer historischen Zuordnung zu einem bestimmten historischen Stil, also etwa dem des Klassizismus oder einer „klassischen Moderne", erreichen diese Gegenstände den Status des „Klassischen". Sie altern nicht mehr, sind dem Wandel durch Überzeitlichkeit entzogen. Während eine Entwertung von Dingen aber auch von Menschen, von ihrem Wissen, ihren Qualifikationen ständig steigt, wächst in kompensatorischer Weise die Zuneigung zu den Dingen, die einem solchen Wandel nicht mehr unterliegen und die damit symbolisieren, dass es auch etwas anderes, eine andere Existenz geben könnte, als die der Entwertung durch Wandel und permanente, beschleunigte Innovation (Lübbe 1992: 113).

Ganz offensichtlich hat der Stuttgarter Bahnhof diese Qualität erreicht. Er wirkt nicht als Identität stiftendes Bauwerk einer konkreten historischen Epoche oder Architekturschule und eines architekturhistorisch wichtigen Architekten, sondern als ein solches, der Zeit und dem Wandel bereits enthobenes „klassisches" Bauwerk in der sonst zutiefst von „Zeitlichkeit" geprägten Umgebung dieses Gebäudes. Die Position des Bahnhofs mit seinem Turm in der Achse der Königstraße, der Haupteinkaufsstraße der bis zum Schlossplatz und seinem Schloss gleichfalls eher gesichtslosen Stuttgarter Innenstadt, und seine architektonische Sprache einer demonstrativen Solidität, Dauerhaftigkeit und Festigkeit, gestützt von „klassischen" Formmotiven, mögen zu dieser Transformation des Gebäudes in die Zeitlosigkeit und Klassizität beigetragen haben.

Eine architekturhistorische Würdigung dieses, von 1914 bis 1922 von Paul Bonatz errichteten, zu seiner Zeit modernsten europäischen und wichtigsten Bahnhof zwischen Historismus und Moderne ist nicht Gegenstand dieses Beitrages, da die Klassizität, die das Gebäude erlangt haben dürfte, von dieser Stilgeschichte gerade als unabhängig behauptet wird. Dass das alte Bahnhofsgebäude aber in der Architekturgeschichte einen bedeutenderen Platz einnehmen könnte, als z.B. das sorgsam gehegte Stuttgarter Schloss (Heißenbüttel 2010) und dass von diesem einmaligen Baudenkmal nach dem „Umbau" nur ein sinnloses Relikt übrig bleiben wird (Knapp 2010), verschärft die Dramatik einer „Modernisierung" durch den Umbau. Aber allein seine Präsenz als Altes im Rahmen von sich ständig wandelndem Neuen dürften genügt haben, es zum „Klassischen" im hier gemeinten Sinne zu erheben. Daraus bezieht dieses Bauwerk seinen emotionalen Stellenwert für die Stuttgarter, auch wenn diese Seite des Protestes kaum artikuliert werden kann.

Dass in Stuttgart, als einer Stadt geradezu programmatischer technischer Innovation, eines durch schwäbischen Fleiß gesicherten technischen Fortschritts, diese Reaktion auf Wandel besonders heftig ausfällt, kann unter dieser Perspektive kaum überraschen.

Damit wird aber auch ein Konflikt innerhalb der Stuttgarter Bevölkerung erkennbar, der im Streit um die Zweckmäßigkeit des Neubaus eher verborgen bleibt. Zum einen unterliegen zahlreiche Stuttgarter als Mitarbeiter in Unternehmen, die auf technischen Innovationen basieren, in besonders hohem Maße den Wandel- und Verschleißbedingungen, die zur Aufwertung von Altem führen. Zum anderen aber sind möglicherweise die gleichen Gruppen oder Einzelnen von den Umsetzungen dieser Innovationen abhängig, und dies auch dann, wenn Altes dadurch vernichtet wird. Es wird in dem bestehenden Konflikt zwar mit Sicherheit auf beiden Seiten „harte Kerne" geben, die eindeutig jeweils einer Position zuneigen, sie bilden aber vermutlich nur Minderheiten des gesamten Protestpotentials.

Als harten Kern der Neubaugegner, als deren „Aktivisten" kann man Personen vermuten, die in besonders enger Weise einem Wertewandel (Inglehart 1998; Klages 1984) verbunden sind, also z. B. Freiberufler und Angestellte in personenbezogenen, technikfernen, stark kulturell und künstlerisch geprägten Berufen: Künstler, Schauspieler, Pädagogen, Personen aus medizinischen oder Sozialberufen. Befürworter finden sich dagegen vermutlich eher im Bereich von Technikern und Facharbeitern aus typisch hochindustriellen Industriezweigen wie dem Automobil-, Fahrzeug- und Maschinenbau. Medienberichte zu „Stuttgart 21" stützen weitgehend diese Vermutungen. Diese Verteilung von Gegnern und Befürwortern bestimmt auch die Position der politischen Parteien, also z. B. die Gegnerschaft der Grünen, deren Wählerschaft eindeutig zur ersten Gruppe gehört, während die SPD das Bahnhofsprojekt bezeichnender Weise eher, wenn auch manchmal schwankend, unterstützt, da sie ihre Stammwählerschaft zwar im Befürwortermilieu hat, dennoch aber versucht, auch für Post-Materialisten attraktiv zu werden. Aber auch die CDU dürfte aus diesen Gründen bei weitem nicht so homogen sein, wie es ihre Spitzenpolitiker vorgeben. Gleiches dürfte für die Ambivalenzen und Unsicherheiten der Evangelischen Kirche gegenüber „Stuttgart 21" gelten (Müller-Enßlin 2010).

Darüber hinaus aber sind die Interessengruppen eher undeutlich. Der Streit um Erhalt oder Umbau kann als Ambivalenz sogar durch die einzelne Person gehen, ein Phänomen moderner Konflikte, das den klassischen z. B. zwischen „Arbeit und Kapital" eher fremd war, in denen also auf jeder Seite Eindeutigkeit herrschte und eingefordert wurde. Dadurch wird auch die bekannte soziale Heterogenität der Gegner verständlich. Nicht eine klare, Homogenität stiftende Interessenlage sondern eine postmoderne „fortgeschrittene" Position im Wertewandel verbindet diese Gruppen, die unter anderen Aspekten außerordentlich unterschiedlich sein können.

4. Symbolischer Ortsbezug

Bei den erwähnten Klassikern der Soziologie, bei Georg Simmel und Maurice Halbwachs, die offensichtlich eine besondere Sensibilität für diese Dimensionen des Alltagslebens auszeichnete, finden sich zahlreiche Hinweise und Ausführungen zu einer besonderen Erscheinungsweise der Vergewisserung von Dauer durch die Zeichen des Raumes gegenüber der ungreifbar dahin fließenden Zeit. Diese Überlegungen nahm dann vor allem Heiner Treinen (1965) in seinen Untersuchungen zum „symbolischen Ortsbezug" auf. Zeichen des Raumes, auch wenn sie keine besondere architektonische Qualität sondern nur eine gewisse Dominanz aufweisen, werden mit Gefühlen, Erfahrungen, Erlebnissen assoziiert, die sich im „Angesicht" dieser Zeichen abgespielt, ereignet, vollzogen haben, auch wenn sie mit diesen „Vollzügen der Seele", diesen Ereignissen einer individuellen Biographie in keinerlei ursächlichem Zusammenhang stehen.

Dass sich ein Bahnhofsgebäude, besonders eines der architektonischen Prominenz wie im Stuttgarter Fall, für solche Assoziationen geradezu anbietet, liegt auf der Hand. Es dürfte kaum einen Stuttgarter geben, der nicht irgendwann einmal von hier aufgebrochen, hier angekommen ist und die Erlebnisse und Erfahrungen einer Reise mit dem Bahnhofsgebäude in Verbindung bringt. Werden aber die Raumzeichen, die als Symbole des mit ihnen verbrachten Lebens wirken, zerstört und beseitigt, wird auch das mit ihnen verbrachte Leben vernichtet und ausgelöscht, „denn Erinnern und Leben ist untrennbar verbunden, das eine lässt sich nicht ohne das andere zerstören, und beides zusammen bildet einen Begriff, für den es keinen Namen gibt" (Juri Trifonow 1982: 17[2]). Daher ist diese Dimension im Konflikt auch so schwer zu thematisieren. Es sind emotionale und scheinbar ganz subjektive Beziehungen, die viele Einzelne einer Stadtbevölkerung zu ei-

---

2 Juri Trifonows Roman mit dem programmatischen Titel „Zeit und Ort", dem dieses Zitat entstammt, ist um 1950 entstanden und reflektiert die forcierte technische Modernisierung der Sowjetunion in der ersten Hälfte des 20. Jahrhunderts mit ihrer massiven Zerstörung von alten Gebäuden, Orten und Traditionen und den damit zusammenhängenden Erinnerungen.

nem solchen Bauwerk aufbauen, die sich aber zu einer Bewegung, zu einem öffentlichen Ereignis addieren können (Assmann 2007).

Im Rahmen des Wertewandels gilt es den Engagierten nicht mehr als unwürdig, als unangemessen und irrational, derartige subjektive und traditionell als belanglos und sentimental abgewerteten Beweggründe zum Ausdruck zu bringen, sich zu ihnen zu bekennen, auch wenn die politische Artikulation dieser Dimension des Konfliktes nur schwer gelingt. Besonders Bevölkerungsgruppen, denen man einen relativ weit vollzogenen Wertewandel zutrauen muss, also relativ gebildete „Mittelschichten", werden sich in zunehmendem Maße aus diesen Motiven für den Erhalt von städtischen Symbolen einsetzen, wie es in Stuttgart an der sozialen Zusammensetzung der Protestbewegung deutlich zu erkennen ist.

Persönliche Befindlichkeiten, Emotionen und Gefühle gewinnen allerdings nicht erst mit dem Wertewandel des 20. Jahrhunderts Anerkennung als Basis politischen Handelns. Bereits die Romantik zeigt deutliche Ansätze in dieser Richtung (Lepenies 2008: 162), und gegen die gegenwärtigen Protestbewegungen wird ja häufig der Vorwurf erhoben, sie seien „Romantiker", immer mit dem Unterton des Irrationalismus, von dem entsprechende Versuche getragen seien. Gerade aber der Bezug zur historischen Romantik könnte deutlich machen, dass es sich bei diesen Protesten gegen technische Rationalität durchaus nicht um Irrationalität handelt, dass vielmehr eben diese „moderne" Technik in ihrem Machbarkeits- und Wachstumswahn irrationale Züge trägt, dem in den Protesten keine gefühlige Unvernunft sondern eine andere Vernunft, ein anderes Bild vom guten Leben entgegengesetzt wird. Aktuell bleiben aber große Teile der protestierenden Mittelschicht ökonomisch von den Innovationen abhängig, die die emotional besetzten Raumzeichen einer Stadt gefährden. Die Proteste gegen modernitätsbedingte Zerstörungen gewohnter und geliebter Raumzeichen müssten aus dieser Sicht als Begleiterscheinung von Modernität gesehen werden, ohne deren Wachstums- und Beschleunigungstendenzen grundsätzlich durchbrechen zu können. Zumindest sind kulturelle Konflikte wie „Stuttgart 21" von Ambivalenzen bestimmt, die sich durch die einzelnen Personen ziehen und die nicht ohne weiteres aufgelöst werden können. Das verleiht den postmodernen Konflikten eine weitere Ambivalenz: die zwischen Utopie und realer Perspektive. Für den Einzelfall scheint die Verwirklichung postmoderner Vorstellungen nahe zu liegen, insgesamt aber, und das schlägt sich dann auch in den Einzelfällen nieder, sind die Zwänge einer industriellen Moderne nicht ohne weiteres zu durchbrechen. Auch die postmoderne Persönlichkeitsstruktur weist unauflösbare innere Widersprüche auf (Reckwitz 2010).

5. Ort und Raum in industrieller und post-industrieller Kultur

Gegen die beiden ersten Argumente, die den Widerstand auf der Ebene symbolisch kultureller Wertungen erklären könnten, ließe sich einwenden, dass das Bahnhofsgebäude ja nicht komplett zerstört, sondern in relevanten, besonders herausragenden Teilen wie dem Turm bestehen bleibt, also seine Symbolfunktion weiter erfüllen könne. Es ist zwar zweifelhaft, ob ein funktionsloser „Rumpfbahnhof" nicht eher als Karikatur oder Verhöhnung seiner emotionalen Besetzungen wirken muss, ganz von der Hand weisen ließe sich ein solcher Einwand dennoch nicht. Für die dritte Dimension des kulturell symbolischen Widerstandes gegen die Zerstörung konkreter Orte und deren Ersatz durch den abstrakten Raum durch die Umwandlung des Bahnhofes in einen unterirdischen Durchgangsbahnhof gilt das aber mit Sicherheit nicht. Der Kopfbahnhof markiert einen Ort, einen konkreten Punkt der Ankunft und Abfahrt. Er setzt der Abstraktion der Linie oder Strecke, der Ortlosigkeit und Einsamkeit des Raumes und seiner Un- oder Nicht-Orte (Augé 1992) ein Gegengewicht entgegen und gibt ihr Sinn. Als Kopf- oder Endbahnhof symbolisiert er das Ziel der Reise oder ihren Beginn, und bezeichnender Weise sind in der klassischen Zeit des Eisenbahnbaus alle bedeutenden Bahnhöfe der Großstädte oder Metropolen als Kopfbahnhöfe ausgebildet worden. Paris, London und Berlin verfügten ausschließlich über Kopfbahnhöfe.

Selbstverständlich sind auch die Bahnhöfe aller bedeutenden deutschen Städte als Kopfbahnhöfe angelegt: Kiel, Altona, Frankfurt/M., Wiesbaden, Chemnitz, Leipzig, München usw. Und die Städte, in denen das nicht möglich war und auch die Simulation des Kopfbahnhofes nicht gelang, wie z. B. in Bremen, Hannover oder Karlsruhe, erhielten zumindest außerordentlich anspruchsvolle Bahnhofsgebäude und Bahnhofsvorplätze. Einen besonderen Fall bildet der Kölner Hauptbahnhof. Mit seiner Zufahrt über die Rheinbrücke exakt ausgerichtet auf den Chor des Domes und seiner Lage direkt an diesem berühmtesten deutschen Bauwerk erhält er einen Stellenwert, dem unbedingt der Kopfbahnhof entsprechen müsste, und häufig trifft man Mitreisende, die der festen Überzeugung sind, der Kölner Hauptbahnhof sei ein Kopfbahnhof, eine zwar falsche, im Grunde aber angemessene Wahrnehmung. Neben Zürich – und aus nachvollziehbaren Gründen Venedig – weist Turin eine besonders eindrucksvolle Variante des Kopfbahnhofes als Ort und Tor zur Stadt auf. Wäre die Sicht nicht durch diverse opulente Denkmale verstellt, könnte man direkt von der Bahnhofshalle bzw. vom Vorplatz über eine lange Achse durch die gesamte Altstadt das Turiner Schloss der Savoyarden, das Herz der Stadt sehen, bzw. umgekehrt von Schloss und Stadtzentrum die beeindruckende Fassade des Bahnhofes. Der Bahnhof verweist unmissverständlich auf die urbanen Juwelen dieser Stadt, die Arkaden, Plätze und Denkmale in ihrer auch für Italien einmaligen Verbindung. Neuere Reiseführer erwähnen zwar nicht seine Baugeschichte, durchaus aber seinen Stellenwert für die Geschichte des italienischen Risorgimento (z. B. Leinberger und Pippke 2001: 194). Und jedem Liebhaber der Stadt Florenz wird der Schritt aus dem Bahnhof – selbstverständlich ein Kopfbahnhof – und der sich schlagartig eröffnende Blick auf die Wunder dieser Stadt unvergesslich bleiben.

Mit den Kopfbahnhöfen erwies die Bahn diesen Städten ihre Referenz, ihren Respekt, denn durch diese Städte fährt man nicht durch. Man kommt in ihnen an oder verlässt sie. Sie sind Ziel oder Beginn einer Reise. Man lässt sie aber nicht wie beliebige Streckenabschnitte „links liegen". Und wo das bei bedeutenden Städten oder Bahnhöfen nicht möglich war, wie z. B. beim Hamburger Hauptbahnhof, wird doch zumindest architektonisch der Versuch unternommen, einen Kopfbahnhof zu simulieren. Das sehr prominente Hamburger Gebäude erhält zwei über den Gleisen als Brücken ausgebildete Querbahnsteige, die den Durchgangsraum der Bahnsteige und Gleisanlagen räumlich fassen und zum „Ort" und „Innenraum" erheben, ergänzt durch die Halle am westlichen „Kopfende", die diesen Eindruck verstärkt und von der aus sich der Blick auf den Gleisraum öffnet, als handle es sich um einen Kopfbahnhof. Und im neuen Berliner Hauptbahnhof, der das immer als elend und unwürdig empfundene Provisorium „Bahnhof Zoo" ersetzt, wird der Ort durch die Kreuzung, den eindeutigen und unverrückbaren Kreuzungspunkt markiert, von dem aus sich dann die Bahnlinien buchstäblich in alle Himmelsrichtungen erstrecken. Der gesamt Entwurf ist auf diesen Kontrast von Strecke – in den lang gezogenen Bahnhofshallen – und Kreuzungspunkt – in dem zentralen Kreuzgewölbe der oberen Halle – entwickelt, und er wäre als solcher auch verständlich, wenn er nicht durch ahnungslose Techniker ruiniert worden wäre. Oben fehlt dem Dach die Länge der „Strecke", unten die Betonung des Streckenteils, der zum „Ort" des Bahnhofs gehört und der durch die Gewölbekonstruktion markiert werden sollte. An deren Stelle erscheint nun die in ihrer Banalität deprimierende Flachdecke, die den „Ort" des Bahnhofs zur gleichgültigen, beliebigen „Strecke" degradiert. Aber genau das entspricht vermutlich den ästhetischen Vorstellungen einer technischen Rationalität, wie sie bei Verkehrsingenieuren noch heute zu finden ist. Ihnen ist der Ort, der die Strecke durchbricht, ein Gräuel, ästhetisch und technisch.

In den Stuttgarter Konflikten taucht dieses Argument des Gegensatzes von Ort und Raum zwar wieder auf, wird aber als rechnerisches oder verkehrstechnisches, nicht als kulturelles oder symbolisches Argument eingeführt, wenn nachgewiesen wird, dass Stuttgart für die Mehrzahl der Reisenden Reiseziel und nicht Durchgangsstation ist. Der entscheidende Einwand gegen die Untergrundlösung lässt sich aber nicht in dieser Weise verkehrstechnisch formulieren. Eine solche Berechnung von Verkehrsströmen kann in dieser Auseinandersetzung nur den Hinweis auf die dramatische Umwandlung eines Ortes in einen Nicht-Ort, in ein Nirgendwo, in die Abstraktion des Raumes liefern, die mit der Verlegung des oberirdischen Kopfbahnhofes in einen unterirdischen Durchgangsbahnhof vollzogen wird. Stuttgart als nennenswerte, bedeutende Stadt wird mit dieser Lösung negiert, und den Gegnern des Projektes ist das auch immer klar und stellt ein zentrales Argument gegen den Neubau dar (vgl. die Beiträge in Schorlau 2010).

Ganz im Gegenteil zu den Behauptungen der Bahnvertreter erhält die Stadt keine Auf- sondern eine gravierende symbolische Abwertung. Sie wird um den Ort – der Ankunft, der Abreise, der Bedeutung und des Sinns von Reisen – enteignet und zum Durchgang, zum beliebigen Streckenabschnitt degradiert. Stuttgart bekommt nicht nur einen neuen, verliert nicht nur einen alten Bahnhof, es verliert – den – Bahnhof und wird zur Durchgangsstation auf dem gleichen Niveau wie beliebige gesichtslose Vorstädte oder Industrie-Agglomerationen.

Hier liegt vermutlich der emotionale Kern des Konfliktes, und er ist als kultureller Konflikt offensichtlich fundamental. Der Gegensatz zwischen dem „Ort" – des konkreten, von Gefühlen, Erfahrungen und Erlebnissen getragenen Lebens – und dem „Raum" – als dem Abstrakten, „moderner" Logik der Effizienz und instrumentellen Rationalität verpflichteten Mechanischen, nur geometrisch Gegliederten – wird bereits mit dem Beginn der Industrialisierung in ganzer Schärfe und Kompromisslosigkeit in der berühmten Philemon-und-Baucis-Episode im „Faust II" wahrgenommen. Diese Szene bietet eine ergreifende und zutiefst erschütternde Darstellung dieses Konfliktes zwischen Ort und Raum. Alle Elemente des Konfliktes sind enthalten: Niederbrennen und Zerstören all der Bestandteile, die den Ort zum Ort werden lassen – der menschlichen Behausung, der Kapelle, also des geweihten, heiligen Ortes der Begegnung mit dem Transzendenten, und der beschützenden Linden als der personifizierten, beseelten, bergenden Natur. Und welche moderne Großbaustelle – ob Elbschlösschenbrücke in Dresden oder eben Bahnhofsumbau in Stuttgart – begänne auch heute nicht mit dem Fällen alter, als Charaktere geschätzter Bäume! Dass alte Bäume in der Stadt „Ruhe und Geborgenheit", also die Qualitäten des „Ortes" als „locus amoenus" vermitteln, wird denn auch im Stuttgarter Konflikt ausdrücklich formuliert (Nebel 2010). Und selbst die eigentlich gar nicht beabsichtige Ermordung der beiden Alten Philemon und Baucis durch den übereifrigen Gefolgsmann Mephisto gemahnt in schauerlicher Weise an aktuelle, in jeder Hinsicht unangemessene Einsätze modernisierter, auch heute im Zweifelsfall eigenmächtig handelnder „Ordnungskräfte" und ihre mörderische Brutalität. Selbst die Ablehnung des Gewinns, den das Faustische Projekt der Landgewinnung verspricht, durch das alte Paar, weil es in dem Neuen nur den gestaltlosen Raum und eben nicht den Ort sieht, erscheint als hellsichtiger Vorgriff aufs Hier und Jetzt des Stuttgarter Konfliktes. Und kein Zweifel wird in der gesamten Goetheschen Szene daran gelassen, dass es sich bei diesem Konflikt in keiner Weise um planungstechnische Notwendigkeiten, sondern ausschließlich um eine kulturelle Auseinandersetzung handelt: Faust/Mephisto könnten das Häuschen der Alten problemlos stehen lassen, aber Faust stört das „verfluchte Bim-Baum-Bimmel" (auch wenn die Formulierung Mephisto in den Mund gelegt wird, Vs. 11264), da es einen Ort markiert, der ihm nicht gehört, der sich seiner Macht und Weltbeherrschung entzieht, dessen Atmosphäre ihn aber auch an eigene Kindheit erinnert, an Gefühle und Bilder der Nähe und Empathie, die er als Weltbeherrscher verdrängen muss. Der Ort als Eigensinn, als Widerspruch gegen eine Herrschaft, deren technischer Rationalität er sich entzieht, ist die der Macht unerträgliche Provokation, nicht der Ort als Planungshindernis.

Entsprechend dieser frühen Erkenntnis, die im „Faust II" aber auch bei den Romantikern bereits zu Beginn des 19. Jahrhunderts, also vor der Durchsetzung moderner Industrialisierung, formuliert wird, dominiert das Mechanische und geometrisch Rationale der Effizienzsteigerung, der Vernichtung von Orten zum Zwecke der Zeitersparnis, dieses eherne „Gesetz der Moderne" (Simmel 1983) die gesamte Epoche der Industrialisierung. Vor allem sind es die großen Verkehrsbauten, die Autobahnen und Schnellstraßen, Bahnlinien und Flughäfen, die zum Ersatz der Orte durch den Raum und seine Nicht-Orte der dauernden Bewegung und Einsamkeit führen (Augé 1983).

Nicht allein durch den Umbau zum Durchgangsbahnhof, sondern vermutlich mehr noch durch die Verlegung in den Untergrund wird bei „Stuttgart 21" diese Transformation des alten, sichtbaren, prominenten Bahnhofsbaus vom „Ort" der Stadt zum ortlosen „Raum" des Verkehrssystems, zu einem rational reduzierten Nicht-Ort, zur Reduktion des Verkehrs auf reine Strecke, auf reinen Weg, auf Wegstrecke ohne Halt, zur emotionalen Haltlosigkeit vollzogen. Die Umwandlung des Bahnhofes von einem herausragenden Baudenkmal zu einem gestaltlosen „Betonschlauch", der in Zukunft die Stuttgarter Innenstadt durchziehen wird, macht diese Vernichtung von Orten durch die Strecke als Zeichen des Raumes und der endlosen Bewegung in nicht mehr zu überbietender Klarheit deutlich. Und wie auch in der Philemon-und-Baucis-Szene des „Faust II" wehren sich die Bewohner des Ortes gegen die „Verbesserungen" an Komfort und Zeitgewinn, an Bequemlichkeit und Raum, die ihnen hier, in „Stuttgart 21", wie dort, im Goetheschen Drama im Großprojekt der Landnahme, versprochen wird, weil es der Ort ist, an dem sich Leben ereignet, nicht der mechanische Raum. Der Bahnhof im

Untergrund erscheint als Materialisierung und Zuspitzung technischer Rationalität, als Ablösung von jedem Ort, als vollkommene Beliebigkeit und Negation des konkreten örtlich-räumlichen Bezuges.

Darin aber wird der kulturelle Konflikt zwischen unterscheidbaren Mentalitäten erkennbar. Einer technischen Rationalität, wie sie sich bereits am Konflikt um den Berliner Hauptbahnhof artikuliert und schließlich erfolgreich durchgesetzt hat, erscheint gerade diese Verabsolutierung technischer Rationalität auch in der Erscheinungsweise, den von „Gestalt" kann man ja kaum noch sprechen, als das äußerst Erstrebenswerte, als höchster Wert und Manifestation des instrumentellen Könnens. Dass der Effizienzgewinn durch den neuen Bahnhof bezweifelt werden kann, dass er möglicher Weise gar nicht eintritt, dass sogar Verschlechterungen zu erwarten sind, könnte den kulturellen Konflikt, um den es geht, nur noch deutlicher machen. Industrieller Ästhetik und Mentalität ist der „Ort", also der Kopfbahnhof, unabhängig von Effizienzfragen ein – kulturelles – Ärgernis. Er passt nicht in eine Ästhetik der Nicht-Orte, des „Raumes", der Ortlosigkeit der Strecke, wie sie die Verkehrstechniker der Bahn noch immer präferieren. Ihnen gilt die nivellierende, ununterbrochene „Strecke" der ungestörten Bewegung als ästhetische Vollendung und Symbolisierung ihrer Werte.

Auch das technische Argument, der Baugrund könne massive Probleme aufwerfen, gilt einem ingenieurtechnischen Denken nicht als Hindernis, sondern ganz im Gegenteil als Herausforderung, an der man sich zu bewähren habe, die anzunehmen ist, allein weil sie sich stellt. Es gilt, zu zeigen, was man kann, und das man das auch tut, was man kann. Und wenn man eine ganz Stadt auf denkbar schwierigem Grund untertunneln kann, muss man das tun, einfach um zu zeigen, dass man es kann. Je unwahrscheinlicher eine Lösung, um so eher ist sie nach dieser Vorstellung zu realisieren.

Bis in die Gegenwart gilt einer technischen Mentalität die Kühnheit einer Ingenieurleistung als Qualitätssiegel. Das ist es, was Ingenieure anstreben, Kühnheit und Wagemut der Konstruktion, gesteigert bis zum Unwahrscheinlichen in immer neuen Steigerungen. Das „Gebirge des Unwahrscheinlichen" (Sloterdijk 2009) muss ständig erhöht werden. Darin liegt die Erfüllung des ingenieurtechnischen Traumes. Folgen, nicht vorhersehbare Nebenfolgen einer „tollkühnen Lösung", stellen dann nur neue Herausforderungen dar, denen in der gleichen Weise zu begegnen ist.

Denkbare Folgen einer verfehlten Technologie bedeuten in diesem Sinne wiederum nichts anderes als neuerliche Aufforderung zu neuerlichen Innovationen, wobei es allerdings ingenieurtechnisches Denken auszeichnet, über die Folgen von Technologien und technischen Lösungen grundsätzlich nicht nachzudenken.

Folgenabschätzung erfreut sich nach wie vor geringer Beliebtheit. Dass damit Modernisierungsprobleme nie gelöst, nicht einmal nur als Nebenfolgen in die Zukunft verschoben, sondern dabei vor allem vergrößert werden (Beck 1986), ist eine Erkenntnis, der sich traditionelle Ingenieursmentalität bislang noch verschließt. Dass die „unwahrscheinlichste" Lösung darin liegen könnte, etwas nicht zu tun, was man technisch vielleicht tun könnte, wirkt aus Sicht einer technischen Logik als kleingeistige Ängstlichkeit, Verzagtheit, als rückwärtsgewandte Kleinmütigkeit.

Modernen Dienstleistungsmilieus dagegen, besonders solchen aus den Humandienstleistungen, die im Wertewandel postmaterielle Positionen einnehmen, gelten die inneren Erfahrungen des Selbst, des Ich, gelten kommunikative Zusammenhänge der Selbsterfahrung und Selbstverwirklichung als höchste Werte (Inglehart 1998; Reckwitz 2010), und deren Zerstörung sehen sie im Vollzug einer technischen Rationalität, die auf dieses Innere der „Seele", wie Simmel gesagt haben würde, keine Rücksicht nimmt, für die derartige Werte gar nicht existieren oder als gefühlsduselig zutiefst verächtlich erscheinen.

Es begegnen sich im Konflikt um „Stuttgart 21" nicht etwa unterschiedliche Benutzungsanforderungen an ein technisches Bauwerk, wie im Schiedsspruch von Heiner Geißler nahe gelegt wird, sondern zwei Kulturen, materielle gegenüber postmateriellen, industrielle gegenüber postindustriellen Wertehorizonten, und zwischen diesen gibt es keinen Kompromiss, wie bereits im „Faust II" unerbittlich klar gemacht wird. Da allerdings wirken Philemon und Baucis als alte, machtlose Leutchen, befangen im Gestrigen von Tradition, Religiosität und Naturverehrung, aber man weiß, dass auch dieses große Drama schließlich anders, mit dem Grab eines Anderen endet.

6. Resümee

Alle Äußerungen der Gegner von „Stuttgart 21", alle Reaktionen der Betreiber und der Verlauf der „Schlichtung" legen nahe, dass es sich bei diesem Konflikt um einen kulturellen Konflikt zwischen „organisierter" oder „industrieller" Modernität einerseits, „nachindustrieller", „postmaterieller" oder Post-Modernität andererseits handelt. Damit stehen sich Konfliktgegner gegenüber, die durch eine kulturelle Kluft, einen kulturellen Bruch getrennt sind und die daher auch keine gemeinsame Sprache der Konfliktverhandlung finden. Die Wertungskategorien beider Seiten erscheinen der jeweils anderen nicht als verhandelbare Positionen, die zu einem Kompromiss gebracht werden können, sondern als Wertungen, im Zweifelsfall als Abwertungen des eigenen Status, des eigenen Habitus. Aus dieser Statuskonkurrenz, die für kulturelle Konflikte kennzeichnend ist, resultiert nicht nur die Sprachlosigkeit, sondern vor allem die Härte der Auseinandersetzung. Beide Seiten spüren, dass ihre Legitimität, ihre Definitionsmacht über das Richtige, Vernünftige, Gute zur Disposition steht. Und vor allem die in diesem Sinne etablierten Kräfte verteidigen bedingungslos ihre gewohnte Position mit dem Verweis auf geregelte Verfahren, die nach Faktizität des Rechtes legal ist und daher auch von Gegnern akzeptiert werden muss. Dabei übersehen sie allerdings, dass eine Legitimität des Rechts nicht allein aus seiner Faktizität, sondern aus diskursiv zu erschließender und damit auch wandelbarer Geltung resultiert (Habermas 1994). Der kulturelle Dissens allerdings erschwert diesen Diskurs, da es die notwendige gemeinsame normative Ebene kaum zu geben scheint. Bei „Stuttgart 21" zumindest scheint ein solcher Diskurs – noch – nicht zustande gekommen zu sein. Die Strategie der Betreiber, in Zukunft mit frühzeitigen Aufklärungs- und Informationsveranstaltungen derartige Konflikte zu entschärfen, dürfte verfehlt sein, da ein einseitiges Informationsdefizit bei Projektgegnern unterstellt und damit die Dominanz der Betreiber von vorn herein nicht in Zweifel gezogen wird. Diskurs lässt sich aber nur erreichen, wenn sich beide Seiten eines Konfliktes gleichermaßen zur Disposition stellen. Davon scheint die „Betreiberseite" noch weit entfernt zu sein.

Und eine zweite Desillusionierung hält der Konflikt um „Stuttgart 21" für die Befürworter, die Betreiber in Politik und Wirtschaft bereit. Die Hoffnung, sich für entsprechende Planungen auf eine „kollektive Identität" – als Euphemismus für lokalen und regionalen Partialegoismus – stützen zu können, wird gründlich erschüttert. „Stuttgart 21" zeigt die Fragmentierung urbaner Gesellschaften. Nicht nur materielle Ungleichheiten, sondern kulturelle Brüche bilden die Realität städtischer Gesellschaften, die durch Bilder territorial definierter Kollektivität nicht zu überwinden sind.

Aus Modellen kollektiver Identität wird die Homogenität der Bevölkerung einer überschaubaren räumlichen Einheit erhofft, die politisches Handeln im Sinne unwidersprochener Durchsetzbarkeit von tatsächlichen oder vermeintlichen Wachstumsbedingungen innerhalb dieses meist engen Raumes erleichtern soll (Niethammer 2000; Offe 2003). Proteste und Kritiken gegen Fortschrittsfolgen und gegen reduzierte technisch mechanischer Rationalität dagegen spalten eine Bevölkerung. Sie verhindern Eindeutigkeit und verweisen auf Ambivalenzen, Widersprüchlichkeiten, die, auch wenn sie nicht geradewegs Unregierbarkeit zur Folge haben, das Regieren doch mühsam machen können. Und diese Situation liegt bei „Stuttgart 21" vor, nicht die Homogenisierung der Bevölkerung in einem Identitätskonzept. Die Komplexitätsreduktion, die mit einem Konzept kollektiver Identität erreicht werden soll, misslingt bei „Stuttgart 21" ganz offensichtlich. Ein neues Selbstbewusstsein in großen Teilen einer Bevölkerung nach dem Wertewandel, gegenüber der politisch-juristische Vollzüge jenseits ihrer formalen Faktizität diskursive Geltung erlangen müssen, steigert die Komplexität von Politik. Insgesamt wäre institutionalisierte Politik gut beraten, die postmateriellen Wandlungen in einer Bevölkerung zur Kenntnis zu nehmen, die zur Abwertung einer Ästhetik des Raumes und zur Aufwertung des Ortes führen, da sich hier die zukunftsweisende Modernität ankündigt.

Aus dieser Sicht wird die Verfehltheit der Kritiken am Widerstand gegen „Stuttgart 21" deutlich. Die Gegner heute sind keine Traditionalisten, keine rückwärts gewandten Alten, die an ihren Erinnerungen und Idyllen hängen, keine reaktionären Nischenbewohner, die sich gegen zukunftsorientierte Innovationen erheben. Sie betreiben auch keine Maschinenstürmerei, weil sie etwa durch technische Innovationen um ihre Arbeitsplätze fürchten müssten. Und auch dem „St. Florian-Prinzip" sind sie – zumindest bei „Stuttgart 21" – nicht verpflichtet. Noch viel weniger versetzen sie Deutschland in den Zustand eines Entwicklungs- oder Schwellenlandes, sondern demonstrieren dessen Position in einer postindustriellen Moderne. Konflikte, wie sie in Stuttgart ausgetragen werden, wären in einem Entwicklungsland gerade nicht denkbar. Die Gegner rekrutieren sich aus Gruppen und Milieus, die die wachsenden Kosten der industriell-materialistischen Moderne in Anschlag bringen. Aber diese Kosten entziehen sich dem Kalkül, den Normen, der Wahrnehmung eben dieser industriellen Kultur. Es sind „kulturelle" Kosten an Emotionalität, an Realität des Alltagslebens, an Erfahrungen und Nahraumbindungen, wie sie nur der Ort leistet oder eher wie sie den Ort konstituieren. Die Verfechter und Betreiber von „Stuttgart 21" dagegen verfolgen industriekulturelle Kriterien einer eindimensionalen Effizienzsteigerung und damit auch eine Raumästhetik der Gestalt- und Ortlosigkeit, der Strecke und Geschwindigkeit des abstrakten Raumes, in der sie diese Normen ästhetisch zum Ausdruck bringen. Und sie tun dies auf der Basis einer gleichfalls eindimensionalen, Komplexität reduzierenden Vorstellung von lokaler Politik als Politik eines für selbstverständlich erklärten Partialegoismus. Aber selbst dann, wenn messbare Effizienzgewinne durch Steigerung kaum noch oder gar nicht mehr nachweisbar wären, würden sie ihre Wertvorstellungen in dieser Formalität des Raumes durchzusetzen suchen.

Effizienzsteigerungen bereits relativ effizienter Systeme, also Zugewinne auf hohem Niveau, werden einerseits immer aufwendiger, andererseits in ihren Gewinnen immer geringer. Die Etablierung eines Systems kann einen sprunghaften Anstieg an Möglichkeiten und Chancen bieten, im weiteren Ausbau lässt diese Steigerung trotz steigender Investitionen jedoch nach. Es ist denkbar, dass diese Situation bei „Stuttgart 21" bereits vorliegt, wie die Kritiker behaupten.

Aber selbst dann, wenn keine relevanten Leistungssteigerungen mehr erreichbar sind, würden die Anhänger einer technischen Rationalität ihre ästhetisch-kulturellen Vorstellungen durchzusetzen suchen, d. h. dann, und gerade dann, wie offensichtlich bei „Stuttgart 21", würde es zu den beschriebenen kulturellen Konflikten kommen. Das Gleiche gilt für die ästhetischen „Raumvorstellungen" von Interessenverbänden wie z. B. der Wirtschaft, die gleichfalls, worauf auch schon Simmel (1983) verweist, ortlos und ohne eine Ästhetik des Ortes realisiert werden.

Selbst der Einwand, dass es sich bei „Stuttgart 21" letzten Endes gar nicht um ein Infrastrukturprojekt, sondern um die Durchsetzung wirtschaftlicher Interessen handeln könne – einerseits der örtlichen Bauwirtschaft, zum anderen der Stadt Stuttgart und ihrem Interesse an einer anderen Nutzung des Bahngeländes –, würde die Argumentation, dass es sich um einen Konflikt divergierender Kulturen mit gegensätzlichen ästhetischen Symbolisierungsnormen handelt, demnach nicht außer Kraft setzen.

Aber diese Ästhetik ist die einer ausklingenden kulturellen Dominanz des Industriezeitalters. Materialistische Industriekultur hat zwar nicht ökonomisch aber kulturell an Bedeutung verloren. Sie vermag keine Begeisterung mehr zu entfachen, keine kulturellen Werte mehr zu setzen. Sie wird zunehmend auf eine dienende Funktion verwiesen, ohne den normativen Anspruch, den sie noch in der „organisierten Moderne" zu entfalten vermochte. Und nur dann, wenn eine solche Transformation der Relativierung gelingt, hat „Industriekultur" ihrerseits eine Chance, für die Zukunft relevant zu sein, nicht mehr als Wertesystem. Das bringt „Stuttgart 21" zum Ausdruck. Nicht die Gegner, sondern die Verfechter und Betreiber des Projekts „Stuttgart 21" sind, in kultureller Sicht, die Traditionalisten, die Rückständigen und „ewig Gestrigen".

Literatur

Assmann, Aleida (2007): Geschichte und Gedächtnis. Von der individuellen Erfahrung zur öffentlichen Inszenierung. München: C.H. Beck.

Augé, Marc (1994): Orte und Nicht-Orte. Vorüberlegungen zu einer Ethnologie der Einsamkeit. Frankfurt a.M.: S. Fischer.

Beck, Ulrich (1986): Risikogesellschaft. Auf dem Weg in eine andere Moderne. Frankfurt a.M.: Suhrkamp.

Beck, Ulrich; Giddens, Athony; Lash, Scott (1996): Reflexive Modernisierung. Eine Kontroverse. Frankfurt a.M.: Suhrkamp.

Bourdieu, Pierre (1982): Die feinen Unterschiede. Kritik der gesellschaftlichen Urteilskraft. Frankfurt a.M.: Suhrkamp.

Dahrendorf, Ralf (1995): Über den Bürgerstatus. In: van den Brink, Bert; van Reijen (Hrsg.): Bürgergesellschaft, Recht und Demokratie. Frankfurt a.M.: Suhrkamp, S. 29-43.

Donath, Matthias (2001): Denkmalpflege heißt Geschichte erlebbar machen. Vortrag anlässlich des Symposiums „Nachdenken über Denkmalpflege" im Haus Stichweh, Hannover, 3.11.2001.

Habermas, Jürgen (1994): Faktizität und Geltung. Beiträge zur Diskurstheorie des Rechts und des demokratischen Rechtsstaats. Frankfurt a.M.: Suhrkamp.

Halbwachs, Maurice (1967): Das kollektive Gedächtnis. Stuttgart: Ferdinand Enke.

Heißenbüttel, Dietrich (2010). Und der Denkmalschutz? Gibt es den überhaupt noch? In: Schorlau, Wolfgang (Hrsg.): Stuttgart 21. Die Argumente. Köln: Kiepenheuer & Witsch, S. 111-120.

Inglehart, Ronald (1998): Modernismus und Postmodernismus. Kultureller, wirtschaftlicher und politischer Wandel in 43 Gesellschaften. Frankfurt a.M./New York: Campus.

Klages, Helmut (1984): Wertorientierungen im Wandel. Rückblick, Gegenwartsanalyse, Prognosen. Frankfurt a.M./New York: Campus.

Knapp, Gottfried (2010): Wo ist das Guckloch im Beton? Stuttgart 21: Vom wichtigsten Bahnhof zwischen Historismus und Moderne bleibt nur ein sinnloser Rest. Der neue Entwurf ersetzt das Alte nicht. In: Süddeutsche Zeitung 284, 8.12.2010: S. 13.

Leinberger, Ida; Pippke, Walter (2001): Piemont und das Aosta-Tal. Kunst, Kultur und Geschichte im Bogen der Westalpen. Köln: DuMont.

Lepenies, Wolf (2008): Kultur und Politik. Deutsche Geschichten. Frankfurt a.M.: Fischer.

Lübbe, Hermann (1992): Der Lebenssinn der Industriegesellschaft. Über die moralische Verfassung der wissenschaftlich-technischen Zivilisation. Berlin: Springer.

Marek, Katja (2010): Rekonstruktion! Warum? In: Aus Politik und Zeitgeschichte 17/2010, S. 21-26.

Müller-Enßlin, Guntrun (2010): Zwischen Kirche und Bürgerbewegung. In: Schorlau, Wolfgang (Hrsg.): Stuttgart 21. Die Argumente. Köln: Kiepenheuer & Witsch, S. 193-202.

Nebel, Martin (2010): Warum brauchen wir Bäume in der Stadt? In: Schorlau, Wolfgang (Hrsg.): Stuttgart 21. Die Argumente. Köln: Kiepenheuer & Witsch, S. 128-132.

Niethammer, Lutz (2000): Kollektive Identität. Heimliche Quellen einer unheimlichen Konjunktur. Reinbek bei Hamburg: Rowohlt.

Offe, Claus (2003): Demokratie und Vertrauen. In: Offe, Claus (Hrsg.): Herausforderungen der Demokratie. Zur Integrations- und Leistungsfähigkeit politischer Institutionen. Frankfurt a.M./ New York: Campus, S. 227-238.

Reckwitz, Andreas (2010): Das hybride Subjekt. Eine Theorie der Subjektkulturen von der bürgerlichen Moderne zur Postmoderne. Weilerswist: Velbrück.

Schorlau, Wolfgang (Hrsg.) (2010): Stuttgart 21. Die Argumente. Köln: Kiepenheuer & Witsch.

Schulze, Gerhard (2006): Die Sünde. Das schöne Leben und seine Feinde. München: Carl Hanser.

Simmel, Georg (1983/1908): Soziologie. Berlin: Duncker & Humblot.

Sloterdijk, Peter (2009): Du musst Dein Leben ändern. Über Anthropotechnik. Frankfurt a.M.: Suhrkamp.

Treinen, Heiner (1965): Symbolische Ortsbezogenheit. Eine soziologische Untersuchung zum Heimatproblem. In: Kölner Zeitschrift für Soziologie und Sozialpsychologie 17, S. 73-97, 254-297.

„Man kann verlieren – aber wer nicht kämpft, hat schon verloren!"
Fragen an Franz Schmider von der Badischen Zeitung

Die Fragen stellten Sabrina Cornelius, Eva Dehoust und Carolin Häfner

„Stuttgart 21" bestimmte über Monate hinweg die Berichterstattung der Medien. Nicht nur in Baden-Württemberg, sondern deutschlandweit. Kaum ein Tag verging, ohne dass es eine neue Schlagzeile über den Konflikt in der baden-württembergischen Landeshauptstadt gab. Gleichzeitig häuften sich die Berichte über andere Großprojekte in Deutschland und die damit einhergehenden Proteste. Denn nicht nur in Stuttgart, sondern auch andernorts scheinen die Träger solcher Projekte auf Ablehnung bei den Bürgern zu stoßen. Der Journalist Franz Schmider beschäftigte sich eingehend mit dem Thema „Stuttgart 21". Aber auch andere große Infrastrukturprojekte wie die Rheintalstrecke und das Pumpspeicherkraftwerk in Atdorf spielen im Arbeitsalltag des Lörracher Redakteurs der Badischen Zeitung eine große Rolle. Wir sprachen mit ihm über die Rolle der Journalisten bei der Vermittlung von Großprojekten und ob die Medien schlichtend auf die Debatte einwirken können und sollten.

Journalisten sprechen oft davon, sich mit „Themenfeldern" infiziert zu haben. Bei Franz Schmider kann man dies definitiv bestätigen. Er sieht sich selbst als Allrounder, als Redakteur im Ressort Reportage müsse man das sein und auch als ehemaliger Korrespondent in der Schweiz. Doch manchmal kann man nichts dagegen machen, von anderen Themen regelrecht „angesteckt" zu werden. Ein Beispiel dafür ist der Alkoholkonsum von Jugendlichen. Schmider thematisierte dies in zahlreichen Reportagen und brachte die Drogenbeauftragte der Bundesregierung dazu, das Thema „Komatrinken" auf die Tagesordnung zur Suchtprävention zu setzen. Ähnlich ging es ihm wohl mit der Kontroverse um „Stuttgart 21". Im Online-Archiv der Badischen Zeitung lassen sich allein im Jahr 2011 über 170 von Schmider verfasste Artikel zu dieser Debatte finden. Da verwundert es auch nicht, dass der Journalist die Schlichtungsgespräche zu „Stuttgart 21" für den Fernsehsender Phoenix analysierte und kommentierte.

Frage: Herr Schmider, nach der Volksabstimmung zu „Stuttgart 21" nimmt die Aufmerksamkeit der Öffentlichkeit langsam ab. Haben die Beteiligten Ihrer Meinung nach aus den kommunikativen Verfehlungen in der Planungsphase des Projekts gelernt?

Schmider: Nein, das kann man keinesfalls sagen. Im Nachhinein ist immer die Rede davon, dass man begriffen hat, dass man gelernt hat. Zum Beispiel habe man die Notwendigkeit erkannt, das Quorum bei Volksabstimmungen heruntersetzen zu müssen. Meiner Meinung nach hat die Politik aber nicht wirklich aufgearbeitet, was rund um „Stuttgart 21" überhaupt passiert ist, weil sie sich nie die grundsätzliche Frage gestellt hat: Was genau ist in Stuttgart passiert und warum? Welche Fehler hat die Politik gemacht und worum geht es eigentlich bei der Beteiligung von Bürgern? Will man wirklich hören, was die Bürger zu sagen haben und ist die Planungsphase ergebnisoffen gestaltet, oder geht es eher darum, wie ein Bauprojekt leichter und ohne großen Widerstand durchgesetzt werden kann?

Frage: Wie kann Ihrer Meinung nach die Frage nach der Bürgerbeteiligung beantwortet werden?

Schmider: Zugespitzt: Der Ruf der Bürger nach mehr Beteiligung ist für mich Ausdruck einer tiefen Vertrauenskrise zwischen Bevölkerung und Politik. Die Menschen haben nicht mehr das Gefühl, dass es im Land gerecht zugeht. Das ist ein Grund, warum die Bürger aufbegehren und weshalb sie mitreden wollen. Hätten die Bürger Vertrauen in die Politik, bräuchte man keine Bürgerbeteiligung.

Frage: Unzufriedenheit in der Bevölkerung gibt es doch aber schon seit Menschengedenken. Liegt es nicht auch daran, dass den Bürgern zunehmend bewusst wird, dass sie auch die Möglichkeit haben, sich aktiv zu beteiligen?

Schmider: Heute ist es viel schwieriger, ein Infrastrukturprojekt wie „Stuttgart 21" durchzusetzen. Das hat sehr viele Gründe. Das stärkere Bewusstsein der Bürger für Bürgerbeteiligung ist sicherlich einer davon, ja. Denkt man zurückblickend an die Protestbewegung der Bürger, dann sind es doch aber zwei Parolen, die einem in Erinnerung geblieben sind: „Oben bleiben" und „Lügenpack". Die erste hat einen inhaltlichen Bezug. Es geht um den Bahnhof – bleibt er über der Erdoberfläche oder nicht. Aber beim Streit um „Stuttgart 21" ging es nicht nur um die Zahl der Bahnsteige, die Kosten des Neubaus, die Kosten des Ausstiegs oder die Leistungsfähigkeit des Bahnhofs. Natürlich hat das alles eine Rolle gespielt, wie die Umfragen zur Abstimmung gezeigt haben. Aber das zeigt nur den greifbaren, sichtbaren Teil. Wie bei einem Eisberg liegt der größere Teil des Problems aber unter der Oberfläche. Die zweite Parole, „Lügenpack", spiegelt das wider, was ich bereits zu Beginn erwähnt habe: Die Menschen trauen den Politikern und den Eliten nicht. Natürlich ist das ein Schlagwort, ein Kampfbegriff, in ihm steckt auch viel Anmaßung. Und zu denen, die da attackiert werden, gehören Verwaltungsbeamte, Manager, Banker und auch wir Journalisten. Wir befinden uns in einer tiefen Glaubwürdigkeitskrise. Ich bekomme das oft genug selbst zu spüren.

Frage: Wie äußert sich das?

Schmider: Aufgrund des Vertrauensverlusts haben die Menschen die Kontrolle von Parlament und Verwaltung zunehmend in die eigenen Hände genommen und sich zur vierten Gewalt erklärt. Dazu gehört auch, dass sie sich ihre Informationen selbst holen. Durch das Internet haben sie die Möglichkeit, sich direkt aus den verschiedensten Quellen zu informieren. Sie sind nicht mehr auf die Vermittlung durch die klassischen Medien angewiesen. Als Folge verlieren diese Medien stark an Bedeutung. Die Leute vertrauen uns nicht mehr.

Frage: Womit erklären Sie sich diese Krise?

Schmider: Das lässt sich wieder gut am Beispiel von „Stuttgart 21" erklären: Ein großes Problem in der Debatte war, dass die Bürger, und vor allem die „Stuttgart 21"-Gegner, in den vergangenen Jahren nicht genug gehört wurden. Weder von den Politikern, noch von den Medien. Beispielsweise wurde der geforderte und versprochene Bürgerentscheidin Stuttgart 2007 aus formalen Gründen abgelehnt. Auch hat die parlamentarische Opposition ihre Funktion nur teilweise wahrgenommen. Hinzu kam das Übereinkommen, das die regionalen Zeitungen mit der Politik zum Thema „Stuttgart 21" getroffen hatten: Die Stuttgarter Zeitungen sahen die Angelegenheit als Projekt für die Landeshauptstadt an und verteidigten es. Dadurch fehlte das Forum für die Kritik. Auch das war mitunter ein Grund dafür, warum der Konflikt eskalierte: Die Menschen fühlten sich nicht ernst genommen. Niemand hat dem Widerstand eine Stimme gegeben und das hat sich für die Stadt am Ende gerächt.

Frage: Also besteht die Aufgabe der Journalisten aus mehr als der rein faktischen Information?

Schmider: Die Informationsvermittlung bleibt erste Pflicht. Aber wir Journalisten sind nicht nur für den Transport von Informationen von oben nach unten zuständig. Von uns wird ebenfalls erwartet – und diesen Anspruch stellen wir auch an uns selbst –, dass wir den Betroffenen eine Stimme geben.

Frage: Die Journalisten sollen sich also für eine Seite entscheiden und diese dann unterstützen?

Schmider: Wenn es so einfach wäre. Lassen Sie mich das Dilemma am Beispiel der Rheintalstrecke erklären: Die Bahn plant eine große Verkehrsachse durch die Schweiz, der Zulauf soll durch das Rheintal führen. Vorrangig dient dieser Ausbau dem Güterverkehr. Sollte er realisiert werden, wird alle drei Minuten ein Güterzug durch Basel fahren, die mit am dichtesten besiedelte Stadt der Schweiz. Warum fährt man aber nicht um diese Stadt herum? Das wäre das Vernünftigste. Ich persönlich stehe auf der Seite des für mich vernünftigsten Konzeptes, der Umfahrung. Doch von einem Redakteur einer badischen Zeitung wird erwartet, dass wir die Stimme der deutschen Bürger wiedergeben. Aus Sicht unserer Leser sollen wir uns gegen die Umfahrung aussprechen, da diese überwiegend durch Deutschland führen würde und die betroffenen Bürger dagegen sind. Das bringt mich in einen Zwiespalt und stellt mich in manchen Situationen vor die Frage, für was ich mich entscheide: Gebe ich meinen Lesern eine Stimme, auch wenn ich es inhaltlich nicht teilen kann? Oder sage ich lieber, dass die Umfahrung von Basel die vernünftigste Lösung wäre und vergraule die Leser? Es besteht einfach ein Konflikt zwischen den Deutschen und den Schweizern. Die Schweizer wollen die Umfahrung, die Deutschen nicht, weil diese sie stärker treffen würde. Wenn es keine Grenze gäbe, würden alle sagen, dass der Großraum Basel umfahren werden muss. So zählen aber nur die Auswirkungen innerhalb der eigenen Grenzen.

Frage: Aber sollten Journalisten nicht ausgewogen berichten und so einen objektiven Journalismus gewährleisten?

Schmider: Natürlich sollten sie das. Aber wie ich schon sagte, geht der Journalismus heute über den reinen Informationstransfer hinaus. Wir müssen erklären, wir müssen ein Thema erläutern, die Hintergründe darlegen, die Argumente würdigen. Und ja, auch einmal in einem Kommentar gewichten. Und dann kommt mein Anspruch dazu, meinen Lesern eine Stimme zu geben, sie zu hören. Das gehört zu meinem Job dazu, das sieht man am Negativbeispiel „Stuttgart 21". Ich möchte zu beiden Seiten die gleiche Distanz wahren. Aber so hart es klingen mag, unser Verbreitungsgebiet – und übrigens auch der Wahlkreis der Politiker – endet an der Grenze. Und wo nicht, wird es nicht leichter: Wir sind uns – denke ich – einig, dass mehr Güterverkehr auf die Schiene verlagert werden muss. Baut die Bahn diese Strecke im Rheintal ihrem Plan entsprechend entlang der bereits vorhandenen Trasse, werden aus zwei Gleisen, die die Ortschaften durchschneiden, vier. Da wäre man als Anwohner selbst auch dagegen.

Frage: Also sollen Journalisten vor allem ein Ohr für die Belange der betroffenen Anwohner haben?

Schmider: Ja, denn das kann vieles bewirken. Ich hatte einmal ein Gespräch mit dem Chefplaner des Gotthard-Tunnels und dabei stellte ich ihm die Frage, ob er nie Angst davor habe, mit seinem Projekt zu scheitern. Er antwortete, dass er sich diese Frage zu Beginn auch gestellt habe. Dann sei er aber ein Jahr lang zu jeder Veranstaltung der Projektgegner gegangen und habe sich deren Argumente angehört. Diese hat er dann im Nachhinein geprüft. Irgendwann war er sich sicher, dass er alle Argumente beachtet und nichts übersehen hatte. Er hat die Kritiker ernst genommen und dadurch auch für sich gewonnen. Im Übrigen war das Projekt recht bald kaum noch umstritten.

Um nochmals auf die Rheintalstrecke zurückzukommen: Die betroffenen Bürger haben sich zu Wort gemeldet, sie brachten den Vorschlag ein, die Trasse entlang der Autobahn verlaufen zu lassen. Dieser Idee war die Bahn prinzipiell nicht abgeneigt. Aber sie konzentrierte sich trotzdem weiterhin darauf, den Bürgern die alte Trasse durch die Städte schmackhaft zu machen und hat ihnen einen gleichzeitigen Ausbau des Personenverkehrs versprochen. Letztlich wird dies aber nie so sein. Der Ausbau dient allein dem Güterverkehr. Das hat die Bahn aber so nicht kommuniziert. Faktisch haben die Menschen nichts von dem Ausbau. Den Leuten wurde eine Lügengeschichte erzählt, in erster Linie, weil die Bahn glaubte, ein Ausbau sei einfacher zu erreichen als ein Neubau.

Frage: Wenn Ihnen eine solche „Lüge" auffällt, ist das Anlass genug, darüber einen Artikel zu schreiben? Wie offensiv gehen Sie mit dieser Information um?

Schmider: Das Wort „Lüge" würde ich in der Zeitung niemals schreiben. Aber ich bin tief davon überzeugt, dass die Bahn nicht die Wahrheit gesagt hat. Den Bürgern wurde immer etwas anderes gesagt, als das, was wirklich geplant war. Und so steht die Region trotzdem hinter dem Projekt, weil jeder dachte, dass sie doch noch davon profitieren könne. Doch die Unterstützung ist brüchig. All das haben wir in der Badischen Zeitung auch so kommuniziert.

Frage: Kam es bereits zu Bürgerprotesten?

Schmider: Einige Bauern haben bereits angedroht, die Strecke zu blockieren. Aber noch haben sie das nicht getan. Aber innerhalb der Badischen Zeitung haben wir mittlerweile Probleme. Denn je nach Lokalredaktion erwarten die Leser auch, dass wir ihre ganz spezielle Meinung vertreten. Die anliegenden Bewohner setzen die Lokalredakteure unter Druck, das Interesse der jeweiligen Gemeinden zu vertreten, vor allem im Bereich Lahr und Ettenheim. Denn die jeweiligen Umsetzungsvarianten betreffen die einzelnen Städte in unterschiedlichem Maße. Das ist nicht immer einfach. Wir versuchen, die Interessenlage so transparent wie möglich zu machen und die Verständigung zwischen den Gruppen zu organisieren.

Frage: Wir möchten nochmals auf den Machtgewinn der Bürger zurückkommen. Laut Ihrer Aussage erklären sie sich zur vierten Gewalt. Wie bewerten Sie diese Entwicklung, dass Bürger ihre Stimmen selbst erheben?

Schmider: Prinzipiell finde ich, dass das vor allem ungemeine Chancen für mehr Bürgerbeteiligung und eine breitere demokratische Debatte bietet. Jedoch stellt diese Entwicklung auch eine reale Gefahr für die Diskursfähigkeit der Gesellschaft und damit langfristig für die Demokratie dar. Jeder ist nur noch auf einem Sektor informiert, dort aber besser als je zuvor. Jeder beschafft sich seine Informationen selbst und wählt dann auch oftmals nur das aus, was seinem Weltbild entspricht. Dieser Trend wird durch Tendenzen wie die personalisierte Internet-Suche bei Anbietern wie Google nochmals verschärft. An Stelle einer kontroversen Diskussion treten reine Selbstbestätigungen. Das hat der Kampf bewiesen, den die Konfliktparteien vor der Volksabstimmung über die Finanzierung von „Stuttgart 21" am 27. November 2011 geführt haben. Um die Auswirkungen noch zuzuspitzen: Letztlich leidet die Gesprächsfähigkeit, Kompromissbereitschaft und -fähigkeit gehen verloren.

Frage: Kann Bürgerbeteiligung denn überhaupt erfolgreich sein, wenn sie in Stuttgart gar nicht für Gesprächsfähigkeit gesorgt hat?

Schmider: Ja, davon gehe ich aus. Wenn man zurück blickt auf die Bilder vom September und Oktober 2010 in Stuttgart, dann muss man doch anerkennen: Nicht die Schlichtung, aber die Abstimmung hat die Lage weitgehend befriedet, das Ergebnis wurde überwiegend akzeptiert. Wie man eine Beteiligung der Bürger erfolgreich einsetzt, zeigt das Beispiel der Suche nach einem Atommüllendlager in der Schweiz. Hier wurde bereits das Verfahren an sich zur Diskussion gestellt. So wurden unter anderem die Auswahlkriterien geprüft. Alles lief hochgradig legitimiert ab, denn es gab Abstimmungen in den Kantonen und im Parlament. Man war sich einig, dass das Thema „Sicherheit" oberste Priorität hat. Nachdem das Verfahren festgelegt war, wurde die gesamte Schweiz geologisch untersucht. Dabei wurden fünf Stellen gefunden, an denen eine Lagerung möglich wäre. Für alle fünf Räume wurden Beteiligungsgesellschaften geschaffen. Diese Gremien werden in den kommenden Jahren die weitere Erkundung der fünf Gebiete überwachen. Am Ende wird dann in einer nationalen Abstimmung über den Ort des Endlagers entschieden. Es sind also alle Schritte für die Bürger transparent und nachvollziehbar. Sie wurden von Beginn an mit einbezogen.

Frage: Gehen Sie nicht davon aus, dass es zu Protesten der betroffenen Anwohner kommt? Der NIMBY-Effekt (not in my backyard) ist doch altbekannt.

Schmider: Ja, das wird es geben, weil es zu einer Demokratie gehört. Ich habe als Schweiz-Korrespondent viele solcher Abstimmungen miterlebt und dabei erfahren, dass Abstimmungsergebnisse von den Bürgern letztlich akzeptiert werden. Diskussionen wird es immer geben, aber eben in einer weniger giftigen Form. Denn nach solch transparenten Verfahren haben die Gegner eben kaum Argumente.

Frage: Gibt es dort Beeinflussungsversuche der regionalen Journalisten? Denn die Regionen stehen ja eigentlich in Konkurrenz zueinander.

Schmider: Nein, die Journalisten sind sich eigentlich darüber einig, dass es ein sauberes Verfahren ist, das da eingesetzt wird.

Frage: Glauben Sie, dass ein solches Verfahren in Deutschland auch möglich wäre?

Schmider: Ich wüsste nicht, was dagegen spricht. Jedenfalls keine sachlichen Argumente. Ich glaube in der Tat, dass die Schweizer durch diese Vorgehensweise gelernt haben, eine Entscheidung zu akzeptieren. Dort wird häufig abgestimmt. Das fördert die Bereitschaft, andere Meinungen zu akzeptieren. Auch bei „Stuttgart 21" wurde ich gefragt, ob ich glaube, dass nach der Abstimmung nun Ruhe ist. Das denke ich schon. Die, die jetzt noch auf der Straße sind, haben jetzt ein Problem, ihre Position zu begründen. Einfach wird die Suche nach einem geeigneten Ort für ein Endlager in unserem Land aber sicherlich nicht.

Frage: Weil wir in Deutschland solche Verfahren nicht kennen und nicht gewohnt sind, solche Entscheidungen zu treffen und zu akzeptieren?

Schmider: Ja. Ich glaube, man kann davon ausgehen, dass die Suche nach einem Konsens im demokratischen Gemeinwesen künftig noch schwieriger wird. Egal worum es geht. Das liegt meiner Meinung nach daran, dass die Fähigkeit der Menschen verloren geht, neben ihren eigenen Interessen auch die Interessen der Gemeinschaft zu erkennen. Gleichzeitig sinkt die Bereitschaft, eine Last zu übernehmen. Ich glaube, dahinter steckt ein Gefühl von fehlender Gerechtigkeit in politischen Prozessen. Bei den Leuten hat sich der Eindruck verfestigt, dass es immer die Gleichen sind, die im Regen, beziehungsweise auf der Sonnenseite stehen. Die Entwicklung der Einkommensschere in Deutschland gibt diesem Eindruck dann natürlich auch noch Nahrung. Gesellschaften mit geringen Wohlstandsunterschieden werden gemeinhin als gerechter wahrgenommen. Und um diese Suche nach einem Konsens zu unterstützen, müssen wir Journalisten vermitteln.

Frage: Meinen Sie, Sie haben diese Vermittlertätigkeit bislang gut erfüllen können?

Schmider: Wir als Badische Zeitung haben 2011 ja ein Streitgespräch mit Herrn Oettinger und Herrn Palmer in Freiburg veranstaltet, um die verschiedenen Positionen zu diskutieren. Das war definitiv eine richtige und gute Entscheidung. Für mich ist es eine wichtige Aufgabe, so eine Veranstaltung durchzuführen, denn heutzutage hört man in unserer Gesellschaft den anderen gar nicht mehr richtig an. Ich habe in der Vergangenheit viele Veranstaltungen zwischen Freiburg und Lörrach besucht und es waren immer die Gegner oder die Befürworter unter sich. Niemand kam auf die Idee, mal eine andere Art von Veranstaltung zu machen. Das bringt uns aber nicht weiter. Dann habe ich mit meinen Kollegen gesprochen, dass wir bewusst eine kontroverse Veranstaltung anbieten sollten, um einen realen Diskurs zu ermöglichen. Man muss dabei aber auch gewährleisten, dass alles auf der Sachebene bleibt und gut organisiert ist. Medien können vermitteln, indem sie die Pro- und Contra-Seiten gleichermaßen zu Wort kommen lassen. Von uns erwarten die Leser, dass wir die Rolle des Moderators einnehmen. Wir sollten aber nicht nur vermitteln, sondern auch eine Entscheidungshilfe geben, vor allem in Phasen der Kontroverse. Das ist aber gar nicht einfach. Wir haben in letzter Zeit häufig Zuschriften bekommen, dass den Lesern eine Art Kriterienkatalog fehlt, der transparent macht, wie wir auswählen und der hilft, unsere Entscheidungen zu verstehen. Ihnen fehlt eine Handlungsanleitung zur Beurteilung unserer Artikel. Das Bedürfnis nach Orientierungshilfe ist wirklich groß und das müssen wir annehmen. Das heißt, wir brauchen Expertenwissen. Diese Fachleute müssen die Prozesse durchschaubar machen und erklären, wie die unterschiedlichen Positionen zustande kommen, wie plausibel und stichhaltig Argumente sind und wer welche Prioritäten setzt. Darauf will ich in Zukunft bei meiner Arbeit verstärkt achten. Ich werde meine Kriterien offenlegen, um Transparenz zu schaffen.

Frage: Ist dieser Anspruch realistisch, wenn man an den Zeitdruck der Journalisten denkt und daran, dass auch andere Ressourcen knapp sind?

Schmider: Wenn ich ganz ehrlich bin: Diese Frage verbiete ich mir. Denn ich weiß, wenn ich sie mir stellen würde, dann würde ich mit dem Journalismus aufhören. Man kann verlieren, aber wer nicht kämpft, hat schon verloren. Ich habe an mich selbst den Anspruch, transparent und ausgewogen zu berichten. Auch wenn ich diesem Anspruch vielleicht nicht immer zu hundert Prozent gerecht werde, kann ich es wenigstens versuchen. Wenn ich von vornherein sage, dass es nicht geht, dann geht es auch nicht. Erst einmal muss ich mir im Klaren sein, was ich will. Danach muss ich prüfen, welche Ressourcen frei sind und Prioritäten setzen – wenn Willen gezeigt und effizient geplant wird, ist definitiv mehr möglich. Wir Journalisten haben die Aufgabe, den Kommunikationsrahmen einer Gesellschaft zu bilden. Wenn wir das nicht mehr schaffen, verlagert sich die Kommunikation in Spezialforen und die klassischen Medien verlieren an Bedeutung. Das ist Fakt.

Frage: Wenn bei den kommerziellen Medien die Ressourcen begrenzt sind, sollten dann die besser ausgestatteten öffentlich-rechtlichen Medien dazu aufgefordert werden, mehr zu tun?

Schmider: Da mische ich mich nicht ein. Was ich aber problematisch finde, ist, dass die Öffentlich-Rechtlichen Online-Angebote machen, die aus Gebühren finanziert sind. Die haben reichlich Ressourcen. Wir nähren unsere Online-Angebote aus unseren eigenen, begrenzten Ressourcen und stehen mit den Öffentlich-Rechtlichen in Konkurrenz. Und so kommt das eine zum anderen und uns fehlen die Kollegen im Printbereich, weil sie als Online-Journalisten eingesetzt werden – und Online muss heutzutage einfach sein.

Frage: Finden Sie, dass die klassischen Medien auch auf Social Media zurückgreifen sollten?

Schmider: Ja, ich denke crossmediale Arbeit bietet eine gute Chance, die Bürger zu Wort kommen zu lassen. Und das ist wichtig. Außerdem hat man da kein Platzproblem. Ich wüsste keinen Grund, der dagegen spricht. Wobei ich sagen muss, dass ich persönlich das Einbeziehen von Social Media als großen Aufwand empfinde. Wir versuchen deshalb so gut es geht einen Kollegen aus der Online-Redaktion mit einzubeziehen.

Frage: Einige vertreten die These, dass man einen Konflikt inszenieren muss, um das Interesse der Bürger an einem Thema zu wecken und sie zur Beteiligung zu animieren. Sehen Sie das genauso?

Schmider: Diese These kann ich so nicht teilen. Das hängt aber auch ganz davon ab, welches Verständnis man von Bürgerbeteiligung hat. Wer so argumentiert, reduziert Bürgerbeteiligung auf den politischen Konflikt. Ich erlebe Bürgerbeteiligung aber an sehr vielen anderen Stellen, bei Besuchergruppen im Krankenhaus, der Mitarbeit in einem Dritte-Welt-Laden, dem ehrenamtlichen Betreuer einer Jugendgruppe oder bei den Tafeln. Das Problem ist doch oft: Der Staat überträgt gerne Aufgaben an die Bürger und entzieht sich dadurch eines Teils seiner Verantwortung. Zugleich hat er nicht verstanden, dass er dann auch Verantwortung abgeben, Macht teilen muss. Bürgerbeteiligung stößt deshalb bei der Verwaltung und der etablierte Politik oft an ihre Grenzen. Und auch wir Journalisten neigen dazu, nur dahin zu sehen, wo Konflikte sind. Das ist schade. Aber ich schaffe nicht extra einen Konflikt, indem ich Themen zuspitze und damit die Bürger anstachele. Bei Konflikten geht es immer darum, wie man da wieder rauskommt. Wieso soll man so ein Problem dann mit Absicht schaffen?

2.
Die „Schlichtung"

Die „Schlichtung" zu „Stuttgart 21" – Wahrnehmungen und Bewertungen durch die Bevölkerung

Frank Brettschneider

1. Einleitung[1]

Wenn es um den Protest gegen Großprojekte geht, ist „Stuttgart 21" kein Einzelfall. Auch gegen Flughafenerweiterungen, den Neubau von Kraftwerken, den Ausbau von Autobahnen sowie gegen Überlandleitungen für die Stromversorgung ziehen lokale Bürgerinitiativen ins Feld. Zwar ist der Anlass inhaltlich immer ein anderer, aber der Protest hat auch etwas Gemeinsames: Stets wird auch die Art und Weise des Umgangs der politischen oder wirtschaftlichen Entscheidungsträger mit der Bürgerschaft kritisiert. Informationen seien unvollständig, zu spät oder gar nicht zur Verfügung gestellt worden. Die Kommunikation erfolge von „oben herab"; Bürgereinwände würden nicht ernst genommen. Bei „Stuttgart 21" gipfelte das Ganze in der Schmähung „Lügenpack", die an den Oberbürgermeister der Landeshauptstadt ebenso gerichtet war, wie an die Landesregierung und den Bahnvorstand. Der damalig Vorsitzende der Grünen im Landtag von Baden-Württemberg, Winfried Kretschmann, warf der Landesregierung in der Landtagssitzung am 6. Oktober 2010 vor: „Glauben Sie mir, die Hauptquelle des Protestes ist, dass Sie den Protest gar nicht ernst nehmen und dass Sie denken, die Gegner hätten noch nicht einmal gute Argumente".

Eine gesellschaftlich tragfähige Lösung für ein Großprojekt setzt voraus, dass die Beteiligten von Anfang an „auf Augenhöhe" kommunizieren (siehe dazu auch den Beitrag von Spieker und Brettschneider in diesem Band). Dazu gehört auch, dass frühzeitig ein Interessenausgleich zwischen Projektträgern und relevanten Anspruchsgruppen angestrebt wird. So stellte u. a. der Präsident des Deutschen Bundestages, Norbert Lammert, in einem Interview mit dem Berliner Tagesspiegel (31.10.2010) fest: Parlamente und Regierungen würden dazu neigen, „die Kommunikation mit den Bürgern unter Hinweis auf ihre Zuständigkeiten und möglicherweise auch auf die Überprüfung der getroffenen Entscheidungen durch ordentliche Gerichte zu versäumen oder gar zu verweigern". Andererseits

---

1 Dieser Beitrag ist eine erweiterte Fassung von Brettschneider 2011.

warnte er Gegner von Großprojekten davor, „den Rechtsstaat dadurch an seine eigenen Grenzen oder darüber hinaus zu führen, dass man für die eigenen Interessen eine höhere Autorität reklamiert als die durch parlamentarische und gerichtliche Verfahren legal zustande gekommenen Entscheidungen".

Was passiert, wenn diese Anforderungen nicht ausreichend erfüllt werden, konnte man bei „Stuttgart 21" beobachten. Im schlimmsten Fall eskaliert der Protest und man befindet sich in einer festgefahrenen Situation, in der dann auch Sachargumente kaum noch durchdringen und ihre Kraft entfalten können. So ist es nicht verwunderlich, dass der Höhepunkt der Eskalation, die Auseinandersetzung am 30. September 2010 im Stuttgarter Schlossgarten, zugleich die Geburtsstunde für ein *in dieser Form* neues Verfahren war: für die Fachschlichtung zu „Stuttgart 21".

In seiner Regierungserklärung vor dem Landtag von Baden-Württemberg schlug der damalige Ministerpräsident Stefan Mappus am 6. Oktober 2010 ein solches Schlichtungsverfahren unter Leitung von Heiner Geißler vor. Er griff damit eine Idee des damaligen Fraktionsvorsitzenden der Grünen im Stuttgarter Gemeinderat, Werner Wölfle, auf und fand den Beifall sämtlicher Landtags-Fraktionen. Am 12. Oktober stimmte auch das Aktionsbündnis gegen „Stuttgart 21" der Personalie zu. Drei Tage später herrschte weitgehend Einigkeit über das Verfahren. Nur die Gruppe der „Parkschützer" lehnte eine Beteiligung ab. Am 22. Oktober begann das „Demokratieexperiment", wie es einige nannten. Am 30. November 2010 folgte der „Schlichterspruch", von dem zwar keine rechtliche Bindung ausging, der aber eine große psychologische und moralische Bedeutung hatte.

Im Folgenden wird dieses „Demokratieexperiment" aus der Sicht der Bürgerinnen und Bürger betrachtet. Dabei stehen drei Fragen im Mittelpunkt:

1.   Wie bewerten die Menschen in Stuttgart und der Region das Schlichtungsverfahren zu „Stuttgart 21"?

2.   Hat sich durch das Schlichtungsverfahren die Sicht der Bürger auf „Stuttgart 21" geändert – und gegebenenfalls in welcher Form?

3.   Und unabhängig von „Stuttgart 21": Wie schätzen die Menschen Bürgerbeteiligung bei künftigen Großprojekten ein?

2. Methode und Datengrundlage

Um diese Fragen beantworten zu können, wurde an der Universität Hohenheim ein unabhängiges, selbst initiiertes und selbst finanziertes Forschungsprojekt durchgeführt. Ziel war es, unmittelbar vor und unmittelbar nach der „Schlich-

tung" ein und dieselben Personen nach ihren Einstellungen zu „Stuttgart 21" sowie nach ihrer Wahrnehmung und nach ihrer Bewertung der „Schlichtung" zu
fragen. So ist es möglich, die durch die „Schlichtung" hervorgerufenen Veränderungen, so es sie denn geben sollte, in der gleichen Personengruppe zu untersuchen (siehe für Veränderungen durch die „Schlichtung" auch den Beitrag von
Spieker und Bachl in diesem Band). Befragt wurde ein Querschnitt der Bevölkerung in Stuttgart und in der Region. Die Befragten wurden bereits im Jahr 2009
mit Hilfe von Aushängen, Flugblättern und Postwurfsendungen „rekrutiert" – also
unabhängig von „Stuttgart 21" und zu einem Zeitpunkt, als die Auseinandersetzung um „Stuttgart 21" öffentlich kaum sichtbar war. Nur diese Menschen, die
im Jahr 2009 ihre generelle Bereitschaft zu einer Teilnahme an einer Umfrage
bekundet hatten, konnten im Oktober 2010 an unserer „geschlossenen" Online-
Umfrage teilnehmen. So konnten „Umfrage-Mobilisierungen" durch Gegner oder
Befürworter, wie sie bei „offenen" Online-Umfragen üblich sind, ausgeschlossen werden. Solche Mobilisierungen, die regelmäßig in den entsprechenden Facebook-Gruppen, in Blogs und Internet-Foren des Web 2.0 stattfinden, hätten die
Ergebnisse wertlos gemacht.

Die Befragung fand in zwei Teilen statt. Im ersten Teil wurden vor Beginn
der „Schlichtung" 1.039 Personen befragt – in der Zeit vom 20.10.2010 bis zum
22.10.2010 (10 Uhr). Von den 1.039 Befragten haben 558 Personen den Fragebogen vollständig ausgefüllt (54%; das ist für Befragungen eine sehr hohe Rücklaufquote). Teil 2 der Befragung fand nach der Verkündung des Schlichterspruchs
am 30.11.2010 (bis zum 5.12.2010) statt. Es wurden nur diejenigen Personen befragt, die schon den ersten Fragebogen vor der „Schlichtung" vollständig ausgefüllt hatten. Weitere Personen wurden nicht befragt. Dies ermöglicht Rückschlüsse auf Veränderungen innerhalb dieser Personengruppe. Insgesamt nahmen 426
Personen (76% aus Teil 1) an beiden Befragungsteilen teil.

Aufgrund des Auswahlverfahrens handelt es sich zwar nicht um eine im statistischen Sinne „repräsentative" Stichprobe. Aussagekräftig ist die Befragung
aber dennoch: Erstens decken die Befragten alle Bevölkerungsgruppen ab. Die
Teilnehmer sind zwischen 16 und 77 Jahren alt; das Durchschnittalter liegt bei
39,5 Jahren. 49 Prozent sind Männer, 51 Prozent Frauen. Zwei Drittel leben in
Stuttgart, ein Drittel in der Region. Die Teilnehmer stammen aus allen Berufsgruppen; auch Schüler, Rentner und Hausmänner/-frauen sind dabei. Es sind alle
Bildungsgruppen vertreten. Aber: Menschen mit hoher formaler Schulbildung
haben an der Befragung überdurchschnittlich oft teilgenommen. Gleiches gilt
für die Berufsgruppen der Angestellten und Beamten. Menschen mit niedrigerer
formaler Schulbildung (Hauptschulabschluss) und Arbeiter haben an der Befra-

gung unterdurchschnittlich oft teilgenommen. Damit dürften diejenigen Bevölkerungsgruppen unterrepräsentiert sein, die sich für Politik allgemein und auch
für „Stuttgart 21" eher weniger interessieren. Zweitens ähnelt die Gesamtbewertung von „Stuttgart 21", die in unserer Umfrage nach der „Schlichtung" ermittelt
wurde, einer repräsentativen Umfrage der Mannheimer Forschungsgruppe Wahlen (2010), die kurz vor dem Schlichterspruch durchgeführt wurde.

3. Das Schlichtungsverfahren aus Sicht der Bürger

Von vielen Beobachtern wurde das Schlichtungsverfahren zu „Stuttgart 21" vor
seinem Start als „Prototyp" einer neuen Form von Bürgerbeteiligung bezeichnet.
Zwar gibt es Moderationen, Mediationen, Schlichtungen und Runde Tische – nicht
zuletzt in Form „erweiterter Beteiligungsmöglichkeiten" in der Stadtentwicklungs-
politik auf kommunaler Ebene – bereits seit langem. Neu war allerdings, dass die
Fachschlichtung – oder der „Fakten-Check", wie sie Heiner Geißler nannte – in
voller Länge im Fernsehen (im Ereignis- und Dokumentationskanal PHOENIX,
in Teilen auch beim SWR), im Radio und im Internet sowie auf einer Großbild-
leinwand im Stuttgarter Rathaus übertragen wurde. Durch maximale Transparenz sollte es jedem Bürger möglich sein, die Argumente beider Seiten im direkten Aufeinandertreffen zu hören und selbst zu bewerten. Heiner Geißler (2010:
5) stellte die Schlichtung in die Tradition von Immanuel Kant: Sie solle die Menschen in die Lage versetzen, „jederzeit selbständig (zu) denken".

3.1 Das Interesse an der „Schlichtung" und ihre Wahrnehmung

An dieser Form der Aufklärung waren viele Menschen interessiert (siehe Abbildung 1). Dabei war das Interesse an der „Schlichtung" umso größer, je stärker
sich Menschen für das Thema „Stuttgart 21" oder für Politik allgemein interessierten und je höher ihr formaler Bildungsabschluss war.

Das Interesse bestand aber auch weit über die Grenzen Stuttgarts hinaus, wie
die Einschaltquoten von PHOENIX belegen. Der Sender übertrug fast 80 Stunden
live von der Schlichtung, konnte mehr als fünf Millionen Zuschauer und in der
Spitze eine Quote von fünf Prozent verbuchen (vgl. PHOENIX 2010; SWR 2010).
„PHOENIX hat mit dazu beigetragen, dass dieses Demokratie-Experiment erfolgreich gewesen ist", stellte auch Heiner Geißler fest. Dabei hatte der Inhalt der
Diskussionen zwischen Befürwortern und Gegnern von „Stuttgart 21" zunächst
einmal nicht das Zeug zum Quotenrenner: Gipskeuper, Tunnelquerschnitte, die
Blauflügelige Sandschrecke, Taktfahrpläne oder die Neigung der Bahnsteige des

Abbildung 1: Interesse an der „Schlichtung"

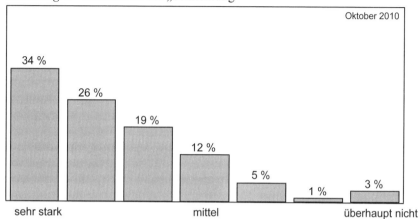

Fragewortlaut: „Am Freitag beginnen – unter Leitung von Heiner Geißler – öffentliche Schlichtungsgespräche zwischen den Befürwortern und den Gegnern von „Stuttgart 21". Wie sehr interessieren Sie sich für diese Gespräche?"

neuen Durchgangsbahnhofs gehören nicht eben zu den Themen, die Menschen
tagtäglich in Atem halten. Und dennoch war die Faszination groß. Wohl auch,
weil es möglich war, live dem Für und Wider zu folgen.

Mehr als fünf Wochen lang – zwischen dem 22.10. und dem 30.11.2010 –
wurde in acht Sitzungen über sämtliche Teilaspekte von „Stuttgart 21" und über
das Alternativkonzept „K21" gesprochen. Daran beteiligt waren je sieben Vertreter der Befürworter und der Gegner von „Stuttgart 21" – u. a. die damalige baden-
württembergische Umwelt- und Verkehrsministerin Tanja Gönner und Bahnvorstand Volker Kefer auf der Pro-Seite, sowie der Grüne Winfried Kretschmann,
sein Parteifreund und Oberbürgermeister von Tübingen, Boris Palmer, und Vertreter des Aktionsbündnisses gegen „Stuttgart 21" auf der Contra-Seite. Beide
Seiten wurden dabei von Experten für Einzelfragen unterstützt – u. a. von Geo-
logen, Juristen und Verkehrswissenschaftlern. Für alle Teilnehmer war dies eine
ungewohnte Situation. So mussten sie sich immer wieder von Heiner Geißler er-
mahnen lassen, ihre Argumente verständlich vorzutragen. „Das versteht kein
Mensch!", war oft von ihm zu hören. So wurden die „Überwerfungsbauwerke"
der Experten übersetzt in den verständlichen Begriff „Brücke". Und aus der „Er-
tüchtigung" des Bahnhofs wurde seine „Verbesserung". Heiner Geißler fungierte immer wieder als Anwalt der Zuschauer. Es verwundert daher nicht beson-

ders, dass 83 Prozent der Befragten in unserer Umfrage das Verhalten von Heiner Geißler während der Schlichtung positiv bewerteten. Er sorgte dafür, dass aus der sonst bei entsprechenden Diskussionen üblichen, nur schwer verständlichen Experten-Experten-Kommunikation (Nickerson 1999; Nussbaumer 2002) eine Experten-Laien-Kommunikation wurde, der man meist auch ohne entsprechende Vorbildung folgen konnte.

Offenbar hat dieses Bemühen Früchte getragen. In unserer Umfrage gaben 83 Prozent der Befragten an, in den Medien etwas über die Schlichtungsgespräche gesehen, gehört oder gelesen zu haben. 48 Prozent haben sie zumindest teilweise live in den Medien verfolgt. Die Schlichtungsgespräche boten zudem Anlass für Gespräche (siehe Abbildung 2). Und auch die Intensität, mit der sich Menschen über die Schlichtungsgespräche informiert haben, war recht hoch (siehe Abbildung 3).

Abbildung 2: Informationsquellen über die „Schlichtung"

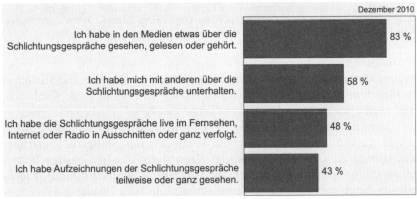

Fragewortlaut: „Zwischen dem 22. Oktober und dem 30. November haben die Schlichtungsgespräche zwischen den Befürwortern und Gegnern von „Stuttgart 21" unter der Leitung von Heiner Geißler stattgefunden. Zunächst interessiert uns, ob und wie Sie sich über die Schlichtungsgespräche informiert haben. Denn hierfür gab es ja verschiedene Möglichkeiten. Bitte wählen Sie alle Möglichkeiten aus, die Sie mindestens einmal genutzt haben."

Abbildung 3: Intensität des Informierens über die „Schlichtung"

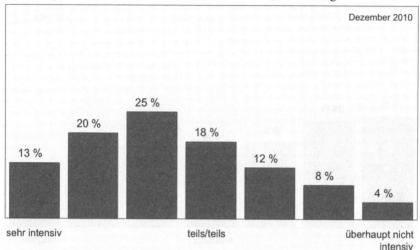

Fragewortlaut: „Und wie intensiv haben Sie sich – alles in allem – über die Schlichtungsgespräche informiert? Bitte stufen Sie Ihre Antwort anhand der folgenden 7-Punkte-Skala ab."

3.2 Die Bewertung der „Schlichtung" durch die Bevölkerung

Aber die Mehrzahl der Menschen hat sich nicht nur für die „Schlichtung" interessiert und diese in den Medien verfolgt, sondern 68 Prozent der Befragten haben die Schlichtungsgespräche alles in allem auch positiv bewertet, nur 14 Prozent negativ – und 18 Prozent haben mit „teils/teils" geantwortet (siehe Abbildung 4). Dementsprechend meinte auch lediglich ein harter Kern – der vor allem unter Gegnern von „Stuttgart 21" zu finden ist –, dass es sich bei den Gesprächen um eine „reine Show-Veranstaltung" und um „Zeitverschwendung" gehandelt habe. Zwei Drittel der Befragten hatten hingegen den Eindruck, dass in den Schlichtungsgesprächen alle wichtigen Themen angesprochen wurden. Ebenso viele hielten die Schlichtungsgespräche für „gut verständlich". Auch wurde die Organisation des Ablaufs der Gespräche mehrheitlich gelobt (siehe Abbildung 5); sie lag vor allem in den Händen des Direktors der Landeszentrale für politische Bildung Baden-Württemberg, Lothar Frick (siehe das Gespräch mit ihm in diesem Band).

Abbildung 4: Bewertung der „Schlichtung" durch die Bevölkerung

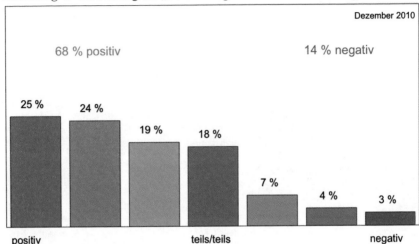

Fragewortlaut: „Wie bewerten Sie persönlich die Schlichtungsgespräche alles in allem?"

Zwei weitere Ergebnisse sind jedoch noch wichtiger: Erstens gaben zahlreiche Befragte an, durch die „Schlichtung" neue Argumente erfahren zu haben. Auf dieser verbesserten Informationsbasis fühlten sich 58 Prozent der Befragten nach den Schlichtungsgesprächen besser in der Lage, „Stuttgart 21" zu bewerten. Genau dies war eine der Absichten, die Heiner Geißler mit der „Schlichtung" verfolgt hatte und die in seinem Verweis auf die Aufklärung zum Ausdruck kam. Offenbar wurden Menschen durch dieses Verfahren tatsächlich in die Lage versetzt, „jederzeit selbständig zu denken". Allerdings muss man dies mit einer Einschränkung versehen: Die Wahrnehmung neuer Argumente war sehr selektiv. Die Gegner von „Stuttgart 21" gaben an, neue Argumente *gegen* das Bahnprojekt kennen gelernt zu haben. Die Befürworter gaben an, neue Argumente *für* das Bahnprojekt kennen gelernt zu haben (siehe auch den Beitrag von Spieker und Bachl in diesem Band).

Abbildung 5: Der Bewertung von Teilaspekten der „Schlichtung" durch die Bevölkerung

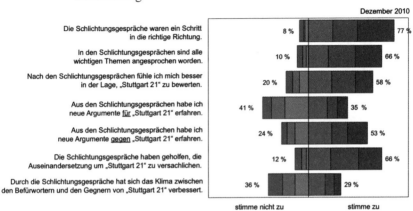

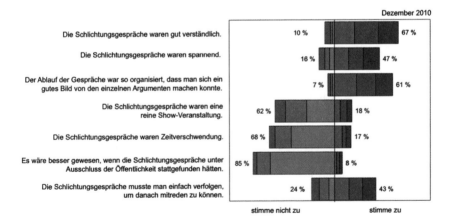

Die zu 100 Prozent fehlenden Prozente entfallen auf die Mittelkategorie „teils/teils" und zu kleinen Teilen auf die Antwort „weiß nicht".

Fragewortlaut: „Hier finden Sie einige Aussagen über die Inhalte der Schlichtungsgespräche. Uns interessiert, was Sie persönlich von diesen Aussagen halten. Bitte stufen Sie Ihre Meinung wieder auf der 7-Punkte-Skala ab?"

Voraussetzung für die breitere Argumentationsbasis war der Abbau des Informationsdefizits. Noch unmittelbar vor Beginn der Schlichtungsgespräche gab lediglich ein Viertel der Befragten an, es gäbe ausreichend Informationen über „Stuttgart 21". Zwei Drittel waren hingegen der Meinung, es sollte mehr informiert werden. Unmittelbar nach der „Schlichtung" hatte sich dieses Bild deutlich verändert: Fast die Hälfte der Befragten war nun der Meinung, es gäbe ausreichend Informationen. Nur noch 45 Prozent meinten, es sollte mehr informiert werden (vgl. Abbildung 6).

Abbildung 6: Das Informationsdefizit zu „Stuttgart 21"

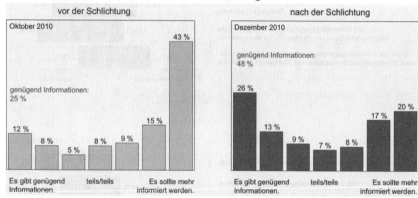

Fragewortlaut: „Gibt es Ihrer Meinung nach ausreichend Informationen über „Stuttgart 21" – oder sollte mehr informiert werden?"

Die „Schlichtung" hat also einen Teil des wahrgenommenen Informationsdefizits beheben können, beseitigen konnte sie es jedoch nicht. Dies war auch nicht zu erwarten, denn die Versäumnisse sitzen hier viel tiefer und reichen mehr als 15 Jahre zurück. Die Projektträger – insbesondere die Bahn – haben es über viele Jahre versäumt, die kursierenden Widersprüche, Sorgen und Gerüchte zu dem Großprojekt zu erkennen und ernst genug zu nehmen. Da wurden vielfältige und gravierende Fehler begangen. Unter anderem haben die Projektträger anfangs nicht mit einer Stimme gesprochen, die Koordination untereinander ließ sehr zu wünschen übrig. Zweitens wurde lange nur scheibchenweise informiert – erst auf Drängen und beharrliches Nachfragen hin, statt proaktiv. Zahlreiche Menschen hatten deshalb den Eindruck, sie stünden einem übermächtigen Projektträger gegenüber. Auf dessen Wohlwollen fühlten sie sich angewiesen, wenn sie Antworten auf ihre Fragen zum Projekt haben wollten. Mehr noch: Teile der Bevölkerung hatten das Gefühl, dass es den Projektträgern nicht um Dialog, Interessenabgleich und Interessenausgleich ging, sondern um Geheimniskrämerei, darum, keine Handvoll Informationen mehr als unbedingt erforderlich nach außen zu geben. Diese Art der „Kommunikation" dürfte wesentlich zu den massiven Protesten und der Eskalation beigetragen haben. Drittens: In den Informationsmaterialien der Projektträger hat man sehr stark die technische Seite von „Stuttgart 21" betont. Wenn Ingenieure beschreiben, wie viele Kubikmeter Erde bewegt werden oder welche Tunnelbaumethode zum Einsatz kommt, schafft das nicht automatisch positive Vorstellungen von einem Projekt. Auch Modelle, wie sie im Rathaus oder im Bahnhofsturm zu sehen waren, reichen nicht aus, um das Projekt positiv zu besetzen und eine begeisternde Vorstellung davon in den Köpfen der Menschen entstehen zu lassen. Pläne und Modelle alleine sind nicht plastisch genug. Stattdessen müssen Menschen eine positive Beziehung zu dem entwickeln, was an Neuem entsteht. Das so etwas gelingen kann, zeigt der Bau des neuen Durchgangsbahnhofs in Wien, der an zwei alte Kopfbahnhöfe ersetzt. Anders als „Stuttgart 21" ist er für die Wiener jedoch kein „Wutbahnhof", obwohl auch hier eine lokale Initiative gegen den Neubau protestierte. Die Wiener sehen jedoch überwiegend die Vorteile des Neubaus. Dafür braucht es aber mehr als Computergrafiken, Tabellen und Hochglanzbroschüren. Es braucht zahlreiche Gespräche und eindringliche Bilder. Das gilt auch für die frei werdende Fläche der jetzigen Gleisanlagen in Stuttgart. Die Stuttgarter wollen wissen, was dort entsteht. Ein gesichtsloses Neubauviertel mit Glaspalästen der Banken? Oder etwas wie die Weißenhofsiedlung, die für ihre Zeit sehr fortschrittlich war und nun zum kulturellen Erbe der Stadt gehört. Sie wurde 1927 unter der Leitung von Mies van der Rohe errichtet. Die Bevölkerung ist stolz auf dieses Erbe des „Neuen Bauens". So hätte man mit den Bürgern frühzeitig eine Vorstellung kreieren können, die sich auf diese Tradition beruft und eine zeitgemäße Weißenhofsiedlung 2.0 in Aussicht stellt – mutig, wegweisend, für und mit den Menschen entworfen.

Neben dem Abbau des Informationsdefizits hat die Schlichtung noch etwas anderes bewirkt: Sie hat aus Sicht von zwei Dritteln der Befragten geholfen, die Auseinandersetzung über „Stuttgart 21" zu versachlichen. Und diese Versachlichung tat Not. Seit dem Anheben des ersten Prellbocks am 2. Februar 2010, dem sichtbaren Baubeginn nach 15 Jahren Planung, steigerten sich die Proteste (siehe auch den Beitrag von Stuckenbrock in diesem Band). Mit dem Abriss der Fassade des Nordflügels des Bonatz-Baus wurde der Baubeginn am 25. August 2010 dann erlebbar, der Protest emotionaler und im Ton auch sehr viel schärfer. Am Bauzaun vor dem Nordflügel hingen neben kreativ gestalteten Plakaten auch Transparente, die die Projektbefürworter moralisch diskreditieren sollten. So fand sich beispielsweise die Aufschrift „Platz des himmlischen Friedens". Auf den „Montagsdemonstrationen" wurde „Wir sind das Volk!" skandiert. Dieser Slogan suggeriert Parallelen zum DDR-Regime. Politikern wird so unterstellt, sie seien Repräsentanten eines Unrechtsregimes. Dazu gehörte auch eine Fotomontage, die den Stuttgarter Oberbürgermeister Wolfgang Schuster als Goebbels diffamiert – mit der Aufschrift „Wollt Ihr den totalen Abriss?". So etwas vergiftet die Atmosphäre, denn statt sachlich zu argumentieren, werden die Handelnden auf diese Weise in „gut" und „böse" eingeteilt. Durch Moralisieren und Kriminalisieren wurden Projektbefürworter in eine bestimmte Ecke gestellt. Da wurde von „Stuttgart-21-Kartell" gesprochen oder von „Bau-Mafia". Die Gegner des Projektes kämpften hingegen vermeintlich gegen „Unrecht". Wenn ein Konflikt dermaßen eskaliert ist, dann wird Kommunikation sehr schwer. Bei „Stuttgart 21" machte es die erreichte Eskalationsstufe fast unmöglich, überhaupt noch zu einem respektvollen Umgang miteinander zu kommen. Das zwischen Befürwortern und Gegnern bereits bestehende Misstrauen wurde weiter vertieft. In solchen Situationen muss alle Aufmerksamkeit dem Ziel dienen, die Diskussion so weit wie möglich wieder zu versachlichen.

Diese Lage nicht weiter eskalieren zu lassen, sondern zu Sachargumenten zurückzukehren, war dann auch ein wesentliches Ziel der Fachschlichtung. Und die Versachlichung ist kein Selbstzweck, sondern Voraussetzung für mehr, wie Heiner Geißler (2010: 3) in seinem Schlichterspruch anmerkte: „Wichtiges Ziel der Schlichtung war..., durch Versachlichung und eine neue Form unmittelbarer Demokratie wieder ein Stück Glaubwürdigkeit und mehr Vertrauen für die Demokratie zurückzugewinnen. Die Schlichtung hat mit dem sachlichen Austausch von Argumenten unter gleichberechtigter Teilnahme von Bürgern aus der Zivilgesellschaft etwas nachgeholt, was schon vor vier oder fünf Jahren hätte stattfinden sollen. Die Schlichtung konnte jedoch diesen Fehler nur teilweise reparieren". Zu unterschätzen ist dieses Ergebnis jedoch auf keinen Fall.

3.3 Reaktionen auf den Schlichterspruch

Dass die Bevölkerung sehr differenziert mit dem Projekt umgeht, zeigen auch die Reaktionen auf den Schlichterspruch, den Heiner Geißler am 30. November 2010 verkündete. In ihm würdigte er die Argumente der Gegner von „Stuttgart 21" sowie ihre Alternative eines modernisierten Kopfbahnhofs (K21). Er formulierte aber auch: „Dennoch halte ich die Entscheidung, S 21 fortzuführen, für richtig" (Geißler 2010: 10). Gleichzeitig plädierte er für Verbesserungen am bestehenden Konzept – aus „Stuttgart 21" solle „Stuttgart 21 PLUS" werden: „Einen Kompro-

miss zwischen Stuttgart 21 und einem Kopfbahnhof 21 kann es nicht geben...
Also kann eine Chance zur Verkleinerung des vorhandenen Konfliktpotenzials
und eine Entschärfung des Konflikts nur noch darin gesucht und gefunden werden,
wichtige und berechtigte Kritikpunkte der S21-Gegner aufzugreifen, offensichtliche Schwachstellen zu beseitigen und Stuttgart 21 als Bahnknoten im Interesse
der Menschen deutlich leistungsfähiger, baulich attraktiver, umweltfreundlicher,
behindertenfreundlicher und sicherer zu machen – zu Stuttgart 21 PLUS" (Geißler 2010: 11). Der Bahn schrieb er einen „Stresstest" ins Aufgabenheft, mit dem
geklärt werden sollte, ob für die Leistungsfähigkeit des neuen Bahnhofs weitere
Baumaßnahmen nötig sind (etwa weitere Gleise im Tiefbahnhof oder eine zweigleisige Anbindung des Fernbahnhofs am Stuttgarter Flughafen). Auch sollten die
frei werdenden Grundstücke der Grundstücksspekulation entzogen werden – eine
Aufgabe für die Stadt Stuttgart, die dafür eine Stiftung gründen solle.

Dieser Schlichterspruch stieß unter den Befragten auf ein überwiegend po-
sitives Echo: 54 Prozent der Befragten beurteilten ihn positiv, 28 Prozent negativ
und für 18 Prozent hielten sich die positiven und die negativen Seiten die Wage.
Dass der Schlichterspruch von 88 Prozent der Befürworter von „Stuttgart 21" positiv aufgenommen wurde, überrascht nicht. Dass ihn aber auch 24 Prozent der
Gegner von „Stuttgart 21" positiv bewerten und dass 25 Prozent der Gegner ihn
„teils positiv, teils negativ" bewerten, ist bemerkenswert (siehe Abbildung 7).
Vor Beginn der „Schlichtung", in der emotional sehr aufgeheizten Situation des
September 2010, standen sich die „Lager" unversöhnlicher gegenüber. Die Akzeptanz des Schlichterspruchs ist im wesentlichen darauf zurück zu führen, wie
er zustande gekommen ist und mit welchen Attributen er von den Befragten versehen wird: Die Mehrheit der Befragten hält ihn für sachlich (85 %), kompetent
(73 %), sinnvoll (56 %) und ausgewogen (53 %) (siehe Abbildung 8).

Aber hat das Verfahren der „Fachschlichtung" neben den bislang angespro-
chenen positiven Effekten – dem Abbau des Informationsdefizits und der Versachlichung der Diskussion – auch zu einem Meinungswandel bei der Bewertung
von „Stuttgart 21" beigetragen? Kann eine Fachschlichtung Meinungen ändern?

Abbildung 7: Die Bewertung des Schlichterspruchs zu „Stuttgart 21"

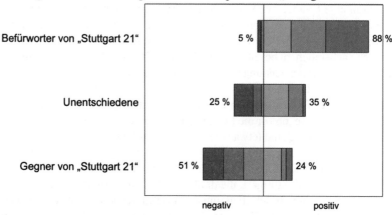

Die zu 100 Prozent fehlenden Prozente entfallen auf die Mittelkategorie „teils/teils" und zu kleinen Teilen auf die Antwort „weiß nicht".

Fragewortlaut: „Wie beurteilen Sie persönlich den „Schlichterspruch" von Heiner Geißler?"

Abbildung 8: Die Charakterisierung des Schlichterspruchs zu „Stuttgart 21"

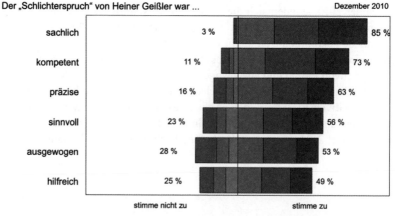

Die zu 100 Prozent fehlenden Prozente entfallen auf die Mittelkategorie „teils/teils" und zu kleinen Teilen auf die Antwort „weiß nicht".

Fragewortlaut: „Hier finden Sie einige Aussagen über den „Schlichterspruch" von Heiner Geißler. Uns interessiert, was Sie persönlich von diesen Aussagen halten. Stufen Sie Ihre Meinung dazu bitte wieder auf der 7-Punkte-Skala ab."

4. Die Bewertung von „Stuttgart 21" vor und nach der „Schlichtung"

Aus der Einstellungsforschung ist bekannt, dass sich verfestigte Meinungen durch neue Argumente nur sehr schwer verändern lassen. Der Grund dafür liegt in der selektiven Wahrnehmung: Menschen mit stark ausgeprägten Voreinstellungen neigen dazu, vor allem jene Argumente aufzunehmen und in ihrem Gedächtnis abzuspeichern, die ihre Voreinstellungen bestätigen (siehe den Beitrag von Spieker und Bachl in diesem Band; auch: Lazarsfeld 1968; Iyengar et al. 2008; Knobloch-Westwerwick und Jingbo 2009). Ein Beispiel dafür liefern die vor Bundestagswahlen stattfindenden „TV-Duelle". Die Anhänger der SPD nehmen dann regelmäßig ihren Vertreter positiver wahr als die Anhänger der Union – und umgekehrt. Diese Anhänger ändern ihre Wahlabsicht dementsprechend in der Regel nicht. Für die Unentschiedenen hingegen können „TV-Duelle" oder ähnliche Veranstaltungen wichtige Anhaltspunkte für ihre Wahlentscheidung liefern.

Vor diesem Hintergrund ist nicht zu erwarten, dass sich die Einstellungen zu „Stuttgart 21" durch die Fachschlichtung deutlich verändert haben, denn bereits vor der Schlichtung hatten die meisten Befragten eine mehr oder weniger feste Position zu dem Großprojekt: 37 Prozent äußerten sich für das Projekt, 47 Prozent dagegen und 16 Prozent antworteten mit „teils/teils". Trotz dieser Ausgangslage hat die Schlichtung auch bei den Gesamtbewertungen von „Stuttgart 21" etwas bewegt: Der Anteil der Befürworter unter den Befragten ist von 37 auf 43 Prozent gestiegen, der Anteil der Gegner von 47 auf 43 Prozent gefallen (vgl. Abbildung 9), so dass unmittelbar nach der Schlichtung zwischen Gegnern und Befürwortern ein Gleichstand herrschte.

Dieses Ergebnis entspricht in etwa einer von der Mannheimer Forschungsgruppe Wahlen (2010) kurz vor Ende der „Schlichtung" durchgeführten repräsentativen Umfrage. In ihr sprachen sich 44 Prozent der Wahlberechtigten in der Region Stuttgart für das Bahnprojekt aus, 40 Prozent waren dagegen. Und auch eine repräsentative Infratest-Umfrage für den ARD-Länder-Trend Baden-Württemberg, die unmittelbar nach der „Schlichtung" durchgeführt wurde, stellte einen Stimmungsumschwung fest. 54 Prozent der Baden-Württemberger sprachen sich grundsätzlich für „Stuttgart 21" und die Neubaustrecke zwischen Wendlingen und Ulm aus; gegenüber dem September 2010 ist dies ein Plus von 19 Prozentpunkten. Hingegen verloren die Gegner von „Stuttgart 21" in der Bevölkerung Baden-Württembergs an Unterstützung. Ihr Anteil sank von 54 Prozent im September auf 38 Prozent – ein Minus von 16 Prozentpunkten. „Dieser Stimmungsumschwung fand sowohl in der Landeshauptstadt als auch in ganz Baden-Württemberg statt, so dass die allgemeine Einschätzung des Projektes im ganzen Land nach wie vor einheitlich ausfällt" (Infratest dimap 2010a). Zudem sei

Abbildung 9: Die Bewertung von „Stuttgart 21" vor und nach der „Schlichtung"

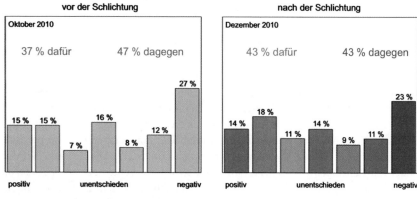

Fragewortlaut: „Wie beurteilen Sie persönlich „Stuttgart 21" alles in allem?"

auch in den Reihen der Grünen die Akzeptanz von „Stuttgart 21" gestiegen. Dass der Stimmungsumschwung in dieser Umfrage stärker ausfiel als in unserer Umfrage, hat im Wesentlichen zwei Gründe: Zum Einen hat Infratest die Bevölkerung nach „Stuttgart 21" *und* nach der Neubaustrecke gefragt. Wir haben lediglich nach „Stuttgart 21" gefragt. Da das Neubauprojekt Wendlingen-Ulm in der Bevölkerung weniger umstritten ist als der Durchgangsbahnhof, erklärt dies die höheren Zustimmungswerte in der Infratest-Umfrage. Zum anderen wurde die erste Befragung von Infratest bereits im September 2010 durchgeführt, als der Protest gegen „Stuttgart 21" seinen Höhepunkt erreicht hatte. Unsere erste Umfrage fand hingegen im November 2010 unmittelbar vor der „Schlichtung" statt. In der Substanz ähneln sich jedoch alle Umfrage: Durch die „Schlichtung" kam es zu einem Stimmungsumschwung zugunsten der Befürworter von „Stuttgart 21". Das sehen auch unsere Befragten so: Auf die Frage, wem die Schlichtungsgespräche alles in allem mehr genutzt haben, antworteten 59 Prozent mit „den Befürwortern"; lediglich elf Prozent waren der Meinung, die „Schlichtung" habe vor allem den Gegnern genutzt; 30 Prozent sahen den Nutzen gleichermaßen auf Befürworter und Gegner verteilt.

Diese Verschiebung zugunsten der Befürworter von „Stuttgart 21" dürfte im wesentlichen darin begründet liegen, welche Bedeutung die Befragten jeweils den einzelnen Teilaspekten von „Stuttgart 21" beimessen, denn die Bewertung dieser Teilaspekte oder auch einzelner Argumente hat sich durch die „Schlichtung" kaum verändert (siehe Abbildung 10, 11 und 12). Den größten Pluspunkt von „Stuttgart 21" stellen aus Sicht der Befragten die Folgen des Projektes für den Wirtschaftsstandort dar. 63 Prozent bewerten diese Folgen positiv, nur 11 Prozent negativ. Konkret verbindet die Mehrheit damit die Vorstellung, durch „Stuttgart 21" würden Arbeitsplätze entstehen und die Wirtschaft in der Region Stuttgart würde gestärkt. Die Befragten folgen damit Argumenten, die beispielsweise auch die Industrie- und Handelskammer der Region Stuttgart vertreten hat. So hieß es 2010 in einer Pressemitteilung des Präsidenten der IHK Region Stuttgart, Herbert Müller: Das Projekt „bringt Investitionen in Milliardenhöhe nach Baden-Württemberg, schafft Tausende Jobs und stärkt die Infrastruktur im ganzen Land".

Verbesserungen im Fernverkehr stellen den zweiten Aktivposten von „Stuttgart 21" dar. 53 Prozent der Befragten erwarten solche Verbesserungen – das sind jedoch fünf Prozentpunkte weniger als noch vor Beginn der Schlichtung. Vor allem wird zunehmend bezweifelt, dass durch „Stuttgart 21" Verkehr von der Straße auf die Schiene verlagert wird (-4 Prozentpunkte). Dem stehen aus Sicht der Befragten auf der Positiv-Seite schnellere Zugverbindungen sowie die Tatsache gegenüber, dass der Flughafen an das Schnellbahnnetz angeschlossen werden kann. Etwas skeptischer sind die Einschätzungen, wenn es um Veränderungen im Nahverkehr geht. Diese werden von 41 Prozent positiv gesehen, aber von 36 Prozent negativ; 23 Prozent sehen sowohl Vor- als auch Nachteile oder trauen sich kein Urteil zu.

Abbildung 10: Die Bewertung von Teilaspekten des Projektes „Stuttgart 21"

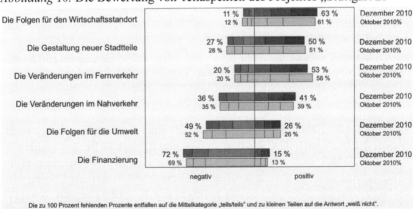

Die zu 100 Prozent fehlenden Prozente entfallen auf die Mittelkategorie „teils/teils" und zu kleinen Teilen auf die Antwort „weiß nicht".

Fragewortlaut: „Stuttgart 21" besteht ja aus einer ganzen Reihe unterschiedlicher Teilaspekte: Wie bewerten Sie die folgenden Teilaspekte? Bitte bewerten Sie jeden Teilaspekt. Stufen Sie Ihre Bewertung auf folgender 7-Punkte-Skala ab."

Abbildung 11: Die Bewertung von Einzelaussagen zu „Stuttgart 21"

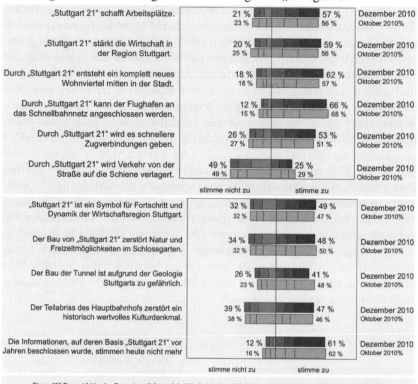

	Dezember 2010	Oktober 2010%
„Stuttgart 21" schafft Arbeitsplätze.	21 % / 57 %	23 % / 56 %
„Stuttgart 21" stärkt die Wirtschaft in der Region Stuttgart.	20 % / 59 %	25 % / 56 %
Durch „Stuttgart 21" entsteht ein komplett neues Wohnviertel mitten in der Stadt.	18 % / 62 %	18 % / 57 %
Durch „Stuttgart 21" kann der Flughafen an das Schnellbahnnetz angeschlossen werden.	12 % / 66 %	15 % / 68 %
Durch „Stuttgart 21" wird es schnellere Zugverbindungen geben.	26 % / 53 %	27 % / 51 %
Durch „Stuttgart 21" wird Verkehr von der Straße auf die Schiene verlagert.	49 % / 25 %	49 % / 29 %

stimme nicht zu   stimme zu

	Dezember 2010	Oktober 2010%
„Stuttgart 21" ist ein Symbol für Fortschritt und Dynamik der Wirtschaftsregion Stuttgart.	32 % / 49 %	32 % / 47 %
Der Bau von „Stuttgart 21" zerstört Natur und Freizeitmöglichkeiten im Schlossgarten.	34 % / 48 %	32 % / 50 %
Der Bau der Tunnel ist aufgrund der Geologie Stuttgarts zu gefährlich.	26 % / 41 %	23 % / 48 %
Der Teilabriss des Hauptbahnhofs zerstört ein historisch wertvolles Kulturdenkmal.	39 % / 47 %	38 % / 46 %
Die Informationen, auf deren Basis „Stuttgart 21" vor Jahren beschlossen wurde, stimmen heute nicht mehr	12 % / 61 %	16 % / 62 %

stimme nicht zu   stimme zu

Die zu 100 Prozent fehlenden Prozente entfallen auf die Mittelkategorie „teils/teils" und zu kleinen Teilen auf die Antwort „weiß nicht".

Fragewortlaut: „Die Befürworter und die Gegner tragen unterschiedliche Aussagen über die Vor- und Nachteile von „Stuttgart 21" vor. Uns interessiert, was Sie persönlich von diesen Argumenten halten. Stimmen Sie diesen Argumenten zu, oder lehnen Sie sie ab?"

Ebenfalls auf der Haben-Seite von „Stuttgart 21" steht die Gestaltung neuer Stadtteile auf den frei werdenden Gleisflächen. Von den 100 Hektar frei werdender Fläche sollen 20 Hektar der Parkerweiterung zugute kommen, 80 Hektar sind für die Gestaltung neuer Stadtteile vorgesehen. Diese städteplanerische Chance wird von 50 Prozent der Befragten positiv gesehen, von 27 Prozent negativ. Nach der Schlichtung ist mehr Menschen als zuvor bewusst, dass mitten in der Stadt ein komplett neues Wohnviertel entsteht (+5 Prozentpunkte). Das Gleiche gilt für die Erweiterung der Parkanlagen durch „Stuttgart 21" (ebenfalls +5 Prozentpunkte).

Bei zwei Teilaspekten des Großprojektes überwiegt hingegen die Skepsis: bei den Folgen für die Umwelt und bei der Finanzierung. Die Folgen für die Umwelt werden nur von 26 Prozent positiv gesehen, aber von 49 Prozent negativ. Vor allem befürchten 43 Prozent Gefahren für die Mineralwasserquellen; 48 Prozent meinen, der Bau von „Stuttgart 21" zerstöre Natur und Freizeitmöglichkeiten im Schlossgarten. Auch wird eine Belastung der Anwohner durch Lärm, Abgase und Staub während der Bauphase gesehen. Verringert werden konnte durch die Fachschlichtung die Sorge, der Bau von Tunnel sei aufgrund der Geologie Stuttgarts zu gefährlich – hier gibt es einen Rückgang von 48 auf 41 Prozent der Befragten, die diese Sorge teilen.

Abbildung 12: Die Bewertung von Einzelaussagen zu „Stuttgart 21"

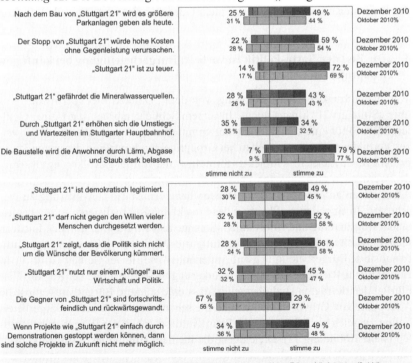

Die zu 100 Prozent fehlenden Prozente entfallen auf die Mittelkategorie „teils/teils" und zu kleinen Teilen auf die Antwort „weiß nicht".

Fragewortlaut: „Die Befürworter und die Gegner tragen unterschiedliche Aussagen über die Vor- und Nachteile von „Stuttgart 21" vor. Uns interessiert, was Sie persönlich von diesen Argumenten halten. Stimmen Sie diesen Argumenten zu, oder lehnen Sie sie ab?"

Den Gegenpol zu den positiven Effekten für den Wirtschaftsstandort stellt die negativ bewertete Finanzierung von „Stuttgart 21" dar. 72 Prozent der Befragten beurteilen die Finanzierung negativ, nur 15 Prozent positiv. Die Finanzierung ist damit eindeutig und mit weitem Abstand der aus Sicht der Bevölkerung kritischste Teilaspekt von „Stuttgart 21". Hier wird aber auch deutlich: Es gibt viele Menschen, die zwar einerseits die Finanzierung kritisch sehen, andererseits aber positive Auswirkungen auf die Wirtschaftskraft der Region und auf den Arbeitsmarkt erwarten. Welcher der beiden gegensätzlich bewerteten Teilaspekte jeweils von einem Befragten oder einer Befragten als wichtiger angesehen wird, entscheidet dann – in Verbindung mit den anderen Teilaspekten – über sein bzw. ihr Gesamturteil. Dieses Urteil zu fällen und zu einer begründeten Abwägung der verschiedenen Aspekte zu gelangen, hat die Fachschlichtung zweifellos ermöglicht. Unter dem Strich hat sie dazu geführt, dass den positiven Teilaspekten von den Befragten nach der Schlichtung mehr Gewicht beigemessen wurde als zuvor.

5. „Die Zeit der Basta-Politik ist vorbei": Bürgerbeteiligung bei künftigen Großprojekten

Was bleibt von der Fachschlichtung, von dem „Demokratieexperiment", was über „Stuttgart 21" hinaus reicht? In seinem Schlichterspruch trat Heiner Geißler (2010: 6) für eine „Verstärkung der unmittelbaren Demokratie" nach Schweizer Vorbild ein. Demnach sollten bei Großprojekten künftig in der ersten Phase grundlegende Ziele eines Projektes formuliert und von der Bevölkerung entschieden werden. In einer zweiten Phase sollten Pläne entwickelt und verschiedene Alternativen aufgezeigt werden. Danach habe erneut die Bevölkerung zu entscheiden. In einer dritten Phase sei das Projekt dann zu realisieren – „mit begleitender Begründung und Information. Solange dies im Bund und in den Ländern nicht möglich ist, bietet sich das ... Stuttgarter Modell als Prototyp an (institutionalisierte Bürgerbeteiligung auf Augenhöhe)", so Heiner Geißler (2010: 7). In eine ähnliche Richtung denkt die Bevölkerung in Stuttgart und der Region. Vier Fünftel der Befragten sind überzeugt, dass eine stärkere Bürgerbeteiligung die Akzeptanz von Großprojekten erhöht. Sie sehen in einer stärkeren Bürgerbeteiligung zugleich ein Mittel, um die Politikverdrossenheit der Bürger zu bekämpfen (siehe Abbildung 13). Diejenigen, die meinen, Großprojekte sollten künftig nur noch per Bürgerentscheid beschlossen werden, sind jedoch in der Minderheit: 28 Prozent versus 43 Prozent. Mit anderen Worten: Bürgerbeteiligung einerseits und direkt-demokratische Verfahren wie der Bürgerentscheid andererseits werden durchaus nicht gleichgesetzt. Die Bürger erwarten mehr Mitwirkungsmöglichkeiten jenseits der bereits bestehenden Verfahren, die das Baurecht bislang vorsieht. Diese Mitwirkung hat – das zeigt der Erfolg der Fachschlichtung – in erster Linie etwas damit zu tun, dass sich Projektträger und Bürger, Parlamente, Regierungen und Bürgerinitiativen auf Augenhöhe austauschen und versuchen, einen Interessenausgleich herbeizuführen. Die Art des Umgangs miteinander und die direkte Gegenüberstellung von Rede und Gegenrede, so dass sich jeder, der will, eine eigene Meinung bilden kann, sind die Voraussetzungen dafür. Diese Voraussetzungen können nach dem Muster der Stuttgarter Fachschlichtung geschaffen werden – allerdings künftig nicht mehr am Ende eines Projektes, sondern gleich zu Beginn.

Das in Stuttgart erprobte Verfahren ist aber nicht nur aus Sicht der Stuttgarter ein Prototyp für künftige Bürgerbeteiligung. In einer bundesweit durchgeführten, repräsentativen Umfrage von Infratest dimap für den ARD-Deutschlandtrend, die unmittelbar nach der Schlichtung stattgefunden hat, sahen 71 Prozent der Bundesbürger in der Schlichtung ein Modell für künftige Baumaßnahmen im Rahmen von Großprojekten (Infratest dimap 2010b).

Abbildung 13: Die Bewertung von Bürgerbeteiligung

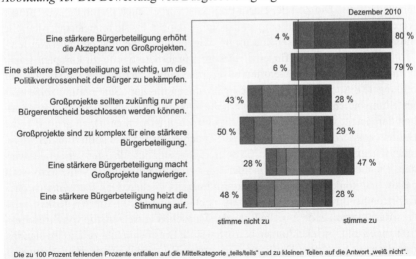

Fragewortlaut: „Und was halten Sie von diesen Aussagen? Bitte stufen Sie Ihre Meinung anhand der 7-Punkte-Skala ab."

Von solch einem Verfahren geht dann – anders als vom Bürgerentscheid – zwar keine rechtliche Bindung aus. Es dürfte Parlamenten aber schwer fallen, gegen eine Bürgermeinung zu entscheiden, die frühzeitig auf diese Art und Weise und unter Beteiligung aller relevanten Gruppen zustande gekommen ist. Für Parlamente bietet sich hier eine Chance: Sie können – als Ort der Repräsentation der Bevölkerung – dieses Verfahren selbst in die Hand nehmen. Sie können den Austausch, wie er in Stuttgart in einer besonders verfahrenen Situation stattgefunden hat, frühzeitig selbst organisieren. Ob sie damit erfolgreich sind, hängt immer von der Akzeptanz ab, die der Schlichterspruch findet. Die Akzeptanz setzt ein transparentes Verfahren voraus. Sie setzt auch voraus, dass Meinungen nachvollziehbar und verständlich begründet werden. Und sie ist notwendig, weil Parlamente im Zweifelsfall auch bei Großprojekten eine Entscheidung treffen müssen, in der es um das Abwägen von teilweise gegensätzlichen Interessen geht. In den Parlamenten findet der Ausgleich zwischen den dem Gemeinwohl dienenden Maßnahmen (beispielsweise dem Bau einer Stromtrasse für den Transport von Öko-Strom) einerseits und den berechtigten Partikularinteressen vor Ort andererseits statt. Damit dieser Ausgleich akzeptiert werden kann, müssen aber die oben genannten Regeln der Transparenz, der Beteiligung und des Gesprächs auf Augenhöhe eingehalten werden. Heiner Geißler (2010: 6) stellte dazu in seinem Schlichterspruch fest: „Die Zeit der Basta-Politik ist vorbei, auch Parlamentsbeschlüsse werden hinterfragt, vor allem wenn es Jahre dauert, bis sie realisiert werden. Sie müssen jedenfalls in dieser Zeit immer wieder begründet und erläutert werden".

Dass Großprojekte für eine stärkere Bürgerbeteiligung zu komplex seien, wird übrigens von einer Mehrheit unserer Befragten nicht so gesehen (siehe Abbildung 13). Auch hier können die Erfahrungen mit der „Schlichtung" eine Hilfestellung bieten: Komplexe Sachverhalte müssen von allen Beteiligten verständlich dargestellt werden. Das fängt mit einfachen Dingen an. Dazu gehört: keine Bandwurmsätze, Wortungetüme und Schachtelsätze. Sätze sollten in der Regel nicht länger als 12 Wörter sein. Es sollten gebräuchliche Wörter verwendet werden. Fachbegriffe sind zu vermeiden oder zu erklären. Zudem sollte aktiv statt passiv und konkret statt abstrakt kommuniziert werden. Das setzt voraus, dass Experten bei ihren Diskussionen stets nicht nur an andere Experten denken, sondern dass sie sich zudem in die Lage der Menschen versetzen, die von ihren Ausführungen und Entscheidungen betroffen sind. Dies liegt nicht zuletzt im eigenen Interesse der Experten: Denn nur wer verstanden wird, kann auch überzeugen.

Bleibt schließlich noch eine Sorge, die von 47 Prozent der Befragten zum Ausdruck gebracht wird: „Eine stärkere Bürgerbeteiligung macht Großprojekte langwieriger". Da nicht zuletzt in der Dauer von Großprojekten ein zentrales

Problem für deren Realisierung gesehen wird, gilt es hier, eine Lösung zu finden. Heiner Geißler regte dazu eine Reform des Baurechts an. Auch damit findet er Widerhall in der Bevölkerung. Von den Befragten traten nämlich nicht nur 85 Prozent für eine stärkere Einbeziehung der Bürger in die Planung von Großprojekten ein, sondern 52 Prozent sprachen sich für eine schnellere Planung und Durchführung von Großprojekten aus. Von den 85 bzw. 52 Prozent waren 37 Prozent der Befragten beide Maßnahmen gleich wichtig. Im Ergebnis kann dies für künftige Großprojekte nur bedeuten: beschleunigen und beteiligen. Für die Beteiligungsseite kann die Fachschlichtung als eine Möglichkeit angesehen werden (siehe zu Alternativen den Beitrag von Spieker und Brettschneider in diesem Band), wenn sie künftig zu Beginn von Großprojekten stattfindet.

Literatur

Brettschneider, Frank (2011): Die Schlichtung zu „Stuttgart 21": Ein Prototyp für Bürgerbeteiligung bei Großprojekten?" In: Forum Stadt. Vierteljahreszeitschrift für Stadtgeschichte, Stadtsoziologie, Denkmalpflege und Stadtentwicklung 38, S. 203-217.

Forschungsgruppe Wahlen (2010): Polit-Barometer Baden-Württemberg Extra. http://www.forschungsgruppe.de/Umfragen/Politbarometer/Archiv/Politbarometer-Extra/PB-Extra_BaWue_Nov_2010/; abgerufen am 1.9.2012.

Geißler, Heiner (2010): Schlichterspruch Stuttgart 21 PLUS. Stuttgart, 30.11.2010. www.schlichtung-s21.de/fileadmin/schlichtungs21/Redaktion/pdf/101130/2010-11-30_Schlichterspruch_Stuttgart_21_PLUS.pdf; abgerufen am 1.9.2012.

Infratest dimap (2010a): Ländertrend Baden-Württemberg. www.infratest-dimap.de/umfragen-analysen/bundeslaender/baden-wuerttemberg/laendertrend/2010/dezember/; abgerufen a, 1.9.2012.

Infratest dimap (2010b): Deutschlandtrend. www.infratest-dimap.de/umfragen-analysen/bundesweit/ard-deutschlandtrend/2010/dezember/; abgerufen am 1.9.2012.

Iyengar, Shanto; Hahn, Kyu S.; Krosnick, Jon A.; Walker, John (2008): Selective exposure to campaign communication: The role of anticipated agreement and issue public membership. In: The Journal of Politics 70, S. 186-200.

Knobloch-Westerwick, Silvia; Jingbo, Meng (2009): Looking the other way. In: Communication Research 36, S. 426-448.

Lazarsfeld, Paul F.; Berelson, Bernard; Gaudet, Hazel (1968). The People's Choice: How the Voter Makes Up his Mind in a Presidential Campaign (3. Auflage). New York/London: Columbia University Press.

Nickerson, Raymond S. (1999): How We Know – and Sometimes Misjudge – What Others Know: Imputing One's Own Knowledge to Others. In: Psychological Bulletin 125, S. 737-759.

Nussbaumer, Markus (2002): „Es gibt nichts Gutes, außer man tut es" – Arbeit an der Verständlichkeit von Gesetzestexten in der Schweizerischen Bundeskanzlei. In: Hermes: Journal of Linguistics 29, S. 111-123.

PHOENIX (2010): Rekordquote für Abschlussrunde zu Stuttgart 21 / In der Spitze mehr als fünf Prozent Marktanteil. Verfügbar unter www.presseportal.de/pm/6511/1727553/phoenix-rekordquote-fuer-abschlussrunde-zu-stuttgart-21-in-der-spitze-mehr-als-fuenf-prozent; abgerufen am 10.12.2010.

SWR (2010): Millionen sahen Schlichtungsgespräche im SWR Fernsehen: Abschluss der Gespräche am 30. November 2010 erfolgreichster Tag. Verfügbar unter www.swr.de/unternehmen/presse/-/id=4224/nid=4224/did=7887060/1mu6xbd/index.html; abgerufen am 10.12.2010.

„Einbahnstraßenkommunikation ist nicht die Lösung"
Fragen an Lothar Frick

Die Fragen stellten Sabrina Cornelius, Eva Dehoust und Carolin Häfner

Selten war das Interesse an einer politischen Verhandlung so groß wie bei der „Schlichtung" zu „Stuttgart 21". Dem Ereignis- und Dokumentations-Kanal PHOENIX verschaffte die Live-Übertragung der Gespräche mit Heiner Geißler gar die zweithöchste Einschaltquote in der Geschichte des Senders. Tausende Zuschauer verfolgten die Geschehnisse im Stuttgarter Rathaus vor den Bildschirmen zu Hause – vor dem Fernseher und auch online am Computer. Dass dies überhaupt möglich war, ist nicht zuletzt Lothar Frick zu verdanken: Er war während der Schlichtung Geißlers „rechte Hand" und zuständig für die gesamte Organisation des komplexen Verfahrens. Wir sprachen mit ihm über das, was hinter den Kulissen geschah, und über das Schlichtungsverfahren als möglichen Prototypen für Bürgerbeteiligung.

Den Wunsch nach einem Schlichtungsverfahren äußerte der damalige baden-württembergische Ministerpräsident Stefan Mappus als Reaktion auf die politischen Proteste rund um das Bahnprojekt „Stuttgart 21" – vor allem auf die Auseinandersetzungen am 30. September 2010 im Stuttgarter Schlossgarten. Im Oktober und November 2010 fanden daraufhin die von Heiner Geißler moderierten Schlichtungsgespräche zwischen Vertretern von Befürwortern und Gegnern des Milliardenprojekts statt: An sieben Tagen führten sie im Stuttgarter Rathaus Diskussionen zu Haupt- und Unterthemen des komplexen Projektes, bis in der letzten Sitzung am 30. November 2010 Heiner Geißler den Schlichterspruch sprach: „Stuttgart 21 Plus". Mit dabei waren nicht nur die Vertreter vor Ort, sondern auch tausende Bürger, die das Verfahren von zu Hause aus verfolgten. Denn alle Sitzungen wurden live im Internet und im Fernsehen übertragen. Damit handelte es sich bei dem Projekt um das erste Schlichtungsverfahren in der Geschichte der Bundesrepublik Deutschland, das der Öffentlichkeit so transparent zugänglich war. Lothar Frick, während der Schlichtung Heiner Geißlers Büroleiter und „rechte Hand", hat den Prozess von Anfang an begleitet. Frick studierte Politische Wissenschaften, Soziologie und Volkswirtschaftslehre in Heidelberg und Los Angeles und strebte dann bald in die reale Welt der Politik: Das CDU-Mitglied war unter anderem in der Bundesgeschäftsstelle der CDU sowie als Leiter des Referats Politische Planung im Staatsministerium Baden-Württemberg tätig. Seit 2004 ist Frick Direktor der Landeszentrale für politische Bildung in Stuttgart. Heiner Geißler kennt der gebürtige Baden-Württemberger bereits aus seiner Zeit als wissenschaftlicher Mitarbeiter für den damaligen CDU-Bundestagsabgeordneten.

Frage: Herr Frick, wie kam es zu der Entscheidung, eine „Schlichtung" zum Thema „Stuttgart 21" durchzuführen?

Frick: Die entscheidende Wende im Denken aller Beteiligten kam nach den gewaltsamen Auseinandersetzungen im Schlossgarten Ende September: Sowohl Gegner als auch Befürworter des Projekts erkannten, dass eine weitere Eskalation des Konflikts allen Beteiligten schaden würde. Deshalb trafen sich Mitte Oktober 2010 jeweils sieben Vertreter der Befürworter von Landesregierung, Stadtverwaltung, Region und Bahn AG sowie sieben Vertreter der Gegnerschaft vom „Aktionsbündnis gegen Stuttgart 21" zu einem Gespräch. Das fand zunächst noch unter Ausschluss der Öffentlichkeit statt. Zu diesem Zeitpunkt war noch völlig offen, ob eine Schlichtung überhaupt zustande kommen würde. Die Teilnehmer stritten sich erst einmal stundenlang über das Thema Baustopp. Das Einzige, worüber sie sich einig waren, war, dass es nicht weitergehen konnte wie bisher. Denn die Angst vor gewalttätigen Auseinandersetzungen war zu diesem Zeitpunkt akut. Und das immense Medieninteresse tat sein Übriges dazu. Insofern hat sich der Wunsch nach einem Schlichtungsverfahren dann durchgesetzt.

Frage: Wie konnten sich die Konfliktparteien in einer so festgefahrenen Situation auf ein Verfahren einigen und die geeigneten Rahmenbedingungen vereinbaren?

Frick: Ich bin selbst immer noch überrascht, wie und dass es irgendwie funktionierte. Im Grunde war während der meisten Zeit des Vorgesprächs Pendel-Diplomatie seitens Heiner Geißler gefragt.

Frage: Waren beide Seiten von Anfang an bereit, sich kompromissbereit an einen Tisch zu setzen?

Frick: Natürlich nicht. Die Beteiligten stellten die wildesten Bedingungen. Die Gegner waren zu der Schlichtung zunächst nur bereit, wenn ein kompletter Baustopp verhängt würde. Heiner Geißler hat daraufhin am laufenden Band Vorschläge für einen Kompromiss unterbreitet. Während die Befürworter den Vorschlag diskutierten, warteten die Gegner in einem anderen Raum auf das neue Angebot – und umgekehrt. Hatte eine Seite ein Angebot von Geißler zähneknirschend akzeptiert, war dieses für die andere Gruppe schlichtweg unmöglich. So ging es stundenlang hin und her, bis dann zum Schluss doch noch die sogenannte Friedenspflicht abgesegnet wurde. Sie besiegelte den Baustopp ab dem Beginn der Schlichtung, mit Ausnahme der Arbeiten im Gleisvorfeld des Hauptbahnhofs und des so genannten Grundwassermanagements.

Frage: Wurden bestimmte Kommunikationsregeln aufgestellt?

Frick: Ja, das ist unerlässlich für so einen Prozess. Die, wie ich finde, wichtigste Regel war die Dialogorientierung. Es herrschte Einigkeit darüber, dass sich alle zusammensetzen müssen und alle Themen zur Sprache kommen sollten, damit die Schlichtung ein Erfolg wird. Auch musste der Zugang zu allen Unterlagen gewährleistet werden, damit jeder die gleiche Ausgangslage für die Gespräche hat. Davon ausgenommen waren lediglich die Dokumente, die als Geschäftsgeheimnisse der Bahn eingestuft wurden. Die Gesprächsparteien sollten außerdem nach dem Paritätsprinzip miteinander kommunizieren. Sie einigten sich darauf, dass in jedem Schlichtungsgespräch sieben Experten und je drei Mitarbeiter von beiden Seiten miteinander sprechen. Ein wirkliches Novum in der Geschichte der Schlichtung war die Öffentlichkeit und Transparenz des Verfahrens. Alle Gespräche wurden live im Fernsehen übertragen, durch Stenografen protokolliert und letztlich auch ins Internet gestellt. Das Ziel der Schlichtung wurde zu Beginn ganz klar festgelegt: Gewünscht war ein Faktencheck und kein Kompromiss. Die Tatsachen sollten abgeglichen werden, und auch ein Austausch über die Bewertung der Fakten war gewünscht. Am Schluss der Gespräche wurde der so genannte Schlichterspruch erwartet. Doch mir und auch Heiner Geißler selbst war anfangs völlig unklar, in welche Richtung dieser ausfallen würde. Für Zeitdruck sorgte allerdings, dass die Dauer der Gespräche festgelegt war. Wir haben am 22. Oktober 2010 begonnen und Ende November sollte alles schon wieder vorbei sein. Viel Zeit war da wirklich nicht.

Frage: Das klingt alles etwas spontan und unorganisiert...

Frick: Ich bin ganz offen zu Ihnen: Es war am Anfang das totale Chaos. Nachdem bei der ersten Gesprächsrunde freitagnachts die Entscheidung für die Schlichtung gefallen war, sollten wir – also das „Schlichterbüro" – schon am folgenden Montag mit unserer Arbeit loslegen. Unsere Büros, das von Heiner Geißler, mir und meiner Mitarbeiterin Frau Hirsch, waren im Verwaltungstrakt des Landtags ganz kurzfristig eingerichtet worden. Als wir dort ankamen, hatten wir aber natürlich noch keine Infrastruktur – keine Computer, kein Fax –, fast nichts, außer Telefon. Die Kolleginnen und Kollegen aus der Landtagsverwaltung halfen aber wirklich wo sie konnten und waren uns gegenüber sehr offen und flexibel. Als eine der ersten Maßnahmen richteten wir eine Telefonnummer für Journalisten ein. Darauf erreichten uns mehr als 200 Anrufe am Tag – diese mussten wir dann leider die meiste Zeit auf den Anrufbeantworter umleiten. Das tat mir auch sehr leid, aber uns fehlten schlichtweg die Ressourcen, um uns um die Anfragen der Medien zu kümmern. Diese Aufgabe hat dann ganz schnell die persönliche Mitarbeiterin von Heiner Geißler, Frau Pudelko, übernommen, denn man kann die Medien ja nicht einfach ausblenden, da sie in solchen Prozessen eine immens wichtige Funktion haben. Insgesamt hatten wir netto nur zwei Tage Zeit, um das erste Schlichtungsgespräch zu organisieren. Normalerweise braucht so ein Verfahren eine Vorlaufzeit von mindestens einem halben Jahr. Wenn ich jemals am Rande eines Zusammenbruchs war, dann zu dieser Zeit.

Frage: Welche konkreten Aufgaben waren im Vorfeld zu erledigen?

Frick: Frau Hirsch und ich haben uns mit nahezu allem beschäftigt. Von A wie Aufgabenverteilung bis Z wie Zeitmanagement. Das ging bei Kleinigkeiten wie dem Herstellen von Namensschildern und dem Festlegen der Sitzordnung los. Dann mussten wir uns sehr kurzfristig um Stenografen kümmern. Auch das hört sich zunächst einfach an, aber wir fanden schnell heraus, dass es deutschlandweit nur etwa 150 Stenografen gibt, davon etwa 120 in den Landtagen und beim Deutschen Bundestag, die restlichen etwa 30 sind normalerweise Monate im Voraus ausgebucht. Dass wir für alle neun Sitzungen jemanden gefunden haben, hatten wir den guten professionellen Beziehungen des Landtagsprotokollchefs, Herrn Grünert zu verdanken. Und dann mussten wir ja auch noch einen Fernsehsender finden, der die *ganze* Schlichtung überträgt, und nicht nur einen Ausschnitt von 10 bis 12 Uhr. Das war nicht so schwierig, denn sowohl der SWR als auch PHOENIX hatten Interesse bekundet. Irgendwie haben wir es mit Hilfe der Internetfirma von Christoph Runkel in Stuttgart geschafft, den Internetauftritt www.schlichtung21.de auf die Beine zu stellen. Aber das hat leider erst einmal sechs Wochen gedauert, weil anderes einfach Vorrang hatte.

Frage: Sie waren also sozusagen das „Mädchen für alles"?

Frick: Naja, wenn Sie es so nennen wollen. Diese ganzen Dinge liefen quasi neben unserer Hauptaufgabe. Diese bestand darin, eine ordentliche Gesprächsstruktur herzustellen und eine Gesprächsbasis zwischen Gegnern und Befürwortern zu schaffen: Wir mussten in einer kleinen Arbeitsgruppe mit Befürwortern und Gegnern von „Stuttgart 21" die Themen festlegen, über die geredet wird, entscheiden, wer wie viel Redezeit zur Verfügung hat, und so weiter. Außerdem musste das Schlichterbüro den Austausch der Unterlagen zwischen den beiden Parteien sicherstellen und eine Wirtschaftsprüfungsgesellschaft finden, mit der beide Seiten einverstanden waren. Das war alles nicht so einfach. Wenn die Gespräche zu Ende waren, prüften wir die Informationen, denn alles, was aus unserem Büro an die Öffentlichkeit ging, musste zu 100 Prozent korrekt sein. Nach den Gesprächen rief natürlich immer Gott und die Welt an und wollte wissen, wie es weitergeht, was Herr Geißler denkt und vieles mehr. Wir mussten die Leute meistens mit einigen wenigen Sätzen fast abfertigen, denn wir waren die meiste Zeit nur zu zweit und hatten zu tun.

Frage: Die Medien äußerten oft Kritik an der Organisation des Verfahrens und beklagten, dass die Informationen die Journalisten häufig zu spät erreicht hätten – vor allem was die Zeitpläne anging. Woran mangelte es und was könnte in Zukunft verbessert werden?

Frick: Die gesamte Situation war einzigartig und es gab für uns einfach keine Erfahrungswerte. Am Anfang fehlte es an allen Ecken. Wie gesagt: Die Ressourcen – also Mitarbeiter und Budget – waren knapp, und Strukturen gab es nicht. Alles musste innerhalb kürzester Zeit aus dem Boden gestampft werden. So etwas braucht Zeit, um sich einzuspielen. Da bleibt es nicht aus, dass etwas auf der Strecke bleibt. In diesem Fall litten definitiv die Journalisten. Aber wir mussten Prioritäten setzen, und die ganze Situation ordnete sich nach einer gewissen Anlaufphase zum Glück von alleine. Wir haben wirklich in allen Bereichen dazugelernt. Nicht nur was die Organisation so eines Verfahrens angeht, sondern auch, wie der Ablauf gestaltet werden muss. Im Übrigen sind die allermeisten Journalisten vor allem darauf aus, schnell und möglichst als Erste an Informationen zu gelangen – damit konnten wir nicht immer dienen, bei uns hatte Sorgfalt Vorrang vor Schnelligkeit. Zeitdruck hatten wir ohnehin mehr als genug.

Frage: Wie meinen Sie das genau? Würden Sie das Verfahren heute anders gestalten?

Frick: Nein. Heiner Geißler wollte die Gesprächssituation anfangs ganz anders gestalten, nämlich ähnlich einem Kreuzverhör. Das bedeutet, er hätte vom Podium tiefergehende Fragen an einzelne Teilnehmer gestellt. Aber schon beim ersten Termin stellte sich dieses Vorgehen als nicht praktikabel heraus: Man muss sehr im Thema drin sein, um wirklich so gezielt nachfragen zu können. Da haben wir beschlossen, das Verfahren zu ändern. Glücklicherweise waren die Teilnehmer flexibel genug, sich umzustellen. Es wurden daraufhin feste Redezeiten für Einführungsvorträge vereinbart und genügend Zeit für Diskussionen eingeplant.

Frage: Was war für Sie die interessanteste Erfahrung bei der „Schlichtung"?

Frick: Wie diese Auseinandersetzung um ein politisch brisantes Thema zwischen zwei Parteien ausgetragen wurde, war wirklich einmalig und spannend. Auf der einen Seite stand eine in vielfältigen Netzwerken organisierte Bürgerbewegung, ohne feste Führung und ohne hierarchischen Aufbau. Auf der Seite der Befürworter waren es hingegen Institutionen mit fest hierarchischer Struktur, klar geordneten Zuständigkeiten und unumstrittenem Entscheidungsrecht der Chefs. Dieses Gefüge ist ja per se nichts Neues. Aber die hautnahe Beobachtung vor Ort war für mich neu. Auch hat mich die Professionalität in der Kommunikation der Gegnerschaft von „Stuttgart 21" beeindruckt. Die Gegner standen der Schlichtung von Anfang an positiv gegenüber, denn es bot sich die einmalige Chance, aus dieser, ich nenne es mal „Protestlerecke", herauszukommen. Die Befürchtung, gegen die großen Apparate der Befürworter nicht bestehen zu können, war groß. Doch im Nachhinein betrachtet, waren die S21-Gegner mindestens genauso gut organisiert wie die Befürworter. Die Vorbereitung der Teilnehmer war vorbildlich und es zeichnete sich auch ein gewisses strategisches Vorgehen ab. Das hat meiner Meinung nach bei den Befürwortern anfangs gefehlt.

Frage: Die Gegner gingen also professioneller vor? Was war das Besondere an ihrer Kommunikationsarbeit?

Frick: Zum einen konzentrierten sie sich auf Kernbotschaften. Und genau das ist bei Großprojekten zentral, denn es hilft Ihnen nichts, wenn Sie nur Kleinkriege gewinnen. Die „Stuttgart-21"-Gegner besetzten drei bis vier Themen und betrieben für diese gezieltes Agenda-Setting. Ich würde behaupten, dass ihre Medienarbeit wirklich professionell ablief. Beispielsweise haben die Mitarbeiter den Journalisten etwa ab der dritten Schlichtungsrunde frühmorgens USB-Sticks ausgehändigt, auf denen sich die Präsentationen des gesamten Tages und Infos zu den teilnehmenden S21-Gegnern an den Schlichtungsgesprächen befanden. Diese Vorgehensweise haben die Gegner dann im Verlauf der Gespräche stringent verfolgt. Die drei Mitarbeiter der Gegner auf den hinteren Sitzen waren nicht nur da, um den sieben Experten Informationen zu liefern. Sie kommunizierten ohne Pause, sowohl untereinander als auch nach außen – ständig wurden Mails und SMS hin und her geschickt. Die gesamte Kommunikationskultur war geprägt von ständigem Dialog und Interaktion. Dadurch haben sie meiner Meinung nach die vermeintlichen Nachteile gegenüber den Befürwortern ausgleichen können.

Frage: Da konnten die Befürworter nicht mithalten?

Frick: So will ich das nicht sagen. Aber sie haben sich am Anfang schwer getan. Trotz ihrer Größe und Struktur sind bei vielen Institutionen die personellen Ressourcen nicht mehr so gegeben. Außerdem sind Verwaltungen und Behörden viel unflexibler. Abstimmungsprozesse dauern lange, und nebenbei muss das Tagesgeschäft ja weiterlaufen. Die Kapazitäten sind nicht unendlich, da hörte man häufiger mal den Satz „Ich habe auch noch andere Dinge zu tun."

Frage: Ist „Stuttgart 21" Ihrer Meinung nach ein Konflikt zwischen repräsentativer und direkter Demokratie?

Frick: Das denke ich nicht. Aber die Schlichtung hat offengelegt, welche Defizite in bisher angewendeten Formen der Bürgerbeteiligung bestehen. Wenn Sie sich die wissenschaftliche Literatur zum Thema ansehen, besteht ein breiter Konsens darüber, dass solche Verfahren zu lange dauern. Die Bürger müssen erst einmal informiert werden. Das fand bisher auf veralteten Kanälen statt. Und bis sich dann jemand beteiligt, dauert es einfach. Die Schlichtung bzw. das gesamte Vorgehen bei „Stuttgart 21" hat gezeigt, dass man sich für neue Formen der Bürgerbeteiligung öffnen muss.

Frage: Ist also die „Schlichtung" ein Prototyp neuer Bürgerbeteiligung?

Frick: Nein. Im Grunde waren die Schlichtungsgespräche so eine Art „Feuerwehrrettungsaktion". Es herrschten so festgefahrene und polarisierte Meinungen, dass die Hauptaufgabe der Schlichtung darin bestand, die Situation zu beruhigen und erst einmal wieder eine Gesprächsbasis herzustellen. Ziel war es, eine Versachlichung der Debatte zu erreichen. Der eigentliche Konflikt ist damit nicht aus der Welt geschafft. Schauen Sie sich die Situation heute an, sie ist auch jetzt nach dem Volksentscheid noch nicht beruhigt. Ich glaube auch nicht, dass sie das in Zukunft gänzlich sein wird. Wenn wir das Schlichtungsverfahren funktional betrachten, handelte es sich um ein Bürgerinformationsprojekt und nicht um ein Bürgerbeteiligungsprojekt. Es gab im Rahmen der Schlichtung nichts zu entscheiden. Die Bürgerschaft hat ja auch nicht teilgenommen am eigentlichen Prozess. Aber ich glaube dennoch, dass wir alle aus der Schlichtung viele nützliche Lehren ziehen können, wie Bürgerbeteiligung aussehen kann bzw. sollte. Die Teilnehmer der Schlichtung waren – unabhängig vom Ergebnis – alle zufrieden mit dem Prozessablauf. Das lag vor allem an der Art und Weise des Umgangs miteinander. Gelobt wurde auch die transparente und verständliche Kommunikation. Ich bin froh, dass die Schlichtung zu einer neuen bundesweiten Diskussion über Bürgerbeteiligungsverfahren geführt hat, auch wenn sie primär kein Bürgerbeteiligungsverfahren ist.

Frage: Wenn also eine „Schlichtung" ungeeignet ist, wie sieht für Sie ein praktikables Modell der Bürgerbeteiligung aus?

Frick: Darüber zerbrechen sich sehr viele Forscher und Praktiker den Kopf. Aber ich sehe, dass diverse Arbeitsgruppen von Bürgerinnen und Bürgern auf kommunaler Ebene sehr gut funktionieren. Auf übergeordneter Ebene sieht das allerdings leider wieder ganz anders aus. Wir machen den Kardinalfehler, dass wir Bürgerbeteiligung nicht zur Gestaltung eines Projektes einsetzen, sondern bisher im Rahmen von Einsprüchen gegen ein Projekt oder Teile davon. Meine Einschätzung ist, dass das wirklich wichtige Thema Kommunikation in den Parteien und Ministerien langsam ankommt. Zum Beispiel lässt die SPD mittlerweile Anträge auch mit Nicht-Mitgliedern zusammen erstellen – ein wirkliches Novum in der Politik. Und auch Online-Medien werden sehr viel stärker für den Kontakt zum Bürger genutzt.

Frage: Glauben Sie also, dass die neuen Medien zu mehr Bürgerbeteiligung beitragen werden?

Frick: Ob durch Internet & Co. tatsächlich mehr dialogische Formen in Gang kommen, kann ich noch nicht abschätzen. Interessanterweise sind bei unserem Ministerpräsidenten Winfried Kretschmann aber inzwischen zwei Leute nur für die Betreuung dieser Online-Kanäle zuständig. Das zeigt, dass das Internet für die Planung und Kommunikation nicht mehr wegzudenken ist – nicht nur in Entscheidungsverfahren, sondern in der Politik insgesamt. Ich denke, die nächste neue politische Partei, von der wir hören werden, wird bestimmt im Internet gegründet (Anmerkung: Inzwischen feierte die Piraten-Partei Erfolge; zum Zeitpunkt des Gesprächs war dies noch nicht der Fall.). In dem Bereich haben viele Institutionen noch enormen Nachholbedarf. Ich bin da aber auch ein Verfechter der so genannten Konvergenzthese: Alte Medien werden nicht abgelöst, sondern durch neue ergänzt. Für die Verwirklichung von Großprojekten heißt das, dass man sich nicht auf Online-Medien beschränken, sondern alle verfügbaren Kanäle nutzen sollte. Dafür muss dann natürlich auch das nötige Geld zur Verfügung stehen.

Frage: Welche konkreten Handlungskonsequenzen ergeben sich Ihrer Meinung nach aus der „Schlichtung" für die Organisation und Kommunikation von Großprojekten?

Frick: Am Beispiel „Stuttgart 21" wird deutlich, wie groß die Gefahr von Missverständnissen ist, wenn politisch Beteiligte eine sogenannte „Einbahnstraßenkommunikation" pflegen. Dieses klassische Sender-Empfänger-Denken von oben herab funktioniert vor allem bei jungen Leuten nicht mehr. Dazu gehört auch die Transparenz in Entscheidungsprozessen. Im Wikileaks-Zeitalter ist eine Abschottung einfach nicht möglich. Aber an dieser Stelle muss ich auch betonen, dass ich nicht für komplette Öffentlichkeit in allen Bereichen bin. Gewisse Vertraulichkeiten, beispielsweise, wenn es um Verhandlungen zu heiklen Themen oder auch persönlichen Dingen geht, müssen und sollten nicht unbedingt offen gelegt werden. Eine Handlungskonsequenz ergibt sich für mich definitiv in puncto Verständlichkeit. Ich erreiche keinen Konsens, wenn mich niemand versteht. Daher plädiere ich wirklich für ein einfaches, klares Deutsch. Entschuldigen Sie den Begriff, aber „Fachidioten" sollten ihre Ausdrucksweise anpassen, wenn sie mit Bürgern kommunizieren. Und übrigens: Immer noch knapp 50 Prozent der deutschen Bevölkerung können kein Englisch. Wir leben heutzutage in einer schnelllebigen Zeit, in der Entscheidungen in letzter Minute überwiegen. Doch meiner Meinung nach braucht Demokratie Zeit, genauso wie Entscheidungsträger Zeit brauchen, um langfristig gute Entscheidungen treffen zu können. Die Zivilgesellschaft driftet davon und die Bürger werden nicht mehr erreicht. Ich glaube nicht, dass diese komplexen Strukturen der Politik sinnvoll und menschengemäß sind. Es gibt ja keine Übermenschen, die alles durchschauen. Parteien und etablierte politische Institutionen sollten daher ihre Strukturen und Organisation regelmäßig überdenken und Prozesse kritisch reflektieren. Und Entscheidungen sollten definitiv in Zusammenarbeit entstehen und nicht nur von einzelnen Experten getroffen werden. Dann passen sie am Ende besser zusammen.

Alternative Streitbeilegung? Die „Schlichtung" zu „Stuttgart 21" aus der Sicht der TeilnehmerInnen

Arne Spieker / Frank Brettschneider

1. Einleitung

Die aktuelle Debatte über Bürgerbeteiligung bei Großprojekten ist ohne die Auseinandersetzung um das Infrastruktur- und Städtebauprojekt „Stuttgart 21" und die damit verbundene so genannte Sach- und Fachschlichtung nicht denkbar. Die „Schlichtung" zu „Stuttgart 21" (im Folgenden kurz: „S21-Schlichtung") hat sich in diesen Diskussionen zum Topos entwickelt, zu einem Symbol für Strategien zur Lösung großskalierter öffentlicher Konflikte. Angesichts der deutschlandweiten Beachtung, die die ursprünglich lokale Auseinandersetzung im Jahr 2010 erfuhr, erstaunt dies nicht. Heiner Geißler (2010: 15) selbst bezeichnete das Verfahren in seiner Abschlusserklärung als „Demokratieexperiment", dem er „eine weite Verbreitung in Deutschland" wünschte. Andere sprachen von einer „Blaupause" für Bürgerbeteiligung und Konfliktprävention (Bund 2010). Die „Schlichtung" sah sich jedoch auch zahlreichen kritischen Stimmen ausgesetzt – und wurde beispielsweise als ein gescheitertes Verfahren, mit einem Moderator mit „wenig Mumm" (Zielcke 2010) beschrieben. Unsere Analyse soll klären, was sich aus der „Schlichtung" um „Stuttgart" 21 für zukünftige Konfliktlösungsverfahren ableiten lässt.

2. Die „Schlichtung" als Verfahren der Konfliktlösung

Das von Heiner Geißler geleitet Verfahren wies im Hinblick auf andere Verfahren zur Konfliktlösung eine Besonderheit auf: die „Schlichtung" fand mit maximaler Beteiligung der Öffentlichkeit statt – wir kommen darauf noch zurück. Darüber hinaus war die „Methode Geißler" jedoch keine bahnbrechende Innovation, die das Verhältnis zwischen Rechtsstaat und Bürgergesellschaft auf den Kopf gestellt hat. Vielmehr gibt es schon seit Jahrzehnten eingeübte Verfahren öffentlicher Konfliktlösung, in denen Akteure versuchen, jenseits gesetzlicher Verfahren und freiwillig eine Lösung von Konflikten um Planungsvorhaben hinzubekommen[1]. Diese Verfahren firmieren unter dem Begriff der Alternativen Streitbeilegung. Als „Alternative Dispute Resolution" (ADR) haben sie ihre Wurzeln in den USA (Rogers und McEwen 1994). Sie sind eine Reaktion auf die Erfahrung, dass in heutigen pluralen Gesellschaften Interessenskonflikte auf der Mikro- und Meso-Ebene immer häufiger auftreten, bei einer gleichzeitig abnehmenden Legitimität der gesetzlich vorgesehenen Entscheidungsverfahren (Scharpf 1991). Mit Methoden der ADR sollen die beteiligten Parteien gemeinsam nach Lösungen für den Konflikt suchen und so die gesetzlichen, politischen und administrativen Verfahren entlasten – nicht aber ersetzen. Ziel solcher Verfahren ist es, *freiwillig eine Lösung herbeizuführen, die von den miteinander im Konflikt liegenden Parteien langfristig akzeptiert wird.* Diese Entscheidungen können dann beispielsweise Grundlage für ein anschließendes Genehmigungsverfahren sein. Allerdings: Auch wenn solche Verfahren ohne eine Einigung enden, können von ihnen positive Effekte ausgehen – wie ein Vertrauensgewinn zwischen den Beteiligten oder die Aufarbeitung von Missverständnissen (Buckle und Thomas-Buckle 1986).

Der Erfolg solcher Verfahren ist jedenfalls kein Selbstläufer. Im Gegenteil: Sie sind höchst fragile Prozesse, die intelligenter Designs bedürfen und dem oder der Vorsitzenden großes Geschick abfordern. Das Verfahren muss zu jeder Zeit das Vertrauen und die Akzeptanz der Beteiligten besitzen. Da es sich um ein freiwilliges Verfahren mit Selbstbindung handelt, gilt umso mehr, was Luhmann (1983) bereits für gesetzliche Verfahren formulierte – dass nämlich die Legitimation des Ergebnisses auf der Legitimation des Verfahrens beruht. Diese Verfahrenslegitimation ist ständig bedroht: Ein unbedachtes Wort, eine inhaltliche Wertung durch den Verfahrensführer oder der Verdacht von Hinterzimmerabsprachen können schnell die Wahrnehmung befördern, das Verfahren sei „gezinkt".

Die Beurteilung, ob die „S21-Schlichtung" ein Erfolg war, ist nicht leicht. Zu schnell haben sich im Anschluss an die „Schlichtung" mit dem Wechsel der Landesregierung und der Volksabstimmung neue, gravierende Umstände ergeben. So lässt sich der Einfluss der „Schlichtung" auf den Gesamtverlauf der Auseinandersetzung nicht isoliert bestimmen; allerdings lassen sich Anhaltspunkte identifizieren, wie in diesem Band in dem Beitrag von Spieker und Bachl noch gezeigt wird.

Für die Diskussion, ob die „Schlichtung" eine „Blaupause" für die Zukunft sein kann, und was wir aus ihr lernen können, lassen sich aber dennoch Argumente finden. In der empirischen Forschung und in der praktischen Verfahrens-

---

1   Für wissenschaftliche Analysen von prototypischen Verfahren in Deutschland vgl. z.B. die WZB-Begleitforschung zur Mediation um eine Müllverbrennungsanlage in Neuss (Holzinger und Weidner 1997; Pfingsten und Fietkau 1995) oder die Dokumentation der Mediation zum Ausbau des Frankfurter Flughafens (Geis 2005).

führung wurden im Laufe der Jahrzehnte Faktoren für eine gute Praxis der Konfliktlösung herausgearbeitet. Diese Faktoren legen wir im Folgenden zugrunde, wenn wir die Stärken und Schwächen der Geißlerschen „Schlichtung" untersuchen. Neben einer theoretischen Betrachtung ziehen wir dazu auch die Ergebnisse einer Befragung der Mitglieder und Experten heran, die an der „S21-Schlichtung" unmittelbar teilgenommen haben. Die Befragung wurde von Mitte Juni bis Anfang Juli 2011 postalisch durchgeführt. Angeschrieben wurden 64 TeilnehmerInnen der Schlichtungsrunden (ständige TeilnehmerInnen sowie eingeladene Experten). Jeweils 17 TeilnehmerInnen der Befürworter- und der Kritikerseite haben den Fragebogen ausgefüllt zurück gesendet. Die Rücklaufquote beträgt damit 53 Prozent.

Bei der Bewertung unterscheiden wir zwischen der *Struktur des Verfahrens* und der *Prozedur des Verfahrens*. Die Struktur bezieht auf den grundlegenden Typus und die Rahmenbedingungen des Verfahrens; die Prozedur hingegen auf die Art und Weise der Durchführung. Beides ist für den möglichen Erfolg relevant. Ein ungeeigneter Verfahrenstyp kann selbst bei guter Durchführung zum Misserfolg führen. Ebenso kann das richtige Verfahren bei schlechter Durchführung scheitern.

3. Die Struktur des Verfahrens

Die Palette möglicher Verfahren zur Beilegung von Konflikten ist groß: Verbreitet und bekannt sind die Mediation, das Joint Fact Finding, Verhandlungen (mit/ohne Faziliator/Vermittler) und Schlichtungsprozeduren (z. B. Bingham 1986). Diese Typen unterscheiden sich zum einen anhand ihrer *Zielsetzung*. Während in Mediationen, Verhandlungen und Schlichtungsprozeduren eine Entscheidung bzw. eine Empfehlung über das Projekt erreicht werden soll, sollen Joint Fact Findings diese Entscheidung/Empfehlung vorbereiten sowie Argumente und Fakten klären. Konfliktparteien argumentieren häufig mit unterschiedlichen, sich widersprechenden Daten; oder sie gelangen zu völlig unterschiedlichen Interpretationen dieser Informationen. Hier können Joint Fact Findings für Klarheit sorgen. Daher sind sie häufig fester Bestandteil von Konfliktregelungsverfahren im öffentlichen Bereich, wie beispielsweise der so genannten politischen Mediation (Eggert und Meister 2007).

Zum anderen unterscheiden sich die Verfahren anhand der *Rolle des Verfahrensführers*: Während Mediatoren, Faziliatoren und auch Moderatoren von Joint Fact Finding-Prozeduren „Geburtshelfer" sind, die die Konfliktparteien bei einer eigenständigen Lösung des Konfliktes unterstützen, nehmen Schlichter am Ende des Verfahrens das Ergebnis, den Schlichterspruch, selbst in die Hand. Das im Konflikt um „Stuttgart 21" gewählte Verfahren wurde als „Schlichtung" betitelt. Das ist insofern zutreffend, als am Ende des Verfahrens ein Schlichterspruch von Heiner Geißler stand. Seine Rolle ging jedoch über die des Schlichters hinaus. Im Laufe der Sitzungen griff er in die Diskussionen moderierend oder gar belehrend ein. Heiner Geißler nahm im Verfahren eine äußerst aktive, wenn nicht sogar dominante Rolle ein. Das Voranschreiten der Diskussionen war eng mit seiner hohen öffentlichen Autorität verbunden, der sich die Konfliktparteien kaum entgegenstellen konnten. Diese starke Rolle ist nicht unproblematisch: Indem sich der Schlichter aktiv in das Verfahren einschaltet und, mit einem Schlichterspruch, auch inhaltlich positioniert, macht er sich angreifbar. Dass das Ergebnis auf einem Vorschlag des Schlichters beruht, und nicht auf einer Einigung der Teilnehmer selbst, kann die Selbstbindungskraft des Ergebnisses abschwächen[2]. Das fällt dann weniger ins Gewicht, wenn das Schlichtungsergebnis unmittelbar in einen Vertrag mündet, wie es beispielsweise in Tarif-Streitigkeiten der Fall ist. Fragiler ist das Ergebnis jedoch bei einer reinen politischen Selbstbindung, wie im Falle von „Stuttgart 21". Diese funktioniert nur, wenn der Schlichterspruch wahrhaft salomonischen Charakter hat (was selten möglich ist), oder wenn der Schlichter eine außerordentlich hohe öffentliche Autorität besitzt. Die Gefahr ist jedoch auch unter diesen Umständen, dass die Kraft der Selbstbindung nur während der Dauer des Verfahrens existiert. Die Anerkennung eines Schlichterspruchs durch beide Lager – wie im Falle „Stuttgart 21" – dürfte zu einem Gutteil auf zeitlichen Druck im Ringen um das Abschlusscommuniqué zurückzuführen sein, während im Hintergrund die „Keule" der öffentlichen Meinung denjenigen zu bestrafen droht, der sich einem Ergebnis verweigert. So mögen sich zwar am Ende des Verfahrens beide Seiten zu einem wie auch immer gearteten Lösungsvorschlag bekennen, ein späteres, zunehmend stärkeres Distanzieren schließt das aber nicht aus – was auch im Falle der „S21-Schlichtung" zu beobachten war.

Problematisch für ein Verfahren ist es auch, wenn die Verfahrens- und Entscheidungsregeln im Vorfeld nicht klar formuliert und gemeinsam beschlossen werden. Dazu gehört eine Verständigung darüber, in welcher Form diskutiert bzw. verhandelt wird, welche Rolle der neutrale Dritte hat und welche Art des Ergebnisses am Ende stehen soll (Linder und Vatter 1996). Steht am Ende ein Schlichterspruch, dann sollten die Beteiligten sich bereits zu Beginn des Verfahrens da-

---

2   Die Praxis bei der Lösung öffentlicher Großkonflikte zeigt allerdings, dass ein Verfahren selten
     ohne eine aktive Rolle des/der Vorsitzenden auskommt (z. B. im Regionalen Dialogforum
     zum Frankfurter Flughafen: RDF 2010).

rauf verständigen. Diese Verfahrensklarheit war bei der „S21-Schlichtung" nur bedingt gegeben.[3] Heiner Geißler erklärte zu Beginn, dass ein Ergebnis wie bei einer klassischen Schlichtung nicht möglich sei. Man könne weder einen neuen Bahnhof erfinden, noch Stuttgart zu einer ebenen Stadt machen (Protokoll 1 2010). Es gehe vielmehr darum, einen „Fakten-Check" durchzuführen, in dem man alle strittigen Fragen erörtere und versuche, zu einer gemeinsamen Bewertung zu gelangen. Aus diesen Ergebnissen müsse „am Ende jede Seite die Konsequenzen daraus ziehen, die sie für richtig hält" (Protokoll 1 2010: 2).

Im Gegensatz zu dieser Ankündigung, sich auf die Klärung der Fakten zu beschränken, stand am Ende jedoch ein Schlichterspruch, in dem Geißler selbst seine Schlüsse aus dem Verfahren zog, einen Kompromissvorschlag erarbeitete und diesen dann der Öffentlichkeit präsentierte. Die Zustimmung zu diesem Kompromissvorschlag („Stuttgart 21 Plus") rang Geißler den beiden Parteien zwischen dem Abschluss der letzten Sitzung und der nachfolgenden Pressekonferenz unter enormen Zeitdruck ab. Dies wurde auch als „Überrumpelungsverfahren" kritisiert (Rucht 2010). Die „S21-Schlichtung" litt damit unter Verfahrensunklarheit, verursacht durch eine Vermengung von Faktenfindungs- und Schlichtungsverfahren, die vor Beginn des Prozesses so nicht mit den beteiligten Akteuren abgestimmt war. Allerdings wurde die „Schlichtung" in einer extrem kurzen Frist angesetzt. Zwischen dem „schwarzen Donnerstag", der Eskalation zwischen Polizei und Demonstranten am 30. September 2010, und dem Beginn der „Schlichtung" lagen nur etwa drei Wochen; das erste vorbereitende Gespräch zwischen Befürwortern und Kritikern fand gar erst am 15. Oktober statt. Normalerweise dauert die Vorbereitung von Konfliktlösungsverfahren – inklusive zahlreicher Vorgespräche und der gemeinsamen Einigung auf Verfahrensregeln – einen bis mehrere Monate. Selbst falls er es eigentlich gewollt hat: Heiner Geißler stand angesichts der politischen Umstände in Stuttgart für solch eine Vorbereitung gar keine ausreichende Zeit zur Verfügung.

4. Die Prozedur des Verfahrens

Neben der Verfahrensstruktur beeinflusst auch die Verfahrensprozedur die Legitimität des Konfliktlösungsverfahrens. Nach dem Stand der Forschung (z. B. Fietkau und Weidner 1998; Linder und Vatter 1996; Susskind et al. 1999; Zilles-

---

3 Die zeitlichen und organisatorischen Besonderheiten der „Schlichtung" sind auch Gegenstand des Gesprächs mit Lothar Frick in diesem Band. Er war während der Schlichtung Geißlers „rechte Hand" und zuständig für die gesamte Organisation des komplexen Verfahrens.

sen 1998) zählen folgende Elemente zu den wichtigsten Voraussetzungen eines erfolgsversprechenden Prozederes:

- Fairness
- Ergebnisoffenheit
- Verfahrensklarheit
- die Neutralität des Verfahrens
- die ausgewogene Repräsentation der betroffenen Interessen
- die Motivation der Teilnehmer zur konstruktiven Problemlösung.

4.1 Fairness

Fairness hat eine prozedurale und eine strukturelle Komponente: *Prozedurale Fairness* bedeutet, dass die Teilnehmer den Eindruck haben, dass beide Seiten gleich behandelt werden und niemand übervorteilt wird. Die Gewährleistung identischer Möglichkeiten zur Rede und Gegenrede, gleichverteilte Redezeiten und die gerechte Anwendung der Verfahrensregeln gehören zu den Hauptaufgaben des Gesprächsleiters. Die prozedurale Fairness wurde in unserer Umfrage unter den Schlichtungs-TeilnehmerInnen von den Befürwortern positiv beurteilt, von den Kritikern in einem abgeschwächten Maße ebenfalls. Dies deckt sich mit der Bewertung der Verfahrensführung durch Heiner Geißler, die von beiden Seiten überwiegend als „gut" beurteilt wurde. Geißler erwarb sich durch einen kompromisslosen Leitungsstil Respekt, in dem er alle Beteiligten wiederholt dazu ermahnte, sachlich und verständlich vorzutragen.

Strukturelle Fairness hingegen bezieht sich auf die „Waffengleichheit" zwischen den Akteuren. Die lag, wie es in Konflikten dieser Art üblicherweise der Fall ist, nicht vor: Die Befürworter konnten sich, assistiert durch personelles Know-How und finanzielle Unterstützung der Projektträger, auf Daten, Zahlen und Argumente eines seit vielen Jahren in der Planung befindlichen Projekts stützen. Dagegen mussten die Kritiker ihre Beweisführung häufig in ihrer Freizeit und mit vergleichsweise limitierten finanziellen Ressourcen entwickeln. Diese ungleichen Bedingungen wurden erwartungsgemäß vor allem von der Kritikerseite bemängelt.

4.2 Ergebnisoffenheit

Eine zwingende Notwendigkeit für Methoden der Alternativen Streitbeilegung ist, dass erstens potenziell eine Kompromisslösung existiert, die zwar beiden Seiten Opfer abverlangt, sie jedoch besser stellt als die Alternativen, die ohne Verhandlungslösung wahrscheinlich zustande kommen würden (Fisher et al. 2011; Holzinger 1996). Zweitens muss es auch glaubhaft sein, dass eine solche Lösung am Ende des Verfahrens tatsächlich stehen kann. Wie Geißler selbst beschrieb, war die Ergebnisoffenheit des Schlichtungsverfahrens problematisch. Es standen mit „Stuttgart 21" und dem Gegenentwurf „Kopfbahnhof 21" (K21) zwei sich gegenseitig ausschließende Konzepte zur Diskussion. Die „Schlichtung" wurde zu einem sehr späten Zeitpunkt durchgeführt, rund 16 Jahre nach der offiziellen Vorstellung des Projektes. Erste Bauarbeiten, wie der Abriss des Bahnhof-Nordflügels, waren bereits abgeschlossen, Aufträge an Bauunternehmen vergeben. Daher überrascht es nicht, dass die Mehrheit der befragten TeilnehmerInnen der Kritikerseite, ganz im Gegensatz zu den Befürwortern, eine mangelnde Ergebnisoffenheit beklagte (siehe Abbildung 1). Geißler wurde nach Ende der Schlichtungsrunden von dieser Seite auch vorgeworfen, er habe vor den geschaffenen Fakten kapituliert (Waßmuth und von Larcher 2010).

Abbildung 1: Die Ergebnisoffenheit der „Schlichtung" aus Sicht der TeilnehmerInnen

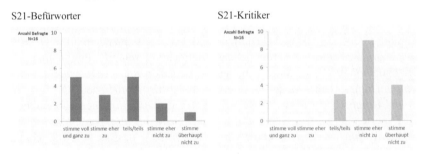

Zustimmung der Befürworter bzw. der Kritiker zu folgender Aussage: „Das Schlichtungsverfahren war ergebnisoffen."

4.3 Neutralität des Verfahrens und Vorgehensweise der Faktenklärung

Jede Bewertung einer Alternative stützt sich auf Argumente. Für diese Argumente über das Für und Wider existierender Pläne werden „Fakten" herangezogen – Aussagen über die Wirklichkeit, die zutreffen können oder nicht. Eine Lösung, die von den Teilnehmern anerkannt wird, muss auf als vernünftig geltenden Aus-

sagen über die Wirklichkeit beruhen (Habermas 1981). In einer zunehmend ausdifferenzierten Gesellschaft steigt die Abhängigkeit von Experten bei der Herstellung solcher Aussagen (Peters 1994). In einem Konflikt wie um „Stuttgart 21", in
dem sich die Mehrheit der Argumente um komplexe Prognosen für die Zukunft
dreht, ist die Abhängigkeit von Expertenwissen immens. Ob den Prognosen geglaubt wird, hängt davon ab, ob den Experten geglaubt wird. Daher ist es zwingend, dass die eingesetzten Experten als neutral wahrgenommen werden, vor
allem wenn die Unabhängigkeit und Autorität von Experten immer stärker ange-
zweifelt wird (ebd.). Hilfreich ist es, wenn beide Seiten gemeinsame Gutachter
bestellen bzw. Kontrollgutachten in Auftrag geben, die die Qualität der Haupt-
gutachten überwachen (RDF 2010).

Die Fakten zu „Stuttgart 21" waren in vielerlei Hinsicht umstritten: Zur Diskussion standen unter anderem die Leistungsfähigkeit des neuen Bahnknotens,
die Gefährdung des Grundwassers, die geologischen Risiken der Tunnel, die zu
erwartenden Kosten und die Eignung von K21 als alternatives Konzept. Die Sitzungen ähnelten einem Gerichtsverfahren, in dem beide Seiten ihre Argumente vorbrachten und versuchten, diese mit Beweisen zu untermauern. Dazu konnten sie Experten in den „Zeugenstand" rufen. Das enge Zeitkorsett mit nur acht
Sitzungen ließ es nicht zu, zu einer einheitlicheren Bewertung der Fakten zu gelangen. Die gemeinsame Beauftragung von Gutachten war nicht vorgesehen und
im vorgegebenen Zeitrahmen auch nicht möglich. Die Auseinandersetzung beschränkte sich auf Rede und Gegenrede und verhakte sich zudem oft in Details,
was dazu führte, dass eine abschließende Betrachtung zentraler Punkte mangels
Zeit kaum möglich war. Diese Vorgehensweise hat zwei Konsequenzen: Erstens
werden Ungleichheiten in der Ressourcenausstattung reproduziert. Die finanzi-
ell und technisch gut ausgerüstete Seite kann mit ausgewiesenen und etablierten Experten aufwarten, während die andere Seite Schwierigkeiten hat, solche
zu beauftragen. Zweitens sinkt die Wahrscheinlichkeit, dass sich die Teilnehmer
von den Argumenten der jeweils anderen Seite überzeugen lassen oder sich zumindest aufeinander zubewegen – was sich auch in der Befragung widerspiegelt
(siehe Abbildung 2). Die Polarisierung der Konzepte S21 und K21 war auch nach
der Schlichtung sehr hoch – eine deutliche Mehrheit sprach dem jeweiligen Konzept der Gegenseite die Leistungsfähigkeit ab. Dadurch wandert das Damokles-
schwert der Wahrheitsproduktion in die Hände des Schlichters, mit den bereits
geschilderten schwierigen Implikationen.

Abbildung 2: Die Auswirkung der Schlichtung auf die Wahrnehmung von
Argumenten aus Sicht der TeilnehmerInnen

Die „Schlichtung" hat erreicht: Die „Schlichtung" hat erreicht:
Bessere Darstellung der eigenen Argumente   Besseres Nachvollziehen der Argumente und
und Positionen   Positionen der Gegenseite

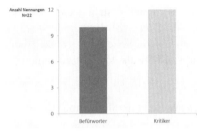 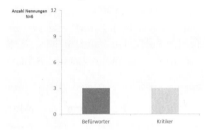

Frage: „Was wurde durch die Sachschlichtung erreicht?"; zwei Antwortmöglichkeiten

Die Schwierigkeiten bei der Klärung von Sachfragen bilden sich auch in der Befragung ab. Die Ansicht der TeilnehmerInnen darüber, wie die Möglichkeit der
Klärung von Sachfragen zu beurteilen ist, ist gemischt (siehe Abbildung 3).

Abbildung 3: Möglichkeit zur Klärung von Sachfragen aus Sicht der
TeilnehmerInnen

S21-Befürworter   S21-Kritiker

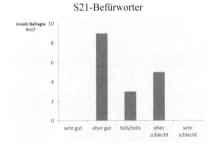 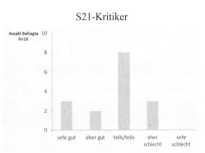

Frage: „Wie bewerten Sie die Möglichkeit der Klärung von Sachfragen?"

Trotz dieser Defizite gab es mit der „Schlichtung" zum ersten Mal eine Diskurs-
plattform, in der es möglich war, die Fülle der Argumente und Daten beider Seiten
zusammenzutragen und direkt miteinander zu vergleichen. So bezeichnen selbst

kritische Autoren das Verfahren als ein Projekt „gewaltiger Volksbildung" (Waßmuth und von Larcher 2010), das viel für „eine demokratische Diskussionskultur,
für Transparenz und Verständlichkeit" getan habe (Vonnahme und Tremml 2010).
Die befragten TeilnehmerInnen der Befürworterseite bescheinigten der „Schlichtung" mehrheitlich, dass die Aufklärung über Zahlen, Daten und Fakten gelungen sei, während bei den Kritikern darüber Uneinigkeit besteht (siehe Abbildung
4). Ähnlich sieht das Bild bei der Frage aus, ob in der Schlichtung alle wichtigen
Themen behandelt wurden (siehe Abbildung 5). Von Seiten der Kritiker wurde
wiederholt eine unzureichende Behandlung von K21 als Alternative bemängelt.

Abbildung 4: Die Klärung von Sachfragen aus Sicht der TeilnehmerInnen

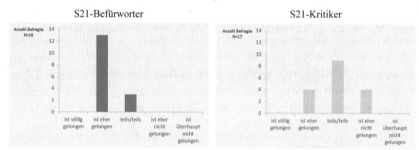

Frage: „Die Sachschlichtung sollte dazu dienen, über Zahlen, Daten und Fakten rund um Stuttgart
21 aufzuklären, so dass die Bürger sich ein besseres Urteil bilden können. Würden Sie – alles in allem – sagen, das ist völlig gelungen, ist eher gelungen, eher nicht gelungen, gar nicht gelungen oder
hält es sich die Waage?"

Abbildung 5: Die Thematisierung aller wesentlichen Sachfragen aus Sicht der
TeilnehmerInnen

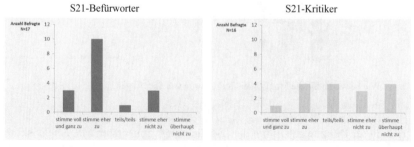

Zustimmung der Befürworter bzw. der Kritiker zu folgender Aussage: „Es wurden alle wichtigen
Themen behandelt."

Ein zentrales Element des Schlichterspruchs war der so genannte Stresstest. Heiner Geißler band die von ihm vorgeschlagenen Modifikationen in „Stuttgart 21 Plus" an die Ergebnisse einer Simulation, mit der die Bahn den Nachweis erbringen sollte, dass „ein Fahrplan mit 30% Leistungszuwachs in der Spitzenstunde mit guter Betriebsqualität möglich ist" (Protokoll 9 2010: 44). Damit lagerte Geißler den Kern der Faktenklärung aus dem Verfahren aus und gab ihn in die Hände einer der streitenden Parteien. Von Seiten der Kritiker wurde moniert, dass die Bahn den Stresstest nicht transparent durchführe und „eine kritische Begleitung durch externe Experten" nicht zulasse (Aktionsbündnis gegen Stuttgart 21 2010). Nach ihrer Ansicht wurden fehlerhafte Annahmen getroffen und wesentliche Unterlagen der Öffentlichkeit nicht zugänglich gemacht (Aktionsbündnis gegen Stuttgart 21 2011). Brigitte Dahlbender, Landesvorsitzende des BUND und für die Kritikerseite Teilnehmerin an den Schlichtungsgesprächen, kritisierte im Rahmen der Ergebnispräsentation die unklaren Rahmenbedingungen und Interpretationsspielräume des Stresstests. Es sei „unabdingbar wichtig, dass sich beide Parteien zusammensetzen, die Grundlagen gemeinsam definieren und dann geschaut wird, was bei einem Stresstest und bei einem entsprechenden Audit oder Gutachten herauskommt. Das ist erheblich versäumt worden" (Protokoll 10 2011: 20). Solche Fragestellungen hätten in einem Gremium durch beide Seiten gemeinsam transparent bearbeitet werden können. Sowohl die befragten Kritiker als auch eine knappe Mehrheit der Befürworter wünschten sich solch eine Begleitung des Stresstests und der Volksabstimmung (siehe Abbildung 6).

Abbildung 6: Die weitere Begleitung von „Stuttgart 21" nach der „Schlichtung" aus Sicht der TeilnehmerInnen

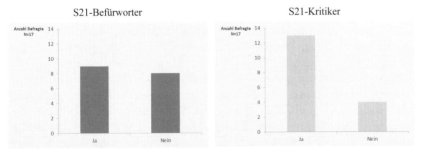

Frage: „Halten Sie ein Gremium, in dem Befürworter und Kritiker von Stuttgart 21 den Stresstest und ggf. die Volksabstimmung gemeinsam begleiten, für sinnvoll?"

4.4 Ausgewogene Repräsentation aller Interessen

Möglichst alle Stimmen einzubinden und ihnen im Prozess Gehör zu verschaffen, ist ein wichtiges Kriterium für Alternative Streitbeilegungsverfahren. Fehlen wichtige Akteure am Tisch, fehlt auch ihre Zustimmung zu den Ergebnissen – wodurch eine Beendigung des Konfliktes unwahrscheinlicher wird (Fietkau und Weidner 1998). Da es nicht immer gelingt, alle Akteure zu einer Teilnahme zu bewegen, müssen zumindest alle relevanten Interessen durch Repräsentanten vertreten werden. An der „Schlichtung" waren auf Seiten der Befürworter Vertreter der Landesregierung, der Stadt, der Bahn und des Aktionsbündnisses Initiative Pro Stuttgart 21 beteiligt. Auf Seiten der Kritiker nahmen diejenigen an den Sitzungen teil, die im Konflikt in der Öffentlichkeit prominent vertreten waren, wie Vertreter von Bündnis90/Die Grünen, der SÖS-Gemeinderatsfraktion und des BUND. Damit war die Zusammensetzung weniger durch die tatsächliche Betroffenheit von „Stuttgart 21" bestimmt (so fehlten z. B. Vertreter von Hauseigentümern), sondern vielmehr durch den politischen Konflikt. Bemerkenswert war das Fehlen der „Parkschützer", einer Initiative gegen „Stuttgart 21". Diese hatten sich vor Beginn der Gespräche gegen eine Teilnahme entschieden. Der allergrößte Teil der befragten SchlichtungsteilnehmerInnen, sowohl von Befürworter- als auch von Kritikerseite, schätzte die Zusammensetzung des Teilnehmerkreises jedoch als angemessen ein.

4.5 Die Motivation der Teilnehmer

Die Teilnahme an einem Konfliktlösungsverfahren ist für die Parteien mit Risiken verbunden. Für Akteure mit starken, institutionalisierten Machtressourcen ist die Teilnahme grundsätzlich mit einem Verlust an Einfluss und Steuerungsmöglichkeiten verbunden, sofern das Verfahren fair und ergebnisoffen organisiert ist. Zusätzlich zur legalisierten Macht ist ihr Machtpotenzial jedoch auch stark abhängig von der Wahrnehmung ihrer Positionen in der Öffentlichkeit (Kriesi 2001). Dies gilt umso mehr, wenn wie im Fall „Stuttgart 21" eine Landtagswahl vor der Tür steht. Stehen ihre Positionen und Entscheidungen öffentlich unter Druck, dann kann die Teilnahme an einem als fair angesehenen Konfliktlösungsverfahren die Legitimation der Entscheidungen wieder stärken – und so ihre Durchsetzbarkeit erleichtern. Denn in großen öffentlichen Konflikten gelingt es dem repräsentativen politischen System häufig nicht mehr, für eine ausreichende Legitimation zu sorgen. An diese Stelle tritt dann Legitimation durch ein kommunikatives Verfahren (Sarcinelli 2001). Die Teilnahme von Akteuren aus einflussreichen Institutionen ist von genau solchen Nutzen-Abwägungen geprägt.

Auch für zivilgesellschaftliche Akteure ist die Teilnahme mit Risiken verbunden: Ihre Macht ist von ihrer Kraft abhängig, die Öffentlichkeit zu mobilisieren (McAdam et al. 1988). Eine Teilnahme an einem Konfliktlösungsverfahren vermindert dieses Mobilisierungspotenzial. Zum einen setzt ein Austausch mit der Gegenseite voraus, dass man vor der Tür „die Waffen ruhen" lässt, also aktiv demobilisiert. Sonst könnten die Gespräche kaum in einer sachlichen und verbindlichen Atmosphäre stattfinden. Zum anderen kann die Teilnahme der Repräsentanten der zivilgesellschaftlichen Akteure zu Spannungen zwischen ihnen und der Basis führen. Jedes Entgegenkommen und die Suche nach möglichen Kompromissen wird von den Anhängern misstrauisch beäugt, der Vorwurf, man habe sich „über den Runden Tisch ziehen lassen", ist schnell bei der Hand (Fischer et al. 2003). Diese Angst ist nicht unbegründet: Es lassen sich immer wieder Beispiele finden, in denen solche Verfahren als „bloße Legitimationsveranstaltungen" dienen, aber nicht unbedingt „sozialen und ökologischen Wandel umsetzen", wie ein Ratgeber für Bürgerinitiativen schreibt (ebd.: 16). Sehr problematisch ist in diesem Zusammenhang vor allem ein später Zeitpunkt der Durchführung: Je mehr sich die Repräsentanten beider Seiten in der Öffentlichkeit bereits positioniert haben, desto stärker befürchten sie einen Gesichtsverlust gegenüber ihrer Basis, wenn sie von ihren einmal festgelegten Positionen abrücken (Stasavage 2007). Die Teilnehmer können sich in einem strategischen Dilemma befinden: Einerseits gebietet es der öffentliche Druck, am Konfliktlösungsverfahren teilzunehmen. Andererseits droht ein, im Verfahren eigentlich angestrebtes, Abrücken von inhaltlichen Positionen zu einem Vertrauensverlust bei ihrer Basis zu führen. Die Teilnehmer stehen also in „two-level game"-Situationen (Putnam 1988), in denen ihr Verhalten am Runden Tisch stark von binnenpolitischen Machtkalkülen getrieben wird.

Für die „S21-Schlichtung" gilt: Auch die Teilnahme der Repräsentanten von Befürwortern und Gegnern ist zumindest zum Teil auf strategische Nutzenabwägungen zurückzuführen. So erwartete eine Mehrzahl der Befragten, dass es ihnen in der „Schlichtung" gelingt, ihre eigenen Positionen und Argumente besser darzustellen. Nur eine Minderheit gibt hingegen an, nach der „Schlichtung" die Argumente der Gegenseite besser nachvollziehen zu können. Ebenso verhält es sich mit der Erwartung, wie die Schlichtung die Akzeptanz von „Stuttgart 21" beeinflussen wird: Eine deutliche Mehrheit der Befürworter hat die Erwartung, dass die Sachschlichtung zu einer verstärkten Akzeptanz von S21 in der Bevölkerung führen wird. Ebenso verhält es sich bei den Kritikern, die von einer verstärkten Ablehnung von S21 in der Bevölkerung ausgehen.

4.6 Transparenz

Konfliktlösungsverfahren wie die „S21-Schlichtung" haben eine Reichweite über die wenigen Teilnehmer hinaus, die tatsächlich am Runden Tisch sitzen können. Es soll gelingen, öffentliche Großkonflikte beizulegen, in die weit mehr Menschen involviert sind. Damit ein Verfahren öffentliche Legitimation und Wirksamkeit entfalten kann, muss es transparent und prinzipiell für jedermann nachvollziehbar sein. Andernfalls können Verfahren in eine kritische Schieflage geraten: Wenn es den Teilnehmern tatsächlich gelingt, sich aufeinander zu zu bewegen, die Hintergründe dafür aber nach Außen im Dunkeln bleiben, geraten sie gegenüber ihrer Basis in Erklärungsnöte. Dies wiederum vermindert die Wahrscheinlichkeit, dass sich die Teilnehmer auch nach außen und dauerhaft zum Ergebnis bekennen. Im Habermasschen Sinne müssen die vernünftigen Gründe nicht nur für die unmittelbaren Diskursteilnehmer erkennbar sein, sondern auch für die Öffentlichkeiten, von denen die Diskursteilnehmer strategisch abhängig sind. Gleichwohl ist Transparenz auch ein Balanceakt: Zu starke Öffentlichkeit, beispielsweise durch eine hohe Medienaufmerksamkeit, kann auch zu Schaufensterreden führen; Reden, die nicht der argumentativen Erörterung dienen, sondern der Selbstdarstellung nach außen. Diese Gefahr ist umso größer, wenn die Meinungen bereits im Vorfeld stark polarisiert sind. Daher sind die Sitzungsrunden solcher Verfahren in der Regel nicht öffentlich. Die Vertraulichkeit soll den teilnehmenden Repräsentanten gesellschaftlicher Gruppierungen einen geschützten Raum geben, in dem es ihnen möglich ist, sich von öffentlich festgezurrten Positionen loszulösen und Kompromissoptionen auszuloten (Eisele 2011). Ist dieser geschützte Raum nicht gegeben und findet das Verfahren vollständig im Licht der Öffentlichkeit statt, dann bestehe die Gefahr, dass die Teilnehmer sich weniger von sachlichen Erwägungen leiten lassen, sondern versuchen, durch einen harten Verhandlungsstil ihren Anhängern Standfestigkeit und Loyalität zu signalisieren (Stasavage 2007).

Die „S21-Schlichtung" war in einem für Konfliktlösungsverfahren nie dagewesenen Maße transparent. Die Live-Übertragung der „Schlichtung" löste großes öffentliches Interesse aus. Der Ereignis- und Dokumentationskanal PHOENIX übertrug alle Sitzungen, der SWR teilweise, und beide Sender erreichten damit über zehn Millionen Fernsehzuschauer, die zumindest Teile der „Schlichtung" verfolgten (PHOENIX 2010; SWR 2010). Zusätzlich gab es im Internet Live-Streams unter anderem auf zdf.de und fluegel.tv. Damit war eine vollständige Öffentlichkeit der Sitzungsinhalte gegeben. Heiner Geißler versuchte, dem öffentlichen Interesse gerecht zu werden und legte viel Wert auf einen verständlichen und nachvollziehbaren Ablauf der Debatte. So ermahnte er Teilnehmer regelmäßig, auf Fremdworte und Abkürzungen zu verzichten.

Aus Sicht der TeilnehmerInnen hat die Öffentlichkeit dem Arbeitsverhalten nicht nachhaltig geschadet. Der überwiegende Teil der befragten Teilnehmer auf beiden Seiten ist der Auffassung, eine vertrauliche Arbeitsatmosphäre wurde dadurch nicht behindert. Das kann freilich auch dahingehend gelesen werden, dass eine vertrauliche Arbeitsatmosphäre gar nicht notwendig war. Schließlich hatten nicht die Teilnehmer einen Kompromiss zu erarbeiten, sondern der Schlichter. Daneben sind mehrere Befragte, vorwiegend auf Befürworterseite, der Auffassung, die Öffentlichkeit habe bei einigen Teilnehmern zu einem „Schaulaufen" geführt (siehe Abbildung 7).

Abbildung 7: Das Verhalten der TeilnehmerInnen aus Sicht der TeilnehmerInnen

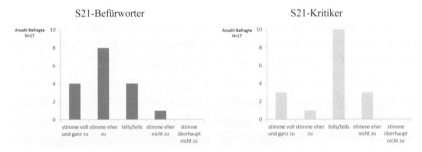

Zustimmung der Befürworter bzw. der Kritiker zu folgender Aussage: „Die Öffentlichkeit der Sitzungen hat einige Teilnehmer zum ‚Schaulaufen' verleitet."

4.7 Bewertung des Schlichterspruchs durch die SchlichtungsteilnehmerInnen

Heiner Geißlers Schlichterspruch „Stuttgart 21 Plus" sah mehrere Modifikationen des Projekts vor, die die von den Kritikern in der „Schlichtung" aufgezeigten Probleme beheben sollten (Protokoll 9 2010). Welche Verbesserungen tatsächlich durchgeführt werden müssten, sollte sich zudem in einem Stresstest erweisen. Trotz einiger zustimmender Reaktionen unmittelbar im Anschluss an die „Schlichtung" stieß der Schlichterspruch in der Befragung auf Seiten der Kritiker überwiegend auf Ablehnung, während die Befürworter ihn weitgehend positiv bewerteten (siehe Abbildungen 8 und 9). Von den Kritikern wurde der Schlichterspruch als Niederlage wahrgenommen, da sie angetreten waren, „Stuttgart 21" zu verhindern. Der Schlichterspruch war hingegen eine Bestätigung des Projekts, dessen ohnehin schon als zu hoch kritisierten Kosten dadurch noch weiter steigen würden. Für ein informelles Verfahren der Alternativen Konfliktlösung ist eine solche Unzufriedenheit einer Seite ein großes Problem, da sie die Legitimation und damit die Selbstbindung an das Ergebnis unterminiert. Dies zeigte sich im weiteren Verlauf des Konflikts, in dem die Positionen der Konfliktparteien unverändert hart blieben. Ein Vorwurf an die Kritiker, sich mit der Einwilligung zu einem Schlichtungsverfahren auch an das Ergebnis binden zu müssen, ginge fehl. In einem informellen, auf Freiwilligkeit basierenden Verfahren muss sich niemand an ein wie auch immer geartetes Ergebnis binden. Ein methodisch gutes Streitbeilegungsverfahren zeichnet sich gerade dadurch aus, dass es Ergebnisse produziert, die von den Beteiligten als fair und angemessen angesehen werden. Je legitimer die Prozedur des Zustandekommens eines Ergebnisses wahrgenommen wird, desto legitimer wird auch das Ergebnis selbst wahrgenommen. Ein autonom herbeigeführter Schlichterspruch erweist sich hierbei als weniger tragfähig als eine von beiden Parteien gemeinsam herbeigeführte Lösung oder ein Faktenklärungsprozess unter Einbeziehung gemeinsam bestellter Gutachter. Unter den gegebenen zeitlichen Rahmenbedingungen wäre dies allerdings kaum zu erreichen gewesen.

Abbildung 8: Die Bewertung des Schlichterspruchs durch die TeilnehmerInnen

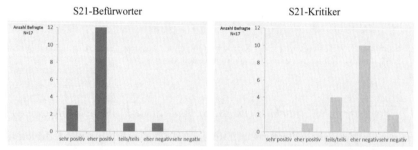

Frage: „Und wie beurteilen Sie persönlich den „Schlichterspruch" von Heiner Geißler?"

Abbildung 9: Die Ausgewogenheit des Schlichterspruchs aus Sicht der
TeilnehmerInnen

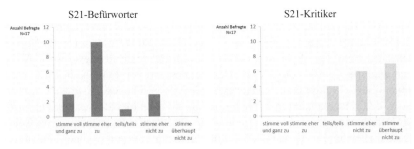

Zustimmung der Befürworter bzw. der Kritiker zu folgender Aussage: „Der Schlichterspruch von
Heiner Geißler war ausgewogen."

5. Fazit

5.1 Einschätzungen

Die Analyse zeigt einige Defizite der „S21-Schlichtung" auf. Ihre Funktion der
Versachlichung und der Faktenklärung konnte sie nur teilweise erfüllen. Dies
ist zu einem großen Teil externen Restriktionen wie dem späten Zeitpunkt der
Durchführung und dem eng bemessenen Zeitrahmen geschuldet, teilweise aber
auch auf Entscheidungen in der Konzeption des Verfahrens zurückzuführen. Es
ist vor allem zu bemängeln, dass eine *gemeinsame* Feststellung und Erörterung
der Fakten überhaupt nicht stattfand. Stattdessen präsentierten Befürworter wie
Kritiker ihre *eigenen* Ansichten mithilfe ihrer *eigenen* Experten vor dem Schlichter und der interessierten Öffentlichkeit, ohne dass ein über mehrere Runden verlaufender, tiefergehender Austausch über diese Fakten möglich war. Angesichts
der zeitlichen Vorgaben war die Präsentation der den Parteien jeweils bereits vorliegenden Informationen ein Kompromiss.

Unter optimalen Bedingungen wäre es besser gewesen, themenspezifische
Arbeitsgruppen zu bilden und gemeinsam Gutachten in Auftrag zu geben. Ein
Ergebnis, das auf eine solche Weise zustande gekommen wäre, hätte eine wesentlich größere Bindungskraft entfalten können. Die stärksten negativen Konsequenzen hatte das nicht zwischen den Konfliktparteien abgestimmte Vorgehen
bei der Faktensuche für den abschließenden Stresstest. Der Stresstest als ein Gutachten, das direkt aus dem Schlichtungsverfahren abgeleitet wurde, hätte nach

den Prinzipien eines guten Joint Fact Finding gemeinsam beauftragt und beaufsichtigt werden können. Diese Chance wurde verpasst, als die Deutsche Bahn als Vertreterin einer der beiden Konfliktparteien mit der Durchführung der Simulation beauftragt und auch eine Begleitung durch die anderen Verfahrensteilnehmer (inklusive des Schlichters) nicht vorgesehen wurde.[4] Indem Heiner Geißler bei seiner zentralen Maßnahme der Konfliktlösung den Ball wieder in die Arena warf und die Kontrahenten beim Streit um den Stresstest alleine ließ, raubte er seinem Schlichtungsversuch weitergehende Erfolgschancen. Auch die Entscheidung, einen formalisierten Schlichtungsspruch mit einer Bewertung zukünftiger Handlungsoptionen zu veröffentlichen, der angesichts der sich wechselseitig ausschließenden Positionen der Streitparteien von mindestens einer Seite abgelehnt werden musste, erscheint immerhin diskussionswürdig. Die Befragung der SchlichtungsteilnehmerInnen stützt diese Einschätzung. Zwar wurde die Verfahrensführung gelobt, jedoch standen am Ende weder ein gemeinsam erarbeitetes Ergebnis noch irgendeine inhaltliche Annäherung. Der Schlichterspruch „Stuttgart 21 Plus" schließlich war eine Bestätigung des Projektes, die die kritisierten Kosten noch weiter in die Höhe trieb. Die Kritik an den verschiedenen Aspekten von „Stuttgart 21" war getragen von dem Interesse, K 21 als Alternativkonzept zu etablieren und nicht davon, einzelne Mängel von S21 zu beseitigen. Um dieses Interesse der Kritiker zu berücksichtigen, hätte man die verschiedenen zur Debatte stehenden Alternativen (zumindest S21, K21 und Nullvariante) gleichberechtigt prüfen müssen. Da dies unterbleiben ist, fehlte es dem Schlichterspruch in einigen Kritikergruppen an Akzeptanz. Dort war die Legitimation der „Lösung" dahin, bevor sie überhaupt umgesetzt werden konnte.

Zweifelhaft bleibt, ob es im Fall „Stuttgart 21" selbst unter besseren Bedingungen überhaupt eine Kompromissformel oder gar einen beiderseitig anerkannten Schlichterspruch hätte geben können. Daher scheint uns – bei aller möglichen Kritik – ein „Totalverriss" der „Schlichtung" nicht angebracht. Ein solcher Verriss würde auch den Akteuren, die sich für diese Maßnahme eingesetzt und an ihr mitgewirkt haben, nicht gerecht. Daher plädieren wir dafür, die „S21-Schlichtung" vor allem im spezifischen Kontext ihrer Entstehung zu bewerten. Gemessen an den eigenen Ansprüchen war die „Schlichtung" nicht unbedingt erfolglos:

---

4   Der Lenkungsausschuss, in dem sich Vertreter der grün-roten Landesregierung und der Deutschen Bahn ab dem 30. Mai 2011 regelmäßig trafen, war lediglich ein allgemeines, informelles Abstimmungsgremium. Eine Einigkeit über Modalitäten des Stresstests war zu diesem Zeitpunkt ohnehin nicht mehr möglich, da dieser schon zu weit fortgeschritten war.

1. Es wurde die bis zu diesem Zeitpunkt schmerzlich vermisste detaillierte Erörterung der fachlichen Aspekte von „Stuttgart 21" in der Öffentlichkeit vorgenommen.

2. Nach der Eskalation des Konfliktes auf der Straße wurde ein Forum geschaffen, in dem sich die Debatte auf die strittigen Inhalte des Projektes zentrierte.

3. Die Polarisierung in der Bürgerschaft konnte nicht beseitigt, wohl aber vermindert werden. In den Fokus rückte statt der Konfrontation von „Lügenpack" und „Berufsdemonstranten" wieder der – immer noch erbittert ausgefochtene – Streit um das Infrastruktur- und Städtebauprojekt.

In Anbetracht des Nicht-Zustandekommens eines einvernehmlichen Ergebnisses war die „S21-Schlichtung" jedoch nicht die Lösung selbst, sondern nur das Symbol einer Lösung: ein Symbol mit friedensstiftender Wirkung, das mutmaßlich dazu beigetragen hat, die Öffentlichkeit zu beruhigen, da nun ein als legitim wahrgenommenes Verfahren gefunden wurde. Ob das als ein Erfolg gewertet werden kann, hängt vom Standpunkt des Betrachters ab. Gemessen an den Standards Alternativer Streitbeilegungsverfahren – und an diesen muss man die „S21-Schlichtung" messen, wenn sie als Prototyp für die Zukunft gehandelt wird – war sie nicht erfolgreich. Diese Analyse lässt sich am besten nachvollziehen, wenn wir uns in Erinnerung rufen, wer die dominierende Persönlichkeit der „S21-Schlichtung" war: Heiner Geißler ist kein ausgebildeter Mediator, er ist ein Vollblutpolitiker. Aus dieser Perspektive müssen wir auch die „S21-Schlichtung" einordnen: Sie war ein Sonderfall – eine politische Prozedur, die dazu dienen sollte, wieder Bewegung in einen festgefahrenen politischen Konflikt zu bringen. Zu einer Versachlichung der Debatte und so zu einer „Beruhigung der Leute" hat sie tatsächlich beigetragen. Inhaltlich erreichen konnte sie nichts – die ein Jahr später durchgeführte Volksabstimmung war so gesehen unvermeidbar.

5.2 Empfehlungen

Losgelöst von der konkreten „Schlichtung" zu „Stuttgart 21" scheinen uns folgende Grundprinzipien für eine sachgerechte Gestaltung zukünftiger Verfahren der Konfliktlösung wichtig.

Mit der Konfliktlösung früh beginnen

Der „Tipping Point" von Konflikten wie um „Stuttgart 21" tritt ein, wenn die Akteure beginnen, den Dissens in die Öffentlichkeit zu tragen. In dem Moment, in dem die Positionierung in der Öffentlichkeit erfolgt ist, drohen Positionsänderungen mit Gesichtsverlust bestraft zu werden. Oft überlagern dann strategische Motive die argumentative Auseinandersetzung. Im Umkehrschluss bietet ein früh gestartetes Verfahren den Teilnehmern wesentlich mehr Raum, sich ernsthaft mit den Positionen der jeweils anderen Konfliktpartei auseinander zu setzen und ein belastbares Ergebnis zu erzielen. Ein typisches Merkmal öffentlicher Konflikte ist es, dass sie mit zunehmender Dauer und zunehmendem Eskalationsgrad Akteure höherer Hierarchiestufen einschließen und „politisch" – mitunter auch „parteipolitisch" – werden. Es lohnt sich, die Mühen der Konfliktlösung frühzeitig anzugehen und sie nicht nur als Ultima Ratio zu nutzen. Jeder verlorene Tag erschwert die Kompromissfindung zusätzlich. Und jeder Tag Bau- und Planungsstopp, weil die Auseinandersetzung nicht frühzeitig geklärt werden konnte, kann in die Millionen gehen.

Sich Zeit für eine Klärung der Fakten nehmen

Überzeugungen über die „richtige" Entscheidung beruhen auf der individuellen Auflösung von Zielkonflikten, z. B. Kosten versus Verbesserung des Zugverkehrs oder mehrjährige Großbaustellen versus neue Flächen für die Stadtentwicklung. Solche Abwägungen sind immer Ermessenssache. Sie sind aber nur möglich, wenn die im Widerstreit liegenden Argumente auch tatsächlich zutreffen. Daher muss zuerst die Substanz dieser Argumente überprüft werden. Dazu sollte man sich über Kriterien verständigen, die Aussagen wie „Verbesserung", „teuer" etc. operationalisieren. Ein idealtypisches Vorgehen der Faktenklärung kann, grob gefasst, folgendermaßen aussehen: Erstens sich über gemeinsame Regeln der Vorgehensweise verständigen. Werden Experten/Gutachter einbezogen? Wenn ja, welche? Kann ggf. eine zweite Einschätzung herangezogen werden? Zweitens: Abgrenzen, welche Fragestellungen behandelt werden und welche nicht – und sie klar definieren. Drittens: Basierend auf Interessen, faktischen und gesetzlichen Grenzen Kriterien entwickeln, anhand derer die Alternativen verglichen werden können. Viertens: Bei großem Umfang und hoher Komplexität der Fragestellungen separate Arbeitsgruppen bilden. Fünftens: Bei Uneinigkeit oder Unklarheiten die strittigen Punkte festhalten. Prüfen, welches Gewicht sie für eine Beurteilung der Alternativen haben und gegebenenfalls in Szenarien denken. Erst nach diesen Schritten sollten die Abwägung der Argumente und eine Bewertung der Alternativen stattfinden.

Zielstellung und Vorgehen klar definieren

Der Moderator/Mediator muss bereits vor Beginn eines Verfahrens deutlich machen, a) was erreicht werden soll und b) wie es erreicht werden soll. Es belastet die Arbeit im Verfahren stark, wenn den Teilnehmern unklar ist, welcher Spielraum tatsächlich im Ringen um ein Ergebnis besteht – ob es beispielsweise um das „Ob" oder lediglich um das „Wie" einer Planung geht. Durch eine klare Kommunikation des Erreichbaren und des Ablaufs des Verfahrens fühlt sich niemand getäuscht, am Verfahren unter falschen Prämissen teilgenommen zu haben.

Bei den Teilnehmern Vertrauen erwerben

Der Vertrauensaufbau bei den Teilnehmern ist der Schlüssel zum Erfolg eines Konfliktlösungsverfahrens. Öffentlicher Druck und eine hohe Autorität des/der Vorsitzenden können fehlendes Vertrauen in das Verfahren nicht ersetzen. Vertrauen entsteht, in dem die Offenheit und Fairness des Verfahrens an jeder Stelle spürbar wird. Idealerweise können die Teilnehmer aktiv Einfluss auf den Ablauf des Verfahrens nehmen; z. B. über Tagesordnungen mitbestimmen, Referenten einladen, Protokolle freigeben etc. Die Sicherstellung der Fairness erfordert höchste Konzentration und psychologisches Geschick des/der Vorsitzenden; die Entscheidung beispielsweise, an welchen Stellen eine Diskussion laufen gelassen wird oder an welchen sie unterbrochen wird, ist nur mit einem Gespür für die Situation machbar.

Konfliktlösungsverfahren ergänzen die bestehenden Entscheidungsverfahren und sollen sie verbessern. Sie sind gesetzlich nicht formalisiert und sollten es auch nicht sein. Im Umkehrschluss heißt das: Die Teilnehmer sind nicht verpflichtet, das Ergebnis anzuerkennen – sie müssen es aus freien Stücken tragen wollen. Diese Erkenntnis ist die Voraussetzung, um zu verstehen, was solche Verfahren leisten können – und was nicht.

Literatur

Aktionsbündnis gegen Stuttgart 21 (2010): Stresstest: Intransparent wie eh und je. Verfügbar unter http://www.kopfbahnhof-21.de/index.php?id=110&tx_ttnews[pointer]= 9&tx_ttnews[tt_news]=561&tx_ttnews[backPid]=108&cHash=a63dbc34e7; abgerufen am 16.12.2010.

Aktionsbündnis gegen Stuttgart 21 (2011): Aktionsbündnis gegen Stuttgart 21 fordert weiteren Bau- und Vergabestopp bis Mitte September. Verfügbar unter http://www.kopfbahnhof-21.de/index.php?id=110&tx_ttnews[pS]=1306265758&tx_ttnews[tt_news]=617&tx_ttnews[backPid]=108&cHash=700bc8776c; abgerufen am 15.6.2011.

Bingham, Gail (1986): Resolving environmental disputes: a decade of experience. Washington: Conservation Foundation.

Buckle, Leonhard G.; Thomas-Buckle, Susann R. (1986): Placing environmental mediation in context: Lessons from "failed" mediations. In: Environmental Impact Assessment Review 6, S. 55-70.

Bund, Kerstin (2010): Geißlers Lehrstück. In: ZEIT ONLINE, 1.12.2010. Verfügbar unter http:// www.zeit.de/2010/49/01-Stuttgart-Bahnhof/seite-1; abgerufen am 10.12.2010.

Eggert, Ralf; Meister, Hans-Peter (2007): Transparente Public Affairs – Die Politische Mediation. In: Rieksmeier, Jörg (Hrsg.): Praxisbuch: Politische Interessensvermittlung. Wiesbaden: VS Verlag für Sozialwissenschaften, S. 95-105.

Eisele, Jörg (2011): Öffentliche Streitbeilegungsverfahren – Zwischen Mediation, Schlichtung, Moderation und Schaulaufen der Akteure. In: Zeitschrift für Rechtspolitik 44, S. 113-116.

Fietkau, Hans-Joachim; Weidner, Helmut (1998): Umwelthandeln. Konzepte, Praxis und Analysen alternativer Konfliktregelungsverfahren. Berlin: Edition Sigma.

Fischer, Corinna; Schophaus, Malte; Trénel, Matthias; Wallentin, Annette (2003): Die Kunst, sich nicht über den Runden Tisch ziehen zu lassen. Ein Leitfaden für BürgerInneninitiativen in Beteiligungsverfahren. Bonn: Verlag Stiftung MITARBEIT (Arbeitshilfen für Selbsthilfe- und Bürgerinitiativen 28).

Fisher, Roger; Ury, William L.; Patton, Bruce (2011): Getting to yes: negotiating agreement without giving in. London: Penguin.

Geis, Anna (2005): Regieren mit Mediation: Das Beteiligungsverfahren zur zukünftigen Entwicklung des Frankfurter Flughafens. Wiesbaden: VS Verlag für Sozialwissenschaften.

Geißler, Heiner (2010): Schlichtung Stuttgart 21 PLUS. Verfügbar unter http://www.stuttgart.de/ img/mdb/item/415843/60751.pdf; abgerufen am 10.12.2010.

Habermas, Jürgen (2001): Theorie des kommunikativen Handelns. Frankfurt a.M.: Suhrkamp.

Holzinger, Katharina (1996): Grenzen der Kooperation in alternativer Konfliktlösungsverfahren: Exogene Restriktionen, Verhandlungsleitlinien und Outside Options. In: van den Daele, Wolfgang; Neidhardt, Friedrich (Hrsg.): Kommunikation und Entscheidung. Berlin: edition sigma, S. 232-274.

Holzinger, Katharina; Weidner, Helmut (1997): Das Neusser Mediationsverfahren im politischen Umfeld. Befragungsergebnisse und -methodik (Schriften zu Mediationsverfahren im Umweltschutz Nr. 17. (= WZB Discussion Paper FS II 97 - 303)). Berlin: WZB.

Kriesi, Hanspeter (2001): Die Rolle der Öffentlichkeit im politischen Entscheidungsprozess. In: WZB Discussion Paper P 01-701. Berlin: WZB.

Linder, Wolf; Vatter, Adrian (1996): Kriterien zur Evaluation von Partizipationsverfahren. In: Selle, Klaus; Rösener, Britta (Hrsg.): Planung und Kommunikation: Gestaltung von Planungsprozessen in Quartier, Stadt und Landschaft Grundlagen, Methoden, Praxiserfahrungen. Wiesbaden: Bauverlag, S. 181-188.

Luhmann, Niklas (1983): Legitimation durch Verfahren. Frankfurt a.M.: Suhrkamp.

McAdam, Doug; McCarthy, John D.; Zald, Mayer N. (1988): Social Movements. In: Smelser, Neil J. (Hrsg.): The Handbook of Sociology. Beverly Hills: Sage, S. 695-737.

Peters, Hans Peter (1994): Wissenschaftliche Experten in der öffentlichen Kommunikation über Technik, Umwelt und Risiken. In: Neidhardt, Friedhelm (Hrsg.): Öffentlichkeit, öffentliche Meinung, soziale Bewegungen. Opladen: Westdeutscher Verlag (Kölner Zeitschrift für Soziologie und Sozialpsychologie: Sonderheft 34/1994), S. 162-190.

Pfingsten, Karin; Fietkau, Hans-Joachim (1995): Das Neusser Mediationsverfahren aus Sicht der Beteiligten. Ergebnisdarstellung der schriftlichen Befragung (Schriften zu Mediationsverfahren im Umweltschutz Nr. 9. (= WZB Discussion Paper FS II 95 - 302)). Berlin: WZB.

PHOENIX (2010): Rekordquote für Abschlussrunde zu Stuttgart 21 / In der Spitze mehr als fünf Prozent Marktanteil. Verfügbar unter http://www.presseportal.de/pm/6511/1727553/phoenix-rekordquote-fuer-abschlussrunde-zu-stuttgart-21-in-der-spitze-mehr-als-fuenf-prozent; abgerufen am 10.12.2010.

Protokoll 1: Schlichtungsverfahren zu Stuttgart 21: Strategische Bedeutung und verkehrliche Leistungsfähigkeit des Bahnknotens Stuttgart 21. Stenographisches Protokoll. 22.10.2010. Verfügbar unter http://www.schlichtung-s21.de/fileadmin/schlichtungs21/Redaktion/pdf/101022/22_10_2010_Wortprotokoll_Schlichtungsgespraech_S21.pdf; abgerufen am 10.12.2010.

Protokoll 9: Schlichtungsverfahren zu Stuttgart 21: Abschlussplädoyers der Projektbefürworter und der Projektkritiker, Empfehlungen des Schlichters Dr. Heiner Geißler. Stenographisches Protokoll. 30.11.2010. Verfügbar unter http://www.schlichtung-s21.de/fileadmin/schlichtungs21/Redaktion/pdf/101130/2010-11-30%20Wortprotokoll.pdf; abgerufen am 10.12.2010.

Protokoll 10: Schlichtungsverfahren zu Stuttgart 21: Audit zur Betriebsqualitätsüberprüfung Stuttgart 21: Präsentation des Abschlussberichts von SMA und Partner AG. Stenographisches Protokoll. 29.7.2011. Verfügbar unter http://www.schlichtung-s21.de/fileadmin/schlichtungs21/Redaktion/pdf/110729/Protokoll29072011.pdf; abgerufen am 10.9.2011.

Putnam, Robert D. (1988): Diplomacy and domestic politics: the logic of two-level games. In: International Organization 42, S. 427-460.

Regionales Dialogforum (2010): Abschlussdokumentation RDF. Herausgegeben von Johann-Dietrich Wörner. Verfügbar unter http://www.forum-flughafen-region.de/fileadmin/files/Archiv/Archiv_RDF-Dokumentation/RDF_Abschlussbericht_2010.pdf; abgerufen am 12.1.2011.

Rogers, Nancy H.; McEwen, Craig A. (1994): Mediation: Law, policy, and practice. Rochester/San Francisco: Bancroft-Whitney.

Rucht, Dieter (2010): Legitimation durch Verfahren oder Neutralisierung von Kritik? Verfügbar unter http://www.kopfbahnhof-21.de/index.php?id=691; abgerufen am 10.12.2010.

Sarcinelli, Ulrich (2010): Politische Kommunikation in Deutschland: Medien und Politikvermittlung im demokratischen System. Wiesbaden: VS Verlag für Sozialwissenschaften.

Scharpf, Fritz Wilhelm (1991): Die Handlungsfähigkeit des Staates am Ende des Zwanzigsten Jahrhunderts. Köln: Max-Planck-Institut für Gesellschaftsforschung.

Stasavage, David (2007): Polarization and Publicity: Rethinking the Benefits of Deliberative Democracy. In: Journal of Politics 69, S. 59-72.

Susskind, Lawrence; McKearnan, Sarah; Thomas-Larmer, Jennifer (Hrsg.) (1999): The consensus building handbook: A comprehensive guide to reaching agreement. Thousand Oaks: Sage.

SWR (2010): Millionen sahen Schlichtungsgespräche im SWR Fernsehen: Abschluss der Gespräche am 30. November 2010 erfolgreichster Tag. Verfügbar unter http://www.swr.de/unternehmen/presse/-/id=4224/nid=4224/did=7887060/1mu6xbd/index.html; abgerufen am 10.12.2010.

Vonnahme, Peter; Tremml, Bernd (2010): Demokratie 21. Telepolis [Online]. Verfügbar unter http://www.heise.de/tp/artikel/33/33865/1.html; abgerufen am 20.12.2010.

Waßmuth, Carl; van Larcher, Detlev (2010): Der schale Geschmack nach der Party. Verfügbar unter http://www.attac.de/aktuell/stuttgart21/schlichtungs-debatte/der-schale-geschmack-nach-der-party/?L=2; abgerufen am 30.11.2010.

Zielcke, Andreas (2010): Heiner Geißler – wenig Mumm. In: Süddeutsche Zeitung (Online), 3.12.2010. Verfügbar unter http://www.sueddeutsche.de/kultur/heiner-geissler-und-stuttgart-die-lizenz-zur-vollstreckung-1.1031587; abgerufen am 3.12.2010.

Zilleßen, Horst (1998): Mediation: Kooperatives Konfliktmanagement in der Umweltpolitik. Opladen: Westdeutscher Verlag.

Duell statt Diskurs? Wissens- und Einstellungseffekte der „Schlichtung" bei den Gegnern von „Stuttgart 21"

Arne Spieker / Marko Bachl

1. Einleitung

Im Sommer 2010 wurde der Konflikt um „Stuttgart 21" erbittert ausgetragen. Mehrere zehntausend Menschen protestierten wöchentlich gegen die Projektträger und die Landespolitik. Die Auseinandersetzung gipfelte im Zusammenstoß zwischen Demonstranten und Polizisten im Stuttgarter Schlossgarten, bei dem am 30. September über 100 Menschen verletzt wurden. In dieser hitzigen Phase sollte die „Schlichtung" unter der Leitung von Heiner Geißler den Konflikt versachlichen und helfen, den Graben zwischen Befürwortern und Kritikern zu überbrücken. Dieser Graben schien schier unüberwindbar: Die Kritiker hatten mit dem Konzept K21 eine fundamental andere Vorstellung davon, wie der Zugverkehr und die Bahninfrastruktur in Stuttgart aussehen sollten. Sie wiesen die Argumente über die vermeintlichen Vorteile von „Stuttgart 21" als falsch zurück und stellten eigene Einschätzungen zu Leistungsfähigkeit, Auswirkungen und Kosten der Planungen auf. Der Konflikt war geprägt von starken Emotionen auch auf der persönlichen Ebene, in dem die sichtbarsten Stellvertreter von S21, wie Bahnchef Rüdiger Grube und der damalige Ministerpräsident Stefan Mappus, Zielscheibe von Kritik und Anfeindungen waren. In diesem Beitrag befassen wir uns mit der Frage, ob durch die „Schlichtung" die Heftigkeit des Konfliktes nachgelassen hat und eine Versachlichung der Auseinandersetzung eingetreten ist. Dabei konzentrieren wir uns auf das Wissen und die Einstellungen der Bürgerinnen und Bürger, die gegen „Stuttgart 21" waren.[1] Anhand einer Panelbefragung prüfen wir, ob die „Schlichtung" bei Kritikern des Projektes zu Veränderungen in Wissen und Meinungen über „Stuttgart 21" geführt hat. Auch untersuchen wir, inwie-

---

1 Dies ist nicht gleichzusetzen mit den *Demonstrantinnen und Demonstranten* gegen „Stuttgart 21" (vgl. die Beiträge von Bebnowski sowie von Baumgarten und Rucht in diesem Band). Unsere Untersuchung bezieht sich auf Bürgerinnen und Bürger, die in einer Befragung angaben, gegen das Projekt zu sein.

weit sich die Bewertung der prominenten Projektbefürworter verändert hat und der Konflikt so möglicherweise entpersonalisiert wurde. Genauso wie der Konflikt um „Stuttgart 21" selbst eine gewaltige öffentliche Aufmerksamkeit ausgelöst hat, die weit über die Region hinausging, stieß auch die „Schlichtung" auf großes Interesse. Alle acht Sitzungen wurden im nationalen Fernsehen und im Internet live übertragen und erzielten bemerkenswerte Zuschauerzahlen; PHOENIX und der SWR erreichten in Summe fast zehn Millionen Zuschauer (vgl. PHOENIX 2010; SWR 2010). Darüber hinaus wurden die Sitzungen auch in anderen Medien ausführlich begleitet. Die „Schlichtung" zielte von Anfang an nicht nur auf die Spitzenrepräsentanten beider Lager, die an den Sitzungen unmittelbar teilnahmen, sondern auch auf die breite Öffentlichkeit. Die Gesprächsführung durch Heiner Geißler war deutlich auf die Zuschauerinnen und Zuschauer ausgerichtet. So forderte er die Vertreter beider Konfliktparteien und deren Experten wiederholt dazu auf, transparent und verständlich zu präsentieren. Geißler bezeichnete die „Schlichtung" als „eine Initiative, um die Bevölkerung in die Lage zu versetzen, jederzeit selbstständig zu denken" (Protokoll 1 2010, S. 3). Er stellte die „Schlichtung" als einen Ort dar, wo das vernünftige Argument zählen sollte – und nicht die vorgefasste Meinung.

2. Theoretischer Hintergrund der Wirkungsanalyse

Wir nehmen diesen Anspruch ernst und betrachten die S21-„Schlichtung" als einen Spezialfall einer diskursiven Auseinandersetzung, deren Ziel es ist, einen Konflikt zwischen mehreren Stakeholdern zu lösen. Daher ziehen wir Ansätze zur Alternative Dispute Resolution (ADR; vgl. Spieker und Brettschneider in diesem Band) und aus der empirischen Deliberationsforschung heran, um Erwartungen formulieren zu können, welche Effekte die „Schlichtung" auf die kritische Öffentlichkeit haben kann. Beide Forschungstraditionen befassen sich im Kern mit der folgenden Frage: Welche Folgen hat es, wenn sich Menschen, auch mit unterschiedlichen Überzeugungen, gemeinsam an einen Tisch setzen und sich mit den Argumenten des Gegenübers auseinandersetzen (Menkel-Meadow 2006)? Als Vertreterin des ADR-Ansatzes beschreibt Innes (2004), dass solche Verfahren unter anderem gemeinsame Lernprozesse, den Aufbau sozialen und politischen Kapitals, ein gemeinsames Verständnis der Sachfragen sowie innovative Wege der Problemlösung fördern können. Nach Ehrmann und Stinson (1999) führen Prozesse der gemeinsamen Faktenfindung bei den Konfliktparteien zu einem besseren und differenzierteren Verständnis der Streitgegenstände und -perspektiven. Dadurch verbesserten sich auch die Beziehungen zwischen den Konfliktakteuren.

Der Problemlöseprozess und letztendlich auch die Problemlösung werden als legitimer bewertet. Ähnliche positive Wirkungen schreiben Politikwissenschaftler deliberativen Verfahren zu. Deliberation als ein Prozess des „learning, thinking and talking" (Fishkin und Luskin 2005: 40) erhöhe die Toleranz gegenüber den Ansichten anderer (Gutmann und Thompson 1996). Die Beteiligten würden ihre ‚Gewinner vs. Verlierer'-Perspektive überwinden und erkennen, dass ihre Interessen nur gemeinsam und nicht gegen die andere Partei bestmöglich verwirklicht werden können (Chambers 1996; Yankelovich 1991).

Auf Basis solcher und anderer empirischer Studien (vgl. die Überblicke bei Mendelberg 2002 und Delli Carpini et al. 2004) können wir für mögliche Effekte der S21-„Schlichtung" folgende Erwartungen ableiten: Die „Schlichtung" sollte 1) das Wissen über das Projekt erhöhen; 2) die Polarisierung der Meinungen über das Projekt abschwächen; 3) die starke negative Haltung gegenüber einzelnen Akteuren abschwächen.

Allerdings beziehen sich bisherige Studien auf Akteure, die direkt an solchen Verfahren mitwirken: Menschen, die sich von Angesicht zu Angesicht gegenübersitzen. Der Faktor der physischen Nähe hat für Konfliktlösungsverfahren eine elementare Bedeutung. Es geht darum, sich gegenseitig kennenzulernen und zueinander Vertrauen aufzubauen. Die Überwindung emotionaler Hürden ist die Voraussetzung, um sich auch inhaltlich annähern zu können (Sperling und Wasseveld 2002). In der S21-„Schlichtung" waren aber die meisten (kritischen) Bürgerinnen und Bürger nicht direkt an den Diskussionen beteiligt, sondern verfolgten sie über die Massenmedien. Diese Rahmenbedingungen sind in modernen Demokratien üblich. Ein direktes Zusammentreffen aller Bürger auf einer Agora ist utopisch (Page 1996). Es ist aber unklar, ob sich die postulierten positiven Effekte von ‚face-to-face'-Diskussionen auch auf massenmediale Rezeptionssituationen übertragen lassen. Zudem war der deliberative Charakter durch das Verfahrensdesign abgeschwächt: Die Sitzungen waren davon geprägt, dass die jeweiligen Parteien ihre eigenen Argumente und Expertisen in bestmöglichem Licht darzustellen versuchten. Häufig erinnerte die „Schlichtung" daher mehr an ein Gerichtsverfahren oder ein Duell als an eine kooperative Lösungssuche. Dennoch waren die Sitzungen durch große Sachlichkeit und ein hohes Niveau der Diskussion geprägt; etwas, was im Konflikt zuvor schmerzlich vermisst wurde (vgl. Spieker und Brettschneider in diesem Band). In unserer Hypothesenbildung gehen wir zunächst davon aus, dass von der „Schlichtung" positive Effekte auch auf die Bevölkerung ausgehen, interpretieren unsere Befunde dann aber auch im Lichte von Erkenntnissen der Medienwirkungsforschung.

2.1 Wirkungen auf das Wissen über „Stuttgart 21"

Aus vorliegenden Untersuchungen ist bekannt, dass von deliberativen Verfahren Lerneffekte ausgehen können. Andersen und Hansen (2007) berichten beispielsweise, dass die Teilnahme an einem Deliberationsforum über die Einführung des Euro in Dänemark den Informationsstand über die Einheitswährung erhöhte. Gastil (2000) zeigt in einer qualitativen Studie, dass die Teilnehmer an deliberativen Diskussionen nicht nur ihren Kenntnisstand erhöhen, sondern auch dazu angeregt werden, nach den Gesprächen weitere Informationen zu suchen. Am Ende des Deliberationsprozesses sind die Ansichten der Teilnehmer differenzierter, besser mit Informationen fundiert und schlüssiger begründet; auch, weil sie sich mit konträren Argumenten auseinandergesetzt haben (vgl. auch Gastil und Dillard 1999). In diesem Sinne können wir annehmen, dass auch die S21-„Schlichtung" das Wissen über das Infrastrukturprojekt erhöht hat. Wir fragen ab, ob die Zufriedenheit mit den öffentlich zugänglichen Informationen über das Projekt gestiegen ist und ob neue Argumente der Gegenseite gelernt wurden:

> Hypothese 1a: Nach der „Schlichtung" sind die Kritiker von „Stuttgart 21" zufriedener mit den öffentlich verfügbaren Informationen über „Stuttgart 21".

> Hypothese 1b: Während der „Schlichtung" haben die Kritiker von „Stuttgart 21" neue Argumente gelernt, die für „Stuttgart 21" sprechen.

2.2 Wirkungen auf die Meinungen über „Stuttgart 21"

Mit der Teilnahme an Deliberationen gehen häufig nicht nur Wissenszuwächse einher, sondern auch Veränderungen in den Überzeugungen und Meinungen (Fishkin 1999; auch Fishkin und Luskin 1999). Der gemessene Meinungswandel ist häufig zwar signifikant, allerdings nicht immer wirklich groß. Luskin et al. (2002: 469) fassen dies im Kontext eines Deliberationsforums über Straftaten und deren Bestrafung pointiert zusammen: „It does not seem too far from the mark to describe the participants as having begun the Deliberative Polling process wanting to 'hang 'em high' and having ended it wanting, on the whole, to hang 'em somewhat lower". Die Autoren berichten jedoch, dass trotz der im Aggregat nur geringen Meinungsverschiebungen bei über der Hälfte der Teilnehmer individuelle Veränderungen auszumachen seien. Durchschnittlich ein Drittel der Teilnehmer lassen sich durch die Deliberation sogar von der Position der Gegenseite überzeugen. Die größten Effekte finden sich für Teilnehmer, die vorher weniger gefestigte Einstellungen zu den diskutierten Sachfragen hatten (Fishkin 1999; Fishkin und Luskin 1999). Dass Deliberation bei den Teilnehmern zu einer Verschiebung von extremeren hin zu moderateren Meinungen führen kann, berichten Esterling et al. (2010) in der Analyse des Forums „AmericaSpeaks: Our Budget, Our Economy", bei denen im Jahr 2010 gleichzeitig in 19 Kommunen über den Umgang mit der wachsenden Staatsverschuldung diskutiert wurde. Auch aus Deutschland gibt es aktuelle Befunde: So führte ein Joint Fact Finding-Verfahren im baden-württembergischen Schwäbisch Gmünd über ökologische und gesundheitliche Belastungen einer Tunnelabluftanlage zu deutlichen Meinungsverschiebungen (Fraunhofer UMSICHT 2012).

In der Auseinandersetzung über „Stuttgart 21" ist davon auszugehen, dass auf Grund der langen Vorgeschichte und der Heftigkeit des Konfliktes sich bei vielen Menschen die Einstellung zu „Stuttgart 21" vor der „Schlichtung" verfestigt hat. Es ist unwahrscheinlich, dass durch die Schlichtungsgespräche aus Kritikern Befürworter werden. Wir gehen lediglich davon aus, dass die Ablehnung des Projektes durch die Kritiker nach der „Schlichtung" weniger stark ausgeprägt ist.

Hypothese 2a: Nach der „Schlichtung" bewerten die Kritiker von „Stuttgart 21" das Projekt insgesamt weniger negativ.

Hypothese 2b: Nach der „Schlichtung" lehnen die Kritiker von „Stuttgart 21" Argumente, die für das Projekt sprechen, weniger deutlich ab.

2.3 Wirkungen auf die Beziehung zwischen Kritikern und Projektverantwortlichen

In Konflikten wirken Emotionen als Brandbeschleuniger. Heftige persönliche Animositäten zwischen den streitenden Parteien stehen der Bereitschaft zu konstruktiven Diskussionen im Weg (Glasl 1990). ADR und deliberative Verfahren können dazu beitragen, das gegenseitige Vertrauen und die Beziehung zwischen den Akteuren zu verbessern. Teilnehmer berichten, ein positiveres Bild ihrer Gegenüber gewonnen zu haben und deren Sichtweisen größeren Respekt entgegenzubringen (Innes 1999; Bingham et al. 2003). Gaertner et al. (1999) zeigen, dass die Interaktion von Konfliktgruppen in Diskussionsforen die gegenseitige Wahrnehmung positiv befördert und gemeinsames konsensorientiertes Problemlösen unterstützt. Interessanterweise hatte bereits der gegenseitige Austausch von Argumenten in einer normalen Diskussion annähernd die gleichen positiven Effekte wie die moderierte Suche nach einer Konfliktlösung. Die Forscher schließen daraus, dass schon alleine die gemeinsame Anwesenheit an einem Ort und das gegenseitige persönliche Kennenlernen der Konfliktakteure ein wichtiger Erfolgsfaktor ist.

Auch der Konflikt um „Stuttgart 21" ist nicht nur ein Streit um ein Infrastrukturprojekt, sondern auch eine persönliche, emotionale Auseinandersetzung. Auf Kritikerseite ist die Rhetorik geprägt von einer Konfrontation zwischen „denen da oben" und dem „Volk", das auf die Straße gehen muss (Soldt 2010), sowie scharfen Vorwürfen gegenüber einzelnen Vertretern der Projektträger. Deren Rhetorik war allerdings auch nicht zurückhaltend. So sprach Stefan Mappus schon einmal von „Berufsdemonstranten" (zitiert nach Focus 2010). Gemäß der dargestellten Befunde aus der Literatur zu ADR und Deliberation erwarten wir, dass es der „Schlichtung" gelingt, den Konflikt um „Stuttgart 21" zumindest in Teilen von den persönlich-emotionalen Feindschaften zwischen den Akteuren zu entkoppeln und stärker auf die inhaltlichen Aspekte zu fokussieren. In der Folge sollten dann nicht nur der Konflikt um das Infrastrukturprojekt, sondern auch die beteiligten Akteure weniger extrem beurteilt werden.

Hypothese 3a: Nach der „Schlichtung" bewerten die Kritiker von „Stuttgart 21" das Lager der Befürworter weniger negativ.

Hypothese 3b: Nach der „Schlichtung" bewerten die Kritiker von „Stuttgart 21" die Repräsentanten des Projekts weniger negativ.

Hypothese 3c: Nach der „Schlichtung" bewerten die Kritiker von „Stuttgart 21" das kommunikative Auftreten der Befürworter weniger negativ.

3. Methode

Wir testen unsere Hypothesen anhand einer zweiwelligen Panelbefragung. Die erste Welle (t1) wurde an den beiden Tagen vor dem ersten Schlichtungsgespräch (20./21.10.2010) erhoben, die zweite Welle (t2) direkt im Anschluss an die Verkündung des „Schlichterspruchs" (1.-5.12.2010). Bei der Befragung haben wir auf ein nicht-repräsentatives Online-Access-Panel zurückgegriffen, das von der Universität Hohenheim unterhalten wird. Der größte Teil der Teilnehmerinnen und Teilnehmer des Panels wohnt in der Stadt oder Region Stuttgart und ist daher von „Stuttgart 21" zumindest regional betroffen. Die Rekrutierung der Panelmitglieder fand unabhängig von der hier dargestellten Befragung statt. Mobilisierungseffekte durch besonders engagierte Befürworter oder Gegner von „Stuttgart 21" können damit zumindest für die Rekrutierung ausgeschlossen werden. In der ersten Welle wurden 1.039 Panelmitglieder angeschrieben, von denen 558 (54 %) den Fragebogen vollständig ausfüllten. In der zweiten Welle beendeten 447 Teilnehmerinnen und Teilnehmer (80 % der ersten Welle) die Befragung. Eine systematische Panelmortalität im Hinblick auf Einstellungen zu „Stuttgart 21", Einstellungsstärke, Parteipräferenz und Themeninteresse liegt nicht vor.

In dieser Auswertung verwenden wir eine Teilstichprobe von 191 Befragten, die sich in der ersten Welle als Gegner von „Stuttgart 21" einstuften und die die Fragebögen beider Wellen vollständig ausfüllten.[2] 59 Prozent dieser Teilstichprobe sind Frauen, das durchschnittliche Alter beträgt 38 Jahre. Die Stichprobe weist einen großen Anteil formal Hochgebildeter auf (63 % Abiturientinnen und Abiturienten).

In Hypothesengruppe 1 differenzieren wir zwischen der Zufriedenheit mit den öffentlich zugänglichen Informationen zu „Stuttgart 21" (H1a) und dem von den Befragten selbst eingeschätzten Lernen neuer Argumente für und gegen „Stuttgart 21" (H1b).[3] Zur Überprüfung von Hypothese 2a ziehen wir die Gesamtbewertung von „Stuttgart 21" heran.[4] Hypothese 2b prüfen wir mit einem Mittelwertindex zur Einstufung von acht Sachargumenten, die für „Stuttgart 21" sprechen.[5] Die beiden ersten Hypothesen zur Beziehungsebene können wir mit Fragen nach der Bewertung des Verhaltens der Befürworter im Allgemeinen (H3a) und nach dem Verhalten von sechs besonders herausragenden Repräsentanten des Projekts in Politik und Wirtschaft (H3b) testen.[6] Hypothese 3c wird schließlich mit einem Vier-Item-Index geprüft, der die Wahrnehmung des kommunikativen Verhaltens

---

2   Fragewortlaut: „Wie beurteilen Sie persönlich „Stuttgart 21" alles in allem?". 7-stufige Skala von negativ (-3) bis positiv (+3). Alle Befragten, die „Stuttgart 21" schlechter als neutral (0) bewerteten, wurden als Gegner des Projekts eingestuft.

3   Fragewortlaute H1a: „Gibt es Ihrer Meinung nach ausreichend Informationen über „Stuttgart 21" – oder sollte mehr informiert werden?" H1b: „Hier finden Sie einige Aussagen über die Inhalte der Schlichtungsgespräche. Uns interessiert, was Sie persönlich von diesen Aussagen halten. A) Aus den Schlichtungsgesprächen habe ich neue Argumente erfahren, die für „Stuttgart 21" sprechen. B) Aus den Schlichtungsgesprächen habe ich neue Argumente erfahren, die gegen „Stuttgart 21" sprechen."

4   Fragewortlaut: „Wie beurteilen Sie persönlich „Stuttgart 21" alles in allem?"

5   Fragewortlaute: „Die Befürworter und die Gegner tragen unterschiedliche Aussagen über die Vor- und Nachteile von „Stuttgart 21" vor. Uns interessiert, was Sie persönlich von diesen Argumenten halten. Stimmen Sie diesen Argumenten zu, oder lehnen Sie sie ab? Durch „Stuttgart 21" wird es schnellere Zugverbindungen geben. | Durch „Stuttgart 21" entsteht ein komplett neues Wohnviertel mitten in der Stadt. | „Stuttgart 21" stärkt die Wirtschaft in der Region Stuttgart. | „Stuttgart 21" schafft Arbeitsplätze. | Nach dem Bau von „Stuttgart 21" wird es größere Parkanlagen geben als heute. | Durch „Stuttgart 21" kann der Flughafen an das Schnellbahnnetz angeschlossen werden. | Der Stopp von „Stuttgart 21" würde hohe Kosten ohne Gegenleistung verursachen. | Durch „Stuttgart 21" wird Verkehr von der Straße auf die Schiene verlagert."

6   Fragewortlaute: „Wie bewerten Sie ganz allgemein das Verhalten in Bezug zu „Stuttgart 21" von … den Befürwortern von „Stuttgart 21" im Allgemeinen | … Stefan Mappus | … Wolfgang Schuster | … Tanja Gönner | … Rüdiger Grube | … der CDU | … der FDP."

der Projektbefürworter misst.[7] Alle Fragen mit Ausnahme des selbsteingeschätz-
ten Lernens von „Stuttgart 21"-bezogenen Argumenten wurden gleichlautend in
beiden Wellen gestellt. Für die Ergebnisdarstellung haben wir alle Skalen so co-
diert, dass -3 die negativste Ausprägung (z. B. stärkste Ablehnung von „Stuttgart
21" und von Argumenten, die für das Projekt sprechen; negativste Bewertung der
Befürworter) und +3 die positivste Ausprägung darstellen.

4. Ergebnisse

In Übereinstimmung mit Hypothese 1a sind die Gegner von „Stuttgart 21" nach
den Schlichtungsgesprächen mit den öffentlich verfügbaren Informationen über
das Projekt zufriedener. Die durchschnittliche Zufriedenheit stieg signifikant
von -1,58 (Standardabweichung SD = 1,97) vor der „Schlichtung" auf -0,32 (SD
= 2,28) nach den Diskussionen.[8] Damit wird das Informationslevel zwar immer
noch nicht als ausreichend betrachtet, die extreme Unzufriedenheit, die vor der
„Schlichtung" in dieser Hinsicht bestand, wurde jedoch größtenteils beseitigt. Der
Anstieg der Zufriedenheit wurde jedoch nicht durch das Lernen neuer Argumente, die für das Projekt sprechen, verursacht, wie wir es in Hypothese 1b vermutet haben. Im Gegenteil: Nach der „Schlichtung" gaben die befragten Gegner an,
dass sie vor allem neue *Nachteile* des Projekts kenngelernt hätten (Mittelwert =
1,04 ; SD = 1,86), jedoch keine Vorteile (Mittelwert = -1,19; SD = 1,81). Die Dif-
ferenz zwischen den beiden Mittelwerten ist statistisch signifikant.[9] Hypothese
1b ist daher zurückzuweisen. Die Ergebnisse deuten vielmehr darauf hin, dass
die größere Zufriedenheit mit den verfügbaren Informationen (H1a) durch die
Wahrnehmung herbeigeführt wurde, dass nun auch mehr Argumente gegen das
Projekt öffentlich präsent waren.

Im Hinblick auf die Meinung gegenüber „Stuttgart 21" haben wir eine weniger negative Bewertung des Projekts als Ganzem (H2a) wie auch der Sachargumente, die für das Projekt sprechen (H2b), erwartet. Tatsächlich wird das Gesamt-
projekt nach der „Schlichtung" etwas weniger negativ beurteilt.[10] Vor der ersten

---

7   Fragewortlaute: „Über „Stuttgart 21" wird in der Öffentlichkeit und in den Medien sehr viel
     diskutiert. Dabei kommen die Befürworter und Gegner des Projekts immer wieder zu Wort. Wie
     beurteilen Sie die Art und Weise, wie die Befürworter und Gegner dabei in der Öffentlichkeit
     auftreten? Bitte sagen Sie uns, ob Sie den Aussagen zustimmen, oder ob Sie sie ablehnen.
     Die Befürworter von „Stuttgart 21" ... ... argumentieren sehr einseitig. | ... gehen auf die
     Argumente der Gegenseite ein. | ... zeigen sich kompromissbereit. | ... sind an einem echten
     Dialog gar nicht interessiert."
8    $t(189) = 6,73, p < .001$.
9    $t(177) = 10,53, p < .001$.
10   $t(188) = 5,02, p < .001$.

Sitzung der „Schlichtung" wurde das Projekt extrem negativ bewertet (Mittelwert = -2,34, SD = 0,77). Die Antworten in Welle 2 zeigen weiterhin eine starke Ablehnung des Projekts, jedoch etwas weniger extrem (-1,86, SD = 1,41). Im Gegensatz dazu bleibt die Ablehnung der Sachargumente für „Stuttgart 21" auf weitgehend gleichem Niveau (Welle 1 = -0,50, SD = 1,12; Welle 2 = -0,42, SD = 1,14).[11] Dementsprechend lehnen wir Hypothese 2b ab.

Schließlich haben wir erwartet, dass die Schlichtungsgespräche die angespannte Beziehung zwischen den Repräsentanten des Projekts und dessen Gegnern entspannen könne. Tabelle 1 gibt einen Überblick über die Bewertung der Befürworter im Allgemeinen sowie einzelner, herausragender Repräsentanten des Projekts durch die „Stuttgart 21"-Gegner vor und nach der „Schlichtung".

Tabelle 1: Bewertung der Befürworter von „Stuttgart 21" durch die befragten Projektgegner vor und nach der „Schlichtung"

	vorher M (SD)	nachher M (SD)	t (df)	p	n
Befürworter allgem.	-0,87 (1,42)	-0,93 (1,53)	-0,52 (186)	.606	187
Repräsentanten der Befürworter					
Stefan Mappus	-2,52 (0,96)	-2,12 (1,37)	4,05 (187)	.001	188
Wolfgang Schuster	-2,42 (0,98)	-2,21 (1,20)	2,52 (177)	.013	178
Tanja Gönner	-1,94 (1,37)	-1,81 (1,54)	1,35 (154)	.178	155
Rüdiger Grube	-2,44 (1,09)	-2,03 (1,40)	4,63 (165)	.001	166
Regierungsparteien					
CDU	-2,46 (0,99)	-2,05 (1,43)	4,57 (184)	.001	185
FDP	-2,44 (1,07)	-2,08 (1,42)	3,45 (154)	.001	155

Fragewortlaut: „Wie bewerten Sie ganz allgemein das Verhalten in Bezug zu „Stuttgart 21" von …".
Skala von -3 (sehr negativ) bis +3 (sehr positiv); T-Tests mit gepaarten Stichproben.

---

11    $t(189) = 1,28, p = .201$.

Unsere erste Hypothese zu diesem Thema (H3a), mit der wir eine weniger negative Bewertung der Befürworter im Allgemeinen angenommen hatten, wird von den Daten nicht gestützt. Allerdings verbessert sich, wie in Hypothese 3b erwartet, die Bewertung von drei der vier erfassten Projekt-Repräsentanten sowie der hinter dem Projekt stehenden Regierungsparteien CDU und FDP. Die Rolle dieser Akteure im Streit um „Stuttgart 21" wurde vor der „Schlichtung" extrem negativ bewertet. Zwei Monate bzw. acht Schlichtungsgespräche später wird ihr Verhalten zwar noch immer sehr negativ gesehen, die Einschätzungen sind jedoch weniger extrem. Dies deutet darauf hin, dass die fast schon als Hass oder Abscheu zu bezeichnende Einstellung einiger Projektgegner diesen Akteuren gegenüber immerhin auf ein immer noch starkes, jedoch nicht mehr so extremes Maß an Ablehnung zurückgeführt werden konnte. Schließlich finden wir in Übereinstimmung mit Hypothese 3c eine geringe, statistisch signifikante Verbesserung der Wahrnehmung des Kommunikationsverhaltens der Projektbefürworter.[12] Der Index zum Kommunikationsverhalten stieg von -1,59 (SD = 1,15) auf -1,30 (SD = 1,21). Wieder bleiben die absoluten Werte klar im negativen Bereich, eine leichte Verbesserung ist jedoch festzustellen.

Zusätzlich zu diesen Auswertungen haben wir auch nach moderierenden Wirkungen der Einstellungsstärke sowie der Zuwendung zu und dem Interesse an den Schlichtungsgesprächen gesucht. Hierbei konnten wir jedoch keine signifikanten Interaktionseffekte feststellen. In unserer Stichprobe spielte es für die Stärke der Veränderungen, die sich während der „Schlichtung" ergaben, also keine Rolle, wie stark die Befragten „Stuttgart 21" vor der „Schlichtung" ablehnten, wie sehr sie sich für die „Schlichtung" interessierten oder wie intensiv sie sich zu diesem Thema informiert haben.

5. Diskussion

Die Ergebnisse zeigen, dass die „Schlichtung" dazu beigetragen hat, die extrem starken Vorbehalte gegenüber den handelnden Akteuren abzuschwächen – es jedoch keine Annäherung in der Sache gegeben hat.

Die „Schlichtung" konnte die Zufriedenheit mit den verfügbaren Informationen über „Stuttgart 21" steigern. Die befragten Kritiker des Projekts gaben aber an, dass sie vor allem solche Argumente gelernt hätten, die ihre Voreinstellung gegenüber „Stuttgart 21" bestätigten. Eine mögliche Interpretation ist, dass die Kritiker während der „Schlichtung" deutlich überzeugender waren und die

---

12    $t(187) = 3,01, p = .003$.

Argumente der Befürworter widerlegen konnten. In der Tat kamen einige Kommentatoren zu der Auffassung, dass die Kritiker in ihren Ausführungen wichtige Punkte gemacht hätten (Schmidt 2010). Jedoch hat die „Schlichtung" vor allem eines gezeigt: Die Prognosen und Bewertungen sowohl zu S21 und K21 sind komplexe Unterfangen; die Fakten sind selten so eindeutig zu klären, wie man es sich wünschen würde. So verhält es sich bei vielen Fragestellungen in modernen, ausdifferenzierten Gesellschaften. Grund für die moderierenden Wirkungen von Deliberationsverfahren ist daher nicht immer nur argumentative Schlüssigkeit, sondern vor allem auch die Erfahrung von Kontingenz. In diesem Lichte liegt eine zweite Interpretation nahe: Die höhere Zufriedenheit mit den öffentlich diskutierten Informationen war eine Folge der selektiven Wahrnehmung und Verarbeitung der Schlichtungsgespräche und der Berichterstattung über die „Schlichtung". Die kritischen Bürgerinnen und Bürger verfolgten die Argumente ihrer Repräsentanten aufmerksamer und sind daher nun zufriedener damit, dass Argumente gegen „Stuttgart 21" in der Öffentlichkeit präsenter diskutiert wurden. Diese Ergebnisse beschränken sich in Ermangelung eines objektiven Wissenstests auf die Selbsteinschätzung des Lernens neuer Argumente durch die Befragten, was die Problematik des einstellungskongruenten Antwortverhaltens sicherlich verstärkt. Die Befunde sind aber deutliche Indizien dafür, dass die Mechanismen der selektiven Informationsaufnahme und -verarbeitung, die in der Medienwirkungsforschung häufig nachgewiesen werden konnte (vgl. Iyengar et al. 2008; Knobloch-Westwerwick und Jingbo 2009; Sears und Freedman 1967), auch bei der Rezeption der Schlichtungsgespräche und der begleitenden Berichterstattung vorlag. Die positiven Wirkungen einer aktiven Teilnahme an ähnlichen Verfahren, nämlich das Kennenlernen der Argumente der Gegenseite (Andersen und Hansen 2007; Gastil 2000; Gastil und Dillard 1999), konnten in der S21-„Schlichtung" nicht nachgewiesen werden.

Auch bei der Akzeptanz der Sachargumente für „Stuttgart 21" fanden sich keine Veränderungen auf Seiten der Projektgegner. Vor wie nach der „Schlichtung" lehnten die Kritiker des Projekts diese Argumente recht deutlich ab. Dieser Befund lässt sich ebenfalls im Sinne der selektiven Wahrnehmung der „Schlichtung" interpretieren. Wenn die kritischen Bürgerinnen und Bürger vor allem den Argumenten Beachtung schenkten, die ihre Voreinstellungen bestätigten, so gibt es kaum einen Grund dafür, warum sie die Argumente der Projektbefürworter nach der „Schlichtung" weniger ablehnen sollten. Vielmehr kannten sie nun noch weitere Gegenargumente. Die fehlende unmittelbare Teilnahme an den Diskussionen schwächt eine echte Auseinandersetzung mit den Argumenten der Gegenseite ab. Dies bestätigt Hinweise aus anderen Studien über die Bedeutung der *aktiven* Teilnahme an Konfliktlöseverfahren (Beierle und Cayford 2003). Auch alle anderen Arbeiten, die positive Effekte auf die Anerkennung widersprechender Argumente nachweisen können, basieren auf Befragungen aktiver Verfahrensteilnehmer (Fishkin 1990; Fishkin und Luskin 1999; Esterling et al. 2010; Fraunhofer UMSICHT 2012; Luskin et al. 2002; Vinokur und Burnstein 1978). In einem repräsentativen Verfahren mit nur wenigen ausgewählten aktiven Teilnehmern und einer Mehrheit passiver Zuschauer scheinen die Wirkungen der selektiven Wahrnehmung die Effekte der ADR und Deliberation für die Zuschauer zu überlagern. Eine weitere Erklärung für die ausbleibende Veränderung der Akzeptanz von Argumenten für „Stuttgart 21" ist der späte Zeitpunkt, zu dem die „Schlichtung" stattfand. Zu diesem Zeitpunkt waren viele der Argumente bereits hinreichend oft diskutiert worden. Die Einstellungen ihnen gegenüber waren bereits sehr gefestigt. Da die Stärke der Einstellung aber die Veränderung in der Bewertung der Argumente nicht moderierte – auch Personen, die dem Projekt nur gemäßigt negativ gegenüberstanden, änderten ihre Bewertung der Argumente nicht –, halten wir aber die fehlende aktive Einbindung der kritischen Bürgerinnen und Bürger und die damit einhergehende geringere Auseinandersetzung mit den Argumenten der Befürworter für den wahrscheinlicheren Grund für die unveränderte Ablehnung dieser Sachargumente.

Die „Schlichtung" führte immerhin zu einer Entspannung der Beziehung zwischen den Projektgegnern und den Projektbefürwortern. Die Kritiker bewerteten die wichtigsten Projektrepräsentanten und auch das kommunikative Auftreten des Befürworter-Lagers weniger negativ. In dieser Hinsicht hat die „Schlichtung" geholfen, den Konflikt zu entpersonalisieren und den Fokus stärker auf die inhaltliche Auseinandersetzung zu lenken. Die „Schlichtung" war also in diesem Sinne immerhin ein Teilerfolg: Die persönlichen Anfeindungen wurden verringert und die Auseinandersetzung versachlicht. Insgesamt war jedoch das Verfahren als öffentliches „Duell" zwischen Repräsentanten und Experten beider Lager vor den Augen des Schlichters, der Medien und der interessierten Öffentlichkeit nicht dazu geeignet, die Haltung der befragten Kritiker unter den Bürgern substantiell zu verändern. Dementsprechend ist es nicht überraschend, dass letztendlich erst eine Volksabstimmung über das Projekt einen Mehrheitsentscheid – im Gegensatz zu einer gemeinschaftlichen Lösung – herbeiführen musste (vgl. dazu die Beiträge von Brettschneider und Schwarz sowie von Faas und Blumenberg in diesem Band).

Was können wir für die Zukunft festhalten? Große Infrastrukturprojekte werden immer wieder zu Diskussionen und Konflikten führen, da sie die unmittelbare Lebenswelt der Bürger berühren. Mit informellen Verfahren der Bürgerbeteiligung kann es gelingen, kritische Punkte der Planungen frühzeitig aufzugreifen und zu klären. Basierend auf unseren Befunden empfehlen wir, Dialogangebote bereitzustellen, die eine *aktive* Teilnahme möglichst vieler Bürgerinnen und Bürger ermöglichen. Gut organisierte Diskussionen zwischen Befürwortern und Kritikern erreichen für die inhaltliche Annäherung weit mehr, als spektakuläre Debattenveranstaltungen zwischen Eliten. Letztere können sogar kontraproduktiv sein; in einer Art Wahlkampfmodus geführt, drohen sie die bestehenden Überzeugungen eher zu verfestigen als auszudifferenzieren. In Großkonflikten wie bei „Stuttgart 21" sind solche massenmedial übertragenen Formate mit Repräsentanten beider Lager jedoch unerlässlich, um die Diskussion zu zentrieren und möglichst viele Menschen zu erreichen. Wir regen daher an, diese „Elitendiskussionen" mit Verfahren breiterer Bürgerbeteiligung zu kombinieren. So könnten Themenvorschläge und Wortmeldungen aufgegriffen werden, die in einem institutionalisierten Prozess aus „Publikumsanfragen" generiert wurden. In anschließenden Bürgerveranstaltungen könnten die Themen noch einmal diskutiert werden – und zwar zwischen Bürgerinnen und Bürgern mit unterschiedlichen Ansichten. Durch eine Rückbindung an Bürgerveranstaltungen ergeben sich wichtige Hinweise zur Verständlichkeit und Qualität der Debatte. Schließlich bieten auch neue Formen der Online-Partizipation einige spannende Ansätze, wie die Beteiligung in der Breite realisiert werden könnte. Online-Dialoge sollten aber gerade in konfliktbeladenen Situationen die Präsenzbeteiligung immer nur ergänzen, aber nicht ersetzen. Denn auch hier gilt: Das Potenzial von Beteiligungs- und Deliberationsverfahren kommt erst dann richtig zur Geltung, wenn Menschen mit verschiedenen Ansichten sich von Angesicht zu Angesicht gegenübersitzen.

Literatur

Andersen, Vibeke N.; Hansen, Kasper M. (2007): How deliberation makes better citizens: The Danish Deliberative Poll on the euro. In: European Journal of Political Research 46, S. 531-556.

Beierle, Thomas C.; Cayford, Jerry (2003): Dispute Resolution as a Method of Public Participation. In: O'Leary, Rosemary; Bingham, Lisa B. (Hrsg.): The promise and performance of environmental conflict resolution. Washington: Resources for the Future, S. 53-68.

Bingham, Lisa B; Fairman, David; Fiorino, Daniel J.; O'Leary, Rosemary (2003): Fulfilling the Promise of Environmental Conflict Resolution. In: O'Leary, Rosemary; Bingham, Lisa B. (Hrsg.):

The promise and performance of environmental conflict resolution. Washington: Resources for the Future, S. 329-352.

Chambers, Simone (1996): Reasonable democracy: Jürgen Habermas and the politics of discourse. Ithaca: Cornell University Press.

Delli Carpini, Michael X.; Cook, Fay Lomax; Jacobs, Lawrence R. (2004): Public deliberation, discursive participation, and citizen engagement: A review of the empirical literature. In: Annual Review of Political Science 7, S. 315-344.

Ehrmann, John R.; Stinson, Barbara L. (1999): Joint fact-finding and the use of technical experts. In: Susskind, Lawrence; McKearnan, Sarah; Thomas-Larmer, Jennifer (Hrsg.): The consensus building handbook. A comprehensive guide to reaching agreement. Thousand Oaks: Sage Publications, S. 375-400.

Esterling, Kevin; Fong, Archon; Lee, Taeku (2010): The Difference that Deliberation Makes: Evaluating the ‚Our Budget, Our Economy' Public Deliberation. Verfügbar unter www.archonfung. net/docs/articles/2010/AmericaSpeaksPrelimAnalysis_finalAF.pdf; abgerufen am 10.12.2010.

Glasl, Friedrich (1990). Konfliktmanagement: Ein Handbuch zur Diagnose und Behandlung von Konflikten für Organisationen und ihre Berater. Bern: P. Haupt.

Fishkin, James S. (1999): Toward a deliberative democracy: experimenting with an ideal. In: Elkin, Stephen L.; Soltan, Karol E. (Hrsg.): Citizen competence and democratic institutions. University Park: Pennsylvania State University Press, S. 279-290.

Fishkin, James. S.; Luskin, Robert C. (1999): Bringing deliberation to the democratic dialogue. In: McCombs, Maxwell E.; Reynolds, Amy (Hrsg.): The poll with a human face: The National Issues Convention experiment in political communication. Mahwah: Lawrence Erlbaum Associates, S. 3-38.

Fishkin, James S.; Luskin, Robert C. (2005): Experimenting with a democratic ideal: deliberative polling and public opinion. In: Acta Politica 40, S. 284-298.

FOCUS Online (2010): Mappus warnt vor gewaltbereiten Stuttgart-21-Demonstranten. Verfügbar unter www.focus.de/politik/deutschland/focus-interview-mappus-warnt-vor-gewaltbereiten-stuttgart-21-demonstranten_aid_555698.html; abgerufen am 25.9.2010.

Fraunhofer UMSICHT (2012): Anwendung von Methoden und Prozessen zur partizipativen Bürgerbeteiligung bei ökologisch relevanten Investitionsentscheidungen – Fallbeispiel: Straßentunnelfilter. Abschlussbericht Tunneldialog Schwäbisch Gmünd. Unveröffentlichtes Manuskript.

Gaertner, Samuel L.; Dovidio, John F.; Rust, Mary C.; Nier, Jason A.; Banker, Brenda S.; Ward, Christine M.; Mottola, Gary R.; Houlette, Missy (1999): Reducing intergroup bias: Elements of intergroup cooperation. In: Journal of Personality and Social Psychology 76, S. 388-402.

Gastil, John (2000): By popular demand. Revitalizing representative democracy through deliberative elections. Berkeley: University of California Press.

Gastil, John; Dillard, James P. (1999): Increasing political sophistication through public deliberation. In: Political Communication 16, S. 3-23.

Gutmann, Amy; Thompson, Dennis F. (1996): Democracy and disagreement. Cambridge: Harvard University Press.

Innes, Judith E. (2004): Consensus Building: Clarifications for the Critics. In: Planning Theory 3, S. 5-20.

Innes, Judith E. (1999): Consensus Building and Complex Adaptive Systems. In: Journal of the American Planning Association 65, S.412-423.

Iyengar, Shanto; Hahn, Kyu S.; Krosnick, Jon A.; Walker, John (2008): Selective exposure to campaign communication: The role of anticipated agreement and issue public membership. In: The Journal of Politics 70, S. 186-200.

Knobloch-Westerwick, Silvia; Jingbo, Meng (2009): Looking the other way. In: Communication Research 36, S. 426-448.

Luskin, Robert C.; Fishkin, John S.; Jowell, Roger (2002): Considered opinions: deliberative polling in Britain. In: British Journal of Political Science 32, S. 455-487.

Mendelberg, Tali (2002): The deliberative citizen: theory and evidence. In: Delli Carpini, Michael X.; Huddy, Loenie; Shapiro, Robert Y. (Hrsg.): Political decision-making, deliberation and participation. Greenwich: JAI Press, S. 151-193.

Menkel-Meadow, Carrie (2006): Deliberative democracy and conflict resolution: Two theories and practices of participation in the polity. In: Dispute Resolution Magazine 12, S. 18-22.

Page, Benjamin I. (1996): Who deliberates? Mass media in modern democracy. Chicago: University of Chicago Press.

PHOENIX (2010): Rekordquote für Abschlussrunde zu Stuttgart 21 / In der Spitze mehr als fünf Prozent Marktanteil. Verfügbar unter www.presseportal.de/pm/6511/1727553/phoenix-rekordquote-fuer-abschlussrunde-zu-stuttgart-21-in-der-spitze-mehr-als-fuenf-prozent; abgerufen am 10.12.2010.

Protokoll 1: Schlichtungsverfahren zu Stuttgart 21: Strategische Bedeutung und verkehrliche Leistungsfähigkeit des Bahnknotens Stuttgart 21. Stenographisches Protokoll. 22.10.2010. Verfügbar unter www.schlichtung-s21.de/fileadmin/schlichtungs21/Redaktion/pdf/ 101022/22_10_2010_ Wortprotokoll_Schlichtungsgespraech_S21.pdf; abgerufen am 10.12.2010.

Schmidt, Thomas E. (2010): Ein Schluss in Moll. In: ZEIT ONLINE. Verfügbar unter www.zeit. de/2010/48/Schlichtung-Stuttgart; abgerufen am 26.11.2010.

Sears, David O.; Freedman, Jonathan L. (1967): Selective exposure to information: a critical review. In: Public Opinion Quarterly 31, S. 194-213.

Soldt, Rüdiger (2010): Vox populi gegen „die da oben". In: Frankfurter Allgemeine Zeitung (Online). Verfügbar unter www.faz.net/aktuell/politik/protest-gegen-projekt-stuttgart-21-vox-populi-gegen-die-da-oben-11025105.html; abgerufen am 16.8.2010.

Sperling, Jan B.; Wasseveld, Jacqueline (2002): Führungsaufgabe Moderation. Freiburg: Haufe Lexware.

SWR (2010): Millionen sahen Schlichtungsgespräche im SWR Fernsehen: Abschluss der Gespräche am 30. November 2010 erfolgreichster Tag. Verfügbar unter www.swr.de/unternehmen/ presse/-/id=4224/nid=4224/did=7887060/1mu6xbd/index.html; abgerufen am 10.12.2010.

Vinokur, Amiram; Burnstein, Eugene (1978): Depolarization of attitudes in groups. In: Journal of Personality and Social Psychology 36, S. 872-885.

Yankelovich, Daniel (1991): Coming to public judgment: Making democracy work in a complex world. Syracuse: Syracuse University Press.

3.

Die Landtagswahl in Baden-Württemberg und die Volksabstimung

.

„Stuttgart 21", die baden-württembergische Landtagswahl und die Volksabstimmung 2011

Frank Brettschneider / Thomas Schwarz

1. Doppelter Wandel im Jahr 2011

Das Jahr 2011 bot in Baden-Württemberg gleich zwei Besonderheiten. Zum Einen ging aus der Landtagswahl am 27. März 2011 erstmalig eine grün-rote Landesregierung hervor. In der Folge wurde am 12. Mai 2011 mit Winfried Kretschmann zum ersten Mal ein Politiker der Grünen zum Ministerpräsidenten gewählt – und dies nach 58 Jahren Regierungsbeteiligung der CDU. Zum anderen fand am 27. November 2011 die erste auf ein Sachthema bezogene Volksabstimmung in Baden-Württemberg statt[1]: Die baden-württembergische Bevölkerung war aufgerufen, über den Ausstieg des Landes aus der Finanzierung von „Stuttgart 21" abzustimmen. Beide Ereignisse – der Wahlausgang und die Volksabstimmung zu „Stuttgart 21" – hängen eng miteinander zusammen. Sie stehen im Mittelpunkt der vorliegenden Beitrags, der sich mit folgenden Fragen beschäftigt:

1. Welche Besonderheiten weist das Landtagswahlergebnis 2011 in der Landeshauptstadt Stuttgart auf? Und welche Bedeutung hatte „Stuttgart 21" für den Wahlentscheid?

2. Welche Besonderheiten weist das Ergebnis der Volksabstimmung zu „Stuttgart 21" in der Landeshauptstadt Stuttgart auf? Hängen die Landtagswahlergebnisse in einzelnen Stuttgarter Stimmbezirken mit den Ergebnissen der Volksabstimmung zusammen?

Dabei betrachten wir zwar auch immer Ergebnisse auf der Ebene von Baden-Württemberg. Ein besonderes Augenmerk gilt jedoch jeweils den Ergebnissen in der Landeshauptstadt Stuttgart.

---

1 Zuvor hatten lediglich drei Volksabstimmungen stattgefunden: Am 9. Dezember 1951 fand eine Volksabstimmung über den Südweststaat statt. Am 7. Juni 1970 folgte eine Volksabstimmung in Baden über den Verbleib Badens im Bundesland Baden-Württemberg. Und am 19. September 1971 fand eine Volksabstimmung über die Auflösung des Landtags von Baden-Württemberg statt.

2. Die baden-württembergische Landtagswahl 2011

Schon die Wahlbeteiligung war eine Besonderheit. Bei der 15. Wahl zum Landtag von Baden-Württemberg war ein erstaunlich hoher Wahlbeteiligungszuwachs festzustellen. In Baden-Württemberg stieg die Wahlbeteiligung um 12,8 Prozentpunkte auf 66,3 Prozent. In Stuttgart war die Bevölkerung noch stärker politisiert: Die Wahlbeteiligung stieg sogar um 16,1 Prozentpunkte auf 73,1 Prozent (siehe Abbildung 1). Damit lag sie fast auf dem Niveau der letzten Bundestagswahl 2009.

Noch ungewöhnlicher war indes der Wahlausgang: Die baden-württembergische Landtagswahl beendete eine seit 58 Jahren bestehende Dominanz der CDU. Die Christdemokraten verloren ihre letzte traditionelle Hochburg, in der sie seit der Landesgründung ununterbrochen regiert hatten (u. a. Gabriel/Kornelius 2011; Wehner 2012). Aufgrund der starken Stimmenverluste beider Regierungsparteien wurde die bisherige Koalition aus CDU (-5,2 %-Punkte) und FDP (-5,4 %-Punkte) abgelöst durch eine grün-rote Koalition. Zwar war die CDU mit 39 Prozent der Wählerstimmen nach wie vor die stärkste Partei, zusammen mit den mageren 5,3 Prozent der FDP reichte dies jedoch nicht für eine Mehrheit.

Noch bedeutender war der Wahlerfolg der Grünen, die mit 24,2 Prozent der Wählerstimmen noch vor der SPD (23,1 %) landeten. In der Landeshauptstadt Stuttgart übernahmen die Grünen nach 35 Jahren CDU-Dominanz sogar die Position der stärksten Partei (34,5 % vs. 31,5 % für die CDU; siehe Abbildung 1) – ein Erfolg, der ihnen zuvor schon bei der Gemeinderatswahl 2009 gelungen war. Bei der Landtagswahl komplettierten drei der vier Direktmandate und ein Zweitmandat den Wahltriumph der Stuttgarter Grünen. Gerade in der einwohnerstarken Kernregion des Landes konnten die Grünen noch höhere Zugewinne verbuchen als im Land (Stuttgart: +17,8 %-Punkte; Land: +12,5 %-Punkte). Ein Teil der Grünen-Zugewinne ging zwar zu Lasten des neuen Koalitionspartners SPD (in Baden-Württemberg: -2,1 %-Punkte; in Stuttgart -6,0 %-Punkte). Diese Verluste wurden aber weit überkompensiert durch Zugewinne aus dem „bürgerlichen Lager" und vor allem durch enorme Mobilisierungserfolge (Haas 2012). Welches waren nun die Einflussfaktoren, die zu diesem Ergebnis führten? Und welche Rolle spielte dabei das Thema „Stuttgart 21"?

Abbildung 1: Wahlbeteiligung und Stimmenanteile der Parteien bei
Landtagswahlen in der Landeshauptstadt Stuttgart seit 1952

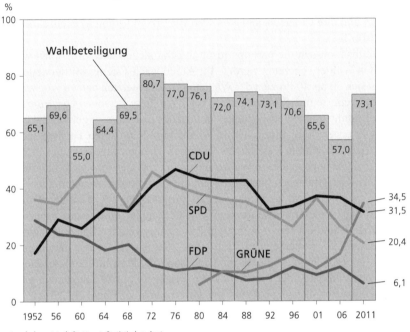

Landeshauptstadt Stuttgart, Statistisches Amt

2.1 Themenkompetenz und Wahlentscheidung

Um eine Wahl zu gewinnen, muss der Wahlkampf einer Partei und ihres Spitzenkandidaten vor allem zwei Ziele erreichen: Erstens sind die eigenen Anhänger zu
mobilisieren. Zwar sinkt der Anteil der Stammwähler an allen Wahlberechtigten
von Jahr zu Jahr. Dennoch sind sie für eine Partei von größter Bedeutung. Mobilisierte Stammwähler reden mit Nachbarn und Bekannten. Schon Lazarsfeld, Berelson und Gaudet (1968: 158) stellten in ihrem Klassiker zum Wahlkampf fest:
„More than anything else people can move people". Das direkte Gespräch gilt
nach wie vor als glaubwürdigste und wirkungsvollste Form der Kommunikation.
Für die Mobilisierung der eigenen Anhänger ist es entscheidend, wie stark eine

Partei ihre Grundüberzeugungen und ihre Wertebasis im Wahlkampf vermitteln kann und wie intensiv die für eine Partei zentralen Themen in die Wahlkampf-kommunikation gelangen. Hinzu treten Aspekte wie das geschlossene Auftreten der Partei und ihre Unterscheidbarkeit vom Hauptkonkurrenten (Brettschneider/ Bachl 2012: 141).

Zweitens müssen die parteipolitisch ungebundenen oder prinzipiell wech-selbereiten Wähler überzeugt werden. Ihr Anteil wächst stetig. Mittlerweile ent-scheiden sich 30 bis 40 Prozent der Wähler erst in den letzten beiden Wochen vor der Wahl, wem sie ihre Stimme geben. Verfügen diese Personen über eine hohe formale Bildung und ein ausgeprägtes politisches Interesse, so gelingt die Über-zeugung in erster Linie mittels der im Wahlkampf dominanten Themen und der den Parteien sowie ihren Kandidaten bei diesen Themen zugeschriebenen Sach-kompetenz. Die ungebundenen Wähler mit einer niedrigen formalen Bildung und einem geringen politischen Interesse orientieren sich hingegen eher an Einzelthe-men, die sie unmittelbar betreffen, oder an Stimmungen direkt vor der Wahl.

Den Themen kommt also für die Wahlentscheidung eine herausragende Be-deutung zu. Und die Themen werden in erster Linie von den Spitzenkandidaten kommuniziert. Sie verleihen dem Programm einer Partei „Gesicht und Stimme". Dies gilt in besonderem Maße für die Landespolitik, denn auf Landesebene sind die Spitzenkandidaten der Parteien oft die einzigen Politiker, die einem größe-ren Anteil der Bevölkerung bekannt sind (Brettschneider/Bachl 2012: 141). Auch die Gesamtbewertung von Spitzenpolitikern beruht vor allem auf ihrer wahrge-nommenen Themenkompetenz. Etwa genauso wichtig ist ihre wahrgenommene Integrität. Hinzu kommen die Leadership-Qualitäten: Führungsstärke, Entschei-dungsfreude, Tatkraft (Brettschneider 2002).

Allerdings bewerten Wähler die Parteien und Kandidaten in der Regel nicht, indem sie diese Punkt für Punkt miteinander vergleichen und am Ende einen Saldo aus Vor- und Nachteilen bilden. Dieses Verfahren wäre viel zu aufwändig. Stattdessen werden die Parteien und Kandidaten anhand derjenigen Informatio-nen beurteilt, die gerade „top-of-the-head" sind, die also ohne großen Aufwand gedanklich verfügbar sind (Zaller 1992). Und das sind genau die Themen, die in der öffentlichen Diskussion den größten Raum einnehmen. Dominieren dort wirtschaftspolitische Themen, dann bewerten die Wähler die Parteien und Kan-didaten vor allem unter dem Gesichtspunkt ihrer wahrgenommenen wirtschafts-politischen Kompetenz. Dominieren hingegen umweltpolitische Themen, werden die Parteien und Kandidaten von den gleichen Wählern eher unter dem Gesichts-punkt ihrer umweltpolitischen Kompetenz beurteilt (Iyengar 1992).

Für Parteien und Kandidaten ist es daher wichtig, dass „ihre" Themen in der öffentlichen Diskussion prominent vertreten sind (Brettschneider 2005). Das sind jene Themen, bei denen sie von der Bevölkerung im Vergleich zu den Kontrahenten als kompetenter angesehen werden. Vor der Landtagswahl in Baden-Württemberg wurden – landesweit betrachtet und für einen langen Zeitraum – die Themen Schul- und Bildungspolitik, Energie- und Umweltpolitik sowie Wirtschaftspolitik als besonders wichtig angesehen (Infratest dimap 2011). Durch die Atomkatastrophe in Japan wurde die Themen-Agenda jedoch durcheinander gewirbelt. Die Atompolitik wurde zu dem dominanten Sachthema – und damit verbunden auch die (mangelnde) Vertrauenswürdigkeit der CDU, die noch kurze Zeit zuvor für eine Laufzeitverlängerung von Kernkraftwerken in Deutschland eingetreten war und nun davon einen Rückzieher machte. Die Grünen profitierten deutlich von dem großen Kompetenz- und Glaubwürdigkeits-Vorsprung, der ihnen von der Bevölkerung bei der Atompolitik beigemessen wird. Andere Themen wie Bildungspolitik, Wirtschaft und Arbeitsplätze, bei denen in erster Linie der CDU eine Problemlösungskompetenz zugesprochen wird, traten entsprechend in den Hintergrund (u. a. Bachl/Brettschneider/Ottler 2013).

2.2 „Stuttgart 21" und die Wahlentscheidung

Schwieriger zu fassen ist die Bedeutung, die das Thema „Stuttgart 21" für die Wahlentscheidung hatte. Nicht nur im TV-Duell zwischen dem damaligen Ministerpräsidenten Stefan Mappus und seinem SPD-Herausforderer Nils Schmid spielte das Thema keine herausragende Rolle (Bachl/Brettschneider/Ottler 2013), auch in der repräsentativen Umfrage von Infratest dimap (2011) kurz vor der Wahl landete es nicht auf den vorderen Plätzen der wahlentscheidenden Themen. Anders stellt sich dies in einer ebenfalls repräsentativen Umfrage der Forschungsgruppe Wahlen (2011) dar: Dort lag „Stuttgart 21" mit 29 Prozent auf Platz 2 der wichtigsten Themen (hinter Atomkraft mit 41 Prozent und vor Schule/Bildung mit 22 Prozent) – allerdings bei einer anderen Art der Frageformulierung.

Im Rahmen der Wahlumfragen von Infratest dimap (2010) urteilten 74 Prozent der Befragten: „Die Position der SPD zu ‚Stuttgart 21' ist unklar". Die Zerrissenheit des SPD-Lagers führte dazu, dass letztlich für Projektbefürworter die CDU und für Projektgegner die Grünen die relevanten Parteien waren (siehe auch Abbildung 2). So lag denn auch bei der Problemlösungskompetenz zu „Stuttgart 21" die CDU (33 %) vorne, gefolgt von den Grünen (27 %); der SPD schrieben nur 12 Prozent der Befragten Problemlösungskompetenz zu.

Abbildung 2: Meinungsbild zu „Stuttgart 21" in Baden-Württemberg 2010 nach Parteianhängern

Parteianhänger: Stuttgart 21
Im Rahmen des Projekts „Stuttgart 21" soll der Hauptbahnhof in einen unterirdischen Durchgangsbahnhof umgewandelt werden, und die Strecke Stuttgart-Ulm soll ausgebaut werden. Wie ist ihre Meinung: Sind sie grundsätzlich für oder gegen das Projekt „Stuttgart 21"?

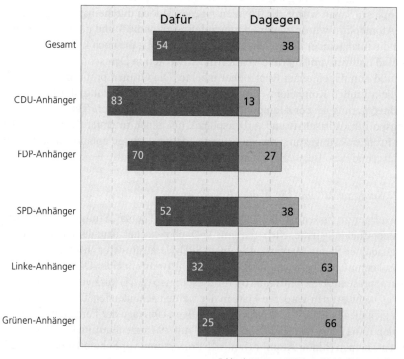

Fehlende Werte zu 100%: weiß nicht/keine Angabe
Quelle: Infratest dimap, Baden-Württemberg TREND Dezember 2010

Landeshauptstadt Stuttgart, Statistisches Amt

Die Bedeutung des Themas „Stuttgart 21" für die Wahlentscheidung dürfte freilich innerhalb Baden-Württembergs aufgrund der unterschiedlichen Betroffenheit stark variiert haben. So bezeichneten im Großraum Stuttgart in einer Befragung 47 Prozent „Stuttgart 21" als wichtig für die Wahlentscheidung, im übrigen Land hingegen nur 29 Prozent (Gabriel/Kornelius 2011: 796). Bereits bei der Stuttgarter Gemeinderatswahl 2009 hatte die starke Opposition der Grünen gegen das Großprojekt den Ausschlag für ein außergewöhnliches Wahlergebnis gegeben, bei dem die Grünen überraschend stärkste Partei in Stuttgart wurden (Schwarz 2009). Dabei erklärten 63 Prozent der Grünen-Wähler, aber auch 52 Prozent der Wähler der Linken und 89 Prozent der Wähler der Liste SÖS[2], dass ihre Wahlentscheidung von „Stuttgart 21" beeinflusst war. Für die Wähler der CDU (24 %), der SPD (29 %) und der FDP (20 %) war dieses Thema weitaus weniger relevant. Vor diesem Hintergrund setzten Grünen-Politiker, vornehmlich aus der Landeshauptstadt, auf die Strategie, das Thema „Stuttgart 21" durch öffentliche Protestaktionen bis zur Landtagswahl 2011 auf der politischen Agenda zu halten (Gabriel/Kornelius 2011: 785).

Welche Rolle „Stuttgart 21" für die Stuttgarterinnen und Stuttgarter bei der Landtagswahl 2011 gespielt hat, wurde mittels einer unabhängigen, selbst initiierten und selbst finanzierten Umfrage der Universität Hohenheim erhoben. Die Befragten wurden bereits im Jahr 2009 mit Hilfe von Aushängen, Flugblättern und Postwurfsendungen „rekrutiert" – also unabhängig von „Stuttgart 21" und zu einem Zeitpunkt, als die Auseinandersetzung um „Stuttgart 21" öffentlich kaum sichtbar war. Nur diese Menschen, die im Jahr 2009 ihre generelle Bereitschaft zu einer Teilnahme an einer Umfrage bekundet hatten, konnten zwischen Ende Januar und Mitte Februar 2011 an unserer „geschlossenen" Online-Umfrage teilnehmen. So konnten Umfrage-Mobilisierungen durch Gegner oder Befürworter, wie sie bei „offenen" Online-Umfragen üblich sind, ausgeschlossen werden. Solche Mobilisierungen, die regelmäßig in den entsprechenden Facebook-Gruppen, in Blogs und Internet-Foren des Web 2.0 stattfinden, hätten die Ergebnisse wertlos gemacht.

Insgesamt haben sich 310 Personen an der Umfrage beteiligt. Aufgrund des Auswahlverfahrens handelt es sich zwar nicht um eine im statistischen Sinne „repräsentative" Stichprobe. Aussagekräftig ist die Befragung aber dennoch: So decken die Befragten alle Bevölkerungsgruppen ab. Die Teilnehmer sind zwischen 16 und 77 Jahren alt; das Durchschnittsalter liegt bei 38,8 Jahren. 49 Prozent sind Männer, 51 Prozent Frauen. Die Teilnehmer stammen aus allen Berufsgruppen; auch Rentner und Hausmänner/-frauen sind dabei. Es sind alle Bildungsgruppen vertreten. Aber: Menschen mit niedriger formaler Schulbildung (Hauptschulab-

---

2   Parteifreies Bündnis Stuttgart Ökologisch Sozial (SÖS); diese Liste mit Hannes Rockenbauch an der Spitze war schon bei der Gemeinderatswahl 2004 angetreten (1,7 %; 1 Sitz); zentrales Thema der Liste 2009 war die Ablehnung von „Stuttgart 21". Die SÖS steigerte ihr Ergebnis auf 4,6 % bzw. drei Sitze im Gemeinderat. Zusammen mit den Linken (2 Sitze; +1 gegenüber 2004) bilden sie eine Fraktionsgemeinschaft für die Wahlperiode 2009 bis 2014.

schluss) haben an der Befragung unterdurchschnittlich oft teilgenommen. Damit dürften diejenigen Bevölkerungsgruppen unterrepräsentiert sein, die sich für Politik allgemein und auch für „Stuttgart 21" eher weniger interessieren. Wie gut die Befragten die Stuttgarter Bevölkerung widerspiegeln, lässt sich an den Antworten auf die „Sonntagsfrage" erkennen: „Wenn am nächsten Sonntag Landtagswahl in Baden-Württemberg wäre: Welche Partei würden Sie wählen?" 31,4 Prozent gaben an, die CDU wählen zu wollen (die CDU erhielt dann in Stuttgart bei der Landtagswahl tatsächlich 31,5 %). 40,1 Prozent der Befragten gaben an, die Grünen wählen zu wollen (tatsächlich: 34,5 %). Während der Anteil der Grünen-Wähler größer war als am Wahltag, lag der Anteil der SPD-Wähler (15,7 %) und der FDP-Wähler (4,4 %) unter dem tatsächlichen Wahlergebnis. Die Abweichungen sind jedoch nicht so groß, dass sie eine sinnvolle Auswertung unmöglich machen würden.

Der Wichtigkeit des Themas „Stuttgart 21" für die Wahlentscheidung haben wir uns mit drei Fragen genähert. Zunächst wurden die Befragten gebeten, die Wichtigkeit von sieben Politikfeldern einzuschätzen: „Wenn Sie einmal an die politische Situation in Baden-Württemberg denken: Für wie wichtig halten Sie persönlich die folgenden Themen?". Als wichtigstes Thema wurde – in der Zeit unmittelbar vor der Atomkatastrophe in Japan – die Bildungspolitik angegeben: 86,1 Prozent fanden dieses Thema wichtig oder sehr wichtig. Es folgten die Energie- und Umweltpolitik (75,5 %), die Wirtschaftspolitik (62,6 %) und die Bekämpfung der Arbeitslosigkeit (60,3 %). Erst dann kam – auf dem drittletzten Platz – „Stuttgart 21" (50,0 %). Nur die Steuerpolitik (47,6 %) und die Bekämpfung der Kriminalität (39,8 %) wurden als noch weniger wichtig angesehen. Allerdings gab es Unterschiede zwischen den Parteianhängerschaften: Diejenigen, die die Grünen wählen wollten, fanden „Stuttgart 21" mit 69,1 Prozent deutlich wichtiger als die CDU-Wähler (39,5 %) oder die SPD-Wähler (34,9 %).

In einem zweiten Schritt haben wir die Wählerinnen und Wähler direkt danach gefragt, wie wichtig „Stuttgart 21" für ihre Wahlentscheidung ist: „Und wenn Sie an die Landtagswahl am 27. März denken: Wie wichtig ist ‚Stuttgart 21' für Ihre eigene Wahlabsicht?". Von allen Befragten gaben 44,0 Prozent an, „Stuttgart 21" sei für ihre Wahlentscheidung wichtig oder sehr wichtig. Nur 19,6 Prozent meinten, „Stuttgart 21" sei für ihre Wahlentscheidung unwichtig oder überhaupt nicht wichtig. Und 36,4 Prozent antworteten mit „teils/teils" (siehe Tabelle 1).

Tabelle 1: Die subjektive Wichtigkeit von „Stuttgart 21" für die
Wahlentscheidung der Stuttgarterinnen und Stuttgarter bei der
Landtagswahl 2011 (in Prozent)

Wichtigkeit von „Stuttgart 21"	CDU-Wahlabsicht	FDP-Wahlabsicht	SPD-Wahlabsicht	Grüne-Wahlabsicht	Alle
sehr wichtig/wichtig	32,6	16,6	18,6	66,4	44,0
teils/teils	36,0	58,4	51,2	29,1	36,4
unwichtig/überhaupt nicht wichtig	31,4	25,0	30,2	4,5	19,6

Fragewortlaut: „Und wenn Sie an die Landtagswahl am 27. März denken: Wie wichtig ist ‚Stuttgart 21' für Ihre eigene Wahlabsicht?".

Erneut zeigen sich deutliche Unterschiede zwischen den verschiedenen Wähler-schaften. Am wichtigsten stufen die Grünen-Wähler das Thema „Stuttgart 21" für ihre Wahlentscheidung ein. Für sie hat das Thema tatsächlich eine stark mobili-sierende Wirkung. Auf der anderen Seite des Spektrums befinden sich die Wäh-ler der FDP und der SPD. Für ihre Wahlentscheidung ist „Stuttgart 21" deutlich unwichtiger. Sie orientieren sich an anderen Themen – etwa an der Bildungs-oder der Wirtschaftspolitik. Dazwischen befinden sich die Wähler der CDU. Ein Drittel von ihnen bezeichnet „Stuttgart 21" als für ihre Wahlentscheidung wich-tig oder sehr wichtig. Aber knapp ein weiteres Drittel orientiert sich bei seiner Wahlentscheidung nicht an „Stuttgart 21" (siehe Tabelle 1).

„Stuttgart 21" hatte für die Grünen jedoch nicht nur eine stark mobilisie-rende Wirkung für die eigenen Anhänger. Die Grünen haben in Stuttgart – wenn man den Antworten unserer Befragten Glauben schenken darf – durch das The-ma „Stuttgart 21" auch in erheblichem Umfang Wählerinnen und Wähler dazu gewonnen. Dies ist zumindest das Ergebnis unserer letzten Frage: „Und haben Sie vor, bei dieser Landtagswahl wegen ‚Stuttgart 21' eine andere Partei zu wählen als sonst?". Während von allen Befragten 28 Prozent angaben, wegen „Stuttgart 21" eine andere Partei zu wählen als sonst, waren es unter den Personen mit einer Wahlabsicht zugunsten der Grünen fast 38 Prozent. Dabei konnten die Grünen aus den Anhängerschaften aller anderen Parteien „Stuttgart 21"-Gegner anziehen – vor allem aber aus dem Lager der Personen, die normalerweise die SPD wählen.

Tabelle 2: Wechsel der Wahlabsicht wegen „Stuttgart 21"; Angaben der Stuttgarterinnen und Stuttgarter vor der Landtagswahl 2011 (in Prozent)

Wechsel der Wahlabsicht	CDU-Wahlabsicht	FDP-Wahlabsicht	SPD-Wahlabsicht	Grüne-Wahlabsicht	Alle
ja	18,9	0	14,7	37,7	28,0
nein	77,0	100	82,4	58,7	64,2
weiß nicht	5,0	0	2,9	4,6	7,8

Fragewortlaut: „Und haben Sie vor, bei dieser Landtagswahl wegen ‚Stuttgart 21' eine andere Partei zu wählen als sonst?".

Zurück auf die Ebene von Baden-Württemberg: So wichtig Themen auch sind, sie alleine entscheiden nicht die Wahl. Die Stimmabgabe und das Wahlergebnis sind vielmehr das Resultat zahlreicher Faktoren (Roth 2012). Der Ausgang der Landtagswahl 2011 ist auch zu sehen vor dem Hintergrund einer mäßigen Zufriedenheit der Wahlbevölkerung mit der Arbeit der Landesregierung (56 % weniger oder gar nicht zufrieden; 42 % sehr zufrieden oder zufrieden). Daraus hat sich eine gewisse Wechselstimmung abgeleitet: 50 Prozent der Befragten sahen die „Zeit für einen Regierungswechsel" gekommen, während 39 Prozent für ein Weiterregieren von Schwarz-Gelb plädierten (Infratest dimap 2011). Und auch in der Kandidatenbewertung konnte der seit etwa einem Jahr amtierende Ministerpräsident Stefan Mappus keinen Amtsbonus herausarbeiten; in der Bewertungsskala der Forschungsgruppe Wahlen (2011) erreichte Mappus auf einer Skala von -5 bis +5 nur einen Wert von -0,2. Er war somit erst der zweite Regierungschef in einem Bundesland, der eine negative Gesamtbilanz aufwies; der SPD-Spitzenkandidat Nils Schmid erreichte einen Wert von +1,1 und der Grünen-Spitzenkandidat Winfried Kretschmann einen Wert von +1,0.

Dies alles ist zudem vor dem Hintergrund nachlassender Parteibindungen in der Wählerschaft zu sehen (sowohl was den Anteil derer betrifft, die eine feste Parteibindung haben, als auch die Stärke der Parteibindung). Die nachlassenden Parteibindungen sind ihrerseits Folge einer Auflösung traditioneller gesellschaftlicher, parteigebundener Milieus und der Bildungsexpansion (u. a. Roth 2012). Das Resultat sind größere Veränderungen der Wähleranteile der Parteien zwischen zwei Wahlen (Anstieg der Volatilität) sowie eine gestiegene Zahl von Wechselwählern. In dieses Bild passt auch der starke Anstieg der Wähler, die ihre Wahlentscheidung erst kurzfristig treffen. Bei politischen „Nebenwahlen", zu denen auch die Landtagswahlen zählen, treten diese Verhaltensänderungen gewöhnlich ausgeprägter zutage als bei Bundestagswahlen. Die 15. Wahl zum Landtag von Baden-Württemberg ist ein Lehrbeispiel für diesen Wandel des Wählerverhaltens. Die Veränderungen der Parteienanteile erreichten bei dieser Wahl einen Höchststand – in der Großstadt Stuttgart im Übrigen auf einem deutlich höheren Niveau als im Land.

Der Volatilitätsindex bei Landtagswahlen bewegte sich in Stuttgart und im Land in den 60er-Jahren und zwischen den Landtagswahlen 1970 und 1988 im Bereich von 5 bis 10. Dabei bedeutet ein Indexwert von 0 vollständige Stabilität; je größer der Wert ausfällt, desto intensivere Stimmenverschiebungen fanden statt. Bei der Landtagswahl 2011 betrug die Volatilität in Stuttgart 18,1 (2006: 13,0); in Baden-Württemberg 14,1 (2006: 10,6). Diese Volatilitätswerte waren seit 1952 nur bei der Landtagswahl 1972 höher (Stuttgart: 22,0; Baden-Württemberg: 17,3). Auch traf ein Drittel der Wähler seine Wahlentscheidung erst am Wahltag oder kurz davor. Bezogen auf gesamt Baden-Württemberg entschieden sich 15 Prozent am Wahltag, 18 Prozent in den letzten Tagen vor der Wahl, 20 Prozent in den letzten Wochen vor der Wahl; nur 15 Prozent gaben an, immer dieselbe Partei zu wählen; 30 Prozent entschieden sich bereits vor längerer Zeit (Haas 2012: 126). Und der Wechselwähleranteil in Stuttgart nahm alleine von der Landtagswahl 2006 zur Landtagswahl 2011 von 52 auf 60 Prozent zu (Schwarz 2011a).

Zusammengenommen haben die Wechselstimmung, der unpopuläre Spitzenkandidat der CDU und die Tatsache, dass zum Zeitpunkt der Wahl nicht die klassischen wirtschafts- und standortpolitischen Themen (bei denen die CDU stets mit einer hohen Kompetenzzuweisung aufwarten konnte) im Mittelpunkt standen, sondern die Atompolitik (*das* klassische Kompetenzthema der Grünen), zum Machtwechsel geführt. „Stuttgart 21" hat zu diesem Ergebnis insofern beigetragen, als es gerade im einwohnerstarken Stuttgart den Grünen zu einem noch besseren Ergebnis verhalf als im Land (Stuttgart: +18,7 %-Punkte; Land: +12,5 %-Punkte) – und zwar durch die Mobilisierung der eigenen Anhänger und durch den Hinzugewinn von Wählerinnen und Wählern anderer Parteien, die aber dieses Mal wegen „Stuttgart 21" ihre Stimme den Grünen gegeben haben.

2.3 Regierungsbildung und „Stuttgart 21"

Die sich aus dem Wahlergebnis ergebende Möglichkeit zur Bildung einer grün-roten Landesregierung ließen sich weder SPD noch Grüne nehmen. Nach mehrtägigen Verhandlungen wurde am 9. Mai 2011 der Koalitionsvertrag unterzeichnet und der Öffentlichkeit vorgestellt. In einem Punkt waren sich die Koalitionspartner jedoch uneinig: in ihrer inhaltlichen Position zu „Stuttgart 21". Während die Grünen den Umbau des Stuttgarter Hauptbahnhofs zu einem Durchgangsbahnhof ablehnten, befürworteten die SPD-Vertreter dieses Projekt. Da eine Einigung in der Sache nicht möglich war, sollte die Entscheidung über „Stuttgart 21" der Bevölkerung in Baden-Württemberg übertragen werden. Dies entsprach einem Vorschlag, den die SPD bereits im Wahlkampf unterbreitet hatte. Zudem passte die Idee in die grundsätzliche Ausrichtung der neuen Landesregierung auf eine „Politik des Gehörtwerdens". Der Koalitionsvertrag (Bündnis90/Die Grünen/SPD 2011: 2) hält dazu fest: „Wir wollen Baden-Württemberg zum Musterland demokratischer Beteiligung machen". Zu „Stuttgart 21" wurde im Koalitionsvertrag (Bündnis90/Die Grünen/SPD 2011: 29-30) Folgendes vereinbart: „Die Auseinandersetzung um Stuttgart 21 spaltet unser Land. Auch beide Koalitionsparteien vertreten unterschiedliche Meinungen zu diesem Projekt. BÜNDNIS 90/DIE GRÜNEN lehnen Stuttgart 21 ab, die SPD will es realisieren. Die neue Landesregierung steht trotz des Dissenses über Stuttgart 21 zur Neubaustrecke Wendlingen-Ulm. Beide Parteien respektieren die jeweilige andere Position und sind sich einig im Bestreben, den Streit um Stuttgart 21 zu befrieden und die Spaltung in der Gesellschaft zu überwinden. Dazu befürworten beide Parteien die Durchführung einer Volksabstimmung: Die Bürgerinnen und Bürger sollen entscheiden. In diesem Zusammenhang erwarten wir von der Deutschen Bahn AG, den Bau- und Vergabestopp zu verlängern und auch danach keine neuen Tatsachen zu schaffen, die mögliche Ergebnisse einer Volksabstimmung konterkarieren. Die Landesregierung wird für vollständige Transparenz über Prämissen und Ergebnisse des Stresstests sorgen. Nach Abschluss des Stresstests und der Bewertung der Ergebnisse wird eine aktualisierte Kostenrechnung von der Deutschen Bahn AG eingeholt und von der Landesregierung geprüft. Die Landesregierung wird darauf drängen, dass für die Bauabschnitte, für welche bislang kein Baurecht besteht, die DB AG unmittelbar nach dem Stresstest Planfeststellungsanträge einreicht. Überschreiten die Kosten des Projektes Stuttgart 21, einschließlich der Kosten, die sich aus dem Stresstest und dem Schlichterspruch … ergeben, den vereinbarten Kostendeckel von 4,5 Mrd. Euro, so beteiligt sich das Land an den Mehrkosten nicht. Dies gilt auch für das Risiko später auftretender Kostensteigerungen über die bislang vereinbarten Beträge hinaus. Sofern der Bauträger nach dem Stresstest und der neuen Kostenrechnung noch an der Realisierung von Stuttgart 21 festhält, wird die Landesregierung schnellstmöglich, bis spätestens Mitte Oktober 2011 eine Volksabstimmung über das Projekt Stuttgart 21 durchführen. Inhalt der Volksabstimmung ist ein Gesetz über die einseitige Kündigung der bestehenden vertraglichen Verpflichtungen des Landes Baden-Württemberg (Ausstiegsgesetz). Bestandteil des zur Abstimmung gestellten Gesetzesentwurfs ist dabei auch, welche Kosten auf das Land im Falle eines solchen Ausstiegs zukommen. Ziel der Volksabstimmung ist es, zu einem abschließenden und befrie-

denden Urteil über Stuttgart 21 zu gelangen… Die Volksabstimmung wird nach Art. 60 der Landesverfassung durchgeführt".
Nach dem aus Sicht der Bahn erfolgreich absolvierten Stresstest (siehe den Beitrag von Stuckenbrock in diesem Band) wurde die Volksabstimmung vorbereitet.

3. Die Volksabstimmung am 27. November 2011

3.1 Rechtliche Rahmenbedingungen und „S 21-Kündigungsgesetz"

Die Landesverfassung von Baden-Württemberg kennt grundsätzlich vier Möglichkeiten, eine Volksabstimmung herbeizuführen:

1. Eine Volksabstimmung über die **Auflösung des Landtags** wird durchgeführt, wenn zwei Drittel der Landtagsmitglieder dies beschließen (Art. 43 Abs. 2 der Landesverfassung).

2. Die Hälfte des Landtags kann eine Volksabstimmung über eine **Verfassungsänderung** beschließen (Art. 64 Abs. 3 der Landesverfassung).

3. Die Landesregierung und der Landtag können ein **beschlossenes Gesetz** oder eine **abgelehnte Gesetzesvorlage** zur Volksabstimmung bringen, wenn ein Drittel des Landtags dies beantragt (Art. 60 Abs. 2 u. 3 der Landesverfassung).

4. Die Bürgerinnen und Bürger können mit einem **Volksbegehren** die **Auflösung des Landtags** oder eine **Rechtsänderung** (Verfassung oder Gesetz) beantragen (Art. 59, 60 Abs. 1 der Landesverfassung). Der Antrag muss durch mindestens 10.000 Stimmberechtigte eingebracht werden. Binnen einer Eintragungsfrist muss ein Sechstel der Stimmberechtigten (ca. 1,3 Mio.) das Begehren unterstützen.

Variante 3 war die Grundlage für die Volksabstimmung am 27. November 2011. Die grün-rote Landesregierung brachte dafür eine Gesetzesvorlage in den Landtag ein. Sie sollte die Landesregierung dazu verpflichten, einseitig aus dem Finanzierungsvertrag[3] zu „Stuttgart 21" auszusteigen. Im Landtag wurde dieses „S 21-Kündigungsgesetz" am 28. September 2011 erwartungsgemäß mehrheitlich von SPD, CDU und FDP abgelehnt. Nach der Abstimmung haben noch am gleichen Tag mehr als ein Drittel der Abgeordneten, wie nach Artikel 60 Absatz 3 der Landesverfassung vorgesehen, bei der Landesregierung beantragt, dass über

---

3   Finanzierungsvertrag „Stuttgart 21" (vom 30.3.2009); darin ist geregelt, dass die Finanzierung des Projekts durch die Eisenbahninfrastrukturunternehmen (einschl. Mittel der Europäischen Union), die Deutsche Bahn AG, das Land Baden-Württemberg, die Landeshauptstadt Stuttgart, der Verband Region Stuttgart und den Bund erfolgt (siehe auch den Beitrag von Stuckenbrock in diesem Band).

das im Landtag gescheiterte Gesetz eine Volksabstimmung durchgeführt wird. Die abstimmenden Bürgerinnen und Bürger des Landes treten dabei an die Stelle des Landtags. Die Landesregierung hat daraufhin am 28. September 2011 diese Volksabstimmung angeordnet und als Abstimmungstag den 27. November 2011 bestimmt. Damit fand erstmals in Baden-Württemberg eine Volksabstimmung nach Artikel 60 Absatz 3 der Landesverfassung statt, der kein Volksbegehren zugrunde lag, sondern ein (formaler) Konflikt zwischen den Verfassungsorganen Landtag und Landesregierung.

Nachdem das „S 21-Kündigungsgesetz" im Landtag keine Mehrheit fand und danach mehr als ein Drittel der Abgeordneten die Durchführung einer Volksabstimmung beantragt hatten, war der Weg für die Volksabstimmung geebnet. Zwar gab es aus Reihen der CDU und der FDP verfassungsrechtliche Bedenken gegen den von Grün-Rot eingeschlagenen Weg (Wagschal 2012: 170). Diese Bedenken wurden jedoch hinten angestellt – wohl auch, weil ein „Torpedieren" der Volksabstimmung in der Öffentlichkeit nur schwer zu vermitteln gewesen wäre. Auch wären die Chancen auf eine Befriedung des Konfliktes damit in weite Ferne gerückt.

Die Stimmberechtigung bei einer Volksabstimmung in Baden-Württemberg leitet sich unmittelbar aus den Wahlrechtsvoraussetzungen für Wahlen zum Landtag ab: Mindestalter 18 Jahre, drei Monate Wohndauer mit Hauptwohnung im Abstimmungsgebiet Baden-Württemberg, deutsche Staatsangehörigkeit, kein Ausschluss vom Wahlrecht. Demnach waren in Baden-Württemberg 7.624.302 Personen zur Volksabstimmung über das „S 21-Kündigungsgesetz" stimmberechtigt. In der Landeshauptstadt Stuttgart gab es 368.732 Stimmberechtigte.

Von der Landesregierung wurde ein Abstimmungsheft an alle Haushalte verteilt, in dem jede Seite ihre zehn wichtigsten Argumente dargestellt hat (Staatsministerium 2011). Der Verein Mehr Demokratie e. V. gelangte in seinem Monitoring zur Volksabstimmung zu folgender Einschätzung: „Das Abstimmungsheft der Landesregierung ist ausgewogen gestaltet. Beide Seiten kommen zu gleichen Teilen zu Wort. Die Stimmberechtigten sind nach der Lektüre in der Lage, sich eine Meinung zu bilden" (Weber 2011: 5). Auch auf der eigens von der Landesregierung eingerichteten Webseite *www.bw-stimmt-ab.de* wurden die unterschiedlichen Positionen der Koalitionspartner präsentiert. Gemeinsam warben Ministerpräsident Winfried Kretschmann (Grüne) sowie die Wirtschafts- und Finanzminister Nils Schmid (SPD) für eine rege Beteiligung an der Volksabstimmung – unter anderem auch in einer Videobotschaft[4]. Kritisiert wurde hingegen die Frageformulierung, weil sie eine doppelte Verneinung enthielt (siehe Abbil-

---

4   http://www.youtube.com/watch?feature=player_embedded&v=CQAgWicsuEk.

dung 3) und die Sorge hervorrief, der Fragewortlaut könnte von einigen Abstimmenden falsch verstanden werden.

Abbildung 3: Amtlicher Stimmzettel für die Volksabstimmung am 27. November 2011

Amtlicher Stimmzettel

**für die Volksabstimmung über die Gesetzesvorlage des
S 21-Kündigungsgesetzes
am 27. November 2011
im Stimmkreis Landeshauptstadt Stuttgart**

Stimmen Sie der Gesetzesvorlage „Gesetz über die Ausübung von Kündigungsrechten bei den vertraglichen Vereinbarungen für das Bahnprojekt Stuttgart 21 (S 21-Kündigungsgesetz)" zu?

Ja   Nein

Hinweise:

Mit „Ja" stimmen Sie für die Verpflichtung der Landesregierung, Kündigungsrechte zur Auflösung der vertraglichen Vereinbarungen mit Finanzierungspflichten des Landes bezüglich des Bahnprojekts Stuttgart 21 auszuüben.

Mit „Nein" stimmen Sie gegen die Verpflichtung der Landesregierung, Kündigungsrechte zur Auflösung der vertraglichen Vereinbarungen mit Finanzierungspflichten des Landes bezüglich des Bahnprojekts Stuttgart 21 auszuüben.

Sie haben **1 Stimme**. Bitte in nur **einen** Kreis ein Kreuz (X) einsetzen.
Den Stimmzettel dann bitte in den Abstimmungsumschlag einlegen.

Gegner von „Stuttgart 21" und der Verein Mehr Demokratie e. V. (Weber 2011: 4-5) kritisierten zudem das Verhalten einiger kommunaler Gebietskörperschaften: „Auf kommunaler Ebene gibt es einige Beispiele einseitiger Einflussnahme, die im Sinne einer Chancengleichheit und einer ausgewogenen Information problematisch sind. Hierbei ist es unproblematisch, dass ein Gemeinderat einen Appell für S21 beschließt oder dass ein Oberbürgermeister sich öffentlich für S21 ausspricht. Das Amt fordert nach der Rechtsprechung ... Sachlichkeit, nicht Neutralität. Unfair ist es hingegen, wenn ... der Oberbürgermeister alle Stimmberechtigten anschreibt". Die Kritik richtete sich dabei vor allem gegen den Stuttgarter Oberbürgermeister Wolfgang Schuster, der in einem Schreiben an alle knapp 370.000 Stuttgarter Stimmberechtigten für „Stuttgart 21" eingetreten war. Kritisiert wurden auch der Verband Region Stuttgart, der eine Broschüre pro „Stuttgart 21" versendet, Anzeigen geschaltet und Plakate in S-Bahn-Zügen platziert hatte.

Nach der Bekanntgabe des Termins für die Volksabstimmung begann auch ein intensiver „Wahlkampf" der zivilgesellschaftlichen Akteure – sowohl der Befürworter als auch der Gegner von „Stuttgart 21". ProS21 bestand u. a. aus folgenden Akteuren: „Wir sind Stuttgart 21 e. V." (das Bündnis setzte sich aus zehn Gruppen zusammen), der „IG Bürger", „Pro Stuttgart 21", zahlreichen lokalen Gruppierungen sowie Kreisverbänden der CDU und der FDP. Das Bündnis ProS21 gab an, über 250.000 Euro für die Kampagne zu verfügen. „Wenn man jedoch Maßnahmen der Pro-Kampagne wie Kinospot, Infomobil, Sonderzug und die Zeitungsanzeigen in der Woche vor der Abstimmung berücksichtigt, scheint die Pro-Kampagne hinsichtlich der finanziellen Möglichkeiten im Vorteil gewesen zu sein. Allein die Anzeigen ergeben in den Stuttgarter Zeitungen ... einen Gegenwert von ca. 140.000 Euro. Zusätzlich wurden Anzeigen im gleichen Format geschaltet: Bild, Badische Neueste Nachrichten, Badische Zeitung, Badisches Tagblatt, Südwestpresse, Rhein-Neckar-Zeitung, Schwäbische Zeitung, Pforzheimer Zeitung, Südkurier, Heilbronner Stimme" (Weber 2011: 4). ContraS21 bestand u. a. aus folgenden Akteuren: „Aktionsbündnis gegen S21", Bündnis90/Die Grünen, BUND, DGB, Die Linke, Naturschutzbund, Naturfreunde, ÖDP, Piratenpartei, ProBahn, VCD, Robin Wood, einzelne SPD-Mitglieder sowie zahlreiche lokale Gruppen (Weber 2011: 7). „Nach mündlicher Auskunft verfügte das „Aktionsbündnis gegen S21" über 500.000 Euro" (Weber 2011: 4). Sowohl die Gegner als auch die Befürworter von „Stuttgart 21" wendeten einen Großteil der Ausgaben für Plakate auf. Der Verein Mehr Demokratie e. V. gelangte zu folgender Einschätzung: „Hinsichtlich der zivilgesellschaftlichen Akteure war das Kräfteverhältnis ausgeglichen. Während die ProS21-Seite bei den Parteien und Wirtschaftsverbänden einen Vorteil hatte, war die ContraS21-Seite deutlich besser bei Umweltschutzverbänden, Gewerkschaften und Adhoc-Gruppen aufgestellt" (Weber 2011: 2).

In Stuttgart begann der Plakat-„Wahlkampf" am 20. Oktober 2011 – vor allem mit einer großflächigen Plakatierung in der Innenstadt. Flankiert wurde die Plakat-Kampagne von zahlreichen Kundgebungen, Postwurf-Aktionen und Kino-Spots. Von der Universität Hohenheim haben wir dazu erneut eine unabhängige, selbst initiierte und selbst finanzierte Umfrage durchgeführt. Im Mittelpunkt stand folgende Frage: Wie hat sich der vierwöchige und intensive „Wahlkampf" zur Volksabstimmung auf die Einstellungen und die Verhaltensabsichten der Stuttgarter Bürgerinnen und Bürger ausgewirkt?

Insgesamt haben sich 144 Personen an der Umfrage beteiligt. Sie wurden zweimal befragt: zum ersten Mal zu Beginn des „Wahlkampfes" vier Wochen vor der Volksabstimmung, zum zweiten Mal dann an den drei Tagen unmittelbar vor der Volksabstimmung. So ist es möglich, individuelle Einstellungsänderungen zu messen, die durch den „Wahlkampf" ausgelöst wurden. Die Befragten hatten auch schon an früheren Umfragen der Universität Hohenheim teilgenommen – auch an der weiter oben erwähnten Studie. Aufgrund des Auswahlverfahrens handelt es sich zwar nicht um eine im statistischen Sinne „repräsentative" Stichprobe. Aussagekräftig ist die Befragung aber dennoch: So decken die Befragten alle Bevölkerungsgruppen ab. Die Teilnehmer sind zwischen 19 und 77 Jahren alt; das Durchschnittsalter liegt bei 45,5 Jahren. Frauen und Männer waren jeweils etwa zur Hälfte in der Stichprobe vertreten. Die Teilnehmer stammen aus allen Berufsgruppen; auch Rentner und Hausmänner/-frauen sind dabei. Es sind alle Bildungsgruppen vertreten. Aber: Menschen mit hoher formaler Schulbildung haben an der Befragung überdurchschnittlich oft teilgenommen. Von den Befragten gaben 25 Prozent an, der CDU zuzuneigen, 21,5 Prozent neigten zu den Grünen, 20,1 Prozent zur SPD, acht Prozent zur FDP, 4,9 Prozent zu sonstigen Parteien und 19,4 Prozent explizit zu keiner Partei; der Rest machte keine Angaben.

Haben sich die Meinungen der Befragten über „Stuttgart 21" oder ihre geplante Stimmabgabe bei der Volksabstimmung während des Wahlkampfs verändert? Betrachtet man die Verteilungen zwischen den Lagern bei der ersten und der zweiten Befragungsrunde auf der Aggregatebene, so sind nur geringfügige Veränderungen feststellbar. Lediglich der Anteil der Unentschiedenen bei der Abstimmungsabsicht hat sich spürbar reduziert.

Auf der Individualebene der einzelnen Befragten zeigt sich jedoch während des „Wahlkampfs" durchaus eine gewisse Dynamik. So gab es beispielsweise deutliche Wanderungsbewegungen zwischen den Gegnern von „Stuttgart 21" und den Neutralen. Von den Personen, die vier Wochen vor der Volksabstimmung angaben, gegenüber „Stuttgart 21" neutral eingestellt zu sein, wanderten acht Personen auf die Gegnerseite. Von dort kamen jedoch fünf Personen ins Lager der Neutralen. Ähnlich verhält es sich mit den Wanderungsbewegungen zwischen den Befürwortern von „Stuttgart 21" und den Neutralen: Von den Neutralen wanderten vier Personen zu den Befürwortern, von dort wanderten drei Personen zu den Neutralen. Zwischen Befürwortern und Gegnern von „Stuttgart 21" gab es hingegen kaum einen direkten Austausch (siehe Abbildung 4)

Abbildung 4: Wandel der Einstellungen zu „Stuttgart 21" vor und nach dem „Wahlkampf" zur Volksabstimmung 2011 (in absoluter Zahl der Befragten)

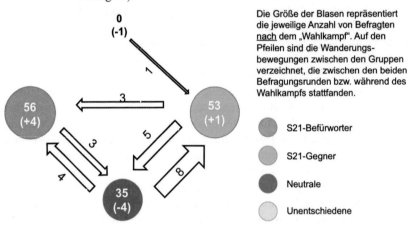

Ähnlich verhält es sich bei der geplanten Stimmabgabe: Fünf Befragte (3,4 Prozent) änderten ihre geplante Stimmabgabe von Ja zu Nein bzw. von Nein zu Ja. Zudem entschieden sich 14 ursprünglich unentschiedene Personen (9,7 Prozent) in der zweiten Befragungsrunde für eine Stimmabgabe: Neun von ihnen wollten nach dem „Wahlkampf" gegen den Ausstieg aus „Stuttgart 21" stimmen, fünf von ihnen wollten für den Ausstieg aus „Stuttgart 21" stimmen (siehe Abbildung 5). Nimmt man alle Wanderungsbewegungen zusammen, so haben vom „Wahlkampf" beide Seiten gleichermaßen profitiert: Auf beiden Seiten gab es unter dem Strich einen Zugewinn von jeweils sechs Personen, so dass 51,5 Prozent der Stuttgarter Befragten, die sich entschieden hatten, gegen den Ausstieg aus „Stuttgart 21" stimmen wollten; 48,5 Prozent wollten für den Ausstieg des Landes aus der Finanzierung von „Stuttgart 21" stimmen. Damit liegt das Umfrageergebnis sehr dicht am tatsächlichen Ausgang der Volksabstimmung in Stuttgart (52,9 Prozent gegen den Ausstieg, 47,1 Prozent für den Ausstieg; siehe weiter unten in diesem Beitrag).

Abbildung 5: Wandel der Abstimmungsabsicht vor und nach dem „Wahlkampf" zur Volksabstimmung 2011 (in absoluter Zahl der Befragten)

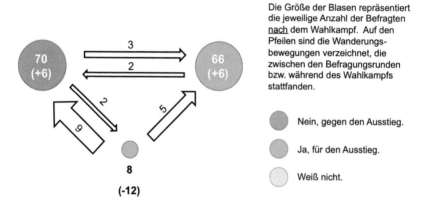

Die Größe der Blasen repräsentiert die jeweilige Anzahl der Befragten nach dem Wahlkampf. Auf den Pfeilen sind die Wanderungsbewegungen verzeichnet, die zwischen den Befragungsrunden bzw. während des Wahlkampfs stattfanden.

Nein, gegen den Ausstieg.

Ja, für den Ausstieg.

Weiß nicht.

Darüber hinaus wurden die Informationslage zu „Stuttgart 21" sowie die Verständlichkeit der Stimmzettel von allen Befragtengruppen nach dem Wahlkampf positiver beurteilt als zu Beginn des Wahlkampfs. Auch hat der Anteil der inkonsistenten Stimmabgaben deutlich abgenommen: Zu Beginn des „Wahlkampfes" befanden sich die Einstellungen zu „Stuttgart 21" und das beabsichtigte Stimmverhalten bei 6,9 Prozent der Befragten im Widerspruch zueinander; nach dem „Wahlkampf" war dies nur noch bei 2,1 Prozent der Befragten der Fall. Dies deutet auf Lerneffekte hin, die durch den „Wahlkampf" ausgelöst wurden.

Die Befragten wurden auch gebeten, die von ihnen genutzten Informationsquellen während des „Wahlkampfs" anzugeben. Zeitungen waren insgesamt die am intensivsten genutzte Informationsquelle zur Volksabstimmung. Danach folgen Gespräche, die vor allem für die Gegner von „Stuttgart 21" ein sehr intensiv genutzter Kommunikationskanal sind. Fernsehen und Radio wurden hingegen stärker von den Befürwortern von „Stuttgart 21" als Informationsquellen genutzt (siehe Abbildung 6).

Abbildung 6: Intensität der Nutzung verschiedener Kommunikationskanäle während des „Wahlkampfes" zur Volksabstimmung 2011

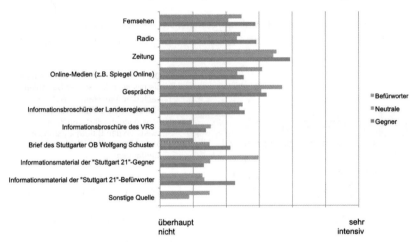

Fragewortlaut: „Hier finden Sie eine Reihe von Quellen, aus denen man sich über die anstehende Volksabstimmung informieren konnte. Bitte geben Sie jeweils an, ob und wie Sie diese Quellen in den letzten vier Wochen genutzt haben, um sich über die zur Abstimmung stehenden Alternativen zu informieren. Bitte nutzen Sie dafür die 7er-Skala. „1" bedeutet, die Quelle wurde gar nicht genutzt. „7" bedeutet, die Quelle wurde sehr intensiv genutzt. Mit den Werten dazwischen können Sie Ihre Antwort abstufen."

Informationsmaterial der Befürworter beziehungsweise der Gegner von „Stuttgart 21" wurde in erster Linie selektiv genutzt: Beide Seiten wendeten sich vor allem Material zu, das ihre eigene Sichtweise stützte (siehe zu diesem Phänomen der selektiven Wahrnehmung auch die Beiträge von Brettschneider sowie von Spieker und Bachl in diesem Band). Vergleichsweise intensiv und von allen Seiten gleichermaßen genutzt wurde die Informationsbroschüre der Landesregierung. Die hierin enthaltenen Pro- und Contra-Argumente wurden von den Befragten jedoch erwartungsgemäß sehr unterschiedlich bewertet. Es überrascht nicht, dass die Befürworter vor allem Argumente Pro S21 überzeugend fanden, während die Gegner von „Stuttgart 21" vor allem Argumente Contra S21 überzeugend fanden Die Befürworter von „Stuttgart 21" fanden die folgenden vier der insgesamt zwanzig Argumente aus der Informationsbroschüre der Landesregierung am überzeugendsten:

- Pro-Argument Nr. 7: „Die Gelder für S 21 von Bund und Bahn sind zweckgebunden. Fraglich ist, ob sie nach einer Kündigung des Finanzierungsvertrages überhaupt wieder nach Baden-Württemberg fließen würden."

- Pro-Argument Nr. 6: „Alle Alternativen zu S 21 sind weder durchgeplant noch finanziert, noch genehmigt. Man müsste im Falle der Beendigung komplett von vorne beginnen, was viele Jahre des Stillstandes bedeuten würde."

- Pro-Argument Nr. 10: „S 21 wurde von allen Gremien von Land, Stadt und Region mit jeweils großen Mehrheiten beschlossen. Die Verträge sind unterzeichnet. S 21 ist damit demokratisch und rechtlich legitimiert."

- Pro-Argument Nr. 9: „S 21 schafft zusätzliche Grünflächen und reduziert den Verbrauch wertvoller Flächen im Außenbereich."

Die Gegner von „Stuttgart 21" fanden die folgenden vier der insgesamt zwanzig Argumente aus der Informationsbroschüre der Landesregierung am überzeugendsten:

- Contra-Argument Nr. 7: „Nach dem Beginn der Bauarbeiten drohen die Kosten durch Risiken beim Bau erst recht weiter zu steigen. Die Steigerung gilt aufgrund der Erfahrungen mit Großprojekten als wahrscheinlich. Davon geht zum Beispiel auch der Bundesrechnungshof aus."

- Contra-Argument Nr. 2: „Stuttgart 21 ist ein teures Prestigeprojekt. Es verhindert auf Jahre hinaus Investitionen in sinnvollere Schienenprojekte im Land."

- Contra-Argument Nr. 5: „Der geplante Tiefbahnhof ist bahntechnisch ein Nadelöhr, störanfällig, nicht ausbaufähig und bringt Nachteile für den S-Bahn-Betrieb. Pendler im Nahverkehr müssen mit täglichen Verspätungen rechnen."

- Contra-Argument Nr. 10: „Es gibt Alternativen zu Stuttgart 21: Diese leisten mehr, kosten weniger und können teilweise sogar schneller umgesetzt werden."

3.2 Die Beteiligung an der Volksabstimmung über das „S 21-Kündigungsgesetz"

Vor dem Hintergrund des seit Jahren anhaltenden großen öffentlichen Interesses am Bahnprojekt „Stuttgart 21" und der sehr emotional wie engagiert geführten Diskussionen in der Bevölkerung, war in Stuttgart ein hohes Interesse an der

Beteiligung der Stimmberechtigten an der Volksabstimmung zu erwarten. Daran ändert auch die Tatsache nichts, dass es bei der Abstimmung nicht um die grundsätzliche Frage des Weiterbaus des Projektes ging, sondern „nur" um die Mitfinanzierung durch das Land. Auch überrascht nicht, dass das Abstimmungsinteresse in der Landeshauptstadt am größten war, da die umstrittensten Teilaspekte des Gesamtprojekts Stuttgart unmittelbar betreffen.

An der Volksabstimmung am 27. November 2011 beteiligte sich in Baden-Württemberg knapp die Hälfte (48,3 %) der 7,6 Millionen Stimmberechtigten. Die Abstimmungsbeteiligung in Baden-Württemberg blieb damit zwar hinter der Wahlbeteiligung bei Landtags-, Europa- und Gemeinderatswahlen im Land zurück, übertraf aber die Beteiligungsquoten anderer Volksabstimmungen der letzten Jahre in Deutschland doch deutlich (vgl. Tabelle 3).

Tabelle 3: Beteiligung bei Volksabstimmungen seit 2008

Abstimmung	Beteiligungsquote
2008 Berlin Flughafen Tempelhof	36,1 %
2009 Berlin „Pro Reli"	29,2 %
2010 Bayern Nichtraucherschutz	37,7 %
2010 Hamburg Schulreform	39,3 %
2011 Baden-Württemberg „Stuttgart 21"	48,3 %
dabei Beteiligung in Stuttgart	67,8 %

Quelle für 2008–2010: www.mehr-demokratie.de/volkentscheide-in-deutschland.html.

In Stuttgart selbst beteiligten sich über zwei Drittel der Stimmberechtigten an der Volksabstimmung. Eine Beteiligungsquote von 67,8 Prozent wird in Stuttgart nur bei Bundestagswahlen übertroffen – beziehungsweise bei der in dieser Hinsicht als „Ausnahmewahl" zu bezeichnenden Landtagswahl 2011 (73,1 %). Bemerkenswert ist die Beteiligungsquote vor allem mit Blick auf die Wahlbeteiligungswerte bei Gemeinderats- und Europawahlen, bei denen bis zu 20 Prozentpunkte niedrigere Quoten zu verzeichnen sind (vgl. Tabelle 4).

Tabelle 4: Beteiligung bei der Volksabstimmung und bei Wahlen in Stuttgart
seit 2004

Abstimmung/Wahl	Beteiligungsquote
Bundestagswahl 2005	79,1 %
Bundestagswahl 2009	74,3 %
Landtagswahl 2011	73,1 %
Volksabstimmung „Stuttgart 21" 2011	67,8 %
Landtagswahl 2006	57,0 %
Europawahl 2009	52,3 %
Europawahl 2004	52,0 %
Gemeinderatswahl 2009	48,7 %
Gemeinderatswahl 2004	48,7 %

Die Stuttgarter Beteiligung an dieser Volksabstimmung ist mit 67,8 Prozent mit Abstand die höchste von allen 44 Stimmkreisen (Stadt- und Landkreise) im Land. Es folgen die umliegenden Landkreise der Region Stuttgart und der Landkreis Tübingen mit Beteiligungsquoten um die 60 Prozent. Das Schlusslicht bildet der Stadtkreis Mannheim (33,3%). Ein ähnliches Bild zeigt sich bei der Betrachtung der Abstimmungsbeteiligung in den baden-württembergischen Städten. An der Spitze lag nicht Stuttgart, sondern mit einem „hauchdünnen" Vorsprung von 0,1 Prozentpunkten Leinfelden-Echterdingen (67,9%) (vgl. Abbildung 7). Die Umlandstädte Ostfildern, Fellbach, Filderstadt sowie Herrenberg und Tübingen hatten ebenfalls eine Beteiligung klar über der 60-Prozent-Marke aufzuweisen. Die niedrigste Beteiligung von den Städten über 30.000 Einwohner im Land wies die Stadt Lahr (30,3%) auf.

Abbildung 7: Beteiligung an der Volksabstimmung 2011 in ausgewählten
Städten Baden-Württembergs

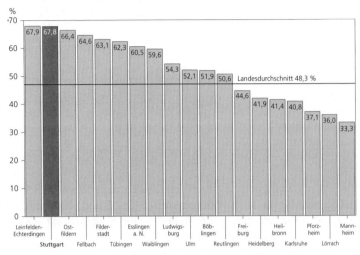

Landeshauptstadt Stuttgart, Statistisches Amt

Quelle: Statistisches Landesamt Baden-Württemberg

Innerhalb von Stuttgart führt Degerloch die Stadtbezirks-Rangliste in puncto Abstimmungsbeteiligung mit 76,1 Prozent an. Es folgen Sillenbuch (74,4 %) und Bot-
nang (74,1 %), Stuttgart-Nord (71,8 %) rangiert an vierter Stelle (vgl. Abbildung
8). Bei einer kleinräumigen Analyse der Abstimmungsbeteiligung auf der Ebene
der 349 Stuttgarter Stimmbezirke (unter Berücksichtigung der Briefabstimmen-
den), ergibt sich folgendes Muster: In den Gebieten mit der höchsten Beteiligung
war die Abstimmungsquote um etwa 23 Prozentpunkte höher als in den Gebieten
mit der niedrigsten Beteiligung der Stimmberechtigten. Gleiches zeigte sich aber
auch bei den letzten Landtagswahlen, so dass diese Volksabstimmung hinsichtlich der räumlichen Verteilung der unterschiedlichen Beteiligungsquoten der Beteiligung an den letzten Landtagswahlen ähnelt. Hier dürfte sich also ein grundsätzliche Muster politischen Interesses und politischer Beteiligung widerspiegeln.

Abbildung 8: Beteiligung an der Volksabstimmung 2011 in den Stuttgarter
Stimmbezirken

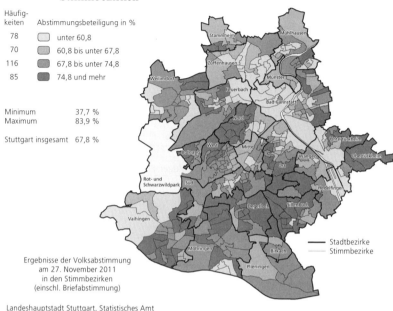

Häufig-
keiten   Abstimmungsbeteiligung in %

78   ◯ unter 60,8
70   ◐ 60,8 bis unter 67,8
116   ◕ 67,8 bis unter 74,8
85   ⬤ 74,8 und mehr

Minimum   37,7 %
Maximum   83,9 %

Stuttgart insgesamt   67,8 %

Ergebnisse der Volksabstimmung
am 27. November 2011
in den Stimmbezirken
(einschl. Briefabstimmung)

—— Stadtbezirke
—— Stimmbezirke

Landeshauptstadt Stuttgart, Statistisches Amt

3.3 Das Ergebnis der Volksabstimmung über das „S 21-Kündigungsgesetz" in Baden-Württemberg

Die Gesetzesvorlage, die die Landesregierung verpflichtet hätte, Kündigungsrechte bei den vertraglichen Vereinbarungen für das Bahnprojekt „Stuttgart 21" auszuüben, wurde von einer deutlichen Mehrheit verworfen: 58,9 Prozent der Abstimmenden lehnten das „S 21-Kündigungsgesetz" mit einem „Nein" auf dem Stimmzettel ab (vgl. Tabelle 5). Das Gesetz ist laut Artikel 60 Absatz 5 Satz 1 der Landesverfassung damit nicht beschlossen. Die Regelung des Artikel 60 Absatz 5 Satz 2 der Landesverfassung, dass zudem mindestens ein Drittel der Stimmberechtigten dem Gesetz zustimmen muss, kam daher gar nicht erst zur Anwendung.

Tabelle 5: Abstimmungsergebnis der Volksabstimmung zum „S 21-Kündigungsgesetz" am 27. November 2011 in Baden-Württemberg und in Stuttgart

	Baden-Württemberg		
	Anzahl	in % der gültigen Stimmen	in % der Stimmberechtigten
Stimmberechtigte	7.624.302		
Abstimmende	3.682.739		48,3
Ungültige Stimmen	14.367		
Gültige Stimmen	3.668.372		
Ja-Stimmen	1.507.961	41,1	19,8
Nein-Stimmen	2.160.411	58,9	28,3
	Stuttgart		
	Anzahl	in % der gültigen Stimmen	in % der Stimmberechtigten
Stimmberechtigte	368.732		
Abstimmende	249.923		67,8
Ungültige Stimmen	840		
Gültige Stimmen	249.083		
Ja-Stimmen	117.235	47,1	31,8
Nein-Stimmen	131.848	52,9	35,8

Fragewortlaut der Volksabstimmung: „Stimmen Sie der Gesetzesvorlage ‚Gesetz über die Ausübung von Kündigungsrechten bei den vertraglichen Vereinbarungen für das Bahnprojekt Stuttgart 21 (S 21-Kündigungsgesetz)' zu?"

Das „S 21-Kündigungsgesetz" fand lediglich in sieben der 44 Stimmkreise eine Mehrheit (Freiburg: 66,5 %, Heidelberg: 58,0 %, Mannheim: 57,2 %, Emmendingen: 54,9 %, Lörrach und Karlsruhe, Stadt: je 53,6 % und Breisgau-Hochschwarzwald: 51,5 %; siehe Abbildung 9). Diese Stimmkreise liegen alle im badischen Landesteil. Bezieht man noch die Städte über 30.000 Einwohner in die Betrachtung mit ein, so kommen zu den genannten Stadtkreisen Freiburg, Mannheim, Karlsruhe und Heidelberg noch die Städte Konstanz (56,5 %), Lörrach (55,9 %), Offenburg (54,3 %), Radolfzell (52,3 %), Rheinfelden (51,8 %), Schwäbisch Hall (50,7 %), Tübingen (57,7 %), Weil a. Rhein (56,5 %) und Weinheim (50,7 %) mit mehr „Ja"- als „Nein"-Stimmen hinzu.

Abbildung 9:   Stimmenmehrheiten in den Stadt- und Landkreisen Baden-
Württembergs bei der Volksabstimmung 2011

Stadt- und Landkreise Baden-Württemberg
Datenquelle: Statistsiches Landesamt Baden-Württemberg

Landeshauptstadt Stuttgart, Statistisches Amt

Ergebnisse der Volksabstimmung
am 27. November 2011
in den Stadt- und Landkreisen Baden-Württembergs

Fragewortlaut der Volksabstimmung: „Stimmen Sie der Gesetzesvorlage ,Gesetz über die Ausübung von Kündigungsrechten bei den vertraglichen Vereinbarungen für das Bahnprojekt Stuttgart 21 (S 21-Kündigungsgesetz)' zu?"

Abbildung 10: Anteil der „Nein"-Stimmen in den Stadt- und Landkreisen
Baden-Württembergs bei der Volksabstimmung 2011

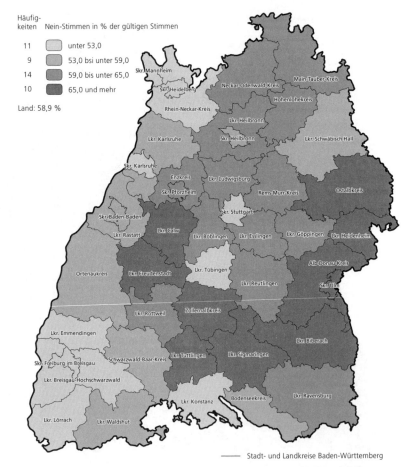

Häufig-
keiten   Nein-Stimmen in % der gültigen Stimmen

11   unter 53,0

9   53,0 bsi unter 59,0

14   59,0 bis unter 65,0

10   65,0 und mehr

Land: 58,9 %

——— Stadt- und Landkreise Baden-Württemberg

Datenquelle: Statistisches Landesamt Baden-Württemberg

Landeshauptstadt Stuttgart, Statistisches Amt

Ergebnisse der Volksabstimmung
am 27. November 2011
in den Stadt- und Landkreisen Baden-Württembergs

Fragewortlaut der Volksabstimmung: „Stimmen Sie der Gesetzesvorlage ‚Gesetz über die Ausübung
von Kündigungsrechten bei den vertraglichen Vereinbarungen für das Bahnprojekt Stuttgart 21 (S
21-Kündigungsgesetz)' zu?"

Innerhalb des Landes Baden-Württemberg variierte das Abstimmungsergebnis sehr deutlich (siehe Abbildung 10). In den 44 Stimmkreisen (Stadt- und Landkreise) reichte die Bandbreite beispielsweise bei den „Nein"-Stimmen von 33,5 (Freiburg) bis 77,0 Prozent (Alb-Donau-Kreis).

Als Erklärung für die sehr unterschiedlichen Abstimmungsergebnisse in Baden-Württemberg kommen im wesentlichen zwei Faktoren in Betracht:

- die traditionelle parteipolitische Prägung der einzelnen Stadt- und Landkreise
- der vermutete Nutzen bzw. Schaden von „Stuttgart 21" für die einzelnen Stadt- und Landkreise.

Die parteipolitische Prägung wird sowohl bei den Ja- als auch bei den Nein-Stimmen deutlich. So konzentrieren sich die Gegner eines Ausstiegs des Landes aus der Finanzierung von „Stuttgart 21" in Stadt- und Landkreisen, in denen die CDU traditionell bei Landtagswahlen stark ist (Wagschal 2012: 171). Vor allem im ländlichen Raum und in Kleinstädten ist es der Partei gelungen, die eigenen Anhänger gegen die neue Landesregierung zu mobilisieren. Sie konnte – ein halbes Jahr nach der verloren gegangenen Landtagswahl – ihre Kampagnen-Fähigkeit unter Beweis stellen (Eith/Mielke 2012: 190). Andererseits finden sich die Gegner von „Stuttgart 21", die bei der Volksabstimmung mit „Ja" stimmten, vor allem in den größeren Städten und in den Universitätsstädten, in denen die Grünen ihre Hochburgen haben. Hier ist es den Grünen gelungen, ihre Anhänger für eine Unterstützung der grünen Position in der neuen Landesregierung zu mobilisieren.

Auch der vermutete Nutzen bzw. Schaden von „Stuttgart 21" für die einzelnen Stadt- und Landkreise wird sowohl bei den Ja- als auch bei den Nein-Stimmen deutlich. Am stärksten gegen einen Ausstieg des Landes aus der Projektfinanzierung votierten die württembergischen Stimmkreise, die sich einen unmittelbaren Nutzen vom Projekt „Stuttgart 21" versprechen. Dabei wurden die höchsten „Nein"-Stimmenanteile im Raum Ulm (Alb-Donau-Kreis: 77,0 %, Biberach: 75,5 %, Ulm: 69,6 %), in den Landkreisen entlang der Gäubahntrasse Stuttgart-Horb-Tuttlingen-Immendingen-Hattingen (Böblingen: 64,5 %, Freudenstadt: 68,4 %, Rottweil: 65,0 %, Tuttlingen: 63,3 %) und im Ostalbkreis (68,1 %) gemessen. „Nein"-Stimmenanteile über 60 Prozent erreichten zudem die fünf Landkreise der Region Stuttgart. Hier erhofften sich die Menschen mehrheitlich bessere und schnellere Bahnverbindungen durch „Stuttgart 21". Die Gegner von „Stuttgart 21" finden sich hingegen überdurchschnittlich im badischen Landesteil. Das unterschiedliche Abstimmungsverhalten in Baden und Württemberg dürfte aber nicht in erster Linie auf die traditionelle Skepsis zwischen den Landesteilen zurückzuführen sein. Vielmehr dürften vor allem Befürchtungen eine Rolle gespielt haben, dass die Finanzmittel, die „Stuttgart 21" verbraucht, dann nicht oder nur verzö-

gert für dortige Bahnprojekte zur Verfügung stehen (Ausbau Rheintalbahn, Er-
tüchtigung Hauptbahnhof Mannheim; vgl. auch Wetzel 2011; Eberhardt/Siebold
2011). Aufgrund der eher unterdurchschnittlichen Beteiligungsquoten in den badischen Stimmkreisen könnten allerdings auch Mobilisierungsunterschiede der
beiden Lager das Ergebnis beeinflusst haben.

3.4 Das Ergebnis der Volksabstimmung über das „S 21-Kündigungsgesetz" in Stuttgart

Auch in Stuttgart wurde der Ausstieg des Landes aus dem „S 21-Finanzierungs-
vertrag" von den Abstimmenden mit 52,9 Prozent mehrheitlich abgelehnt. Mit
„Nein" stimmten in Stuttgart rund 14.600 Abstimmende mehr als mit „Ja" (siehe
Tabelle 5). Wie im gesamten Bundesland, so gibt es auch innerhalb von Stuttgart

Abbildung 11: Stimmenmehrheiten in den Stuttgarter Stimmbezirken bei der
Volksabstimmung 2011

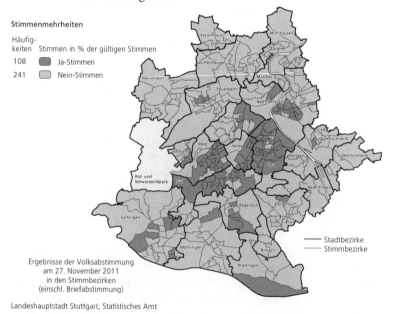

Fragewortlaut der Volksabstimmung: „Stimmen Sie der Gesetzesvorlage ‚Gesetz über die Ausübung
von Kündigungsrechten bei den vertraglichen Vereinbarungen für das Bahnprojekt Stuttgart 21 (S
21-Kündigungsgesetz)' zu?"

deutliche Unterschiede im Abstimmungsverhalten (Schwarz 2011b). Während in allen 18 Stadtbezirken des äußeren Stadtgebiets mehrheitlich mit „Nein" gestimmt wurde, kreuzten die Abstimmenden in den Stadtbezirken des inneren Stadtgebiets (bis auf Nord) auf ihren Stimmzetteln mehrheitlich „Ja" an (siehe Abbildung 11).

Abbildung 12: Anteil der „Nein"-Stimmen in den Stuttgarter Stimmbezirken bei der Volksabstimmung 2011

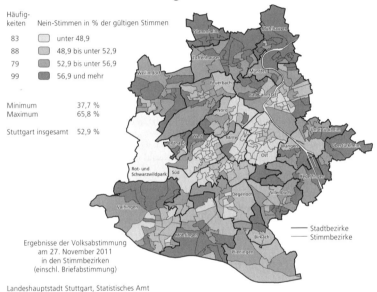

Fragewortlaut der Volksabstimmung: „Stimmen Sie der Gesetzesvorlage ‚Gesetz über die Ausübung von Kündigungsrechten bei den vertraglichen Vereinbarungen für das Bahnprojekt Stuttgart 21 (S 21-Kündigungsgesetz)' zu?"

Abstimmungsverhalten in den Stuttgarter Parteihochburgen

Betrachtet man das Abstimmungsverhalten bei dieser Volksabstimmung auf der Basis der 349 Stimmbezirke (unter Einbeziehung der betreffenden Briefabstimmungsergebnisse) in den Hochburgen der Parteien der letzten Landtagswahl 2011, dann zeigt sich die starke parteipolitische Überlagerung der „Stuttgart 21"-Positionen in der Bevölkerung. Die höchsten „Nein"-Stimmenanteile waren in den CDU-Hochburgen (58,4 %) und in den SPD-Hochburgen (56,1 %) festzustellen.

Es folgten die FDP-Hochburgen mit im Schnitt 54,1 Prozent. Aber auch in den LINKEN-Hochburgen gab es mehr „Nein"- als „Ja"-Stimmen (siehe Tabelle 6). Anders ist die Situation in den Grünen-Hochburgen der Landtagswahl 2011: In diesen wurden mehr „Ja"- (53,1 %) als „Nein"-Stimmen (46,9 %) gezählt.

Tabelle 6: Ergebnisse der Volksabstimmung 2011 in Stuttgarter Parteihochburgen (in %)

	Ja	Nein	Abstimmungsbeteiligung
Stuttgart insgesamt	47,1	52,9	67,8
CDU-Hochburgen	41,6	58,4	67,8
SPD-Hochburgen	43,9	56,1	61,1
FDP-Hochburgen	45,9	54,1	76,3
LINKE-Hochburgen	47,6	52,4	59,7
Grüne-Hochburgen	53,1	46,9	70,8

Fragewortlaut der Volksabstimmung: „Stimmen Sie der Gesetzesvorlage ‚Gesetz über die Ausübung von Kündigungsrechten bei den vertraglichen Vereinbarungen für das Bahnprojekt Stuttgart 21 (S 21-Kündigungsgesetz)' zu?" Als „Hochburg" werden jeweils die 25 Prozent aller Stimmbezirke definiert, in denen eine Partei bei der letzten Landtagswahl ihre höchsten Stimmenanteile erreichte.

Tabelle 7: Wahlabsicht Landtagswahl und Verhalten der Stuttgarter bei der Volksabstimmung 2011 (in % der jeweiligen Parteianhängerschaft)

	Ja	Nein
Stuttgart insgesamt	48,9	51,1
CDU-Anhänger	2,6	97,4
SPD-Anhänger	36,7	63,3
Grüne-Anhänger	85,2	14,8

Fragewortlaut in den drei Tagen vor der Volksabstimmung: „Wenn am nächsten Sonntag Landtagswahl in Baden-Württemberg wäre: Welche Partei würden Sie wählen?" Und zur Volksabstimmung: „Wie wollen Sie abstimmen? / Wie haben Sie abgestimmt? (falls per Brief): Unten finden Sie den Original-Text vom Stimmzettel zur Volksabstimmung. Bitte beantworten Sie die Frage zur Volkabstimmung entsprechend dieser Ausfüllanweisung. Fragewortlaut der Volksabstimmung: „Stimmen Sie der Gesetzesvorlage ‚Gesetz über die Ausübung von Kündigungsrechten bei den vertraglichen Vereinbarungen für das Bahnprojekt Stuttgart 21 (S 21-Kündigungsgesetz)' zu?".

Noch weitaus pointierter als es in der Aggregatdatenbetrachtung der Parteihochburgen zum Ausdruck kommt, verdeutlicht unsere oben genannte Umfrage in den drei Tagen vor der Volksabstimmung die starken Unterschiede zwischen den Anhängern der verschiedenen Parteien (siehe Tabelle 7). Während 85,2 Prozent der Grünen-Anhänger bei der Volksabstimmung für den Ausstieg des Landes aus der Finanzierung von „Stuttgart 21" stimmen wollten (oder es per Briefabstimmung bereits getan hatten), beabsichtigten nahezu alle CDU-Anhänger eine Stimmabgabe gegen das „S 21-Kündigungsgesetz". Unter den SPD-Anhänger wollten knapp zwei Drittel gegen das „S 21-Kündigungsgesetz" stimmen.

Abstimmungsverhalten und direkte Betroffenheit

Wie im Land, so schlug sich auch in Stuttgart die unmittelbare Betroffenheit der Stimmberechtigten in ihrem Verhalten nieder. Direkte Betroffenheit führt zum einen zu einer stärkeren Beteiligung an der Volksabstimmung. Zum anderen schlägt sie sich in einem höheren Anteil von „Ja"-Stimmen für den Finanzierungsausstieg nieder. Dieses Muster findet sich in den Stimmbezirken entlang der Zuführungsstrasse Feuerbach/Bad Cannstatt (S-Nord), des ersten Abschnitts des Filtertunnels (S-Mitte und S-Ost), der Zuführungsstrasse Ober-/Untertürkheim (S-Ost), in der Nähe des Zwischenangriffs Sigmaringer Straße (zwischen Degerloch und Möhringen)[5] und entlang der offenen Trasse nach dem Ende des Filtertunnels parallel zur A 8 (Südrand von Plieningen). Hier herrscht vermutlich die Sorge, durch die Baumaßnahmen direkt beeinträchtigt zu werden – etwa Schäden an Gebäuden in Folge der Tunnelbauten zu erleiden oder durch den Lärm und Staub während der Bauphase belästigt zu werden. Abbildung 13 zeigt aber auch, dass in den Bereichen, in denen der Filtertunnel eine große Überdeckung hat (diese steigt von wenigen Metern zu Beginn des Tunnels recht schnell auf etwa 220 Meter Dicke an), die Befürworter von „Stuttgart 21" in der Mehrzahl sind.

Eine andere Interessenlage liegt entlang des Stuttgarter Abschnitts der Gäubahntrasse vor, deren teilweise lärmgeplagten Anwohner durch den beabsichtigten Rückbau der Gäubahn bis Stuttgart-Rohr im Zuge der Realisierung von „Stuttgart 21" an Lebensqualität gewinnen können. Weder bei der Abstimmungsbeteiligung noch bei der Stimmabgabe war hier jedoch ein interessengeleitetes Verhalten erkennbar. Viele Stimmbezirke entlang der Trasse waren vielmehr durch ein mehrheitliches Plädoyer für den Finanzierungsausstieg („Ja"-Stimmen) gekennzeichnet; bei diesen handelt es sich freilich um typische Hochburgen der Grünen in Stuttgart.

---

5   Durch eine Änderung des Tunnelbaukonzepts (Einsatz einer Tunnelbohrmaschine) ist ein Zwischenangriff nicht mehr erforderlich. Der Aushub erfolgt nun ausschließlich über das Filderportal an der A 8 (Stuttgarter Zeitung/Stuttgarter Nachrichten vom 9.8.2012).

Abbildung 13: Anteil der „Ja"-Stimmen in den Stimmbezirken entlang des Streckenverlaufs des Projekts „Stuttgart 21" bei der Volksabstimmung 2011

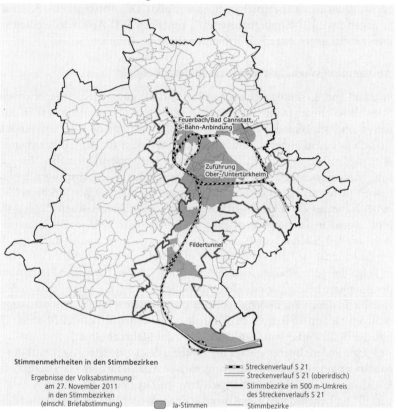

Fragewortlaut der Volksabstimmung: „Stimmen Sie der Gesetzesvorlage ‚Gesetz über die Ausübung von Kündigungsrechten bei den vertraglichen Vereinbarungen für das Bahnprojekt Stuttgart 21 (S 21-Kündigungsgesetz)' zu?"

4. Fazit

Bei der Landtagswahl 2011 war „Stuttgart 21" nicht das beherrschende Thema – schon gar nicht angesichts der Dominanz der Atomdebatte nach der Reaktorkatastrophe in Japan und dem Glaubwürdigkeitsverlust der CDU. Und dennoch: „Stuttgart 21" war ein wichtiges Thema. Das gilt zwar nicht für alle Wähler, aber für jene der Grünen sind zwei Effekte deutlich erkennbar: Erstens hat „Stuttgart 21" die eigenen Anhänger fast vollständig mobilisiert. Am Beispiel von „Stuttgart 21" wurde nicht nur gegen ein Bahnhofsprojekt gekämpft, sondern gegen einen Politikstil. „Mappus weg!" war daher auf den Demonstrationen gegen „Stuttgart 21" fast ebenso häufig zu hören wie die Parole „Oben bleiben!". Zweitens gelang es den Grünen auch, mit Hilfe dieses Themas Wählerinnen und Wähler zu gewinnen, die ansonsten eher SPD oder gar nicht gewählt hätten. Das erklärt auch, warum die Grünen bei der Landtagswahl mehr Stimmen erhalten haben als die SPD und daher mit Winfried Kretschmann nun den ersten grünen Ministerpräsidenten stellen.

Die parteipolitische Bedeutung des Themas „Stuttgart 21" wurde dann auch bei der von der grün-roten Landesregierung eingeleiteten Volksabstimmung im Herbst 2011 deutlich. Dieses Mal mit anderen Vorzeichen: Der CDU ist es nach dem Landtagswahl-Schock gelungen, alle ihre Kräfte zu mobilisieren und den Gegnern von „Stuttgart 21" eine empfindliche Niederlage beizubringen. Zwar haben diese ein respektables Stimmergebnis erzielen können, die Mehrheit der Abstimmenden hat sich jedoch recht deutlich gegen eines Ausstieg des Landes aus der Finanzierung von „Stuttgart 21" ausgesprochen – selbst in Stuttgart, wo einige eine Mehrheit für das „S 21-Kündigungsgesetz" erwartet hatten. Somit war auch das Stimmverhalten bei der Volksabstimmung stark von parteipolitischen Präferenzen geprägt. Dies fand dann auch bei der Oberbürgermeister-Wahl 2012 in Stuttgart seine Fortsetzung; dort dann wieder mit einem Erfolg des Grünen Fritz Kuhn, der zum ersten grünen Oberbürgermeister einer Landeshauptstadt gewählt wurde. Auch hier führte das Thema „Stuttgart 21" – und die Sub-Themen, die mit ihm mitschwingen – zu einer Unterscheidung zwischen den Wählern der Grünen und denen der CDU. Auch hier blieb die SPD in diesem Konflikt auf der Strecke.

Die Volksabstimmung zu „Stuttgart 21" war aber nicht nur durch parteipolitische Konflikte geprägt. Im Stimmverhalten schlugen sich auch individuelle Betroffenheiten und Erwartungen der Abstimmenden nieder. Landesweit heißt das: Dort, wo aufgrund der Finanzierung von „Stuttgart 21" Nachteile für die eigene Region erwartet wurden, war die Zustimmung zum Ausstieg des Landes aus der Finanzierung von „Stuttgart 21" überdurchschnittlich groß. Das betrifft vor allem die Rheinschiene im Badischen. Und Ähnliches findet sich auch in der Landeshauptstadt: Dort, wo Belastungen oder Schäden durch die Baumaßnahmen erwartet werden, war die Zustimmung zum Ausstieg des Landes aus der Finanzierung besonders groß. Hier hoffte man, über die Finanzierung das gesamte Projekt zu Fall bringen zu können. Das betrifft vor allem jene Stadtteile, die durch die Baumaßnahmen besonders betroffen sein werden oder unter denen der Fildertunnel verlaufen wird.

Die Volksabstimmung hat die Einstellungen der Menschen zu „Stuttgart 21" kaum verändert. Sie hatte dennoch zahlreiche Auswirkungen: Sie hat, wie zuvor schon die „Schlichtung" zu „Stuttgart 21", das Informationsniveau in der Bevölkerung erhöht. Und sie hat aufgrund ihres eindeutigen Ausgangs Klarheit geschaffen. „Wir sind das Volk!" – diese gelegentlich mit einem Absolutheitsanspruch vorgetragene Parole einiger Gegner von „Stuttgart 21" war so nun nicht mehr tragbar. Die Volksabstimmung hat verdeutlicht, wie die Meinungsverteilung in der Bevölkerung tatsächlich aussieht: Es gibt einen großen Anteil von Projekt-Gegnern – aber eben einen noch größeren Anteil von Menschen, die nicht wollten, dass sich die Landesregierung aus der Finanzierung von „Stuttgart 21" zurückzieht.

Der eindeutige Ausgang der Volksabstimmung hat auch die Zusammenarbeit in der Landesregierung erleichtert – deren Hauptkonfliktpunkt schon während der Koalitionsverhandlungen „Stuttgart 21" war. Zum einen kann die Landesregierung nun bei ihrem Handeln auf den Bürgerwillen verweisen, zum anderen hat sie ein Beispiel für ihr Versprechen vorzuweisen, eine „Politik des Gehörtwerdens" betreiben zu wollen. Die SPD, die den Vorschlag für eine Volksabstimmung ursprünglich gemacht hatte, profitiert davon freilich nicht. Für sie ist „Stuttgart 21" ein unangenehmes Thema, das innerparteilich Unruhe stiftet und mit dem sie auch nach außen in der Wählerschaft keine Punkte machen kann. Profitiert hat jedoch der grüne Ministerpräsident Kretschmann. Sein Umgang mit dem Ergebnis der Volksabstimmung hat ihm auch bei konservativen Wählern Respekt eingetragen – jedenfalls mehr, als er an Sympathien unten den radikalen Gegnern von „Stuttgart 21" eingebüßt hat. Nicht zuletzt seine hervorragenden Umfragewerte zeugen davon, dass sich sein Verhalten über die grüne Wählerschaft hinaus auszahlt. Er ist damit der Einzige, der sowohl bei der Landtagswahl als auch bei der Volksabstimmung vom Thema „Stuttgart 21" profitiert hat.

Literatur

Bachl, Marko; Brettschneider, Frank; Ottler, Simon (Hrsg.) (2013): Das TV-Duell in Baden-Württemberg 2011. Inhalte, Wahrnehmungen und Wirkungen. Wiesbaden: Springer VS.

Brettschneider, Frank (2002): Spitzenkandidaten und Wahlerfolg. Personalisierung – Kompetenz – Parteien. Ein internationaler Vergleich. Wiesbaden: Westdeutscher Verlag.

Brettschneider, Frank (2005): Bundestagswahlkampf und Medienberichterstattung. In: Aus Politik und Zeitgeschichte B51-52, S. 19-26.

Brettschneider, Frank; Bachl, Marko (2012): Das TV-Duell vor der Landtagswahl 2011 – Wahrnehmungen und Wirkungen. In: Der Bürger im Staat 62, 3/2012, S. 141-147.

Bündnis90/Die Grünen; SPD Baden-Württemberg (2011): Der Wechsel beginnt. Koalitionsvertrag zwischen BÜNDNIS 90/DIE GRÜNEN und der SPD Baden-Württemberg. Baden-Württemberg 2011 – 2016. Stuttgart.

Eberhardt, Johanna; Siebold, Heinz (2011): Auch am Rhein sieht man die Bahn skeptisch. In: Stuttgarter Zeitung vom 29.11.2011.

Eith, Ulrich; Mielke, Gerd (2012): Volksentscheide versus Parteiendemokratie? Das Lehrstück Stuttgart 21. In: Der Bürger im Staat 62, 3/2012, S. 188-193.

Forschungsgruppe Wahlen (2011): Landtagswahl in Baden-Württemberg, Blitz-Umfrage, 27.3.2011.

Gabriel, Oscar W.; Kornelius, Bernhard (2011): Die baden-württembergische Landtagswahl vom 27. März 2011: Zäsur und Zeitenwende? In: Zeitschrift für Parlamentsfragen, Heft 4, S. 784.

Haas, Stefanie (2012): Wandern ins Grüne: Wählerbewegungen in Baden-Württemberg. In: Der Bürger im Staat 62, 3/2012, S. 123-128.

Infratest dimap (2010): LänderTREND Baden-Württemberg Dezember 2010.

Infratest dimap (2011): LänderTREND Baden-Württemberg 2011. http://www.infratest-dimap.de/umfragen-analysen/bundeslaender/baden-wuerttemberg/laendertrend/2011/maerz/

Iyengar, Shanto (1992): Wie Fernsehnachrichten die Wähler beeinflussen: Von der Themensetzung zur Herausbildung von Bewertungsmaßstäben. In. Wilke, Jürgen (Hrsg.): Öffentliche Meinung. Theorie, Methoden, Befunde. Freiburg, München: Alber, S. 123-142.

Lazarsfeld, Paul F.; Berelson, Bernard; Gaudet, Hazel (1968, 1944): The People's Choice. How the Voter Makes Up his Mind in a Presidential Campaign. 3. Auflage. New York, London: Columbia University Press.

Weber, Tim (2011): Monitoring Stuttgart 21 – Vorbericht vom 29. November 2011. www.mehr-demokratie.de/stuttgart-21-volksabstimmung.html; abgerufen am 17.10.2012.

Roth, Dieter (2012): Was entschied die Wahl? In: Der Bürger im Staat 62, 3/2012, S. 109-116.

Schwarz, Thomas (2009): Die Gemeinderatswahl am 7. Juni 2009 in Stuttgart. Eine Analyse des Wahlverhaltens in räumlicher und sozialstruktureller Differenzierung (Statistik und Informationsmanagement, Themenheft 1). Stuttgart: Statistisches Amt der Landeshauptstadt Stuttgart.

Schwarz, Thomas (2011a): Die Landtagswahl am 27. März 2011 in Stuttgart. Eine Analyse des Wahlverhaltens in räumlicher und sozialstruktureller Differenzierung (Statistik und Informationsmanagement, Themenheft 1). Stuttgart: Statistisches Amt der Landeshauptstadt Stuttgart.

Schwarz Thomas (2011b): Die Volksabstimmung am 27. November 2011 in Stuttgart. Eine Analyse des Abstimmungsverhaltens in räumlicher und sozialstruktureller Differenzierung (Statistik und Informationsmanagement, Themenheft 2). Stuttgart: Statistisches Amt der Landeshauptstadt Stuttgart.

Staatsministerium Baden-Württemberg (2011): Information der Landesregierung Baden-Württemberg zur Volksabstimmung am 27. November 2011. Stuttgart: Staatsministerium Baden-Württemberg. www.lpb-bw.de/fileadmin/lpb_hauptportal/pdf/volksabstimmung/Informationsbro-schuere_Volksabstimmung_Stuttgart21.pdf; abgerufen am 17.11.2012.

Wagschal, Uwe (2012): Die Volksabstimmung zu Stuttgart 21: zwischen parteipolitischer Polarisie-rung und „Spätzlegraben". In: Der Bürger im Staat 62, 3/2012, S. 168-173.

Wehner, Michael (2012): Die historische Niederlage der CDU – Ursachen für das Scheitern. Die Abwahl der „Baden-Württemberg-Partei". In: Der Bürger im Staat 62, 3/2012, S. 148-155.

Wetzel, Maria (2011): Für viele Badener ist Stuttgart 21 weit weg. In: Stuttgarter Nachrichten vom 29.11.2011.

Zaller, John R. (1992): The Nature and Origins of Mass Opinion. Cambridge: Cambridge University Press.

Jenseits der Volksabstimmung: Einstellungen zu „Stuttgart 21" und zur Demokratie in Baden-Württemberg, 2010-2012

Thorsten Faas / Johannes N. Blumenberg

1. Einleitung

Im Anfang war das Projekt, und das Projekt war „Stuttgart 21", und das Projekt war nicht ganz unumstritten. Und so begab es sich zu jener Zeit, dass ein Gebot von den Landesvätern ausging, dass alle über das Projekt abstimmen sollten.

So oder ähnlich könnte eine Erzählung über das Zustandekommen der ersten Volksabstimmung in Baden-Württemberg nach über 40 Jahren beginnen. Dass ein Bahnhof in Stuttgart der Anlass für eine Volksabstimmung sein könnte, hätte vor einigen Jahren wohl kaum jemand erwartet. Doch dieser Bahnhof verursachte heftige Turbulenzen im Südwesten – annähernd „biblischen Ausmaßes", um im Bild zu bleiben. Heute, rund ein Jahr nach der Volksabstimmung zu „Stuttgart 21", haben diese Turbulenzen offenkundig nachgelassen. Und die Vermutung liegt nahe, dass die Befriedung des Konflikts mit der Volksabstimmung zu „Stuttgart 21" verbunden ist. Tatsächlich haben wir in früheren Publikationen schon einige unmittelbare Effekt der Abstimmung nachweisen können (Blumenberg/Faas 2012a, 2012b): Das Thema hat mit der Volksabstimmung deutlich an (zugeschriebener) Wichtigkeit für die allermeisten Bürgerinnen und Bürger verloren, auch die Emotionen kochten danach längst nicht mehr so hoch wie zuvor.

Zugleich ist festzuhalten, dass das Gros der vorliegenden Analysen eher den Charakter von Momentaufnahmen hat. Sie stammen zumeist aus dem unmittelbaren zeitlichen Umfeld der Volksabstimmung. Die Frage, inwieweit die Volksabstimmung den Konflikt *nachhaltig* (und nicht bloß kurzzeitig an der Oberfläche) gelöst oder zumindest befriedet hat, ist keineswegs abschließend geklärt. Zudem ist offen, inwieweit sich durch die einzigartige Volksabstimmung andere, grundlegendere Einstellungen in der Bevölkerung in Baden-Württemberg bewegt haben: Sind in Folge der Volksabstimmung auch Veränderungen in den Grundhaltungen der Menschen zur Demokratie (und insbesondere der direkten Demokratie) in Baden-Württemberg erkennbar?

In diesem doppelten Sinne wollen wir hier über die bereits vorliegenden Momentaufnahmen hinausgehen: Wir wollen erstens prüfen, wie nachhaltig sich die auf „Stuttgart 21" bezogenen Einstellungen und Emotionen der Bürgerinnen und Bürger im Zeitverlauf – und insbesondere im Nachgang und mit einigem zeitlichen Abstand zur Volksabstimmung – verändert haben. Zweitens wollen wir ermitteln, inwieweit die Volksabstimmung zu „Stuttgart 21" Auswirkungen auf Grundhaltungen zur Demokratie und zum politischen System in Baden-Württemberg gehabt hat. Kurzum: Wir wollen schauen, was sich in Baden-Württemberg *jenseits der Volksabstimmung* getan hat.

Im ersten Schritt werden wir die Datengrundlage für unsere weiteren Ausführungen ausführlicher vorstellen: eine Befragung, in deren Rahmen wir einen *identischen Kreis von Personen* in Baden-Württemberg insgesamt zehn Mal im Zeitraum von Oktober 2010 bis August 2012 interviewt haben. Mit dieser längsschnittlichen Ausrichtung bilden die Daten eine optimale Grundlage für unsere skizzierten Forschungsfragen.

Anschließend werden wir uns der Frage zuwenden, ob (und gegebenenfalls wie) sich Einstellungen der Menschen in Baden-Württemberg zum Projekt „Stuttgart 21" im betrachteten Zeitraum verändert haben. Dies schließt die Positionierung der Befragten zum Bahnhofsprojekt ebenso ein wie darüber hinausgehende Aspekte: Wie hat sich die dem Projekt subjektiv zugeschriebene Wichtigkeit verändert? Wie haben sich die damit verbundenen Emotionen verändert? Bei allen Analysen wollen wir dabei eine über die zeitliche Dimension hinausgehende Differenzierung vornehmen, die wir als zentral erachten: Wie haben sich Einstellungen und Emotionen von *Gegnern* und *Befürwortern* des Projekts „Stuttgart 21" verändert? Wie haben sie jeweils auf die Ereignisse und Ergebnisse reagiert? Da die Volksabstimmung selbst mit einem klaren Sieg für die Projektbefürworter ausgegangen ist, scheint uns die Frage von besonderer Bedeutung zu sein, wie dieser *Ausgang* die Einstellungen und Emotionen jeweils beider Seiten berührt hat. Dies gilt insbesondere dort, wo es um die Frage einer nachhaltigen Befriedung des Konflikts und mögliche Veränderungen tiefergehender Einstellungen geht.

Die tiefergehenden Einstellungen selbst stehen dann im Mittelpunkt des zweiten Teils unserer empirischen Analyse, in deren Rahmen wir uns die Einstellungen der Bevölkerung zum *Verfahren* der Volksabstimmung sowie darauf aufbauend die Zufriedenheit mit der Demokratie und die Vorstellungen zur idealen Ausgestaltung der Demokratie in Baden-Württemberg aus der Sicht seiner Bürgerinnen und Bürger anschauen.

2. Datengrundlage

Um unseren an langfristigen Entwicklungen orientierten Fragestellungen nachgehen zu können, benötigen wir eine Datenbasis, die eine solche Längsschnittperspektive eröffnet. Zu diesem Zweck stehen uns Paneldaten zur Verfügung, in deren Rahmen ein *identischer* Kreis von Personen aus Baden-Württemberg insgesamt zehn Mal befragt worden ist. Diese Daten stammen aus drei verbundenen Projekten, nämlich zunächst der „Wahlstudie Baden-Württemberg 2011"[1], dann der Studie „Volksabstimmung ‚Stuttgart 21'" und schließlich einer Fortführung der letztgenannten Studie im August 2012[2]. Im Mittelpunkt aller Studien standen Prozesse der Informationsverarbeitung und Entscheidungsfindung im Umfeld der Landtagswahl 2011 bzw. der Volksabstimmung zu „Stuttgart 21" im November 2011. Darüber hinaus haben insbesondere die Studien aus dem Kontext und im Nachgang zum Volksentscheid zu „Stuttgart 21" das Ziel verfolgt, in detaillierter Art und Weise herauszufinden, wie das Projekt „Stuttgart 21" und der (politische) Umgang damit in der Bevölkerung wahrgenommen wurden und welche Auswirkungen dies auf grundlegendere Einstellungen zur Demokratie und dem politischen System in Baden-Württemberg (gehabt) hat.

Zu diesem Zweck wurden zu Beginn der Untersuchungen Ende 2010 Teilnehmer eines Online-Access Panels[3] eingeladen, an einer Online-Umfrage teilzunehmen. Die rekrutierten und befragten Personen sollten dabei die Struktur der Wahlbevölkerung Baden-Württembergs möglichst gut abbilden. An unserer ersten Befragung Ende 2010/Anfang 2011 haben rund 3.150 Personen teilgenommen. Um die weitere Entwicklung der Einstellungen und Emotionen dieses Personenkreises während des Wahlkampfes und darüber hinaus beobachten zu können, wurde sie bis zu neun weitere Male befragt. Über 1.000 Teilnehmerinnen und Teilnehmer der ersten Befragung nahmen an *allen* Befragungswellen bis in den August 2012 hinein teil, waren also bei insgesamt zehn Befragungen dabei. Tabelle 1 gibt Aufschluss über die Zeitpunkte der einzelnen Erhebungen.

---

1   Die „Wahlstudie Baden-Württemberg" wurde vom Ministerium für Wissenschaft, Forschung und Kunst des Landes Baden-Württemberg im Rahmen seines Juniorprofessorenprogramms gefördert; das Projekt hatte eine Laufzeit von September 2010 bis September 2012 und wurde von Thorsten Faas am Mannheimer Zentrum für Europäische Sozialforschung (MZES) der Universität Mannheim geleitet.

2   Das von Thorsten Faas und Rüdiger Schmitt-Beck geleitete Projekt wurde aus Mitteln des Staatsministeriums Baden-Württemberg finanziert. Gleiches gilt für die Fortführung der Studie.

3   Im Rahmen der Projekte wurde auf das Online-Access Panel des Meinungsforschungsinstituts YouGov (Köln) zurückgegriffen, welches auch die Umfragen selbst operativ umgesetzt hat.

Tabelle 1: Übersicht über Zeiträume der Befragungen

Welle	Studie	Zeitraum
1	Wahlstudie Baden-Württemberg 2011	18.11.2010 bis 02.02.2011
2	Wahlstudie Baden-Württemberg 2011	13.02.2011 bis 26.02.2011
3	Wahlstudie Baden-Württemberg 2011	27.02.2011 bis 12.03.2011
4	Wahlstudie Baden-Württemberg 2011	13.03.2011 bis 26.03.2011
Landtagswahl 27.03.2011		
5	Wahlstudie Baden-Württemberg 2011	28.03.2011 bis 18.04.2011
6	Wahlstudie Baden-Württemberg 2011	17.05.2011 bis 25.05.2011
7	Volksabstimmung „Stuttgart 21"	30.10.2011 bis 12.11.2011
8	Volksabstimmung „Stuttgart 21"	13.11.2011 bis 26.11.2011
Volksabstimmung 27.11.2011		
9	Volksabstimmung „Stuttgart 21"	28.11.2011 bis 14.12.2011
10	Bürgerbeteiligung und direkte Demokratie in Baden-Württemberg	14.08.2012 bis 03.09.2012

Die mehrmalige Befragung dieser Personen versetzt uns in die komfortable Lage, in sehr detaillierter, feinkörniger Art und Weise Veränderungen in den Emotionen, Einstellungen und Bewertungen zum Themenkomplex „Stuttgart 21" sowie darüber hinaus nachzeichnen zu können. Aber ein solches Design, das sich über zehn Befragungswellen und einen Zeitraum von annähernd zwei Jahren erstreckt, hat auch seinen Preis, der hier nicht verschwiegen werden soll: Panel-Konditionierung (Befragte gewöhnen sich an die wiederholt gestellten Fragen) und selektive Panel-Mortalität (ein Teil des Teilnehmerkreises scheidet im Projektverlauf aus) sind unvermeidlich.[4] Für die uns hier interessierenden Fragestellungen, die auf *Entwicklungen* abzielen, werden diese Nachteile aber durch den unschätzbaren Vorteil aufgewogen, dass wir für all jene Befragten, die an *allen* zehn Panelwellen teilgenommen haben, Entwicklungen und Veränderungen *auf individueller Ebene* sehr deutlich herausarbeiten können. Mit dieser Datenbasis wollen wir uns nun den verschiedenen Perspektiven auf „Stuttgart 21" und darüber hinaus zuwenden.

3. Der Konflikt um „Stuttgart 21" und seine Wahrnehmung

3.1 Positionen zu „Stuttgart 21"

In der politikwissenschaftlichen Literatur, die sich mit politischen Sachfragen beschäftigt, wird grundlegend zwischen Positions- und Valenzsachfragen unter-

---

4 Eine ausführliche Diskussion des Designs der Studie und der Qualität der Daten findet sich bei Faas/Blumenberg (2012).

schieden (Stokes 1963). Bei den so genannten Valenzsachfragen herrscht in der Bevölkerung Konsens darüber, was eigentlich das angestrebte Ziel bezogen auf eine bestimmte politische Sachfrage ist. Niemand möchte beispielsweise *mehr* Arbeitslosigkeit oder *weniger* Frieden. Bei Positionssachfragen dagegen gilt das genaue Gegenteil: Das angestrebte Ziel bezogen auf eine bestimmte Sachfrage ist in hohem Maße *umstritten*.

So betrachtet handelt es sich beim Thema „Stuttgart 21" ganz offensichtlich um eine Positionssachfrage – und dies gilt nicht nur für die Position des Bahnhofs im realweltlichen Sinne (oben oder unten). Der Streit um den Bahnhof war und ist durch einen heftigen Konflikt um die „richtige" Position geprägt. Diesen Grundkonflikt hat nicht zuletzt das Ergebnis der Volksabstimmung zu „Stuttgart 21" selbst zutage gefördert; er wird auch in Abbildung 1 sehr deutlich: Gegner und Befürworter des Bahnhofsprojekts stehen sich in jeweils großer Zahl beharrlich gegenüber. Um die Position der Befragten zu erfahren, haben wir in unseren Studien folgende Frageformulierung verwendet: „Wie stehen Sie selbst zum Thema ‚Stuttgart 21' insgesamt?".

Abbildung 1: Positionen der Befragten zu „Stuttgart 21" im Zeitverlauf

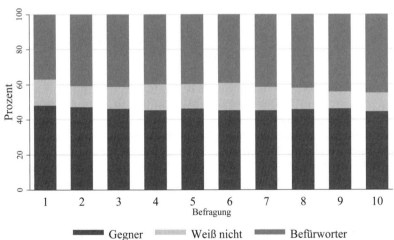

Datenquelle: Kombiniertes Online-Panel der Studien „Wahlstudie Baden-Württemberg 2011" und „Volksabstimmung Stuttgart 21"; für die Darstellung wurde das Panel balanciert, d. h. es wurden nur Personen einbezogen, die an allen Panelwellen teilgenommen haben.

Bemerkenswert ist beim Blick auf die Abbildung, dass sich die Verteilung zwischen Befürwortern und Gegnern des Bahnhofsprojekts im Zeitverlauf nur in bescheidenem Ausmaß verschoben hat: Bereits in unserer ersten Befragungswelle Ende 2010/Anfang 2011 hatte sich die große Mehrheit der von uns befragten Baden-Württemberger zu „Stuttgart 21" klar positioniert: 48 Prozent waren gegen das Projekt, 37 Prozent dafür. Dem standen weniger als 15 Prozent der Befragten gegenüber, die auf die Frage nach ihrer Position zum Bahnhof mit „weiß nicht" antworteten. An diesen Verteilungen ändert sich im weiteren Verlauf vergleichsweise wenig. Am deutlichsten fallen noch zwei Entwicklungen auf: Der Anteil derjenigen, die *keine* Position beziehen, nimmt im Zeitverlauf leicht ab. Den Höhepunkt dieser Entwicklung bildet unsere neunte Befragungswelle unmittelbar *nach* der Volksabstimmung im November 2011. Zu keinem Zeitpunkt war der Anteil Unentschlossener – wohl aufgrund des durch die Volksabstimmung ausgelösten Entscheidungsdrucks – geringer als hier. Profitiert hat davon vor allem die Seite der Projektbefürworter, deren Anteil infolgedessen stärker angestiegen ist als jener der Gegner.

Das sollte allerdings nicht allzu sehr überraschen: Dass die Sieger einer Wahl (oder eben Abstimmung) *nach* dem Ereignis nochmals an Zustimmung gewinnen, ist ein aus der Wahlforschung durchaus bekanntes Phänomen. Die normative Kraft des Faktischen (im konkreten Fall: der Ausgang des Volksentscheids zum Vorteil des Projekts) wirkt zugunsten der Befürworter. Und dieser Trend wirkt im Falle der Volksabstimmung über den Tag hinaus bis in die jüngste Befragungswelle im August 2012 hinein, die sich im Ergebnis gegenüber der vorherigen Befragung kaum unterscheidet.[5]

Dass trotz dieser kleineren Verschiebungen zugunsten der Projektbefürworter insgesamt ein Bild der Stabilität dominiert, zeigt nicht nur ein Blick auf die jeweiligen Gesamtverteilungen von Befürwortern und Gegnern zu den einzelnen Erhebungszeitpunkten aus Abbildung 1, sondern wird auch durch einen Blick auf die *individuellen* Präferenzen unserer Panelteilnehmer (und ihrer Verschiebungen) deutlich: Wie viele Wechsel können wir dort beobachten? Über alle Befragungswellen hinweg bleibt die Positionierung zu „Stuttgart 21" bei rund 90 Prozent unserer Befragten von Welle zu Welle stabil. Sofern Befragte ihre Position verändert

---

5   Die hier präsentierten Anteile von Befürwortern und Gegnern des Projekts entsprechen nicht exakt dem Ausgang der Volksabstimmung. Zu bedenken ist dabei, dass sich die hier präsentierten Werte auf *alle befragten* Personen beziehen, während die Beteiligung an der Volksabstimmung nur bei knapp 50 Prozent lag. Zudem resultieren unsere Zahlen auf einer *Online*befragung, die noch dazu – wie skizziert – von möglichen verzerrenden Effekten in Folge von Panelkonditionierung und -mortalität berührt werden. Kurzum: Im Vordergrund unserer Zahlen steht weniger das punktgenaue Treffen des Ergebnisses der Volksabstimmung im Sinne bevölkerungsrepräsentativer Zahlen, sondern das Nachzeichnen von *Entwicklungen* im hier betrachteten Zeitraum.

haben, bestehen die Veränderungen zum Großteil in einem Wechsel zwischen der unbestimmten Position „weiß nicht" und einer ablehnenden oder befürwortenden Position. Direkte Wechsel vom Befürworter zum Gegner (oder umgekehrt) gibt es dagegen kaum. Ein hohes Maß an Stabilität findet sich auch im direkten Vergleich der Positionen, die unsere Befragten in der *allerersten* und *allerletzten* Befragungswelle angegeben haben: Rund 75 Prozent der Befragten gaben in Befragungswelle 10 exakt jene Position an, die sie schon zu Beginn zum Ausdruck gebracht hatten; weitere 15 Prozent wechseln in diesem fast zweijährigen Zeitraum zwischen Unentschlossenheit und einer Pro- oder Contra-Position. Nur zehn Prozent der Befragten wechseln von der einen auf die andere Seite des Konflikts.

Somit bleibt als Zwischenfazit festzuhalten: Die offenkundig eingetretene Befriedung des Konflikts ist *nicht* darauf zurückzuführen, dass sich die Positionen von Gegnern und Befürwortern im Zeitverlauf (und insbesondere nach der Volksabstimmung) angeglichen oder zumindest angenähert hätten, dass die Projektgegner also von den Befürwortern *überzeugt* worden wären. Das Positionsissue „Stuttgart 21" ist nicht über Nacht zu einem Valenzissue geworden, sondern bleibt beharrlich ein Positionsissue, bei dem sich Gegner und Befürworter auch weiterhin gegenüberstehen.

3.2 Wahrgenommene Wichtigkeit des Themas „Stuttgart 21"

Themen wie „Stuttgart 21" sind allerdings nicht nur durch eine entsprechende Positionierung – pro oder contra – gekennzeichnet; sie haben auch eine Metaebene. Auf der politischen Agenda stehen zu jedem Zeitpunkt *viele* Themen; zu der Positionierung zu einem bestimmten Einzelthema kommt also mindestens noch dessen Priorität im Vergleich zu anderen Themen hinzu. Auch die Emotionen, die mit einem Thema verbunden sind und die gerade auch bei „Stuttgart 21" eine große Rolle gespielt haben, gehören in diesem Sinne zu den mit einem Thema verbundenen Metamerkmalen. Was können wir in dieser Hinsicht bezüglich „Stuttgart 21" feststellen?

Werfen wir zunächst einen Blick auf die Themenkarriere von „Stuttgart 21" im Sinne der dem Thema seitens der Bürgerschaft zugeschriebenen Wichtigkeit. Wir haben diese über die (offene) Frage erfasst: „Was ist Ihrer Meinung nach gegenwärtig das wichtigste politische Problem hier in Baden-Württemberg?". Mag auch – wie wir gerade sehen konnten – die Positionierung der Befragten zum Thema „Stuttgart 21" im Zeitverlauf weitgehend stabil geblieben sein, so wird aus Abbildung 2 ersichtlich, dass dies für die dem Thema zugeschriebene Wichtigkeit nicht gilt. Diese Wichtigkeit unterliegt erheblichen Schwankungen: Zu Beginn unserer Beobachtungen Ende 2010, damals noch unter dem Eindruck des

„Schwarzen Donnerstag" und dem in der Folge gestarteten Schlichtungsprozess unter der Leitung von Heiner Geißler stehend, nannten annähernd 40 Prozent unserer Befragten „Stuttgart 21" als das wichtigste Problem im Land Baden-Württemberg; in der Stadt Stuttgart lagen die Werte nochmals deutlich darüber. Diese Häufigkeit sank erst kurz vor der Landtagswahl im März 2011 (unter dem Eindruck der Atomkatastrophe in Fukushima) ab. Das Thema gewann aber bereits ab Mai 2011 und besonders vor der Volksabstimmung im November 2011 erneut an Bedeutung. Über 30 Prozent unserer Befragten nannten zu diesem Zeitpunkt „Stuttgart 21" wieder als drängendes Problem im Lande.

Unmittelbar nach der Volksabstimmung ging der Anteil der Nennungen deutlich zurück. Und dieser rückläufige Trend setzt sich in unserer jüngsten Befragung vom August 2012 weiter fort – mit der Konsequenz, dass nur noch weniger als zehn Prozent der Befragten (weniger als jemals zuvor) „Stuttgart 21" als wichtiges Problem nannten. Von der Warte der Wichtigkeit aus betrachtet hat das Thema seinen exponierten Stellenwert auf der politischen Agenda Baden-Württembergs verloren, und die Volksabstimmung markiert jenen Punkt, nach dem die Bedeutung deutlich zurückgegangen ist.

Abbildung 2: Prozentuale Häufigkeit der Nennung von „Stuttgart 21" als wichtigstes Problem in Baden-Württemberg

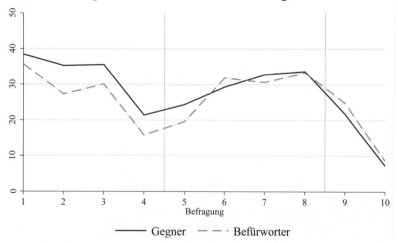

Datenquelle: Kombiniertes Online-Panel der Studien „Wahlstudie Baden-Württemberg 2011" und „Volksabstimmung Stuttgart 21"; für die Darstellung wurde das Panel balanciert, d. h. es wurden nur Personen einbezogen, die an allen Panelwellen teilgenommen haben.

Schaut man sich die dem Thema zugeschriebene Wichtigkeit getrennt nach Befürwortern und Gegnern des Projekts an, so lassen sich zwei Phasen ausmachen: Galt
zunächst noch, dass das Thema für die Gegner des Projekts etwas wichtiger war als
für die Befürworter, so ist spätestens mit dem Einsetzen des Abstimmungskampfes
erkennbar, dass die Bedeutung des Projekts für Gegner und Befürworter praktisch
identisch ist. Dies schließt auch das Verschwinden des Themas von der politischen
Agenda in unserer jüngsten Erhebung mit ein, wie Abbildung 2 ebenfalls bestätigt.

3.3 Emotionen zu „Stuttgart 21"

„Stuttgart 21" hat jedoch nicht nur auf der Sach-, sondern auch auf der emotionalen Ebene das Land bewegt. Bezeichnenderweise ist der Begriff des „Wutbürgers" in diesem Kontext entstanden. Wir wollen uns daher an dieser Stelle den
mit „Stuttgart 21" verbundenen Emotionen (samt ihrer zeitlichen Dynamik) wid-
men. Dazu haben wir unsere Befragten gebeten, anzugeben, in welchem Ausmaß
„Stuttgart 21" verschiedene Emotionen – positiver und negativer Art – bei ihnen
auslöst. Wir greifen im Folgenden exemplarisch zwei positive und zwei negative Emotionen heraus, nämlich „Freude" und „Hoffnung" auf der einen, „Ärger"
und „Wut" auf der anderen Seite, um dieser Frage nachzugehen.[6]
  Abbildung 3 zeigt die entsprechenden Ergebnisse. Erwartungsgemäß überwiegen auf Seiten der Gegner durchweg die negativen Emotionen – und dies zu
Beginn unserer Studie auf einem extrem hohen Niveau. Es zeigt sich noch einmal, wie ärgerlich und wütend „Stuttgart 21" die Gegner des Projekts in dessen
heißer Phase gemacht hat. Positive Emotionen spielen dagegen hier keine Rolle.
Bei den Befürwortern sind die Befunde tendenziell umgekehrt, wenn auch auf
insgesamt deutlich niedrigerem Niveau. Auffällig ist vor allem, wie gering die
positiven Emotionen selbst bei den Befürwortern ausfallen. Insgesamt weist das
Emotionsmuster der Befürworter daher nicht das für die Gegner charakteristi-
sche polarisierte Muster zwischen positiven Emotionen auf der einen, negativen
Emotionen auf der anderen Seite auf.
  Zugleich können wir im Zeitverlauf Verschiebungen beobachten: Bei den
Gegnern nehmen die negativen Emotionen kontinuierlich ab, während die Emotionen bei den Befürwortern überwiegend auf niedrigem Niveau verharren. Doch

---

6   Neben Freude, Hoffnung, Ärger und Wut wurden Angst, Ohnmacht, Verachtung und Gleich-
    gültigkeit als Emotionen erfasst. Die Frage lautete: „Die Diskussion um ‚Stuttgart 21' ist von
    vielen Gefühlen und Empfindungen geprägt. Wenn Sie persönlich an ‚Stuttgart 21' denken:
    In welchem Ausmaß löst ‚Stuttgart 21' die folgenden Gefühle und Empfindungen bei Ihnen
    aus?". Die Befragten konnten dieses Ausmaß mit einem Wert zwischen 1 („überhaupt nicht")
    und 7 („in sehr großem Ausmaß") angeben.

auch an dieser Stelle hinterlässt die Volksabstimmung Spuren: Nach der Volksabstimmung gehen die negativen Emotionen *in beiden Lagern* deutlich zurück.
Allerdings – und dies im Gegensatz zur zuvor betrachteten Wichtigkeit des Projekts – erweist sich der Effekt der Volksabstimmung auf die Emotionen im Land
als weniger nachhaltig, wie unsere jüngsten Zahlen belegen: Sie zeigen vielmehr
einen erneuten Richtungswechsel bei den Emotionen an; die negativen Emotionen nehmen wieder zu – und zwar auf beiden (!) Seiten des Konflikts.

Abbildung 3:   Emotionen zu „Stuttgart 21"

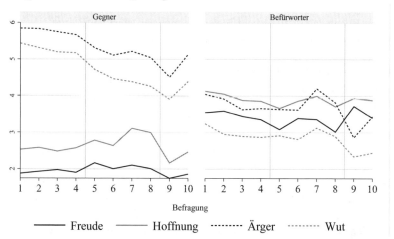

Datenquelle: Kombiniertes Online-Panel der Studien „Wahlstudie Baden-Württemberg 2011" und
„Volksabstimmung Stuttgart 21"; für die Darstellung wurde das Panel balanciert, d. h. es wurden
nur Personen einbezogen, die an allen Panelwellen teilgenommen haben.

Trotz dieser jüngsten Entwicklungen scheint mit der Volksabstimmung alles in
allem gelungen zu sein, was angesichts der Schärfe des Konflikts zuvor kaum für
möglich gehalten wurde: nämlich den Konflikt zu entschärfen. War die Volksabstimmung ein Wunder- und Allheilmittel? Und können Volksabstimmungen
auch zukünftig die Demokratie in Baden-Württemberg bereichern? Mit diesen
grundsätzlichen Fragen wollen wir nun überleiten zum zweiten Teil unserer Analysen: Wie ist es um die Einstellungen der Menschen in Baden-Württemberg zur
Volksabstimmung speziell, zur Demokratie – und insbesondere zur direkten Demokratie – allgemein bestellt?

4. Einstellungen jenseits von „Stuttgart 21"

4.1 Einstellungen zum Verfahren der Volksabstimmung

Die Volksabstimmung zu „Stuttgart 21" hat ganz offenkundig positive Effekte ausgelöst. Zwar hat auch sie es nicht vermocht, einen *inhaltlichen Konsens* mit Blick auf „Stuttgart 21" zu erzielen. Gleichwohl hat sie dafür gesorgt, dass das Thema an Dringlichkeit und auch an Emotionalität verloren hat. Gemeinhin wird die Volksabstimmung daher als Erfolg gesehen. Wir wollen im zweiten Teil unseres Beitrags nun prüfen, inwieweit dieser eingeschlagene Weg tatsächlich die Zustimmung der Bevölkerung gefunden hat und ob dieser Weg der Bürgerbeteiligung und der direkten Demokratie auch weiterreichende Konsequenzen für die Demokratie und das politische System in Baden-Württemberg insgesamt (gehabt) hat.

Im ersten Schritt richten wir unser Augenmerk auf die Frage, wie das gewählte Verfahren der Volksabstimmung selbst in der Bevölkerung betrachtet und bewertet worden ist. Dabei ist zu bedenken, dass die Idee einer Volksabstimmung zu „Stuttgart 21" lange Zeit rein hypothetischen Charakter hatte. Union und FDP waren strikt gegen ein solches Verfahren; auch SPD und Grüne haben sich letztlich nur deshalb auf den prozeduralen Weg einer Volksabstimmung verständigen können und müssen, weil sie sich inhaltlich nicht einigen konnten (siehe den Beitrag von Brettschneider und Schwarz in diesem Band).

Diese Ausgangslage hat Implikationen für unsere Befragungen: In den ersten sechs Wellen – noch im Kontext der hypothetischen Situation – haben wir allgemein nach der Wünschbarkeit einer Volksabstimmung zu „Stuttgart 21" gefragt.[7] Ab der achten Welle, dann im Kontext der real bevorstehenden Volksabstimmung, haben wir die Befragten gebeten anzugeben, inwieweit sie damit zufrieden sind, dass eine Volksabstimmung stattfindet bzw. stattgefunden hat.[8]

Unsere Ergebnisse zeigen, dass sich die Idee einer Volksabstimmung von einem sehr frühen Zeitpunkt an großer Beliebtheit in der Bevölkerung erfreut hat. Abbildung 4 belegt dies deutlich: Immer war eine Mehrheit der von uns befragten Menschen in Baden-Württemberg *für* eine Volksabstimmung zum Thema „Stuttgart 21". Eine Differenzierung nach Befürwortern und Gegnern des Projekts fördert allerdings deutliche Unterschiede zwischen beiden Gruppen zuta-

---

7   Zunächst wurde dabei nur die generelle Zustimmung oder Ablehnung erfasst: „Und wie stehen Sie selbst zur Möglichkeit eines solchen Volksentscheids?". Die Befragten konnten angeben, ob sie für oder gegen einen Volksentscheid sind.

8   Hierzu wurde nach der Volksabstimmung die Formulierung der Welle 8 – „Wie beurteilen Sie die Tatsache, dass diese Volksabstimmung stattfindet?" – ersetzt durch: „Wie bewerten Sie alles in allem die Tatsache, dass diese Volksabstimmung zu „Stuttgart 21" stattgefunden hat?". Die Antwortoptionen reichten in beiden Fällen von „sehr gut" (+2) bis „sehr schlecht" (-2).

ge. Die Gegner des Projekts sind unisono *für* eine Volksabstimmung, während die Befürworter deutlich skeptischer sind. Aber selbst bei ihnen liegt die Zustimmung schon zu Beginn bei rund 40 Prozent und steigt dann nach der Landtagswahl sogar auf rund 50 Prozent an.

Abbildung 4:   Prozentuale Zustimmung zur möglichen Durchführung einer Volksabstimmung zu „Stuttgart 21"

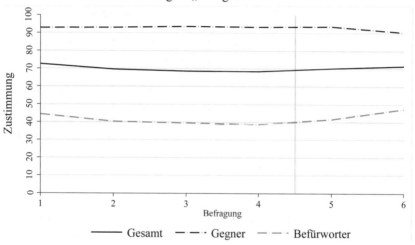

Datenquelle: Online-Panel der Studie „Wahlstudie Baden-Württemberg 2011"; für die Darstellung wurde das Panel balanciert, d. h. es wurden nur Personen einbezogen, die an <u>allen</u> Panelwellen teilgenommen haben.

Der grün-rote Koalitionsvertrag sah schließlich eine Volksabstimmung zu „Stuttgart 21" vor, die über den Umweg eines im Landtag gescheiterten Gesetzes – dem S21-Kündigungsgesetz – dann auf den Weg gebracht und für den 27. November 2011 terminiert worden war. In Folge dieses Beschlusses haben wir fortan die Frage gestellt, wie zufrieden die Befragten damit sind, dass diese Volksabstimmung nun stattfinden wird bzw. (im Rückblick) stattgefunden hat.

Die Ergebnisse zu dieser konkreten Frage zeigt Abbildung 5. Sie schreiben die bereits diagnostizierten Entwicklungen bezüglich der generellen Wünschbarkeit einer Volksabstimmung fort. Weiterhin gilt demnach: Die Idee einer Volksabstimmung hat sich wachsender Beliebtheit erfreut, wobei dieser Trend auch durch das Ereignis der Volksabstimmung selbst nicht gebrochen worden ist. Vor allem bestätigt sich das Bild, wonach die Gegner des Projekts nicht nur der Idee der Volksabstimmung, sondern auch ihrer konkreten Durchführung sehr viel positiver gegenüber standen und stehen als die Befürworter des Projekts.

Nun könnte man vermuten, dies läge daran, dass die Volksabstimmung für die Projektgegner der letzte Strohhalm war, an den sie sich in der Hoffnung klammerten, das Projekt noch stoppen zu können. Eine solche Interpretation greift aber offenkundig zu kurz. Die Projektgegner haben schließlich am Abend der Volksabstimmung eine empfindliche Niederlage erlitten, die in dieser Deutlichkeit von vielen nicht erwartet worden war. Und *trotzdem* ändert sich an dem Muster insgesamt wenig: Die Zustimmung der Projektgegner zum gewählten Verfahren der Volksabstimmung leidet nur unmerklich unter dem Eindruck der erlittenen Niederlage. Auf der anderen Seite aber versöhnt sie die Projektbefürworter weiter mit dem Verfahren selbst – ohne dass die Befürworter allerdings die Zufriedenheitsraten der Gegner erreichen würden. Insgesamt zeigen diese Befunde, welch hohen Wert das Verfahren selbst für viele Menschen in Baden-Württemberg gehabt hat und noch immer hat.

Abbildung 5: Durchschnittliche Bewertung der Tatsache, dass es eine Volkabstimmung zu „Stuttgart 21" geben wird/gegeben hat; -2 entspricht „sehr schlecht" und +2 „sehr gut"

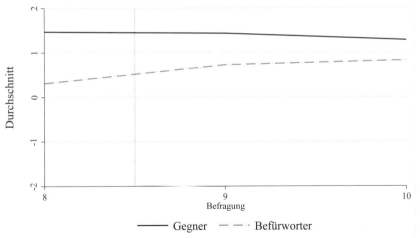

Datenquelle: Online-Panel der Studie „Volksabstimmung Stuttgart 21"; für die Darstellung wurde das Panel balanciert, d. h. es wurden nur Personen einbezogen, die an allen Panelwellen teilgenommen haben.

4.2 Demokratiezufriedenheit und gewünschte Form der Demokratie

Nach 40 Jahren durften die Menschen in Baden-Württemberg am 27. November 2011 wieder an einer landesweiten Volksabstimmung teilnehmen – und diese Abstimmung ist in der öffentlichen Wahrnehmung (und auch bei unseren Befragten, wie wir zeigen konnten) durchaus als Erfolg wahrgenommen worden. Ausgehend davon, wollen wir uns nun der Frage zuwenden, ob und gegebenenfalls wie sich infolgedessen auch grundlegende Einstellungen zur Demokratie in Baden-Württemberg verändert haben. Wir wollen dieser Frage in zwei Stufen nachgehen: Wie zufrieden sind die Menschen mit der Demokratie, so wie sie in Baden-Württemberg aktuell besteht? Und welches Mischungsverhältnis aus repräsentativer und Direkter Demokratie wünschen sie sich eigentlich für die Zukunft?

Abbildung 6: Durchschnittliche Demokratiezufriedenheit; 0 entspricht „überhaupt nicht" und 4 „voll und ganz"[9]

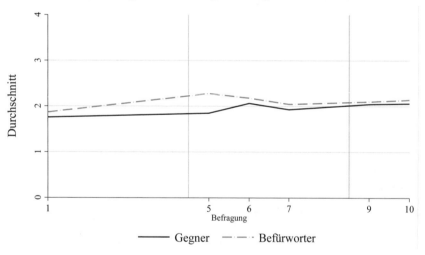

Datenquelle: Kombiniertes Online-Panel der Studien „Wahlstudie Baden-Württemberg 2011" und „Volksabstimmung Stuttgart 21"; für die Darstellung wurde das Panel balanciert, d.h. es wurden nur Personen einbezogen, die an allen Panelwellen teilgenommen haben.

---

9   Bei dieser Frage sollten die Teilnehmer der Studie angeben, inwieweit sie der folgenden Aussage zustimmen: „Mit dem Funktionieren der Demokratie in Baden-Württemberg bin ich sehr *un*zufrieden.". Allerdings haben wir diese Frage nicht in allen zehn Befragungswellen gestellt.

Abbildung 6 zeigt, wie sich die Zufriedenheit mit der Demokratie in Baden-Württemberg im Zeitverlauf entwickelt hat. Dabei wird zunächst einmal deutlich, dass die Menschen im Land – im Durchschnitt – mit dem Funktionieren der Demokratie weder völlig unzufrieden noch völlig zufrieden sind. Vielmehr tritt auch über die Zeit hinweg ein mittleres Zufriedenheitsniveau zutage, was aus demokratietheoretischer Sicht zufriedenstellend ist: Bürger sollten dem politischen System weder völlig unkritisch gegenüberstehen, es aber zugleich auch nicht grundsätzlich infrage stellen.

Weiterhin – und auch dies ist durchaus zufriedenstellend – finden wir auch nur geringe Unterschiede zwischen Befürwortern und Gegnern von „Stuttgart 21"; und dies gilt über den gesamten Zeitraum hinweg. Von kleineren Schwankungen abgesehen, die unmittelbar nach der Wahl und der Amtsübernahme durch Ministerpräsident Kretschmann im Mai 2011 zu beobachten sind, verlaufen die beiden Kurven parallel auf annähernd gleichem Niveau. Selbst ein zuweilen dominantes Thema wie „Stuttgart 21" ist demnach nicht dazu in der Lage, die Einstellungen der Bevölkerung zur Demokratie im Land nachhaltig zu verändern. Diese Einstellungen sind offenkundig zu fest verwurzelt, um durch kurzfristige Windböen – und mögen sie zu Zeiten auch heftig sein – dauerhaft ins Wanken zu geraten.

Abschließend gilt unsere Aufmerksamkeit der Frage, welche Form der Demokratie die Befragten eigentlich präferieren, wobei uns konkret das gewünschte Mischungsverhältnis zwischen repräsentativer und direkter Demokratie interessiert.[10] Abbildung 7 zeigt die entsprechenden Ergebnisse unserer Befragungen. Insgesamt stehen die Befragten einem Mehr an direkter Demokratie durchaus aufgeschlossen gegenüber; dies gilt – wie die weiteren Analysen zeigen – für die Gegner von „Stuttgart 21" sogar in noch stärkerem Maße als für die Befürworter des Projektes, die sich an dieser Stelle eher auf einem mittleren Zustimmungsniveau bewegen.

Bemerkenswert ist, dass die Erfahrung eines konkreten direktdemokratischen Verfahrens (einschließlich seines Ausgangs) an diesen grundlegenden Einstellungsmustern kaum etwas verändert hat. Wir sehen keine Veränderung im gewünschten Mischungsverhältnis; dies entspricht im Wesentlichen dem Muster, das wir zuvor auch schon mit Blick auf die Zufriedenheit mit der Volksabstimmung zu „Stuttgart 21" gesehen haben: Insgesamt ist die Bevölkerung offen für

---

10 Fragewortlaut: „Man kann unterschiedlicher Auffassung darüber sein, welche Form der Demokratie die beste ist. Wie ist das bei Ihnen: Welche Form der Demokratie ist Ihrer Meinung nach die beste?" Die Skalenendpunkte wurden hierfür mit 1 „Eine repräsentative Demokratie, in der alle Entscheidungen von gewählten Abgeordneten getroffen werden." und 11 „Eine direkte Demokratie, in der das Volk möglichst viele politische Entscheidungen selbst trifft." beschriftet. Mit den Punkten dazwischen konnten die Befragten ihre Antwort abstufen.

ein Mehr an direktdemokratischen Elementen[11] – und dies unabhängig davon, wann wir danach gefragt haben. Weder die Erfahrungen der Landtagswahl noch der Volksabstimmung noch andere Elemente der Bürgerbeteiligung vor, nach und zwischen Wahl und Volksabstimmung haben hieran etwas geändert. Insofern scheint es sich bei der Einstellung zur Demokratieform um eine grundlegende Einstellung zu handeln, welche *nicht* ausschließlich mit spezifischen Einzelereignissen verbunden ist.

Abbildung 7: Beste Demokratieform

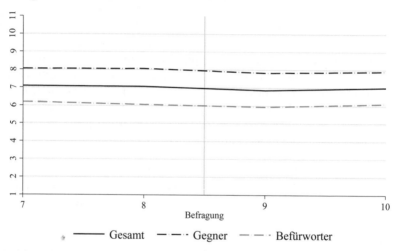

Datenquelle: Online-Panel der Studie „Volksabstimmung Stuttgart 21"; für die Darstellung wurde das Panel balanciert, d. h. es wurden nur Personen einbezogen, die an allen Panelwellen teilgenommen haben.

5. Fazit und Schluss

Was bleibt somit am Ende unserer Ausführungen festzuhalten? Bezogen auf den konkreten Gegenstand „Stuttgart 21" hat die Volksabstimmung nachhaltige Kon-

---

11   Sie ist dabei sogar deutlich offener als die Parteien. Wir haben in unseren Umfragen nämlich auch danach gefragt, wie die Befragten die Positionen der Parteien zum Mischungsverhältnis zwischen direkter und repräsentativer Demokratie wahrnehmen. Dabei werden *alle* Parteien im Durchschnitt eher auf der Seite der repräsentativen Demokratie wahrgenommen – die Position der Bevölkerung ist dagegen geradezu „extrem".

sequenzen für die politische Landschaft in Baden-Württemberg mit sich gebracht. Sie hat zwar nicht die Positionen der Menschen verändert, also nicht auf wundersame Weise Gegner in Befürworter verwandelt. Gleichwohl hat die Volksabstimmung den Konflikt befriedet, indem sie ihn von der politischen Tagesordnung verdrängt hat. Auch die Emotionen haben im Zeitverlauf nachgelassen. Dies alles gilt dabei für Befürworter und Gegner in annähernd gleichem Maße. Beide erwarten entsprechend auch, dass das Ergebnis der Volksabstimmung akzeptiert und umgesetzt wird.

Zugleich ist festzuhalten, dass die Volksabstimmung an den im Land gegebenen grundlegenden Einstellungen zur Demokratie wenig geändert hat. Weder sind die von uns befragten Menschen vor oder nach der Landtagswahl, vor oder nach dem Volksentscheid mehr oder weniger zufrieden mit dem Funktionieren der Demokratie in Baden-Württemberg noch wünschen sie sich ein anderes Mischungsverhältnis von repräsentativer und direkter Demokratie.

Welche Rückschlüsse lassen sich auf dieser Basis für zukünftige Bürgerbeteiligungsverfahren ziehen? Die Menschen in Baden-Württemberg sind mit ihrer Demokratie keineswegs extrem unzufrieden, vielmehr finden wir ein mittleres Zufriedenheitsniveau. Zugleich können wir erkennen, dass die Mehrheit der Menschen einem Mehr an direkter Demokratie sehr offen gegenübersteht. Die konkreten Erfahrungen des Beispiels „Stuttgart 21" haben gezeigt, dass sich direktdemokratische Elemente auch lohnen können. Das alles macht weder das Projekt „Stuttgart 21" noch den politischen Umgang damit zu einer Blaupause für zukünftige Projekte, zeigt aber dennoch, dass mit einem Mehr an Bürgerbeteiligung keineswegs die Büchse der Pandora geöffnet wird, sondern Bürgerbeteiligung äußerst positive Effekte mit sich bringen kann.

Literatur

Blumenberg, Johannes N.; Faas, Thorsten (2012a): Abstimmung gut, alles gut? In: Der Bürger im Staat 62, Heft 3-2012, S. 182-187.
Blumenberg, Johannes N.; Faas, Thorsten (2012b): Stuttgart 21: Einstellungen und Emotionen. In: Wagschal, Uwe (Hrsg.): Machtwechsel oder Politikwechsel. Eine Bilanz der Landtagswahl 2011 in Baden-Württemberg. [im Erscheinen]
Faas, Thorsten; Blumenberg, Johannes N. (2012): Die Vermessung der Dynamik: Eine rollierende Panelstudie im Vorfeld der baden-württembergischen Landtagswahl 2011. In: Methoden, Daten, Analysen. [im Erscheinen]
Stokes, Donald E. (1963): Spatial Models of Party Competition. In: American Political Science Review 57, S. 368-377.

4.
Schlussfolgerungen

Großprojekte zwischen Protest und Akzeptanz: Legitimation durch Kommunikation

Frank Brettschneider

„Stuttgart 21" ist zum Symbol für Proteste gegen Großprojekte in Deutschland geworden. Vor allem Infrastrukturprojekte aus den Bereichen Verkehr und Energie stoßen immer wieder auf Protest von Teilen der Bevölkerung: Flughafenerweiterungen, der Ausbau von Autobahnen und Eisenbahnstrecken, die Fehmarnbelt-Querung, der Bau von Kohle- oder Gaskraftwerken, Strom-Überlandleitungen, CO_2-Endlager, Fracking, das Pumpspeicherkraftwerk in Atdorf. Die Liste ließe sich fortsetzen. Stets artikulieren lokale Bürgerinitiativen ihren Unmut. Umwelt- und Naturschutzverbände springen ihnen bei. Und in der Regel werden die Konflikte auch von Parteien aufgegriffen, teilweise für Wahlen instrumentalisiert. Nicht selten eskaliert die Auseinandersetzung, ein sachlicher Austausch findet dann kaum noch statt (vgl. Brettschneider 2011).[1]

1. Infrastrukturprojekte zwischen Protest und Akzeptanz

In den öffentlichen Auseinandersetzungen werden nicht nur die Projekte selbst und die Expertise der Fachleute (u. a. der Ingenieure) in Frage gestellt. Die Kritik schließt auch die Vorhabenträger sowie die Entscheidungen der Parlamente, der Genehmigungsbehörden und gelegentlich auch der Gerichte ein. Sich verschärfende Auseinandersetzungen über Infrastrukturprojekte in Deutschland können sich auf unterschiedlichen Ebenen negativ auswirken:

1. *Gesellschaftliche Folgen.* Notwendige Infrastruktur wird nicht oder nur mit großen zeitlichen Verzögerungen realisiert. Das hat negative Folgen für den Wirtschaftsstandort. Vor allem in den Bereichen Energieversorgung und Verkehr sind wir auf eine funktionsfähige Infrastruktur angewiesen (vgl. BMVBS 2012; RWE 2012).

---

1 Der Beitrag basiert auf den Ergebnissen der VDI-Expertengruppe „Kommunikation" der VDI-Initiative „Gesellschaftliche Akzeptanz von Infrastrukturprojekten"; zuerst erschienen als Brettschneider (2012).

2. *Folgen für die Vorhabenträger.* Die Vorhabenträger können einen Reputationsschaden erleiden. Ein in Diskredit gebrachter Ruf kann die Realisierung weiterer Projekte gefährden.

3. *Folgen für Projekte.* Die Realisierung einzelner Infrastrukturprojekte verzögert sich. Die Kosten steigen. Infrastrukturprojekte werden aus einer Konfliktsicht wahrgenommen.

Laut einer repräsentativen Umfrage des Instituts für Demoskopie Allensbach (Köcher 2011) haben 76 Prozent der befragten Bundesbürger generell Verständnis dafür, wenn Bürger gegen „große Bauprojekte" protestieren: „Schon auf den bloßen Begriff ‚großes Bauprojekt' reagiert die Mehrheit spontan negativ – trotz der Assoziationen mit Arbeitsplätzen, Fortschritt und Wachstum". Für folgende Infrastrukturprojekte sieht eine Mehrheit nur geringen oder gar keinen Bedarf: Bau und Erneuerung von Energietrassen (45 % der Befragten sehen hier nur einen geringen Bedarf, 43 % einen großen Bedarf), neue Anlagen zur Müllentsorgung (58 %), Bau von Kohlekraftwerken (74 %). Für andere Infrastrukturprojekte erkennt hingegen eine Mehrheit der Befragten grundsätzlich einen großen Bedarf an: Bau von Energieversorgungsanlagen für erneuerbare Energien (85 % der Befragten sehen hier einen großen Bedarf), Bau und Modernisierung von Krankenhäusern (76 %), Erneuerung und Ausbau des Straßennetzes (55 %), Erneuerung und Ausbau des Schienennetzes (52 %).

Eine Mehrheit würde den Bau oder Ausbau folgender Infrastruktur *in ihrer Region* ablehnen: Bau bzw. Erneuerung von Energietrassen (51 % würde den Bau oder Ausbau in ihrer Region ablehnen), Bau von Kläranlagen (53 %), Bau von Gaskraftwerken (64 %), Ausbau von Wasserstraßen (65 %), Flughafenbau bzw. -erweiterung (77 %) und Bau von Kohlekraftwerken (81 %). Das Phänomen der Ablehnung von Infrastrukturprojekten in der eigenen Region – selbst bei allgemeiner Anerkennung der Notwendigkeit eines Ausbaus – ist auch als NIMBY (Not-in-my-Backyard) oder als Sankt-Florian-Prinzip bekannt. Den Protest gegen Infrastrukturprojekte nur damit zu erklären, würde jedoch zu kurz greifen. Die Proteste haben zahlreiche Ursachen:

1. *NIMBY-Effekt.* Anwohner sehen durch das Projekt eine Einschränkung ihrer eigenen Lebensqualität: Der Fluglärm beeinträchtigt das Wohlbefinden, oder ein Strommast verschandelt den Ausblick. Dieser Protest ist am stärksten motiviert. Daher bleibt er oft auch nach Ausgleichsmaßnahmen (z. B. Schallschutz, finanzielle Kompensation) bestehen.

2. *Projektbezogene Gründe.* Menschen kritisieren einzelne Aspekte eines Projektes: Sie stufen die Auswirkungen auf Umwelt und Natur als nicht vertretbar

ein. Ihnen sind die Kosten eines Projektes zu hoch. Oder sie stellen seinen Nutzen in Frage. Oft wird auch ein vermeintlich zu hohes Risiko kritisiert. Dabei verwenden Laien meist absolute Maßstäbe zur Beurteilung dieser Aspekte, während Experten Risiken anhand von Wahrscheinlichkeiten oder Vergleichen bewerten (Renn 2004).

3. *„Verborgene Gründe".* Mitunter werden einzelne Aspekte eines Projektes kritisiert, obwohl die Wurzeln des Protestes ganz woanders liegen. So nehmen einige Menschen Infrastrukturprojekte als Angriff auf die „kulturelle Identität" ihrer Region wahr (vgl. den Beitrag von Göschel in diesem Band). Oder die Beschleunigung des eigenen Lebens wird als unangenehm empfunden. Selten werden diese Gründe explizit geäußert, obwohl sie ein wesentliches Motiv hinter dem Protest sind.

4. *Vertrauensverlust in Wirtschaft und Politik.* Protest wird durch mangelndes Vertrauen in „die Politik" und „die Wirtschaft" verschärft. Die negative Grundstimmung gegenüber Unternehmen überträgt sich dann auf die von ihnen betriebenen Projekte.

5. *Art der Kommunikation und Intransparenz formaler Verfahren.* Oft wird die Art des Umgangs von Politikern und/oder von Vorhabenträgern mit „der Bürgerschaft" bemängelt. Diese würden „die Bürger" von oben herab behandeln und ihre Einwände nicht ernst nehmen. Das Gefühl, nicht „auf Augenhöhe" behandelt zu werden, hängt auch mit der Konstruktion formaler Verfahren zusammen, in denen rechtliche Fragen im Mittelpunkt stehen. Die dort übliche Fachsprache (juristisch, ingenieurtechnisch) wird als unverständlich und als distanzierend wahrgenommen. Dies wird mit dem Vorwurf verbunden, Informationen seien unvollständig, sie seien zu spät oder gar nicht zur Verfügung gestellt worden. Gelegentlich wird den Beteiligten auch bewusste Falschinformation unterstellt.

Vorhabenträger müssen sich auf diese veränderte Ausgangslage für Infrastrukturprojekte einstellen. Neben Formen der Bürgerbeteiligung (vgl. u. a. Klages/ Vetter 2011; Bertelsmann Stiftung 2012; Nanz/Fritsche 2012) kommt der Kommunikation zwischen Vorhabenträgern, Politik, Verwaltung und Bürgern dabei eine entscheidende Bedeutung zu. Das Kommunikations-Management muss daher permanenter Bestandteil des Projektmangements sein – von der „Grundlagenermittlung" bis zur „Objektbetreuung und Dokumentation".

2. Kommunikations-Management für Infrastrukturprojekte

Proteste gegen Infrastrukturprojekte können auch durch das Verhalten der Vorhabenträger begünstigt werden. Insbesondere dann, wenn Vorhabenträger eine systematische interne und externe Kommunikation nicht als notwendig erachten. Der Ruf nach „der Kommunikation" kommt zu spät, wenn sich Proteste bereits verstetigt haben. Projektkommunikation muss mehr sein als Krisenkommunikation. Im besten Fall verhindert eine dialog-orientierte Projektkommunikation, dass es überhaupt zu Krisensituationen kommt. Damit sie erfolgreich sein kann, sind einige Grundregeln zu beachten:

- Der Projektträger muss frühzeitig und dauerhaft kommunizieren – nicht nur bis zur Planfeststellung, sondern bis zur Einweihungsfeier.

- Der Projektträger muss proaktiv kommunizieren – ehrlich, offen und transparent.

- Der Projektträger muss den Dialog suchen. Dazu gehört zunächst das Zuhören – und dann das Erklären. Einwänden, Vorschlägen und Sorgen von Bürgern ist mit Respekt und Wertschätzung zu begegnen.

- Der Projektträger muss sein Vorgehen immer wieder erklären – in jeder Phase des Projektes. Dazu gehört auch die Diskussion von Alternativen und das Erläutern, warum welche Alternativen verworfen wurden.

- Infrastrukturprojekte sind komplex – in technischer, wirtschaftlicher und rechtlicher Hinsicht. Projektträger müssen daher ihre Botschaften klar und verständlich formulieren. Fachsprache muss übersetzt werden.

- Die Botschaften sollten sich nicht nur auf „harte Fakten" beziehen, sondern „Herz" und „Verstand" ansprechen. Dazu zählt auch das Erzählen interessanter Geschichten rund um das Projekt.

- Die Botschaften müssen visualisiert werden: „Ein Bild sagt mehr als tausend Worte".

- Die unterschiedlichen Kommunikationsinstrumente müssen aufeinander abgestimmt sein. Neben der klassischen Pressearbeit sind die Sozialen Netzwerke des Web 2.0 zu nutzen. Vor allem aber gilt: Wichtiger als alles andere ist das direkte persönliche Gespräch mit den Anspruchsgruppen (Anwohner, Initiativen, Mitarbeiter, Politik und Verwaltung, Journalisten).

Für die Kommunikation in den einzelnen Projektphasen sind darüber hinaus Besonderheiten zu beachten.

Phase 1: Grundlagenermittlung

In dieser Phase werden die organisatorischen Grundlagen für die Projektkommunikation geschaffen. Der Vorhabenträger muss klären, wer in welchem Umfang sowohl für die interne als auch für die externe Kommunikation verantwortlich ist. Die entsprechende Einheit ist mit Kompetenzen, Personal und finanziellen Ressourcen auszustatten. Es ist auch zu klären, welche Projekt-Verantwortlichen auf die Kommunikation mit der Öffentlichkeit und den Medien vorbereitet werden müssen. Der Kommunikationsverantwortliche ist von Anfang an fester Bestandteil der Projektleitung. Er kann das „Gesicht" des Projektes gegenüber der Öffentlichkeit sein. Diese Funktion kann aber auch ein Vorstandsmitglied übernehmen. Dabei sollte es sich um eine Person handeln, die komplexe Sachverhalte – etwa Ingenieursplanungen oder die Finanzierung eines Projektes – auf allgemein verständliche Art und Weise erklären kann. Neben der Aufbauorganisation ist auch die Ablauforganisation festzulegen: Wie laufen in welchen Situationen die Kommunikationswege? Wer berichtet wem? Wie wird die Kommunikation der an einem Projekt beteiligten Organisationen koordiniert? Dies gilt für die gesamte Kommunikation im Allgemeinen und für die Krisenkommunikation im Besonderen. Die Abläufe im Krisenfall sind in einem Handbuch für die Krisenkommunikation festzuhalten und ständig fortzuschreiben.

Phase 2: Vorplanung

In dieser Phase werden die inhaltlichen Grundlagen der Projektkommunikation geschaffen. Sie beginnt mit einer gründlichen *Stakeholder- und Themenanalyse*. Die relevanten Anspruchsgruppen (Stakeholder) werden identifiziert: u. a. Anwohner, betroffene Bürger, lokale Initiativen, Mitarbeiter, lokale, regionale und überregionale Medien, Kommunal-, Landes- und Bundespolitiker, Verwaltung und Genehmigungsbehörden, Wirtschaftsverbände, Lieferanten und Dienstleister, Nicht-Regierungs-Organisationen, v. a. Umwelt- und Naturschutzverbände. Dabei ist auch zu analysieren, welche Positionen sie zum geplanten Vorhaben wahrscheinlich vertreten werden. Darüber hinaus ist das Projekt mithilfe einer Themenlandkarte in Dimensionen zu gliedern: Folgen für die Umwelt, Folgen für die Wirtschaft, Umgang mit Bürgern / Stil der Kommunikation sowie Bedeutung für Energie bzw. Verkehr. Eine solche Themenlandkarte ist notwendig, um die Aussagen der Anspruchsgruppen (Stakeholder-Mapping), die Medienberichterstattung (Inhaltsanalyse) und die Diskussionen in Social Networks (Social Media Monitoring) systematisch aufeinander beziehen zu können. Auch ist zu erfassen, welche Themen kommunikative Risiken in sich bergen und welche Themen positiv besetzt sind. Für die Analyse können auch schon erste Fokusgruppen und/ oder Bürgerdialoge sinnvoll sein. Sie dienen dazu, die Sichtweise der Betroffenen zu erfahren und zu verstehen. Sie können um repräsentative Bevölkerungsbefragungen ergänzt werden. Die Analyse endet aber nicht in der Vorplanungsphase. Vielmehr ist sie fortzuschreiben, um die Kommunikationsstrategie bei Bedarf anpassen zu können.

Nach der Analyse wird eine *Kommunikationsstrategie* entwickelt. In ihr werden Anspruchsgruppen, Botschaften und Kommunikationsinstrumente aufeinander abgestimmt. In dieser Phase sind die Mitarbeiter, die Verwaltung und die betroffenen Bürger von besonderer Bedeutung. Für die Entwicklung der Kommunikationsstrategie sind folgende Fragen zu klären: Welche Kommunikationsziele sollen erreicht werden? Welche Themen müssen in den Mittelpunkt gerückt werden (Themen-Management, Projekt-Framing)? Wie lauten die Kernbotschaften? Welche Kommunikationsinstrumente werden eingesetzt? Und auf welche Ereignisse muss Rücksicht genommen werden? Besondere Aufmerksamkeit verdienen die Kernbotschaften. Dazu zählt auch, den Anspruchsgruppen die Ziele deutlich zu machen, die mit dem Infrastrukturprojekt erreicht werden sollen. Dabei genügt es nicht, betriebswirtschaftliche Ziele zu formulieren. Wichtig ist vielmehr der Bezug von Unternehmenszielen zum gesellschaftlichen Nutzen des Projektes (ökonomisch, ökologisch, soziokulturell). Dies ist auch notwendig, um den im Protest geltend gemachten Individualinteressen (NIMBY) Gemeinwohl-Interessen gegenüberzustellen. Im Fall der Energiewende ist dies beispielsweise die Erhöhung des Anteils der erneuerbaren Energien am Energiemix, im Fall der Verkehrsinfrastruktur die Erhöhung der Mobilität von Menschen und Gütern. Für die Zielerreichung kommen immer mehrere Alternativen in Betracht. Die konkreten Alternativen sind in dieser Phase noch nicht zu benennen; es sollten aber unbedingt die Kriterien transparent gemacht werden, die zur Bewertung unterschiedlicher Alternativen herangezogen werden: v. a. Eignung für die Zielerreichung, Umweltverträglichkeit, Anwohnerschutz, Kosten, technische und bauphysikalische Realisierbarkeit. Zudem sind die Kommunikationsinstrumente aufeinander abzustimmen (Homepage, Einsatz von Social Media (u. a. Youtube) und Social Networks (u. a. Facebook), Pressegespräche, Pressekonferenzen, Pressemitteilungen, Dialog-Veranstaltungen mit Betroffenen etc.). Die Kommunikationsstrategie ist permanent fortzuschreiben.

Phase 3: Entwurfsplanung

Die Umsetzung der Kommunikationsstrategie ist während der Entwurfsplanung zu forcieren. Anders als in Phase 2 geht es nun um die Kommunikation von Varianten. Lösungen sind nie „alternativlos", werden aber oft so dargestellt. Besser ist es, die Vor- und Nachteile der Varianten transparent gegenüberzustellen. Auch muss deutlich gemacht werden, welche Überlegungen zur ausgewählten Variante geführt haben. Beispiel: Herkömmliche Strom-Überlandleitungen sind nicht alternativlos. Technisch sind in der Regel auch Erdkabel möglich. Sie haben jedoch den Nachteil, ein Vielfaches der herkömmlichen Leitungen zu kosten. Wenn das gesellschaftlich gewünscht wird, muss die Gesellschaft (also der Steuerzahler) auch die Kosten tragen. Ebenso wichtig wie die Diskussion von Alternativen ist die offensive Kommunikation möglicher technischer Risiken und ihrer Beherrschung.

Für die gewählte Variante gilt: Pläne und Technikunterlagen müssen vereinfacht dargestellt werden. Visualisierungen sind in dieser Phase besonders wichtig. Das Gleiche gilt für das Übersetzen von Fachbegriffen; komplexe Sachverhalte müssen verständlich kommuniziert werden. Für Bauingenieure ist das „Überwerfungsbauwerk" ein gängiger Fachbegriff, für die Bevölkerung ist „Brücke" die verständlichere Übersetzung. Auch ist ein Anwohner-Dialog aufzusetzen.

Phase 4: Genehmigungsplanung

In dieser Phase müssen die den Genehmigungsbehörden vorzulegenden Unterlagen in erster Linie rechtssicher sein. Dies bedeutet jedoch nicht zwangsläufig, dass sie auch unverständlich sein müssen. Wie schon in den vorangegangenen Phasen muss auch hier die Fachsprache für die öffentliche Diskussion in eine verständliche Sprache übersetzt werden. Ingenieure sind daher für das Auftreten in Anhörungen zu schulen. Zudem muss immer wieder kommuniziert werden (übrigens nicht nur vom Vorhabenträger, sondern auch von Politik und Verwaltung), was in dieser Phase entschieden wird – und was nicht. Das Erläutern von Verfahren darf jedoch nicht „von oben herab" erfolgen.

Phase 5: Ausführungsplanung

Hier gilt das Gleiche wie in den Phasen 3 und 4: Verständlich kommunizieren, mit Bildern arbeiten, Pläne verdichtet visualisieren, den Dialog suchen.

Phasen 6 und 7: Vorbereitung und Mitwirkung bei der Vergabe

Auch hinsichtlich der Vergabeverfahren ist das Vorgehen der Öffentlichkeit zu erläutern. Inhaltlich liegt der Fokus zum Einen auf technischen Fragen: Welche Ingenieurs- und Bauleistungen müssen erbracht werden? Wie erfolgt die Auswahl unter den Anbietern? Zum anderen geht es um die Bedeutung der Vergaben für die regionale Wirtschaft und den regionalen Arbeitsmarkt: Können Unternehmen aus der Region berücksichtigt werden? Was bedeutet dies für den Arbeitsmarkt? Und wie profitiert die Wirtschaftsregion von dem Projekt?

Phase 8: Bauausführung

In dieser Phase geht es darum, die Anwohner über den Stand der Arbeiten auf dem Laufenden zu halten. Sie müssen auch darüber informiert werden, welche Baumaßnahmen unmittelbar bevorstehen. Für Beschwerden oder Nachfragen von Seiten der Anwohner sollte spätestens jetzt ein Ombudsmann rund um die Uhr ansprechbar sein.

Menschen bewerten „Technik" in der Regel positiver, wenn sie auf persönliche Erfahrungen zurückgreifen können – statt nur auf abstrakte Vorstellungen angewiesen zu sein. Daher sollte die Baustelle für die Öffentlichkeit positiv erlebbar gemacht werden. Hierfür stehen die Instrumente des Baustellen-Marketings zur Verfügung: Baustellen-Besichtigungen, Tage der offenen Tür, Kultur-Events an und in der Baustelle, Veranstaltungen für Kinder (z. B. Schulführungen). Events sind besonders für Meilensteine geeignet: ggf. eine Abbruch-Party oder eine Feier beim Tunnel-Durchbruch. Zudem sollte ein Informations- und Besucherzentrum eingerichtet werden, von dem aus die Baustelle besichtigt werden kann. Web-Cams sollten Live-Bilder von der Baustelle übertragen. Dabei gilt immer wieder: Die Öffentlichkeit interessiert sich nicht nur für „harte Fakten", wie die Menge des zu transportierenden Erdaushubs oder das Gewicht des zu verbauenden Stahls; sie interessiert sich auch für „Geschichten" über am Bau beteiligte Menschen.

Phase 9: Objektbetreuung und Dokumentation

In der abschließenden Phase steht die Eröffnungsfeier für das Infrastrukturprojekt im Mittelpunkt. Es sollen aber auch exemplarisch Ingenieurleistungen kommuniziert werden. Dabei ist insbesondere ein Zusammenhang zwischen einzelnen Ingenieurleistungen und dem gesellschaftlichen Wohlstand herzustellen. Die Planungs- und Bauphasen als Erfolgsgeschichte helfen, den „guten Ruf" der Ingenieure auf- und auszubauen. Und der „gute Ruf" ist wiederum Ausgangspunkt für die Kommunikation beim nächsten Infrastrukturprojekt.

3. Legitimation durch Kommunikation

Mit Protesten werden Infrastrukturprojekte weiterhin leben müssen, denn sie berühren vielfältige und manchmal auch unvereinbare Interessen. Sehr wahrscheinlich stehen Bürgerinitiativen auch künftig Projekten vor der eigenen Haustür skeptisch gegenüber. In der Frühphase eines Projektes sind sie aber selten unversöhnliche Gegner. Oft suchen sie zunächst das Gespräch, um ihre Bedenken und Interessen geltend zu machen. Das sollte nicht von vornherein als „störend" abgetan werden. Ein transparenter Fakten-Check zu Beginn eines Projektes kann die Basis für konstruktive Gespräche schaffen (Ewen 2009). Diese Gespräche müssen um eine Diskussion über die Ziele ergänzt werden, die mit einem Infrastrukturprojekt verfolgt werden sollen. In solchen Gesprächen sollten Vorhabenträger und Bürger, Parlamente, Verwaltungen und Bürgerinitiativen ihre Standpunkte darlegen können und versuchen, einen Interessenausgleich herbeizuführen. Nicht immer wird dies gelingen. Aber von dem ernsthaften und ehrlichen Versuch wird es abhängen, ob das Ergebnis von möglichst vielen Menschen als fair akzeptiert wird (vgl. die Beiträge von Spieker und Brettschneider sowie von Spieker und Bachl in diesem Band).

Für all dies – und damit für die gesellschaftliche Akzeptanz von Infrastrukturprojekten – ist die Kommunikation der Vorhabenträger von enormer Bedeutung. Das proaktive Kommunizieren mit allen relevanten Anspruchsgruppen endet nicht mit dem Planfeststellungsbeschluss. Gerade bei Infrastrukturprojekten genügt der Verweis darauf, dass sich Parlamente wiederholt und mit großer Mehrheit für ein Projekt ausgesprochen haben, nicht mehr. Selbst wenn, wie im Fall von „Stuttgart 21", sämtliche damit befassten Parlamente im Rahmen zahlreicher Sitzungen sowie die Gerichte im Rahmen von Planfeststellungsverfahren eindeutige Entscheidungen getroffen haben, muss neben diese „Legitimation durch Verfahren" die „Legitimation durch Kommunikation" treten. Diese ersetzt die unabdingbare rechtsstaatliche „Legitimation durch Verfahren" nicht, sondern sie ergänzt sie. Dafür werden Ressourcen benötigt. Sie nicht bereit zu stellen, kann am Ende sowohl den Vorhabenträger als auch die gesamte Gesellschaft teuer zu stehen kommen.

Allerdings können die Vorhabenträger nur einen Teil der notwendigen Kommunikation leisten. An der Formulierung gesellschaftliche Ziele sind viele Personen und Gruppen beteiligt – Politiker, Parteien, Interessenverbände, NGOs und die Bürger selbst. Die gesamtgesellschaftlich verbindlichen Entscheidungen werden dann von Parlamenten getroffen. Aber auch hier gilt: Die Kommunikation darf nicht mit einem Parlamentsbeschluss enden. Politiker sind gefordert, auch unbequeme Positionen immer wieder aufs Neue zu begründen und zu erklären. Nicht immer kommen sie dieser Aufgabe im ausreichenden Maße nach.

Literatur

Bertelsmann Stiftung (2012): Mehr Transparenz und Bürgerbeteiligung – Prozessanalysen und Empfehlungen am Beispiel von Fernstraßen, Industrieanlagen und Kraftwerken. Gütersloh: Bertelsmann Stiftung.

BMVBS (2012): Handbuch für eine gute Bürgerbeteiligung. Planung von Großvorhaben im Verkehrssektor. Berlin: Bundesministerium für Verkehr, Bau und Stadtentwicklung.

Brettschneider, Frank (2011): Kommunikation und Meinungsbildung bei Großprojekten. In: Aus Politik und Zeitgeschichte 61, S. 40-47.

Brettschneider, Frank (2012): Legitimation durch Kommunikation? Die gesellschaftliche Debatte über Ingenieurprojekte. In: mining+geo 3/2012, S. 435-439.

Ewen, Christoph (2009): Her mit der Akzeptanz! Erfolgsbedingungen moderierter Beteiligung im Planungsprozess. In: Natur und Landschaft 84, S. 159-163.

Klages, Helmut; Vetter, Angelika (2011): Bürgerbeteiligung als Weg zur lebendigen Demokratie – Bedingungen für ein realistisches Konzept. In: Stiftung Mitarbeit (Hrsg.): Die Zukunft der Bürgerbeteiligung. Herausforderungen – Trends – Projekte. Bonn: Verlag Stiftung Mitarbeit, S. 230-254.

Köcher, Renate (2011): Wie stehen die Bürger zu großen Infrastrukturvorhaben? Vortrag auf der Gemeinschaftsveranstaltung „Deutschland im Investitionsstau. Wege zu mehr Akzeptanz für große Infrastrukturmaßnahmen" von BDI, HDB und BDS/BBZ in Berlin, 12. September 2011.

Nanz, Patrizia; Fritsche, Miriam (2012): Handbuch Bürgerbeteiligung. Bonn: Bundeszentrale für politische Bildung.

Renn, Ortwin (2004): Perception of risks. In: Toxicology Letters 149, S. 405-413.

RWE (2012): Akzeptanz von Großprojekten. Eine Standortbestimmung über Chancen und Grenzen der Bürgerbeteiligung in Deutschland. Essen: RWE.

Politikgestaltung als lernender Prozess: „Stuttgart 21" aus einer politischen Sicht

Wolfgang Schuster

1. Gemeinsam Stuttgart gestalten – die Vision einer Bürgergesellschaft

Als ich im Januar 1997 mein Amt als Oberbürgermeister antrat, habe ich meine Arbeit unter das zentrale Leitmotiv gestellt „Gemeinsam Stuttgart gestalten". Um diesen Anspruch konkret umzusetzen, habe ich neue Formen bürgerschaftlicher Mitwirkung, Beteiligung und bürgerschaftlichen Engagements in allen Lebensbereichen entwickelt und gefördert. Ich verstehe unsere heterogene Stadtgesellschaft als Kommune, als Gemeinschaft. Denn eine Stadt ist mehr als die Ansammlung von Gebäuden, Straßen, öffentlichen Plätzen, von Infrastruktur und öffentlichen Dienstleistungen. Deshalb war es mir damals wie heute wichtig, dass wir neue Formen gesellschaftlichen Engagements in allen relevanten Aufgaben ermöglichen.

In Stuttgart engagieren sich inzwischen über 20 Prozent, das heißt über 120.000 Bürgerinnen und Bürger, jüngere und ältere, ehrenamtlich. Dieses Engagement ist für eine Großstadt vergleichsweise hoch und umfasst alle Lebensbereiche:

- Da sich 1997 die Menschen auch infolge der damaligen wirtschaftlich schwierigen Situation und steigender Kriminalität in Stuttgart unsicher fühlten, habe ich zusammen mit der Polizei und den Bürgervereinen in den Stadtbezirken das Konzept der *Stuttgarter Sicherheitspartnerschaft* entwickelt, das jedes Jahr evaluiert und weiterentwickelt wird. Viele zentrale wie dezentrale Maßnahmen sind diskutiert und beschlossen worden. Bereits nach wenigen Jahren wurde das Thema Sicherheit als ein Problem unter „ferner liefen" angesehen.

- Im *Bündnis für Integration* haben wir erfolgreich viele Organisationen, Unternehmen, Schulen, Sportvereine, Kirchengemeinden, Migrantenvereine, Kulturvereine, Wohnungsgesellschaften eingebunden, um eine ganzheitliche Integrationspolitik zu gestalten und Integration im Alltag tatsächlich zu leben.

- Als Antwort auf den demografischen Wandel hat sich Stuttgart auf den Weg gemacht, bundesweit die *kinderfreundlichste Stadtgesellschaft* zu werden. Das umfangreiche Programm mit dem Schwerpunkt Bildung und Bildungspatenschaften, in dem sich inzwischen mehr als 1.500 Bürger engagieren, umfasst auch einen Generationenvertrag vor Ort, um das Miteinander der verschiedenen Generationen zu intensivieren.

■ Um bürgerschaftliches Engagement zu erleichtern und zu fördern sowie einer Großstadtverwaltung auch ein persönliches Gesicht zu geben, haben wir unsere Verwaltung stark dezentralisiert. Heute werden faktisch alle Dienstleistungen der Stadt in jedem Bezirksrathaus angeboten. Zugleich ist der *Bezirksvorsteher* der Koordinator für ehrenamtliche Aktivitäten und Vorsitzender der gewählten Bezirksbeiräte. Dies erleichtert die Mitgestaltung des gesellschaftlichen, kulturellen, sportlichen, karitativen, kirchlichen und schulischen Lebens vor Ort. In Stuttgart werden heute kein Spielplatz und kein öffentliches Gebäude ohne bürgerschaftliche Mitwirkung gebaut. In Planungswerkstätten erarbeiten wir mit interessierten Bürgern die Entwicklungen.

Neben diesen anlassbezogenen Beteiligungsformen gibt es *Gremien* wie die gewählten Jugendräte, die Seniorenräte, die Fachbeiräte im Bereich Sport, Kultur, Stadtentwicklung, Gesundheit, die maßgeblich die kommunalpolitischen Entscheidungen mitprägen.

Von besonderer Bedeutung für die Förderung gesellschaftlichen Engagements ist der *Grundsatz der Subsidiarität*. Er bezieht sich nicht nur auf die Frage der Zuständigkeit der verschiedenen politischen Ebenen, sondern auch auf die Übertragung von kommunalen beziehungsweise öffentlichen Aufgaben auf bürgerschaftliche gemeinnützige Träger. Dies vor allem im sozialen Bereich, sei es in Kindergärten, Jugendhäusern, Krankenhäusern, Altenheimen sowie im Sport. Durch die Angebote der Sportvereine und der Kulturvereine nehmen tausende von Bürgern öffentliche Aufgaben in Selbstverantwortung und Selbstorganisation wahr und gestalten maßgeblich unser Stuttgart.

Damit sich die Bürger auch qualifiziert beteiligen können, bedarf es einer qualitätvollen Information und *vielfältiger Wege der Kommunikation*. Hier haben wir zahlreiche Formate etabliert, die sich bei uns seit 15 Jahren bewährt haben: Bürgerversammlungen, „gelbe Karten" via Internet oder Postkarte, ein Beschwerdemanagement, seit wenigen Jahren auch Social Media. Differenzierte Bürgerumfragen und spezielle Jugendumfragen helfen uns, die Belange, Interessen und Sorgen der Bürger zu erfahren, zu verstehen und wenn möglich zu helfen.

Der von mir ins Leben gerufene *Initiativkreis Stuttgarter Stiftungen* hat dazu beigetragen, dass die Zahl der Stiftungen in den letzten 15 Jahren um über 50 Prozent zugenommen hat. Ergänzt wurde diese Initiative durch die Stuttgarter Bürgerstiftung, in der sich inzwischen hunderte von Bürgern engagieren.

Kennzeichen für die vielfältigen Formen bürgerschaftlicher Mitwirkung und eigenverantwortlicher Gestaltung ist die Idee der *Partnerschaft zwischen den politisch Verantwortlichen, der Stadtverwaltung und der Bürgerschaft.* Dieses Verständnis vom Miteinander von Politik, Verwaltung und Bürgerschaft ist die Grundlage für eine Stadtgesellschaft, die sich als Bürgergesellschaft versteht und entwickelt. Dies hat zugleich sehr positive Auswirkungen auf das Lebensgefühl der Menschen, da die formellen und informellen Netzwerkstrukturen in Form von Nachbarschaftshilfen die Anonymität einer Großstadt überwinden können. Deshalb ist in den bundesweiten Vergleichen der Grad der Zufriedenheit der Stuttgarter Bürger höher als in anderen Großstädten. Über 80 Prozent der Stuttgarter sagen, dass sie gerne in Stuttgart leben – und zwar in etwa in gleicher prozentualer Höhe mit oder ohne deutschen Pass.

Umso spannender ist die Frage, warum beim Bahnprojekt „Stuttgart 21" der Konflikt in der Bürgerschaft so lautstark und heftig eskaliert ist. Stimmt die These, dass grundsätzlich gegen alle Großprojekte protestiert, demonstriert und Widerstand geleistet wird? Zumindest nicht in Stuttgart. In den letzten 16 Jahren flossen über 1,6 Milliarden Euro in den Ausbau der Stadtbahn. Der Stadtbahnausbau mitten in bebauten Gebieten, durch Wohngebiete aber auch Geschäftsstraßen, bedeutete eine erhebliche Belastung für die Anwohner, dies über mehrere Jahre. So wurden beim Bau der Stadtbahn U 15 sowohl auf der Gänsheide als auch in Zuffenhausen und Stammheim über mehrere Jahre hinweg Straßen gesperrt, Einfahrten blockiert und die Bewohner mit erheblichem Baulärm belastet. Gleiches gilt für den Stadtbahnbau durch Sillenbuch. Warum gab es dort trotz dieser jahrelangen unerfreulichen Begleiterscheinungen der Bauarbeiten so gut wie keine Proteste und keine Demonstrationen?

Diese umfangreichen Baumaßnahmen, die die städtische Straßenbahngesellschaft im Auftrag der Stadt durchgeführt hat, waren begleitet von einer umfassenden Informations- und Kommunikationsarbeit. Sie begann mit den ersten Planungsüberlegungen, zu denen die Bürger eingeladen wurden, bis hin zu den Entscheidungen über die konkreten Planungen. Über die aktuellen Baumaßnahmen wurden alle Anwohner regelmäßig informiert und zu Versammlungen eingeladen. Diese offene Kommunikation verbunden mit einem effizienten Beschwerdemanagement hat eine Vertrauensgrundlage geschaffen, bei der die Betroffenen sich nicht nur beteiligt fühlten, sondern sich auch bei Problemen unterstützt gefühlt haben. Jeder Bauabschnitt wurde mit einem Fest gefeiert, zu dem die Anwohner speziell eingeladen wurden. Kurzum: Die erheblichen Belastungen wurden akzeptiert, weil sie verständlich vermittelt und weil bei Problemfällen geholfen wurde. Allen Betroffenen war klar, dass sie nach wenigen Jahren des Bauens von einer deutlich verbesserten Stadtbahnanbindung langfristig profitieren. Das Projekt „Stuttgart 21" ist einerseits zwar deutlich größer als der Stadtbahnbau, andererseits sind aber sehr viel weniger Bürger direkt durch die Baumaßnahmen belastet. Umso wichtiger ist die Antwort auf die Frage, warum die Auseinandersetzung um das Bahnprojekt eine so große und heftige Protestbewegung erzeugt hat.

2. Der Konflikt um das Bahnprojekt „Stuttgart 21" – ein Blick zurück ohne Zorn

In dem Aufsatz „Das Projekt ‚Stuttgart 21' im zeitlichen Überblick" von Uwe Stuckenbrock wird die lange Vorgeschichte des Bahnprojekts beschrieben. Die Errichtung des gewaltigen Bonatzbaus in Verbindung mit den riesigen Gleisanlagen war damals höchst umstritten. Zum einen, weil die Bürger von ihrem bisherigen, überschaubaren, historischen Bahnhof in der Bolzstraße mitten im damaligen Stadtzentrum ungern Abschied genommen haben, zum anderen, weil die riesigen Gleisflächen Parkanlagen zerstört und die Stadt zerschnitten haben. „Bei Stuttgart 21 geht es um die Rücknahme der zerstörerischen Eingriffe zu Beginn des letzten Jahrhunderts, als eine gigantische Eisen-Schotterfläche an das Herz der Stadt herangeführt wurde", schreiben heute die Architektenkammer Baden-Württemberg und der Bund Deutscher Architekten.

Um den Bahnknoten Stuttgart langfristig leistungsfähiger zu machen und in das europäische Hochgeschwindigkeitsnetz einzubinden, gab es eine Reihe von Vorschlägen der Bahn, die diese zerstörerischen Eingriffe noch verstärkt hätten: zum Beispiel ein ICE-Bahnhof im Rosensteinpark. Eine Hochgeschwindigkeitstrasse mitten durch das dicht besiedelte Neckartal wurde vom Gemeinderat einstimmig verworfen. Deshalb hat die Bahn nach zehnjährigen Untersuchungen und zahlreichen öffentlichen Diskussionen eine Lösung vorgeschlagen, die in Stuttgart für Verkehrswege durchaus üblich ist, nämlich Gleise in Tunnel zu legen. Um in der Stuttgarter Hügellandschaft Verkehrsverbindungen zu erleichtern beziehungsweise zu ermöglichen, wurden bei uns die ersten Straßentunnel bereits vor über 120 Jahren gebaut. Insgesamt haben wir heute über 40 Kilometer Verkehrstunnel vor allem für die S-Bahn und die Stadtbahn, aber auch für den Straßenverkehr.

Die 1994 vorgeschlagene und in einer Machbarkeitsstudie 1995 bestätigte Tunnelvariante wurde in der Öffentlichkeit damals als die mit Abstand beste Lösung aufgenommen und von den Fraktionen im Gemeinderat zunächst begrüßt. Das änderte sich schlagartig mit der Oberbürgermeisterwahl im Jahr 1996. Stuttgart hatte zu dieser Zeit vergleichsweise große wirtschaftliche Probleme mit mehr als zehn Prozent Arbeitslosigkeit, einer hohen Verschuldung und mangelnden Zukunftsperspektiven. Die Sparpolitik der Stadt sorgte für vielfältige Frustrationen, sinnvolle Investitionen wurden mangels Geldes zurückgestellt. Der Kandidat der GRÜNEN, Rezzo Schlauch, hatte ein Wahlkampfthema gesucht und mit dem Projekt „Stuttgart 21" gefunden. Seine zentrale Wahlkampfaussage: 2,5 Milliarden Euro – die damalige Kostenschätzung – könnten zum Beispiel für die notwendigen Investitionen in Kindergärten, Altenheimen, Schulen und für andere kommunale Aufgaben eingesetzt werden. Und der bisherige Bahnhof funktioniere ja noch einigermaßen. Warum also ein so teures, großes, kompliziertes und mit Ärger verbundenes Großprojekt?

Leider hatten die Projektpartner, allen voran die Bauherrin Bahn, weitgehend versäumt, die Bürger systematisch zu informieren und mitzunehmen. So konnte sich – getragen von der Wahlkampf-Mobilisierung – eine Protestbewegung bilden, deren Argumente auf weitgehend unwissenden und damit fruchtbaren Boden fielen. Manche glauben bis heute, dass die Investitionsmittel für das Bahnprojekt von der Stadt stammen und deshalb jederzeit für eigene kommunale Aufgaben zur Verfügung stünden.

Deshalb habe ich direkt nach meiner ersten Wahl zum Oberbürgermeister auf eine andere Qualität der Vermittlung unter Beteiligung der Bürger gedrängt. Mit dem damaligen Bahnchef Heinz Dürr habe ich vereinbart, dass der Bahnhofsturm in ein Informationszentrum umgebaut werden sollte. Dies ist auch mit guter Resonanz geschehen. Um über die städtebaulichen Entwicklungsmöglichkeiten zu diskutieren, haben wir ein Verfahren der „offenen Bürgerbeteiligung" eingerichtet. Anfänglich 700, später über 300 Bürger haben sich in Arbeitskreisen engagiert, um verschiedene Möglichkeiten der Bebauung des neuen Stadtquartiers auf den über 100 Hektar frei werdenden Gleisflächen zu diskutieren. Sie haben Anforderungen, Wünsche und Bedürfnisse artikuliert, die in einem Bericht zusammengetragen und im Gemeinderat diskutiert wurden. 1997 lief auch der internationale Wettbewerb zur Gestaltung des Durchgangsbahnhofs, ein Verfahren, das breit in der Öffentlichkeit diskutiert wurde, zumal es mehrere Verfahrensstufen gab. Der Entwurf von Christoph Ingenhoven wurde einstimmig nicht nur vom Preisgericht beschlossen, sondern auch einhellig in der Öffentlichkeit begrüßt. Diese neue Qualität der Bürgerinformation und Bürgerbeteiligung hat dazu geführt, dass das Projekt in der Bürgerschaft wieder deutlich besser bewertet wurde.

Durch personelle Veränderungen im Bahnvorstand und in der Bundesregierung wurde dann der ursprüngliche Zeitplan, nämlich Fertigstellung 2008 und Inbetriebnahme 2009, auf Eis gelegt. Dazu kam eine Reihe von Gerichtsverfahren, die zu weiteren Verzögerungen führten. In der Entscheidung über das Planfeststellungsverfahren für die zentralen Abschnitte auf Stuttgarter Gemarkung hat der Verwaltungsgerichtshof unter anderem festgestellt, dass die Modernisierung des bestehenden Kopfbahnhofs (K21) keine Alternative zu „Stuttgart 21" sei, weder unter verkehrlicher noch unter finanzieller Betrachtung.

Im Oberbürgermeisterwahlkampf 2004 spielte das Projekt „Stuttgart 21" erneut eine maßgebliche Rolle. Wieder war es der Kandidat der GRÜNEN, diesmal Boris Palmer, der das Bahnprojekt fokussierte, darauf drängte, dass die Bürger über dieses Projekt abstimmen sollten. Zusätzlich waren höhere Kostenschätzungen und vor allem Spekulationen um hohe Kostenrisiken Gegenstand der Debatten im OB-Wahlkampf im Herbst 2004.

Das Engagement der Stadt bestand vor allem darin, dass die Stadt 2001 die frei werdenden Grundstücke mit über 100 Hektar Fläche über einen abgezinsten Kaufpreis bezahlt hat. Über diese Entscheidung wäre ein Bürgerentscheid möglich gewesen. Da sich aber praktisch alle Fraktionen im Gemeinderat, auch die GRÜNEN, einig waren, dass dieser Kauf für die Entwicklung unserer Stadt von zentraler Bedeutung ist, hat niemand einen Bürgerentscheid beantragt beziehungsweise ein Bürgerbegehren in Gang gesetzt.

Ich habe 2004 zugesagt, einen Bürgerentscheid zu unterstützen für den Fall, dass sich die Stadt über den vertraglich festgelegten Finanzierungsanteil hinaus in erheblichem Umfang beteiligen müsste. Damals war von bis zu einer Milliarde Euro weiterer städtischer Belastungen die Rede. Im Falle der Übernahme dieser erheblichen Mehrkosten für die Stadt hätte der Gemeinderat eine neue Gesamtabwägung im Hinblick auch auf die Finanzierung anderer kommunaler Aufgaben vornehmen müssen. In diesem Falle hätte man eine Fragestellung für einen Bürgerentscheid finden können, ohne die eingegangenen vertraglichen Bindungen zu verletzen. Da die Stadt aber lediglich mit rund sechs Prozent an den Kosten des Gesamtprojekts „Stuttgart 21" beteiligt ist und zugleich beachtliche zusätzliche Steuereinnahmen aus dem Projekt erhält, kann von einer wesentlichen Veränderung der Geschäftsgrundlage nicht die Rede sein. Die Stadt konnte deshalb nicht einseitig aus dem Projekt aussteigen. Ein Bürgerentscheid über diese Frage ist deshalb rechtlich nicht möglich.

Trotzdem haben Gegner des Bahnprojekts 2007 in einer großen Kampagne mehr als 61.000 Unterschriften gesammelt. Verständlicherweise war die Enttäuschung bei den Projektkritikern groß, als der Gemeinderat einen Bürgerentscheid ablehnen musste, weil er rechtswidrig gewesen wäre. Die Stadt hat diese Rechtsauffassung den Initiatoren des Bürgerbegehrens allerdings von Anfang an mitgeteilt, was diese aber nicht davon abgehalten hatte, die Unterschriftenkampagne zu starten.

Die Rechtsaufsichtsbehörde wie das Verwaltungsgericht haben im Nachhinein die Rechtsauffassung der Stadt bestätigt. Das Gericht hat unter anderem ausgeführt, dass mit der Begründung zum Bürgerbegehren der irreführende Eindruck erweckt werde, mit dem Bürgerbegehren könne unmittelbar über die Realisierung des Projekts abgestimmt werden. Darüber hinaus sei die von den Initiatoren verlangte Maßnahme – der Ausstieg der Stadt aus dem Projekt – auf ein rechtswidriges Ziel gerichtet. Da alle Verträge längst geschlossen waren, habe das Bürgerbegehren einen elementaren Rechtsgrundsatz, das Prinzip der Vertragstreue, verletzt.

Aus der großen Resonanz auf die Unterschriftenaktion und die wütenden Reaktionen von Projektgegnern ließen sich zwei Sequenzen ableiten: Zum einen wurde das Projekt „Stuttgart 21" für viele zum Symbol, dass „die da oben" entscheiden und die Bürger mit ihrer basisdemokratischen Einstellung nicht ernst nehmen. Das heißt mit der Ablehnung des Projekts wurde die Frage der Demokratie, der Herrschaft des Volkes verbunden. Mit der Beurteilung eines so komplizierten Projekts, das selbst für Fachleute schwierig ist, wurde aus dieser Sachfrage eine Glaubensfrage gemacht, bei der es nicht um die Frage geht, was sachlich richtiger ist, sondern um die Frage von gut und böse. Aufgrund des allgemein latent vorhandenen Misstrauens gegen politisch Verantwortliche ist der Schritt nicht weit, „die da oben" moralisch zu verurteilen und im Sinne der Freud'schen Projektion seine persönliche Frustration auf einzelne Verantwortliche zu projizieren. Weil man sich moralisch auf der besseren Seite fühlte, galt für manche: Der Zweck heiligt die Mittel. So wurden in geradezu hemmungsloser Weise die Projektbefürworter, allen voran der Bahnchef, der Ministerpräsident und der Oberbürgermeister beleidigt und bedroht. Es gab sogar Morddrohungen. Sachbeschädigungen, ziviler Ungehorsam bis hin zu Nötigungen bei Sitzblockaden wurden als „im Interesse an einer guten Sache" gerechtfertigt.

Nach Ablehnung des Bürgerbegehrens 2007 habe ich nochmals versucht, alle Projektpartner an einen Tisch zu bringen, um eine andere Qualität der Information und vor allem auch der Kommunikation zu erreichen. Allerdings sahen sich damals die Projektpartner nicht in einer Verpflichtung, sich in besonderer Weise einzubringen. Auch konnte sich der Gemeinderat damals nicht zu einer Informations- und Kommunikationskampagne durchringen – mit der Folge, dass Projektgegner in vielfältiger Weise Zweifel, Verunsicherung und Ängste schüren konnten. Die kommunalpolitische Quittung folgte bei der Kommunalwahl im Mai

2009. Die GRÜNEN stiegen zur stärksten Fraktion mit 16 Sitzen auf, die CDU verlor massiv und hatte fortan nur noch 15 Sitze im 60-köpfigen Gemeinderat. Erst mit dem Wechsel ihres Vorstandsvorsitzenden, dem Dienstantritt von Dr. Rüdiger Grube, hat die Bahn eine andere Informations- und Kommunikationspolitik verfolgt. Doch der Boden für Kritik, Misstrauen, Verunsicherungen und Ängste war längst bereitet. Was immer an Fakten von der Bahn und den Projektpartnern kommuniziert wurde, wurde als unglaubwürdig zurückgewiesen.

Die Inszenierung der Demonstrationen im Sommer 2010 war dann beeindruckender Ausdruck dieser Misstrauenskultur. Ein abwägender Dialog über die komplexen Sachfragen mit den verschiedenen Gruppen von „Stuttgart 21"-Gegnern war zu diesem Zeitpunkt nicht mehr möglich. Durch die Verschiebung von der sachlichen Ebene auf die Glaubensebene haben die Verantwortlichen des Protests die Stadt gespalten. Als die vermeintlich moralisch Besseren nahmen sie für sich die Legitimation in Anspruch, die Legalität, das heißt die Rechtsordnung, als „formal" abzutun und damit zu missachten.

Im Sommer 2010 entstand dann eine Gegenbewegung, die im Laufe des Herbstes wuchs. Mein Bemühen, mit beiden Gruppierungen Bürgerdialoge zu organisieren, fiel allerdings zu diesem Zeitpunkt nicht auf fruchtbaren Boden. Der Polizeieinsatz vom 30. September 2010 zerstörte letztendlich auch alle Hoffnungen, dass es in absehbarer Zeit zu einem sachlichen Dialog kommen könnte.

Erfreulicherweise kam durch das Zusammenwirken des damaligen Ministerpräsidenten, Stefan Mappus, und des damaligen Fraktionsvorsitzenden der GRÜNEN, Winfried Kretschmann, sowie des Vorsitzenden der SPD-Landtagsfraktion, Claus Schmiedel, eine Schlichtung unter Leitung von Dr. Heiner Geißler zustande. Sie führte zu einer erheblichen Versachlichung der Diskussion.

Bemerkenswert ist dabei, dass die Sprecher der Gegner vor Beginn der Schlichtung erklärten, dass sie das Ergebnis der Schlichtung respektieren werden. Nachdem allerdings die Schlichtung nicht in ihrem Sinne ausgefallen ist, haben sie sich nicht mehr an ihre eigene Zusage erinnern wollen. Gleiches gilt für den Stresstest, der im Sommer 2011 durchgeführt wurde. Der Volksentscheid mit einem klaren Ergebnis für das Projekt „Stuttgart 21" wurde von einem harten Kern der Gegner ebenfalls nicht akzeptiert – auch wenn die Zahl der „Lügenpack-Rufer" deutlich geringer geworden ist.

Fazit: Rezzo Schlauch hatte parteipolitisch gesehen im Jahr 1996 den richtigen Riecher. Ein Großprojekt mitten in der Stadt, schlecht kommuniziert, durch die Verfahrensdauer immer teurer werdend, eignet sich als Instrument, um Wahlen und Macht zu gewinnen. Mein Nachfolger, Fritz Kuhn, hat die schwierige

Aufgabe, der vertraglich vereinbarten Projektförderpflicht nachzukommen, auch wenn er persönlich von der Sinnhaftigkeit von „Stuttgart 21" nicht überzeugt ist. Völlig unabhängig von parteipolitischen Machtfragen, Glaubensfragen und persönlichen Empfindlichkeiten: Aus der Entwicklung des Projekts „Stuttgart 21" müssen Lehren gezogen werden – weit über die Stuttgarter Stadtgrenzen hinaus. Ich kann ein Großprojekt nicht glaubwürdig und als notwendig vermitteln, wenn zwischen Planungsbeginn im Bundesverkehrswegeplan und Baubeginn 25 Jahre liegen, wenn zwischen dem Abschluss der Rahmenvereinbarung und dem offiziellen Baustart 16 Jahre vergangen sind. Auch offizielle Verlautbarungen, dass es sich bei diesem Bahnprojekt um das am besten geplante und kalkulierte handle, erhöhen nicht die Glaubwürdigkeit, wenn inzwischen erhebliche Kostensteigerungen eingetreten und Planungsfehler unterlaufen sind, wie beim Grundwassermanagement, das zur Sicherung unseres Naturschatzes, den Mineralquellen, dient.

3. Lehren aus dem Konflikt um „Stuttgart 21"

In Stuttgart engagieren sich Bürger in hohem Maße freiwillig und ehrenamtlich in allen Lebensbereichen. So gestalten wir Stuttgart in allen wichtigen kommunalen Aufgabenfeldern gemeinsam. Deshalb ist es auch nur konsequent, dass die Bürgerinnen und Bürger erwarten und einfordern, dass sie bei einem so großen Projekt wie „Stuttgart 21" intensiv beteiligt werden. Die hohe mediale Aufmerksamkeit für den Konflikt hat nicht nur zu einer Reihe von wissenschaftlichen Untersuchungen geführt, sondern selbstverständlich auch zu Diskussionen auf allen politischen Ebenen.

Es gibt nur eine Konstante, nämlich die der permanenten Veränderung. Diese permanente Veränderungsdynamik führt dazu, dass gerade bei den gesellschaftlichen Gruppen, die materiell durch ihren gesellschaftlichen Status privilegiert sind, die Bereitschaft tendenziell gering ist, Veränderungen in ihrem Umfeld zu akzeptieren. Wer sehnt sich nicht nach Entschleunigung in einer Wohlfühlgesellschaft? In diesem Spannungsfeld von notwendig erscheinenden Veränderungen und den Beharrungskräften in einer Wohlstandsgesellschaft ist die Versuchung groß, sich auf ein Wort von Laotse zu berufen: „Der Weise tut nichts." Doch bei aller postmodernen Verklärung der Vergangenheit haben die von den Bürgern gewählten Vertreter auch Verantwortung für die Zukunftsfähigkeit unserer Städte und Gemeinden. Dieser Verantwortung gerecht zu werden, ist nicht immer vergnügungssteuerpflichtig, selbst wenn – wie bei „Stuttgart 21" – in sämtlichen Parlamenten mit einer Dreiviertel-Mehrheit das Projekt beschlossen und in zahlreichen Gerichtsverfahren für rechtmäßig anerkannt wurde. Auch das klare Votum

im Volksentscheid hat die linken Gruppen nicht abgehalten, gegen „Stuttgart 21"
zu polarisieren, um bei der Oberbürgermeisterwahl im Oktober 2012 Stimmen zu
holen. Sowohl bei diesem als auch bei vielen anderen großen Projekten ist deshalb der Widerstand zugleich ein Mittel zur Gewinnung von Macht und Einfluss.
Umso wichtiger ist es, Bürger von Beginn an auf dem Wege zur Entwicklung eines großen Projektes, bei der Entscheidung über Alternativen wie bei der
baulichen Umsetzung „mitzunehmen". Professor Frank Brettschneider weist zu
Recht in seinem Beitrag „Legitimation durch Kommunikation" in diesem Band
auf diese notwendige Bringschuld hin. Auf Bundesebene hat das Bundesministerium für Verkehr, Bau und Stadtentwicklung ein „Handbuch für eine gute Bürgerbeteiligung" über Planung von Großvorhaben im Verkehrssektor publiziert.
Die Landesregierung Baden-Württemberg hat eine Staatsministerin, Gisela Er-
ler, berufen, die sich um Projekte der Bürgerbeteiligung kümmert – um die Frage eines Nationalparks im Nordschwarzwald oder zum Beispiel im „Filderdialog", in dem es um einen besseren Anschluss der Hochgeschwindigkeitsstrecke
an den Flughafen und an die Messe ging.

Auf kommunaler Ebene haben wir beim Deutschen Institut für Urbanistik
(Difu Berlin) einen Expertenkreis eingerichtet, der sich anhand von Fallbeispie-
len mit Formen und Wirkungen von Bürgerbeteiligungen bei großen Projekten
beschäftigt. Der Städtetag Baden-Württemberg hat „Hinweise und Empfehlungen zur Bürgermitwirkung in der Kommunalpolitik" erarbeitet. Diese Ausarbei-
tungen zeigen, dass kommunale Demokratie nicht erst erfunden werden muss,
sondern bereits seit langem praktiziert wird.

Der in Stuttgart am 5. Mai 2011 neu gewählte Präsident des Deutschen Städ-
tetags, Christian Ude, hat in seiner Antrittsrede dazu folgende bemerkenswerte
Thesen formuliert:

*„Misstrauen und Unzufriedenheit dem politischen Betrieb gegenüber sind wahrlich kein spe-
ziell kommunales Problem. Die größte Verdrossenheit gibt es Umfragen zufolge in der Bun-
despolitik, die größten demokratischen Defizite auf der europäischen Ebene, die zunehmend
nationalen Parlamenten Befugnisse nimmt, ohne gleichzeitig das Europäische Parlament
entsprechend zu stärken. Wir an der kommunalen Basis stellen uns täglich der Bürgerschaft.
Auch wenn ein Bahnhofsprojekt sehr umstritten ist, brauchen wir nicht bundesweit in Sack
und Asche zu gehen.*

*Gleichzeitig dürfen wir uns aber auch nicht in die Tasche lügen: Das Misstrauen gegen Amts-
inhaber, politische Entscheidungen und behördliche Planungen ist auch ein kommunales Thema, dem wir nicht ausweichen dürfen.*

*Die allgemeine Lebensweisheit, dass nichts so gut ist, dass es nicht noch besser werden könn-
te, gilt selbstverständlich auch für die kommunale Demokratie. Wir müssen uns immer fragen,
ob wir vorhandene Instrumente besser nutzen und zusätzliche Instrumente schaffen sollten.
Das Baugesetzbuch liefert ja häufig tatsächlich nur Alibi-Veranstaltungen, deren Mitwirkungs-*

chancen sich nur Kundigen und Eingeweihten erschließen. Genauso wie die Stadt niemals fertig ist, sondern sich immer weiter entwickeln muss, müssen wir kontinuierlich immer „noch mehr Demokratie wagen". Dazu gehört eine frühere und bessere Information, die tatsächlich alle Zielgruppen der Gesamtbevölkerung erreicht, eine Herstellung von Öffentlichkeit in Zukunftsfragen, die nicht zuletzt wegen der zunehmenden Oberflächlichkeit vieler Medien immer schwerer gelingt, und eine Dialogbereitschaft, bevor die Würfel fallen. Bei den hervorragenden Instrumenten des Bürgerbegehrens und Bürgerentscheids darf es keine Hürden geben, die kaum überwindbar sind; das gilt auch für Volksentscheide. Wenn wir Kommunalpolitiker unsere Legitimation auch bei verheerend niedriger Wahlbeteiligung nicht in Zweifel ziehen, dürfen wir bei Einzelentscheidungen der Bürgerschaft keine höheren Prozentsätze verlangen, als sie uns selber als Legitimationsbasis zur Verfügung stehen.

Und natürlich müssen wir die neuen Medien nutzen, die in Nordafrika soeben ja wohl das entscheidende Forum der Demokratiebewegung waren. Hier schlummern gewaltige Potenziale für Information, Artikulation und Mitwirkung. Allerdings dürfen wir die „digitale Spaltung" der Gesellschaft nicht vergessen, die zumindest in absehbarer Zukunft – wenn auch in schwindendem Maße – fortbestehen wird. Wir sind allen Bürgerinnen und Bürgern verpflichtet, nicht nur denen, die schon online kommunizieren.

Trotz dieser Bereitschaft zu ständigen Verbesserungen möchte ich Einspruch erheben gegen die These, der Verlauf der Stuttgarter Prozeduren habe ein neues Zeitalter der Demokratie eröffnet und der Wutbürger müsse als neuer Souverän etabliert werden:

Als Erstes müssen wir mehr Sorgfalt auf den Begriff der „Betroffenheit" einfordern. Von einer S-Bahn-Ertüchtigung oder neuen Trambahn-Trassen sind doch nicht nur die Anwohner der Baustellen „betroffen", sondern auch die unüberschaubar große Zahl der Fahrgäste. Von einem Kinderspielplatz oder Sozialeinrichtungen in Villenvierteln sind nicht nur die Anwohner „betroffen", die Kinderlärm oder Wertverluste ihrer Immobilien befürchten, sondern alle, die eine kinderfreundliche Stadt und einen sozialen Staat brauchen und realisiert sehen wollen. Wenn teure Einrichtungen gefordert werden – von weiteren Konzertsälen bis zu weiteren Stadien –, dann sind doch nicht nur die künftigen Nutzer „betroffen", sondern alle Bürgerinnen und Bürger, die diese Einrichtungen bezahlen oder aber mit anderen Anliegen wie Kinderbetreuung oder Schulerweiterung zurückstehen sollen. Lautstark behauptete „Betroffenheit" darf nicht zur Privilegierung bestimmter Interessensgruppen führen.

Ebenso fordere ich mehr Sorgfalt beim Begriff des Minderheitenschutzes, der mir heilig ist, weil er das Wesen einer freiheitlichen und lebenswerten Demokratie ausmacht. Minderheiten sollen sich frei entfalten können und mit all ihren Rechten geschützt werden, aber sie haben noch lange kein Recht, anstelle der Mehrheit zu entscheiden. Darauf würde es aber hinauslaufen, wenn wir Mehrheitsentscheidungen grundsätzlich für fragwürdig und sogar illegitim erklären, solange es Minderheitenproteste dagegen gibt.

Wir sollten uns auch davor hüten, nach eigenem Gutdünken dem Bürgerprotest eine stetige Richtung anzudichten, die er gar nicht hat. Beispielsweise ist es ein Irrtum, dass der Bürgerprotest immer grün sei. Der erste Münchner Bürgerentscheid hat gegen die Grünen und die Roten und den Oberbürgermeister sündteure Autotunnels durchgesetzt, der Wutbürger saß hinter Windschutzscheibe und Lenkrad. Bürgerwille richtet sich auch keineswegs immer gegen Großprojekte, wie in München die Zweidrittel-Mehrheit für ein vom Stadtrat mehrheitlich vorgeschlagenes Fußballstadion zeigt. Bürgerprotest ist auch nicht immer fortschrittlich, wie zumindest nach Meinung mehrerer politischer Parteien der Hamburger Schulentscheid bewiesen hat. Der Hinweis, dass Bürgerprotest unterschiedlichste Richtungen einnehmen kann, ist mir deshalb so wichtig, weil viele derzeit glauben, mit einer Lähmung politischer Gremien und einer Stärkung des Wutbürgers könne der ökologische Fortschritt beschleunigt werden. Liebe Kolleginnen und Kollegen, wenn es wahr ist, dass wir derzeit eine große Energiewende erleben, dann werden in der kommenden Dekade die meisten Großprojekte, mit denen der Steuerzahler strapaziert und die Landschaft verändert wird, dem Ausbau der erneuerbaren Energien und dem Aufbau neuer Netze sowie Speicherkapazitäten dienen. Ich frage mit allem Nachdruck: Soll da wirklich die Parole gelten, dass Großprojekte grundsätzlich pfui sind und kein Anwohnerprotest durch demokratische Mehrheiten überstimmt werden kann? Kommt es nicht ganz im Gegenteil gerade aus ökologischen Gründen darauf an, die Handlungsfähigkeit unserer Demokratie zu erhalten?

Und schließlich frage ich mich, ob wir gewählten Bürgermeister und Ratsmitglieder wirklich gut beraten sind, dem nicht gewählten, sondern von irgendwem ausgehandelten Schlichter als neues Leitbild zuzujubeln, bei allem Respekt vor Heiner Geißler, der hier einen glänzenden Job gemacht hat und viel Aufklärung nachholte, die längst hätte erfolgen müssen. Aber ist nicht trotzdem der Schlichter, der als ehrwürdige Einzelperson einsame Entscheidungen trifft, eher ein Rückgriff auf uralte antiparlamentarische Ressentiments unter der Leitmelodie „politisch Lied, ein garstig Lied", also eher ein vordemokratisches Modell als die Krönung direkter Demokratie? Auch wenn hier in Stuttgart über einen Bahnhof und anderswo vielleicht über Windräder oder Hochspannungsleitungen durch die Bürgerschaft selbst entschieden wird, bleiben in der deutschen Kommunalpolitik viele Tausende Entscheidungen zu treffen, um die Grundbedürfnisse der Bevölkerung durch neue Kinderkrippen und Schulerweiterungen, Wohnungsbauten und Verwaltungsgebäude, öffentliche Verkehrsmittel und soziale Leistungen und kulturelle Angebote zu befriedigen. Getroffen werden müssen diese Entscheidungen durch Zehntausende ehrenamtlicher Stadträtinnen und Stadträte, Gemeinderätinnen und Gemeinderäte, die dazu immerhin demokratisch gewählt sind und sich jahrelang sachkundig machen und die deshalb nicht ständig abgewertet werden sollten, als ob sie alle doof, machtbesessen und korrupt wären. So viel Selbstbewusstsein möchte schon sein! Lassen Sie uns erhobenen Hauptes wieder an die Arbeit gehen!"

4. Mehr Information, mehr Kommunikation und mehr Partizipation: Zehn Thesen für eine bessere Bürgerbeteiligung

1. Wir werden auch in Zukunft nicht ohne infrastrukturelle Großprojekte auskommen, die in der politischen Letztverantwortung von den gewählten Vertretern entschieden werden müssen, auf der Grundlage gesetzlicher Vorgaben und möglicher Gerichtsentscheidungen. Die „Legitimation durch Verfahren" (Niklas Luhmann) reicht in einer Bürgergesellschaft dabei alleine nicht mehr aus. Deshalb brauchen wir in Ergänzung der repräsentativ ausgeübten Entscheidungsmacht eine stärkere Einbeziehung und Teilhabe möglichst aller Bürger am Verfahren sowie der dem Verfahren vorausgehenden Festlegungen. Ziel ist die Akzeptanz möglichst Vieler, um große Vorhaben auch in Zukunft verwirklichen zu können.

2. Die klassischen Verwaltungsverfahren, sei es bei Bebauungsplänen, Bau-
    genehmigungen oder Planfeststellungen, haben sich im Grundsatz bewährt,
    bedürfen aber zwingend einer Ergänzung um Formen der Bürgerbeteiligung,
    und zwar zeitlich möglichst vor sowie neben dem herkömmlichen förmlichen
    Beteiligungsverfahren. Die Ergebnisse solcher Runden müssen offen gelegt
    werden und können rechtliche Bedeutung dadurch gewinnen, dass sie als
    zentrale und wichtige Argumente in den Abwägungsprozess eines förmlichen
    Verwaltungsverfahrens eingebracht werden.

3. Beteiligungsformate müssen offen für alle Interessierten sein, die sich ein-
    bringen, mitdiskutieren und konstruktive Vorschläge vorlegen wollen. In
    diesen Beteiligungsverfahren können alle – auch Interessenvereinigungen
    und Verbände – gehört werden, ohne dass es auf ihren Status oder ihre un-
    mittelbare rechtliche oder tatsächliche Betroffenheit ankommt. Entscheidend
    ist, dass Engagement und Sachverstand möglichst Vieler eingebracht wird,
    um eine möglichst große Transparenz der Argumente im Abwägungsprozess
    zu erreichen.

4. Die Beteiligungsverfahren bedürfen einer Moderation, in der Regel durch
    einen neutralen Dritten. Dadurch kann besser gewährleistet werden, dass
    unterschiedliche Gruppen zu Wort kommen und die Festlegung der Verfah-
    rensergebnisse eher akzeptiert wird.

5. Beteiligungsverfahren müssen mit der Nutzung elektronischer Medien
    verbunden werden. Diese E-Partizipation sollte ein zentraler Bestandteil
    von E-Governance sein und in förmliche Verwaltungsverfahren ergänzend
    eingebracht werden.

6. Beteiligungsverfahren sind auf die Unterstützung der traditionellen Mas-
    senmedien angewiesen. Sie leben von der sachlichen Berichterstattung und
    einem verantwortungsvollen Journalismus, der auf Neutralität und Ausge-
    wogenheit Wert legt.

7. Beteiligungsverfahren sind wichtige ergänzende Elemente für die letztver-
    antwortlichen Entscheidungen der gewählten Vertreter im Gemeinderat, im
    Landtag und im Bundestag. Umso wichtiger sind Information, Kommunikation
    und Partizipation in allen drei Phasen: der Planentwicklung, dem förmlichen
    Planfeststellungsverfahren und der baulichen Umsetzung. Vor allem die am
    Beginn des förmlichen Verfahrens einsetzende Information und Diskussion
    ist von besonderer Bedeutung.

8. Beteiligungsverfahren sind deshalb vor allem wichtig im Sinne einer vor-
    zeitigen beziehungsweise vorgezogenen Bürgerbeteiligung. Sie hätten dann

den Charakter eines „Bedarfsüberprüfungsverfahrens". In diesem Stadium sind Bürgerbegehren und Bürgerentscheide rechtlich eher möglich, als nach Abschluss förmlicher Planfeststellungsverfahren oder Bauplanungs- und Baurechtsentscheidungen.

9. Bürgerbeteiligung muss begleitet sein von einer Kommunikations- und Beteiligungskultur, bei der möglichst viele sich auch aktiv einbringen wollen und können. Die erweiterten Beteiligungsmöglichkeiten werden heute in der Regel vor allem von mit besseren Ressourcen ausgestatteten „Aktivbürgern" wahrgenommen. Die damit verbundene „soziale Selektion" lässt sich durch eine intensive Öffentlichkeitsarbeit abmildern. Repräsentative Demokratie braucht repräsentative Bürgerbeteiligung, das heißt nicht nur die „Nimbys" (Not-in-my-backyard-Bürger) und die selbst ernannten Bürgervertreter, die so gerne bei Bürgerversammlungen und Planungswerkstätten auftreten mit der Aura des moralisch Besseren, um die gewählten Vertreter der Bürgerschaft zu kritisieren.

10. Bürgerbeteiligung muss man politisch wollen. Sie braucht daher politischen wie administrativen Rückenwind. Ohne eine bürgerfreundliche Grundeinstellung bei den Entscheidungsträgern in Politik und Verwaltung wird Bürgerbeteiligung nur als Pflichtübung wahrgenommen und letztlich das latent vorhandene Misstrauen „denen da oben" gegenüber eher verstärken. Erforderlich ist deshalb eine kontinuierlich und für den Bürger nachvollziehbare Rückkopplung zu den politischen und administrativen Entscheidungsträgern.

5. Vision einer nachhaltigen Bürgergesellschaft

Die Globalisierung, verbunden mit wirtschaftlichem, technologischem, demografischem und sozialem Wandel, verändert das Zusammenleben in unseren Kommunen. Die Lebensbereiche und Kontakte der Menschen reichen weit über die Stadtgrenzen hinaus. Trotzdem bleibt das urmenschliche Bedürfnis nach Verwurzelung in unseren Städten und Gemeinden, das Bedürfnis nach Heimat. Dies finden die Bürger um so eher, als sie sich in ihrem Umfeld einbringen, es mitgestalten und mitbestimmen können.

Bildung und Beteiligungsprozesse sind deshalb die Basis, damit sich unsere Städte als „Kommune", das heißt als Gemeinschaft im Sinne einer nachhaltigen Bürgergesellschaft entwickeln können. Zugleich sind unsere Städte keine Inseln, sondern eingebunden und verflochten in einen regionalen, nationalen, europäischen und internationalen Rahmen. Umso wichtiger ist es, Verantwortungsgemeinschaften vor Ort zu fördern, in denen sich ökologische Verantwortung, gesellschaftliche Solidarität und wirtschaftliche Leistungsfähigkeit verbinden. Eine solche ganzheitliche Strategie für die Zukunft einer Stadt zu entwickeln und umzusetzen, ist eine wesentliche Führungsaufgabe für den Oberbürgermeister, der von den Bürgern direkt für acht Jahre gewählt ist.

Zur Entwicklung wie zur Umsetzung einer solchen Langfriststrategie bedarf es nicht nur der Kommunikation, sondern auch des aktiven Mitgestaltens der verschiedenen Partner. Zugleich gilt es, eine Balance zwischen den unterschiedlichen Belangen und Interessen zu finden und die damit verbundenen Zielkonflikte in einem möglichst breiten Konsens oder in Kompromissen zu lösen – selbstverständlich auf der Basis einer qualifizierten Information der Öffentlichkeit, die eine größtmögliche Transparenz schafft, einer Dialogkultur mit den Bürgern und vielfältiger Formen der Partizipation. Diese schaffen die notwendigen Vertrauensgrundlagen, in der die vier Leitziele Generationengerechtigkeit, Schutz der natürlichen Lebensgrundlagen, sozialer Zusammenhalt und internationale Verantwortung nicht nur theoretisch akzeptiert, sondern auch tatsächlich gelebt werden. Eine solche nachhaltige Bürgergesellschaft, getragen von Selbstverwaltung und Selbstverantwortung, bedarf allerdings allgemein verbindlicher und allgemein verständlicher Regeln, die in einer Kultur der Nachhaltigkeit verwurzelt sind:

1. Fange bei dir selbst in deinem eigenen Verantwortungsbereich an.
    „Sei du selbst die Veränderung, die du dir wünschst für diese Welt."
    (Mahatma Gandhi)

2. Berücksichtige bei deinem Handeln immer die Bedürfnisse der anderen.
    „Was du nicht willst, das man dir tu', das füg' auch keinem anderen zu."
    (Goldene Regel)

3. Handle in Verantwortung für die nächsten Generationen, auch wenn du selbst keinen Vorteil davon hast.
    „Eine Kultur blüht, wenn die Menschen Bäume pflanzen, in deren Schatten sie niemals sitzen werden." (griechisches Sprichwort)

In diesem Geiste lassen sich Selbstverwaltung und Selbstverantwortung entwickeln, damit unsere Städte in Zukunft von den Bürgern als ihre eigenen Lebensräume gestaltet werden und die Menschen trotz aller unterschiedlicher Interessen, Bewertungen einzelner Projekte und politischer Weichenstellungen ihre Stadt als ihre Heimat empfinden.